KB083206

내 인생의 주역

내 인생의 주역

발행일 초판 4쇄 2023년 2월 25일 (癸卯年 甲寅月 甲寅日) |
지은이 김주란, 박장금, 신혜정, 안상헌, 오창희, 이성남, 이한주, 장현숙 |
펴낸곳 북드라망 | **펴낸이** 김현경 | **주소** 서울시 종로구 사직로8길 24, 1221호(내수동, 경희궁의아침 2단지) |
전화 02-739-9918 | **이메일** bookdramang@gmail.com

ISBN 979-11-90351-19-5 03150 | 이 도서의 국립중앙도서관 출판예정도서목록(CIP)은 서지정보유통지원시스템 홈페이지(http://seoji.nl.go.kr)와 국가자료종합목록 구축시스템(http://kolis-net.nl.go.kr)에서 이용하실 수 있습니다.(CIP제어번호: CIP2020022058) | 이 책은 저작권자와 북드라망의 독점계약에 의해 출간되었으므로 무단전재와 무단복제를 금합니다. 잘못 만들어진 책은 서점에서 바꿔 드립니다.

책으로 여는 지혜의 인드라망, 북드라망 bookdramang.com

여덟 명의 필자가『주역』64괘를 통해 써 내려간
삶과 공부 실전 보고서

내 인생의 주역

삶과 만나는 『주역』 이야기

지은이

김주란, 박장금, 신혜정, 안상헌
오창희, 이성남, 이한주, 장현숙

BookDramang
북드라망

삼삼오오 읽고, 즐기고, 활용하는
생활밀착형 고전

『주역』으로 책을 쓰다니! 믿기지가 않는다. 글쓰기가 '양생이자 구
도이며 밥벌이'라 믿고 〈감이당〉에서 공부하고 있지만, 우리 8인의
필자 중 누구도, 『주역』으로 책을 쓰는 것은 고사하고 『주역』을 공부
하게 되리라 생각하지 않았다. 2019년 5월 초, 〈감이당〉&〈남산강학
원〉의 인터넷잡지인 MVQ(무빙비전탐구)에 첫 글을 업로드할 때만
해도 책이 되면 좋겠지만 안 된다고 해도 좋은 공부가 될 테니 그것
으로 족하다고 생각했다. 그런데 지금 서문을 쓰고 있는 걸 보면, 머
지않아 책이 나오게 될 모양이다. 그저 신기할 뿐이다.

　우리가 『주역』을 처음 만난 건 2015년 '감이당 대중지성' 프로
그램에서다. 그때 수업 시간의 반은 졸았던 것 같다. 나뿐 아니라 7
인의 벗들도 그랬다고 한다. 요상한 부호들, 한자 일색인 본문, 낯선
용어들로 가득한 『주역』은 읽는 법부터 배워야 하는 생소한 고전이
었다. 게다가 '솥이 어찌됐네'(화풍 정), '뿔 달린 양이 어쩌네'(뇌천
대장), '여우가 꼬리를 적시네 마네'(화수 미제) 하는 내용들은 지금

우리 일상과는 너무 멀고 낯설었다.

그런 『주역』과 친해지게 된 비결은? 따로 없다. 첫 만남 이후, 경의 본문인 「역경」과 경문에 대한 주석인 「역전」을 모두 외워서 쓰고, 선생님과 학인들 앞에서 괘를 설명하는 등, 지금까지 손에서 놓은 적이 없다는 게 비결이라면 비결이다. 늘 함께하다 보면 익숙해지고 친해지는 법. 2018년 여름에는 강원도 함백에서 계곡물에 발을 담근 채, 이쪽에서 괘 이름을 부르면 저쪽에서 괘사와 효사를 외며 놀았다. 이름하여 『주역』 배틀! 요즘도 금요일 점심을 먹고 산책을 하고 나면 『주역』 시험을 보고 있다. 4년째 한 주도 거른 적이 없다. 부득이하게 결석을 하는 날이면 어디에 있든 시험을 보고 사진을 찍어 단톡방에 올리는 것이 불문율이 되었다. 담임이신 고미숙 선생님도 예외가 아니다.

늘 글쓰기로 한 학기를 마무리해 왔지만 설마 『주역』으로 글을 쓰랴 생각했다. 그런데 정말로 2018년 3학기말, '내 인생의 주역'이라는 타이틀로 64괘 중 네 괘씩 선택하여 글을 쓰라는 미션이 주어졌다. 막막해서 선생님께 여쭈었더니, 뜻밖의 대답이 돌아왔다. "나도 모르죠. 처음 시도해 보는 겁니다." 할 수 없이 각자 선택한 괘들을 가지고 씨름했다. 그런데 생각보다 재밌는 글들이 나왔다. 2019년 새 학기가 시작되자 선생님이 '내 인생의 주역'이라는 테마로 책 출간을 염두에 두고 글을 써 보라는 제안을 하셨고, 글쓰기를 힘들어하는 우리 모두 망설임 없이 응했다. 『주역』 관련 활동을 하고 있는 학인들부터 시작하기로 하고 팀을 꾸렸다.

8인이 여덟 괘씩 64편의 글을 쓰기로 했다. 가장 중요한 건 '마감'. 한 주에 한 편씩 MVQ에 연재하기로 하고, 업로드 일정에 맞춰 우리들끼리 마감 시간을 정했다. 그 주의 필자가 초고를 보내 오면, 나머지 7인이 그 글에 코멘트를 달아서 보내고, 코멘트를 바탕으로 글을 수정한 뒤 최종본을 넘기는 방식으로 64편의 글을 썼다.

서문을 쓰면서 벗들의 소회를 들어 보았다. 조금씩 느낀 점이 달랐지만 이구동성으로 하는 말은 "여덟 괘씩을 각자 따로 쓰거나, 혼자서 64편을 썼다면 여기까지 오지 못했을 것 같다"는 것이다. 벗의 꼼꼼한 코멘트에 자의식이 올라오기도 하고, 마감에 쫓길 때면 자신의 시간 관리 능력에 실망도 했지만, 글이 안 풀려서 초조하고 막막할 때, 벗의 한 마디가 실마리가 되고 힘이 되었다는 점에 모두가 공감했다. 또한 코멘트를 하려고 해당 괘를 공부하다 보면 평소 궁금했던 점이 풀리기도 하고, 어떤 구절을 좀 쉽게 풀어 달라는 부탁을 받으면 사명감에 더욱 힘이 솟았고, 부탁한 벗이 흡족해하면 뿌듯함은 배가 되었다. 함께였기에 느낄 수 있었던 이런 소소한 즐거움이 64편의 글을 무사히 마치는 데에 가장 큰 동력이 되었음을 누구도 부인하지 않았다. 결국 각자 여덟 괘씩을 썼지만 64괘를 모두 함께 쓴 셈이다.

우린 동양 고전 전공자도 아니고, 일생을 『주역』에 바친 재야 학자도 아니다. 단지 『주역』의 이치는 쉽고 간단하다는 공자님의 말씀을 믿고 무작정 외우고 쓰면서 가까워졌고, 이치를 파악하면 저절로 활용하게 된다는 말씀을 믿고 활용해 보았을 뿐이다. 그 과정에서 누구는 64괘 384효라는 촘촘한 『주역』의 매트릭스를 통과하는 순간 자신처럼 거친 감각을 가진 사람도 사건을 클로즈업하게 되는 마술이 펼쳐졌다 하고, 누구는 낯선 용어와 고대사회의 껍질을 관통해 들어가니 뜻밖에도 우리네와 다를 바 없는 고민과 일상을 만나게 되어 놀랐다 하고, 또 누구는 그 어떤 고전보다 뜻이 깊으면서도 일상의 디테일한 국면까지 파고드는 생활밀착형 텍스트라며 극찬을 했다. 부디 독자들께서도 이 책을 통해 『주역』이 특별한 몇몇 지식인들만이 접근할 수 있는 난해한 책이라거나 미래를 예측하는 신비가들의 세계라는 편견에서 벗어나 삼삼오오 모여 『주역』을 읽고 즐기고 활용할 수 있기를 바란다.

마지막으로 이 책이 나오기까지 많은 분들의 도움이 있었다. 같은 시기에 『주역』을 만나 지금까지 함께 공부하며 길잡이가 되어 주신 고미숙 선생님과 이 모든 과정을 같이 겪어 온 금요대중지성의 벗들, 모든 원고를 꼼꼼하게 읽고 집필 방향을 잡아 준 북드라망의 김현경 대표님, 교정을 맡아 주신 박순기 님께 감사드린다. MVQ 연재를 맡아 준 청년공자스쿨의 홍석현과 장서형, 댓글로 격려해 준 학인들께도 고마움을 전한다.

2020년(경자년) 5월
깨봉빌딩 2층 공작관에서
필자들의 마음을 모아
오창희가 쓰다

목차

내
인생의
주역

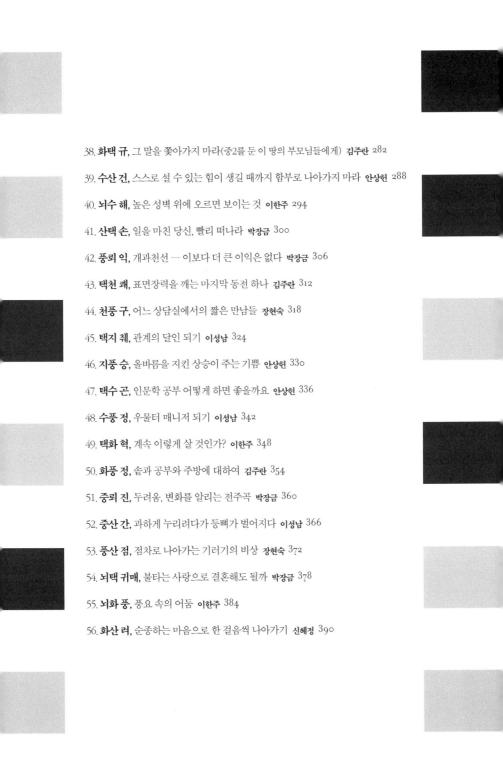

| 일러두기 |

1. 이 책은 『주역』 64괘를 공부와 삶의 현장에서 실제로 활용한 결과를 기록한 실전 보고서입니다. 여덟 명의 필자가 각각 여덟 개의 괘를 중심에 놓고, 자신의 삶과 공부의 장에서 당면한 문제들을 고민하고 그 내용을 풀어썼습니다. 이 64개의 이야기 앞에는 해당 괘의 원문과 풀이를 수록했으며, 각 이야기의 중심이 되는 효사는 색글자로 강조했습니다.

2. 『주역』은 특유의 기호체계와 설명의 생소함으로 인해, 곧바로 그 텍스트에 진입하기에는 어려움이 있을 수 있습니다. 하여, 이 책에서는 『주역』을 좀 더 수월하게 만날 수 있도록 사전에 알아 두면 좋은 내용들을 '기본학습'으로 앞부분에 수록했습니다. '기본학습 ①'에서는 『주역』의 역사적 배경과 의미를 저자 중 오창희가 정리했고, '기본학습 ②'에서는 『주역』의 구성과 기본적인 용어들을 여덟 명의 저자가 함께 정리했습니다.

3. 이 책에서 사용되는 『주역』의 본문과 풀이는 북드라망 출판사에서 2019년에 출간된 『낭송 주역』을 기본으로 하였습니다. 그 외에 다른 책을 참조하거나 인용한 경우, 처음 나오는 곳에 해당 책의 자세한 서지정보를 명기하고, 이후에는 저자명과 책제목, 인용 페이지만을 간략하게 표기하였습니다.

『주역』의 역사적 배경과 의미

1.
복희씨에서
공자까지

끊임없이 낳고 낳는 천지의 마음

동양사상의 베이스이자 정점에 『주역』(周易)이 있다. 『주역』에서 제자백가의 그 모든 사상이 나왔고, 그 최고봉이 『주역』이다. 그 출발은 점치는 책이었다. 인간은 누구나 부단히 변화하는 예측 불가능한 세계에 대한 불안감을 안고 살아간다. 그렇기에 누구나 자신의 운명에 관심이 있다. 동양에서는 고대로부터 천지자연을 관찰하는 일에서 운명에 대한 답을 구해 왔다. 천지자연은 끊임없이 변화하는 가운데 저절로 정연한 질서를 유지하고 있으며, 이러한 자연계의 법칙과 인간계의 질서가 본래 하나라고 생각했기 때문이다. 따라서 천지자연의 변화를 살피는 일이 무엇보다 중요했다.

　『서경』(書經)에 이런 대목이 있다. "경건한 마음으로 하늘을 따르라. 해와 달과 별들의 운행을 살피고 본받아, 진실하게 사람들에게 때를 알려 주라"(이기동 역해, 『서경강설』, 성균관대출판부, 2007, 37쪽). 요임금이 관리에게 천지의 운행을 '살피고' '본받아' 백성들이 그때그때 해야 할 일을 할 수 있도록 '때'를 알려 주라고 명하는 내용이다. 천체의 변화를 살펴야 사계절의 변화를 알 수 있고, 그래야 제때에 씨를 뿌리고 김을 매고 수확을 해서 백성들이 먹고 입을 수 있다. 그러려면 한순간도 방심하지 말고, 늘 하늘을 살펴서 아주 미세한 변화의 기미도 놓치지 않아야 한다. 그래야 굶주림을 비롯한 이런저런 재앙으로부터 공동체를 보호할 수 있다. 이 모든 일을 하는 자가 바로 왕이다. 왕은 모든 생명을 살리고자 하는 하늘의 뜻을 세상에 펼치기 위해 애쓰는 자이다. 고로 왕은 성인(聖人)이어야 하고 현자(賢者)여야 한다.

이러한 왕이 공동체의 생존이 걸린 문제를 결정할 때 그것이 옳은지 의심이 들 때가 있다. 『서경』에 의하면, 그럴 때 마땅한 사람을 세워 점을 치게 하는데 그 태도가 매우 신중하다. 왕이 먼저 심사숙고하여 마음으로 판단한다. 그런 다음 바로 실행에 옮기는 게 아니라, 신하들에게 물어보고, 백성들에게 물어보고, 마지막으로 점을 친 다음 결정을 한다. 그것이 전쟁이든 도읍을 옮기는 문제이든 공동체의 안위가 달린 문제일 때는 그 일에 관계되는 모든 사람들의 의견을 듣고 마지막으로 천지자연의 이치에 부합하는지를 알아본다. 그런 다음 최종 결정을 내린다. 그러려면 사심이 없어야 한다.

지금 우리 사회에서 행해지는 점은 이와는 판이하다. 점을 치는 사안이 주로 입시, 사업, 결혼 등등 지극히 개인적인 욕망과 관련된 것임은 물론이고, 점을 칠 때의 마음에도 사심이 가득하다. 이미 자신이 듣고 싶은 대답을 정해 놓은 경우가 많다. 그러다 보니 원하는 답을 들을 때까지 점집을 순례한다. 이런 마음은 『주역』과는 거리가 멀다. 『주역』에서 점을 치는 마음은 자신이 지금까지 생각하던 사고패턴, 문제해결 방법, 세상을 보는 관점 등을 모두 내려놓고 천지자연의 이치에 비추어 새롭게 바라보겠다는 지극히 겸손하고 간절한 마음이다. 그래서 『주역』에서는 한 가지 문제에 대해 점을 한 번만 치라고 한다. 사심을 내려놓아야만 가능한 일이다.

　고대사회에서 사용되던 점은 크게 복점(卜占)과 서점(筮占) 두 가지다. 복점은 동물의 뼈나 거북의 등껍질을 불에 구워서 갈라지는 무늬를 해독하여 길흉을 점치는 것으로 그것을 기록으로 남겨 다음에 점을 칠 때 참고하였다. 오랜 시간 이런 기록이 누적되어 점서가 만들어졌고, 이를 통칭하여 '역'(易)이라 했다. 하나라에 『연산역』(連山易), 상(은)나라에 『귀장역』(歸藏易)이 있었다고 하나, 지금까지 전해지는 것은 주나라의 역인 『주역』뿐이다. 서점은 『주역』 이후 사용된 점치는 방식으로, 시초라는 풀의 줄기로 『주역』의 괘를 뽑아 하늘의 뜻을 읽고 길흉을 점치는 것이다.

　'역'(易)이라는 이름의 유래에는 여러 설이 있다. 몸 색깔이 수시로 변화하는 '석척'(蜥蜴)이라는 동물의 모양을 본뜬 것이라는 설, '日'과 '月'을 합친 것으로 끊임없이 변화하고 움직이며 만물을 생성하는 음양을 상징한다는 설, 바람에 나부끼는 깃발을 형상화한 것이라는 설 등이 대표적이다. 이러한 설들을 관통하는 키워드는 '변화'이다. 따라서 '역'이라는 이름에는 천지자연의 변화하는 이치를 탐구하여 거기서 삶의 길을 모색하려는 고대의 지혜가 축적된 책이라는 의미가 함축되어 있다. 역은 인간이 천지의 마음에 부합하는 삶을 사는 길을 안내해 주는 책이다.

　그렇다면 역에서 말하는 천지의 마음은 어떤 것일까. "생생지위역(生生之謂易), 낳고 낳는 것을 역이라 한다"(「계사전」)라는 이 한 구절로 답할 수 있다. 즉 천지의 마음이란, 끊임없이 생명을 낳는, 생명을 살리는 마음이다. 그러니 점을 칠 때는 사람을 살리든 공동체를 살리든 무너진 도를 살리든 간에 무언가를 낳고 살리는 일과 관련이 있는 인간사를 물어야 한다.

이렇듯 인간사의 다양한 문제에 봉착했을 때 하늘의 뜻을 따르는 길, 모두를 살리는 길이 무엇인지를 구체적으로 알려주는 책이 바로 우리가 만나게 될『주역』이다.

세 분 성인의 마음

뭇 생명을 살리고자 하는 세 분 성인의 간절한 마음이 오랜 세월 이어져『주역』을 완성시켰다.『주역』은 크게 본체인 「역경」(易經)과 이에 대한 해설서인 「역전」(易傳)으로 구성되어 있다. 「역경」의 저자에 대해서는 여러 설이 있지만 공통으로 언급되는 분은 셋이다. 전설 속의 인물인 복희씨(伏羲氏), 후에 주나라 문왕으로 추존된 서백 창(西伯 昌), 문왕의 아들 주공 단(周公 旦)이다. 복희씨가 8괘를 그렸고, 문왕이 8괘를 겹쳐 64괘를 그리고 각 괘를 설명하는 말(卦辭)을 달았으며, 주공이 각 괘에 달린 여섯 효(爻)를 설명하는 말(爻辭)을 달아 「역경」을 완성했다. 「역전」은 총 열 편이며 그 저자에 대해서도 여러 설이 있다. 그 내용과 문장의 품격을 보건대, 공자나 공자의 사상을 배제하고는 논할 수 없을 정도로 수준이 높다. 이런 점에서 공자가 직접 썼거나 적어도 그의 영향을 받은 것으로 공자의 저작이라고 보아도 무방할 듯하다.

복희씨는 중국 고대 전설상의 임금인 삼황(三皇) 중 한 사람이라고 전해진다. 아직 천하에 문명이 생기지 않았던 시절, 복희씨는 어떻게 하면 백성들을 먹이고 입히는 데 모자람이 없게 할까를 고민했고 백성을 생각하는 그 간절한 마음이 천지에 닿았다. 그러던 어느 날, 황하에서 머리는 용의 모습을 하고 몸은 말의 모습을 한 용마가 나왔다. 용마의 등을 살펴보니 이상하게 생긴 점들이 무늬를 이루고 있어 그것을 그림으로 옮겨 '하도'(河圖)라 칭했다. 이를 바탕으로 천지가 창조되고 만물이 생성된 원리와 이치를 탐구하였고, 그것을 여덟 종류의 간단한 부호로 나타냈다. 그것이 8괘다. 『주역』 해설서인 「계사전」에서는 복희씨가 천하를 다스릴 때, "위로는 천문의 법칙을 관찰하고, 아래로는 지구의 각종 물리적 법칙을 살피며, 새나 짐승의 무늬와 토양의 특성을 살폈다. 가깝게는 자신의 몸에서, 멀리는 다른 사물로부터 취해 8괘를 만들"었다고 설명한다(남회근, 『주역계사 강의』, 부키, 2011, 415쪽). 복희씨는 이를 바탕으로 문명을 일구었고 이 8괘에서 『주역』의 역사가 시작되었다.

창(昌)은 상나라 말기인 기원전 12~11세기 사람이다. 상나라는 고대사회가 흔히 그렇듯이 정치와 종교가 분리되지 않은 사회로, 제의가 통치의 중심이었다. 하늘의 신인 제(帝)와 자연신, 조상신을 함께 섬겼고 전쟁이나 사냥, 도읍 결정 등 공동체의 안위와 관련된 중대사를 결정할 때는 이 신들에게 물었다. 점친 내용을 갑골문으로 기록하여 통치의 자료로 활용했다. 시간이 흐르면서 사람들은 자신들이 본 적 없는 제와 자연신보다는 살았을 때 자신들을 위해 일한 조상신을 섬기는 걸 더 중요하게 여겼다. 조상들이 자신들에게 유익한 행위를 해주기를 바라는 마음에서 제의는 점차 더 촘촘하게 조직되었고 호화로워졌다. 점점 천지의 마음과는 멀어져 갔다. 왕이나 제후가 죽으면 보석이나 물건들을 아낌없이 묻었고, 적게는 수십에서 많게는 수백 명을 함께 묻는 풍습이 생겼다. 당시 백성들은 인간이 아니라, 오로지 지배층의 필요를 채워 주는 도구에 불과했다. 조상신의 보호를 받는 대상에 백성은 없었다. 상나라 말기 폭군 주(紂)에 이르러서는 사치가 극에 달했고 백성들의 삶은 처참했다.

그런 시대에 창이 은나라의 서쪽 변방을 지키는 우두머리, 즉 서백(西伯)으로 임명되었다. 창이라는 이름 앞에 서백을 붙여 서백 창이라 부르는 이유다. 창은 선조들의 선업을 본받아 노인을 공경하고, 아랫사람을 사랑하고, 어진 자를 우대하며, 밥 먹을 겨를도 없이 백성들을 돌보았다. 그 소문을 듣고 폭군 주를 피해 창에게 귀의한 상나라와 그 주변 제후가 40인에 달했다고 한다. 이를 경계한 주가 창을 유리옥에 가두고, 그가 소문처럼 성인이 맞는지 시험하겠다며 창의 아들을 삶아 그 국을 먹게 했다. 아들을 삶은 국을 앞에 두고 창은 고민했다. 그러나 자신이 죽으면 천하에 도가 끊어질 것을 우려하였다. 결국 그는 천하를 안정시킬 방도를 고민하면서 아들의 살점을 먹었다. 하늘의 뜻을 본받아 세상에 도를 바로 세우겠다는 간절한 마음이 없다면 할 수 없는 일이다.

그토록 간절했기에 7년간의 옥중 생활 중에 복희8괘를 중첩시켜 64괘를 만들고 각 괘마다 '사'(辭)를 달아 각 상황에서 인간이 가야 할 길을 제시함으로써 무너진 도를 바로잡는 데에 온 마음을 다할 수 있었다. 옥에서 풀려난 뒤 그를 따르는 제후들이 그에게 '천명을 받은 인군'(受命之君)이라 칭송하며 주를 칠 것을 종용했으나, 그는 아직 때가 아님을, 아직 천명이 자신에게 내리지 않았음을 강조하며 끝까지 폭군 주에게 신하의 예를 다함으로써 스스로도 자신이 백성들에게 안내하고자 한 그 도(道)를 따랐다. 후에 그의 아들 무왕이 폭군 주(紂)를 치고 주나라를 세웠다. 그리고 창을 문왕으로 추존했다.

주공 단(周公 旦)은 문왕의 둘째 아들이자, 무왕의 동생이다. 무왕이 즉위 3년 만에 죽고 무왕의 어린 아들이 왕위를 잇게 되었다. 세상 사람 모두 주공이 왕위를 이어야 한다고 생각했지만, 주공의 생각은 달랐다. 어린 조카가 성인이 될 때까지 나라의 기틀을 잡는 데 헌신하는 것이 자신이 할 일이라 생각했다. 주공은 7년간 섭정을 했고, 그동안 왕위를 넘본다는 의심과 모함을 수도 없이 받았지만, 오로지 주나라 왕실과 백성들을 생각하는 마음으로 모든 어려움을 이겨 냈다. 주공은 어린 조카가 왕의 자질을 갖출 수 있도록 훈계하는 일을 게을리하지 않았다. 왕은 백성이 길을 잃고 그른 일을 하더라도 가혹한 벌로 다스리지 말아야 하며, 오히려 왕이 자신의 덕을 겸손하게 돌본다면 백성들은 왕을 본받을 것이며, 이로써 왕은 많은 일을 이룰 수 있음을 잊지 말 것을 당부했다. 당시 백성들은 어떻게 살아야 하는지, 자신들이 무엇을 할 수 있는지조차 알지 못했다. 주공은 그들을 측은히 여겼다. 왕이 스스로 덕을 쌓아 그것이 흘러넘쳐 백성들에게 미치도록 할 때 비로소 백성들이 어떻게 살아야 하는

지를 알게 되리라고 생각했다.

주공은 이런 간절한 마음으로 천명(天命)이 땅에서 펼쳐지기를 바랐고, 이를 제도화했으며 이에 따라 천하가 다스려질 수 있도록 했다. 심지어는 전쟁을 할 때조차도 지켜야 할 예(禮)가 있었다. 적이 준비가 덜 된 상태에서 기습을 하지 않는다든가, 퇴각하는 적군을 따라가서 죽이지 않는다든가 하는, 최소한으로 지켜야 할 선이 있었다. 이렇게 모든 분야를 꼼꼼하게 정비하여 주나라의 기틀을 마련하고 조카가 성인이 되자 정치에서 물러나 봉토인 노나라로 돌아갔다. 이로써 스스로 천명을 받드는 모범이 되었다. 주공은 자신이 왕이 될 수 있는 상황에서도 끝까지 조카를 보필하며 오직 예(禮)가 바로 서서 천하가 태평하기만을 바라는 마음뿐이었다. 한 점 사심 없는 주공이었기에 아버지 문왕이 만든 64괘에 384개의 효사를 달아 모든 사람들이 천지의 이치에 부합하는 삶을 살아가려면 어떻게 해야 하는지를 세세히 알려 줄 수 있었다.

이로써 인간사 중대한 갈림길에서 나아갈 바를 묻는 사람들에게 하늘의 뜻에 맞게 사는 길을 제시하는 「역경」이 완성되었다.

'그 마음'이 통하다

공자는 주공의 시대로부터 500여 년 뒤인 기원전 551년, 노나라에서 태어났다. 당시는 주 왕실이 그 권위를 거의 잃고 중국 천하가 본격적인 전쟁에 돌입하기 시작한 춘추시대 말기였다. 기존의 질서가 무너지고 새로운 질서는 나타나지 않아 극심한 혼란을 겪고 있었지만, 노나라에서는 주나라 예(禮)의 전통이 그대로 이어지고 있었다. 이런 환경에서 태어난 공자는 어려서부터 문왕과 주공을 흠모하였으며 그분들의 삶을 본받기를 게을리하지 않았다. 갈수록 천하는 혼란스러워졌고, 버림받은 백성들은 더욱 살기가 힘들었으며, 부모가 자식을 잡아먹는가 하면, 80이 넘은 노인들조차 추위와 굶주림에 죽어 갔다. 이런 상황에서 인간에게 예를 되살려야겠다고 생각한 공자가 그 모델로 찾은 것이 주공 시절의 주나라였다. 공자는 통치자들이 문왕과 주공의 마음으로 천하를 다스릴 때 비로소 백성들이 굶주리지 않고 사람답게 살 수 있으리라 믿었다.

공자는 오십이 넘어서, 모두가 사람답게 살 수 있는 나라, 자신이 꿈꾸는 예를 펼칠 수 있는 나라를 찾아다녔다. 제자들과 함께 광(匡)땅을 지나던 공자는, 한때 노나라를 주무르던 난폭한 정치인 양호라는 인물로 오인받아 민병대에 포위된 채 죽기만을 기다리는 신세가 되었다. 사색이 된 제자가 어떻게 하면 좋을까를 묻자, 공자는 태연하게 "문왕께서 이미 돌아가셨으나 그 문(文)이 여기 있지 않은가? 하늘이 없애려 하셨다면 그것이 어찌 지금처럼 이렇게 남아 있겠는가? 하늘이 원치 않거늘 광 사람들이 나를 어찌하겠는가!"라고 대답했다. 문왕은 돌아가셨지만 백성을 사랑하고 천명을 두려워하는 문왕의 그 마음은 주공이 마련한 주나라의 예에 고스란히 남아 있으며, 지금 자신에게로 이어지고 있다. 그러니 그것은 없앨 수가 없다는 확고한 믿음에서 나온 말이었다.

500년을 이어서 공자께 세 분 성현의 '그 마음'이 통했다. 공자는 죽간의 가죽 끈이 세 번이나 끊어질 정도로 「역경」을 읽었다. 공자는 "전통적 관습과 전례의 세부항목에 매달리는 소심한 보수주의자가 아니었다". 그보다 훨씬 "대담한 계획"을 가지고 있었다. 그것은 모든 인간이 자신의 "고귀함, 존엄함, 신성함"을 드러낼 수 있도록 하는 것이었다. "자기를 잊는(비우는) 실천을 습관으로 만들어 자신을 변화시"킬 수 있다면 누구에게든지 가능한 일이었다. 그리하여 공자는 각종 제의에서 귀족이 자신의 존엄함을 드러내는 "자기중심주의"를 걷어 내고 "영적 잠재력"을 끄집어 냄으로써 관례적으로 행해지던 예에 새로운 해석을 부여했다(카렌 암스트롱, 『축의 시대』, 교양인, 2010, 359쪽). 이런 혁명적인 생각을 하고 있던 공자에게 「역경」은 더없이 훌륭한 텍스트였다. 그는 「역경」에 담긴 이치를 터득한다면 신분이 미천한 사람이라도 고귀한 존재가 될 수 있다고 생각했다.

그런 마음으로 「역경」에 열 편의 해설을 달았다. 괘사를 설명한 「단전」(상, 하), 괘상(괘의 모양)과 괘명(괘의 이름)을 해설한 「대상전」, 효사를 해설한 「소상전」, 64괘의 순서에 담긴 이치를 밝힌 「서괘전」, 8괘의 상징적인 의미를 풀어놓은 「설괘전」, 건괘와 곤괘의 의미를 해설한 「문언전」, 다양한 방법으로 각 괘의 특성을 드러낸 「잡괘전」, 그리고 『주역』 철학사상의 핵심이 담긴 「계사전」(상, 하). 이 열 편의 해설서를 십익(十翼)이라 한다. 열 편의 날개라는 뜻이다. 이 중 「계사전」은 「역경」을 철학서의 반열에 올려놓았다. 「역경」에 담겨 있는 우주의 탄생과 만물의 생성 원리를 밝히고, 동시에 「역경」의 효 하나하나를 분석하면서 아주 구체적인 일상의 국면에서 어떤 마음가짐으로 살아야 할지를 제시함으로써 우주 자연의 이치에서 삶의 윤리를 도출하고 있다.

자연을 물질로만 바라보고 그것을 어떻게 이용할까만 생각하는 자본주의와 근대과학은 자연의 이치에서 삶의 윤리를 이끌어 낼 수 있다는 생각을 미신으로 치부했다. 20세기 내내 『주역』이 학문의 대상에서 제외된 이유다. 그러나 우주가 탄생한 이후로 끊임없이 변화하면서도 그 움직임을 한 번도 멈춘 적 없이 항상성을 유지하는 것 중에서 천지만 한 것이 있는가. 변화무쌍하면서 항상성을 유지하는 것, 그것이 바로 모든 생명의 원리이다. 그렇다면 인간의 길 역시 이러한 변화의 이치에서 찾을 수 있다고 여기는 게 이상할 건 없지 않을까.

이 이치대로 살아가는 것, 이것이 바로 공자가 오십에 깨달았다는 천명이며, 주공이 효사에 담아낸 천명이고, 문왕이 유리옥에서 아들의 고깃국을 먹으면서 64괘와 괘사에 담아내던 천명이다. 이렇듯 성인들의 '그 마음'이 통하여 오늘 우리가 만나는 『주역』이 탄생했다. 『주역』은 철학서로 굳건히 자리매김했고, 모든 지식인의 공통 필수교재가 되었다. 거의 모든 사상가들은 『주역』을 재해석하면서 자신의 사상을 더욱 정교하게 만들어 갔다. 『주역』의 위상은 더욱 높아졌고 중국의 전통 문화 전반에 영향을 미쳤다. 그리하여 오늘날까지 『주역』은 동양사상의 최고봉이자 베이스로서의 지위를 굳건히 지키고 있다.

인간, 하늘과 땅 사이에서

GPS는 인공위성을 이용한 글로벌 위치추적 시스템이다. 이 GPS의 힘을 빌리면 세계 어디서든 현재 내가 서 있는 위치를 정확하게 파악할 수 있고, 그걸 알고 나면 어디로 가야 할지를 결정할 수 있다. 『주역』 역시 현재 내가 맞닥뜨린 상황과 내가 처한 위치를 파악함으로써 그다음 스텝을 어떻게 가져가야 하는지를 알게 해준다는 점에서 존재의 GPS라 할 수 있다.

그렇다면 『주역』은 어떤 법칙 위에서 어떻게 작동되는 시스템일까. 『주역』에 의하면 우주는 기로 가득 차 있고, 기의 이합집산으로 만물이 생겨난다. 기의 변화하는 이치를 밝힌 것이 역이다. 그 변화는 복잡다단한 듯하지만, 거기에는 하나의 법칙이 있다. 그것을 태극이라 한다. 그 법칙이 움직이면 음양으로 드러난다. 양을 대표하는 것이 하늘 천(天), 음을 대표하는 것이 땅 지(地)이다. 우주에는 이 두 기운밖에 없다. 그래서 역은 하늘과 땅을 기준으로 삼는다. 그리고 그 사이에서 고개를 들어 하늘의 이치를 보고, 몸을 굽혀 땅의 이치를 살피면서 자신의 길을 찾아가는 것이 인간이다.

하늘(天)은 양이고 양은 기(氣)이며 기는 무형의 에너지다. 그 이름은 건(乾)이다. 땅(地)은 음이고, 음은 형(形)으로 드러나고 형은 물질이다. 그 이름은 곤(坤)이다. 건과 곤이 공통적으로 가지고 있는 덕(능력, 역량)은 원(元), 형(亨), 리(利), 정(貞)이다. 건과 곤은 만물을 낳고 기르고 촉진시켜 완성에 이르게 하는 힘을 함께 가졌다. 다만 그 성질이 다를 뿐이다. 즉 건은 양의 품성대로 곤은 음의 품성대로 덕을 베푼다. 건과 곤의 상호작용으로 만물이 생겨나고 이들이 균형을 이루려는 움직임 속에서 다양한 변화와 소통이 가능해진다. 기와 형, 무형의 에너지와 유형의 물질, 이상과 현실, 하늘과 땅 사이에서 균형을 이루어야 자신도 살리고 만물도 살릴 수 있다. 인간이 천지 사이에서 살아간다는 것은 구체적인 현장에서 두 발로 움직이되, 눈을 들어 하늘을 보면서 나아갈 방향을 잡는 것이다.

앞에서 천지의 마음을 생생(生生), 즉 생명을 살리는 것이라 했다. 생명을 살리려면 기(氣)와 형(形)이 균형을 이루어야 하고 기를 맑게 하여 순환이 잘 이루어지도록 해야 한다. 현대를 살아가는 우리들은 이 이치에서 멀리 벗어나 있다. 몸을 돌볼 때도 형(겉모습)에만 신경을 쓸 뿐 보이지 않는 기운을 맑게 하는 데는 관심이 없다. 먹는 것도 마찬가지다. 당장 느끼는 맛이나 칼로리에만 치중할 뿐 음식에 담긴 기운이 내 몸과 어떻게 관계 맺는지는 알지 못한다. 주거 공간은 또 어떤가. 옛 사람들은 집과 사람이 주고받는 기운을 중요하게 생각했다. 집이 지나치게 커서도 안 되고 지나치게 작아서도 안 된다. 천장이 높아도 낮아도 안 된다. 사람의 기운이 제대로 순환하지 못하기 때문이다. 그리고 공간을 정갈히 하는 걸 중요하게 생각했다. 쓰레기가 쌓이면 탁한 기운이 머무른다. 지나친 인테리어 역시 기의 순환을 방해한다. 그러니 공간이든 가구든 청정한 기운이 돌게 하는 것이 중요하다. 동양의 모든 수행이 청소부터 시작하고 무엇이든 간소하게 하고 줄이는 것을 기본으로 하는 것도 이 때문이다. 그런데 지금 우리들은 이러한 삶의 기본기를 너무 하찮게 여긴다. 자기 방 하나 청소하기를 싫어하고 과도한 육식과 과식으로 공간도 몸도 탁하게 한다. 일을 대하는 태도도 마찬가지다. 돈만 많이 번다면 무슨 일이든 크게 상관하지 않는다. 나에게도 좋고 남에게도 좋은 일을 해야 한다는 생각은 아예 하지 못한다.

뭔가를 열심히 하는데 그것이 나를 살리는 길인지 더 나아가 남도 살리는 길인지를 생각하지 않고 살아간다. 상황에 따라 이것이 옳기도 하고 저것이 옳기도 하고 이것도 괜찮고 저것도 괜찮을 때 무엇을 선택해야 할지 헷갈린다. 판단할 기준이 없다. 처음부터 없었던 게 아니라 언젠가부터 생활 속에서 사라져 버렸다.

『주역』에서는 그런 경우, 눈을 들어 하늘을 보라고 한다. 해와 달은 유구한 시간 동안 한 치의 오차도 없이 뜨고 지기를 되풀이한다. 먹구름이 몰려와도 천둥 번개가 쳐도 멈추는 법이 없다. 지나가면 다시 맑은 모습을 드러낸다. 맑은 하늘만을 고집하지 않는다. 하늘은 어떤 흔적도 남기지 않는다. 땅은 무엇이든 길러낸다. 어떤 조건 속에서도 거기에 맞게 생명을 길러낸다. 하늘을 원망하지도 자신을 탓하지도 않는다. 사계절의 변화에 맞추어 생장하고 소멸하는 순환의 리듬을 밟을 뿐이다. 하늘과 땅의 이런 모습을 본받아 내 삶의 윤리로 삼는다면 내가 선택한 그 현장이 어떤 곳이든 어떤 일을 겪든 마음속에 무언가를 남기지 않는다. 실연을 당하든 사업에 실패를 하든, '지금 여기'의 상황을 현장으로 삼아 갈 바를 정하고 다시 살아가는 것이다.

이 원리를 잊으면 아무리 돈을 잘 벌어도, 소위 성공이라는 걸 해도 늘 불안하다. 잘되면 더 잘되고 싶어서 안달하고, 지금 이 상태를 유지하지 못할까 봐 불안해 한다. 못되면 잘될 날이 올 것 같지 않아서 또 불안하다. 지금 이 문제가 해결된다고 불안이 사라지는 것도 아니다. 또 다른 문제가 생긴다. 그리하여 동양에서는 오래도록 천·지를 기준으로 삼아 인간의 길을 걸어왔다. 선조들이 글을 배울 때 맨 먼저 읽는 천자문의 시작이 '하늘 천, 따 지'인 것에도, "천지를 모르고 날뛴다", "천지 분간을 못한다", "아직 천지를 몰라서 저렇다" 등과 같은 말들에도 모두 이런 원리가 담겨 있다. 이런 까닭에 우리 인간은 하늘과 땅 사이에서 살아가는 존재임을 잊지 말아야 한다.

64괘와 384효에서 삶의 윤리를

우주만물이 기의 이합집산이라고 보는 『주역』에서는 자연의 이치와 인간 삶의 이치가 다르지 않다고 본다. 이것이 자연의 이치에서 통치의 원리, 삶의 원리를 도출하는 근거다. 앞에서 인간은 천지 사이에서 자신의 길을 찾는 존재라고 했다. 여기서 천·지·인 삼재(三才)라는 개념이 나오고, 이 셋이 우주를 구성하는 기본 재료이자 변화의 동인으로 작용하는 질료다. 천·지·인을 부호로 나타낸 것이 소성괘이며, 세 개의 막대기로 구성된다. 양과 음 두 기운을 세 개의 막대기로 조합할 수 있는 경우의 수가 8이다. 여기서 건(乾), 태(兌), 리(離), 진(震), 손(巽), 감(坎), 간(艮), 곤(坤) 8괘가 만들어진다. 건과 곤을 중심으로 하는 여덟 가지 기운이 가장 잘 드러나는 것이 하늘, 연못, 불, 우레, 바람, 물, 산, 땅과 같은 다양한 자연 현상이라고 보았다. 이 기운들의 이합집산으로 만물이 생성된다. 『주역』에서는 이러한 자연현상을 관찰해 그 속성을 밝히고 거기서 삶의 윤리를 도출해 다양한 상황들을 해석하는 기반으로 삼고 있다. 예를 들면 바람은 어디든지 들어가지 못할 데가 없다. 이런 속성에서 '들어가다'라는 의미를 도출하고 거기서 겸손하다는 윤리를 이끌어 내는 식이다.

64괘는 이 여덟 가지 기운이 상호작용함으로써 만들어 내는 경우의 수에서 비롯된 것이고, 384효는 각 괘마다 그 상황에서 겪게 되는 단계가 여섯이라는 데서 나온 숫자이다. 64×6=384. 여기서 우리가 이끌어 낼 수 있는 윤리는 다양하다. 구체적인 사례는 이후 여덟 명 필자들이 펼칠 64편의 이야기에서 만나기로 하고 여기서는 현대를 살아가는 우리에게 도움이 될 만한 『주역』의 원리 몇 가지를 소개한다.

첫째, 우리가 겪는 모든 사건은 '나'라는 주체가 좌지우지하는 게 아니라, 관계와 배치의 산물임을 말해 준다. 이걸 보여 주는 것이 바로 64괘와 384효라는 『주역』의 전체 구성이다. 인간사 어떤 사건도 모두 이 64괘 384효로 수렴되며, 우리는 그 범주 안에서 움직이고 있다. 그러기 때문에 내가 겪는 고통과 괴로움이기는 하지만 그것은 내가 주체가 되어 겪는 나만의 고유한 사건이 아니라, 누구에게나 일어날 수 있는 일이다. 『주역』에서 주체는 사건의 결과물로 존재할 뿐, 그 사건이 지나가면 거기서 만들어진 주체도 사라진다. 그러다가 또다시 어떤 조건들이 형성되면 하나의 사건으로 그 모습을 드러내고 거기서 또 다른 주체가 탄생하고 사건이 소멸하면 거기서 탄생한 주체 또한 소멸한다. 흡사 양자물리학에서 입자가 파동의 결과물로 존재할 뿐 파동의 움직임이 바뀌면 입자의 형태도 바뀐다고 하는 것과 마찬가지다.

따라서 『주역』에서는 자신의 기질(음 또는 양) 자체도 중요하지만 그에 못지않게 어떤 자리(位)에 있는가, 그리고 자신과 호흡을 맞추는 자가 어떤 기질을 가진 자인가(應), 물리적으로 가까이 있는 자는 어떤 기질을 가진 자이며 그와는 어떤 관계를 맺고 있는가(比) 하는 것이 사건 전개에 더 큰 영향을 미친다. 따라서 지금 겪고 있는 이 사건은 우리가 거기에 집착하지만 않으면, 관계와 배치가 달라지면서 또 다른 사건으로 전환된다. 이런 이치를 알게 된다면, 내가 했다고 잘난 척하거나 누구 때문이라고 원망하지도 않을 것이며, 사건을 흘려보내지 못한 채 상처로 부둥켜안고 원망과 자책으로 생명에너지를 소모하는 우를 범하지도 않을 것이다.

둘째, 인생은 미완성임을 말하고 있다. 64괘의 순서가 이를 잘 보여 준다. 중천 건, 중지 곤으로 시작한 64괘는 수화 기제, 화수 미제로 끝이 난다. 여기서 기제(旣濟), 즉 물을 건너는 것으로 끝나지 않고 미제(未濟)로 끝이 났으니, 다시 다리를 걷고 물을 건너야 한다. 이게 자연의 이치이자 인생사의 이치다. 모든 게 변하는 상황에서 처음 계획한 그대로 완성되는 일이 있을까도 의문이지만, 혹 이뤄졌다 해도 그다음에는 또 다른 상황이 펼쳐진다. 그렇다면 무엇을 완성이라 할 수 있을까. 같은 주제로 강의를 해도 청중에 따라 장소에 따라 날씨에 따라 또 강사의 컨디션에 따라 매번 다른 강의가 펼쳐진다. 그러니 완벽한 상태를 설정한다는 그 자체가 아예 불가능하다.

특히 자본주의는 있지도 않은 완벽한 행복과 성공이 있는 것처럼 선전하고, 사람들은 그곳을 향해 달려간다. 무언가 애를 써서 완벽하게 만들어 놓으면 그때부터 고생 끝, 행복 시작이 될 줄 믿고 달려가지만, 이는 과정이야 어떻든 목적만 달성하면 된다는 생각으로 이어진다. 그 과정에서 온갖 편법이 동원되고 사건 사고들이 터지면서 감정이 얽히고 삶이 탁해진다. 완성되었나 싶었는데 또다시 시작이다. 오직 순환만이 있을 뿐이다. 그러니 턱도 없는 완벽에 대한 집착일랑 벗어 버리고 『주역』을 길잡이 삼아 조금은 유쾌하고 가볍게 살 일이다. 그렇다고 대충 하라는 말은 아니다. 『주역』은 매사 지금의 조건에서 내가 할 수 있는 그만큼을 하면서 생기 있게 살라고 한다.

셋째, 겸손이 최고의 미덕임을 깨우쳐 준다. 64괘 모두 흉(凶)과 회(悔), 린(吝)을 하나 정도는 가지고 있다. 그런데 겸손에 대해 말하는 지산 겸(地山 謙)만은 흉함도 후회도 부끄러움도 없다. 모든 효가 길하거나 길함에 가깝다. 겸손하면 모든 것이 길하다는 뜻이다. 땅 속에 산이 있는 형상을 한 겸괘는 자신에게 덕이 있으면서도 그 덕에 대한 인정과 대가를 바라지 않는다. 겸손의 반대는 가득 참이다. 그런데 자연은 가득 찬 것을 그냥 두지 않는다. "하늘의 도는 가득 찬 것을 덜어 내서 겸손한 것에 보태 준다." 해가 중천에 뜨면 바로 기울어지기 시작하고, 달은 가득 차면 이지러지기 시작하는 것이 그것이다. "땅의 도는 가득찬 것을 변화시켜 겸손한 것으로 흐르게 한다." "물이 가득 차면 반드시 터져서 흘러내려 여러 갈래로 흩어져 낮은 곳을 채우는 것이 그것이다." "귀신은 가득 찬 것을 해치고 겸손한 것에 복을 준다." "인간의 도는 가득 찬 것을 미워하고 겸손한 것을 좋아한다."(정이천, 『주역』, 글항아리, 2015, 347~348쪽) 하늘과 땅, 귀신과 인간이 모두 가득 찬 것은 미워한다고 하니 그저 무엇이든 많이 가지려고 하는 것은 자신에게 해를 끼칠 일을 그렇게 열심히들 하고 있는 것이라고 할 수 있다.

공자님이 흠모해 마지않았다는 주공은 『주역』에 하나의 도가 있으니, 그것으로 크게는 천하를 지킬 수 있고, 중간 정도로는 그 국가를 지킬 수 있으며, 작게는 그 몸을 지킬 수 있는 바, 곧 '겸허함'을 이른다고 하였다. 겸손함이야말로 천지만물이 한시도 정체됨 없이 순환의 리듬을 타고, 흐르고 또 흐르면서 만물을 낳고 살리게 하는 원동력이 아닐까. 『동의보감』에서 말하는 양생의 기본 원리인, '줄이고 또 줄이라'는 것과도 통하고, '낳고 또 낳는 것을 일러 역이라 한다'(생생지위역)는 역의 원리에도 딱 들어맞는 덕목이다.

이상 세 가지 이치만이라도 삶에 적용할 수 있다면 현대인들이 겪는 불안과 초조로부터 조금은 자유로울 수 있지 않을까. 그렇다면 뭘 망설이겠는가. 공자가 달아 놓은 열 개의 날개로 오늘 우리에게까지 날아온 『주역』, 하늘과 땅을 준칙 삼아 살아가는 우리에게 『주역』만큼 유용한 GPS가 어디 있겠는가. 가장 오래되고 가장 지혜로운 존재의 GPS 『주역』을 삶의 구체적인 현장에 적용해 보기로 하자.

『주역』의 구성과 기본용어

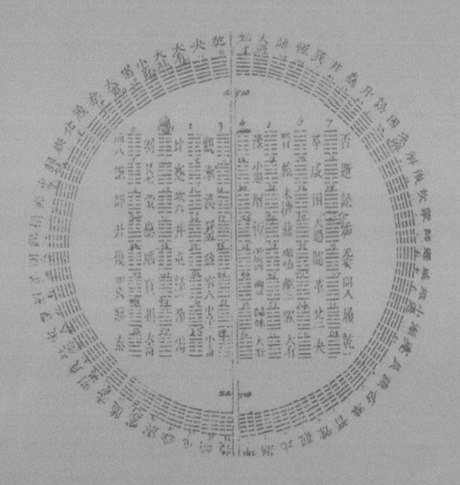

1.
『주역』의
구성

『주역』(周易)은 주(周)나라의 역(易), 즉 중국 '주나라에서 통용되던 역'이라는 의미다. 고대 사회에서는 중요한 일을 결정할 때 점을 쳤다. 우주만물의 법칙을 기준으로 삼아 점괘를 해석하고 길흉을 판단했는데 이때 사용하던 점서를 '역'(易)이라 불렀다. '역'이라는 글자의 유래에는 다양한 설이 있으나, 온몸의 색깔이 잘 변화하는 동물인 석척(蜥蜴), 즉 도마뱀을 모방해 만든 상형문자라는 설과 '日'과 '月'이 합쳐진 글자로, 생성 변화하는 우주만물의 근원이 되는 음양을 상징한다는 설이 대표적이다. 여기에 공통되는 키워드는 '변화'이다. 따라서 점서를 '역'이라고 명명한 데에는 '역이 끊임없이 변화하는 천지자연의 법칙을 탐구하는 책'이며, '그 이치는 해와 달이 뜨고 지는 것처럼 쉽고 간단하다'는 의미가 담겨 있다.

　『주역』은 본 텍스트인 경(經)과 경을 해설한 열 편의 전(傳)으로 구성돼 있다. 이를 「역경」(易經)과 「역전」(易傳)으로 구분해서 부르기도 하지만, 일반적으로 『주역』이라고 하면 때론 「역경」을, 때론 「역경」과 「역전」을 통칭하는 뜻으로 혼용한다. 『주역』이 경과 전으로 구성되어 있다는 것을 알면 명칭에 따른 큰 혼란은 없을 것이다.

1) 64괘 384효

『주역』의 본 텍스트는 64괘로 구성되어 있고, 각 괘에는 여섯 개의 효가 달려 있다. 따라서 「역경」은 총 64괘 384효로 이루어진다. 64괘와 384효는 어떤 원리에서 나온 것일까.

「계사전」에 이와 관련된 해설이 있다. "역에는 태극이 있고, 태극은 양의(兩儀)를 낳으며, 양의는 사상(四象)을 낳고, 사상은 8괘(八卦)를 낳는다"(남회근, 『주역계사 강의』, 345쪽). 이를 간략하게 표로 그리면 다음과 같다.

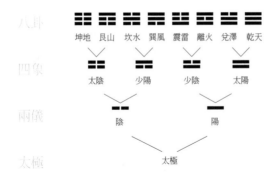

『주역』에서는 이 우주에 오로지 하나의 법칙, 즉 모든 것은 변한다는 법칙이 있다고 본다. 이를 큰 법칙, 대원칙이라는 뜻으로 태극이라 한다. 이러한 법칙이 움직이기 시작하면 음양으로 변환된다. 이를 음양을 낳는다고 표현한 것이다. 음과 양을 양의라고 하는데, 두 개의 틀이라는 의미다. 오직 음과 양, 이 둘의 상호작용에 의해 우

주 만물이 생겨나고 변화하고 순환한다.『주역』에서는 이를 부호화
하여 양을 '━'로, 음을 '╍'로 나타낸다.『주역』의 모든 괘는 이 두 부
호의 조합으로 이루어진다. 이 부호는 다양한 의미로 해석되지만 일
단 양을 하늘 또는 남자로, 음을 땅 또는 여자로 생각해 두자.

　음양에서 사상(四象)이 생긴다. 즉, 양에 양이 더해져서 태양
(太陽, ⚌), 양에 음이 더해져서 소음(少陰, ⚎), 음에 음이 더해져서
태음(太陰, ⚏), 음에 양이 더해져서 소양(少陽, ⚍)이 된다. 이는 사
시(四時), 즉 춘하추동을 의미한다. 우리에게 익숙한 사상체질도 여
기에 기반을 두고 있다.

　사상(四象)에 다시 음과 양이 겹쳐진 것이 8괘(八卦)다. 따라서
8괘는 세 개의 획으로 구성되는데 건(乾, ☰ : 하늘), 태(兌, ☱ : 연못),
리(離, ☲ : 불), 진(震, ☳ : 우레), 손(巽, ☴ : 바람), 감(坎, ☵ : 물), 간(艮,
☶ : 산), 곤(坤, ☷ : 땅)이 그것이다. 모든 것은 변한다는 대원칙 위에
서 음과 양의 움직임이 만들어 내는 이 여덟 가지 기운이 우주만물
을 구성하는 기본 질료가 된다. 그럼 왜 세 개의 획을 기본으로 삼았
을까.『주역』에서는 두 발로 서서 하늘을 보고 땅을 살펴서 그 이치
를 탐구하며 자신의 길을 열어 가는 존재가 인간이라고 본다. 즉 천
· 지 · 인이 함께 이 세상을 영위한다고 보았기에 세 개의 획으로 이
것을 나타냈고 이를 삼재(三才)라 한다. 삼재로 구성된 8괘를 소성
괘(小成卦)라고 부른다.

　8괘가 다시 64괘를 낳는다. 우주에는 건 · 태 · 리 · 진 · 손 · 감 ·
간 · 곤 여덟 가지 기운밖에 없다고 했다. 이를 중첩해서 만들 수 있
는 경우의 수가 예순넷이고 이를 소성괘의 확장판이라는 의미에서

대성괘(大成卦)라고 한다. 인간사에서 일어날 수 있는 어떤 사건도 이 예순네 가지 범주를 벗어나는 것은 없다고 보고 그것을 음양의 부호로 나타낸 것이 64괘다. 각 괘마다 여섯 개의 효(爻)가 달려 있으니 총 384효가 된다. 효가 여섯인 이유는 인간사 어떤 상황이든 여섯 단계를 넘어서는 일은 없기 때문이라고 한다. 여섯 단계를 지나면 상황이 바뀌게 된다는 것이다. 이런 법칙 위에서 『주역』의 본 텍스트가 64괘 384효로 구성되었다.

64괘의 순서를 보면, 양효로만 이루어진 건(乾, ☰)괘와 음효로만 이루어진 곤(坤, ☷)괘를 둘씩 겹친, 중천 건(重天 乾, ䷀)괘와 중지 곤(重地 坤, ䷁)괘로 출발해서, 리(離, ☲ : 火)괘와 감(坎, ☵ : 水)괘로 구성된 화수 미제(火水 未濟, ䷿)괘로 마친다. 미제는 '건너지 못했다'는 뜻으로 자연의 세계에서 완성으로 끝나는 것은 없다는 걸 의미한다. 따라서 64괘의 순서가 이런 순서로 구성된 것은 이 세계가 건과 곤이라는 두 기운의 상호작용으로 펼쳐지는, 끊임없는 변화와 순환의 세계임을 말해 준다.

괘상(卦象)	괘명(卦名)	수(數)와 상징	괘명과 괘상 암기법	의미
☰	**건**괘(乾卦)	**일건천**(一乾天)	건삼련(乾三連) 건은 (막대기) 셋이 다 이어져 있다	**강건하다(健)**
☱	**태**괘(兌卦)	**이태택**(二兌澤)	태상절(兌上絶) 태는 위가 끊어져 있다	**기쁘다(悅)**
☲	**리**괘(離卦)	**삼리화**(三離火)	리중절(離中絶) 리는 중간이 끊어져 있다	**붙다/걸다(麗)**
☳	**진**괘(震卦)	**사진뢰**(四震雷)	진하련(震下連) 진은 아래가 이어져 있다	**움직이다(動)**
☴	**손**괘(巽卦)	**오손풍**(五巽風)	손하절(巽下絶) 손은 아래가 끊어져 있다	**들어가다(入)**
☵	**감**괘(坎卦)	**육감수**(六坎水)	감중련(坎中連) 감은 중간이 이어져 있다	**구덩이에 빠지다(陷)**
☶	**간**괘(艮卦)	**칠간산**(七艮山)	간상련(艮上連) 간은 위가 이어져 있다	**멈추다(止)**
☷	**곤**괘(坤卦)	**팔곤지**(八坤地)	곤삼절(坤三絶) 곤은 셋다 끊어져 있다	**유순하다(順)**

	1	2	3	4	5	6	7	8
1	重天乾 중천건	重地坤 중지곤	水雷屯 수뢰둔	山水蒙 산수몽	水天需 수천수	天水訟 천수송	地水師 지수사	水地比 수지비
2	風天小畜 풍천소축	天澤履 천택리	地天泰 지천태	天地否 천지비	天火同人 천화동인	火天大有 화천대유	地山謙 지산겸	雷地豫 뇌지예
3	澤雷隨 택뢰수	山風蠱 산풍고	地澤臨 지택림	風地觀 풍지관	火雷噬嗑 화뢰서합	山火賁 산화비	山地剝 산지박	地雷復 지뢰복
4	天雷无妄 천뢰무망	山天大畜 산천대축	山雷頤 산뢰이	澤風大過 택풍대과	重水坎 중수감	重火離 중화리	澤山咸 택산함	雷風恒 뇌풍항
5	天山遯 천산둔	雷天大壯 뇌천대장	火地晉 화지진	地火明夷 지화명이	風火家人 풍화가인	火澤睽 화택규	水山蹇 수산건	雷水解 뇌수해
6	山澤損 산택손	風雷益 풍뢰익	澤天夬 택천쾌	天風姤 천풍구	澤地萃 택지췌	地風升 지풍승	澤水困 택수곤	水風井 수풍정
7	澤火革 택화혁	火風鼎 화풍정	重雷震 중뢰진	重山艮 중산간	風山漸 풍산점	雷澤歸妹 뇌택귀매	雷火豐 뇌화풍	火山旅 화산려
8	重風巽 중풍손	重澤兌 중택태	風水渙 풍수환	水澤節 수택절	風澤中孚 풍택중부	雷山小過 뇌산소과	水火旣濟 수화기제	火水未濟 화수미제

2) 괘의 구성과 풀이

지금까지 『주역』의 본 텍스트가 64괘 384효로 이루어진 내력을 알아보았다. 여기서는 각 괘의 구성과 그것을 풀이하는 방법을 간략하게 짚고 가자.

① 괘의 구성

각 괘는 괘상(卦象), 괘명(卦名), 괘사(卦辭), 효사(爻辭)로 구성되어 있다. 괘상은 괘를 음양 부호로 나타낸 것이고, 괘명은 괘의 이름이고, 괘사는 괘가 담고 있는 상황을 나타내는 말이며, 효사는 효에 붙인 말이다. 괘(卦)는 '걸다'라는 의미로, 글이나 그림을 음미할 때 벽에 걸어 두고 보듯이 자연의 여러 현상, 인간 삶에서 경험할 수 있는 여러 상황이나 사건을 부호로 만들어서 걸어 놓고 본다는 뜻이다. 효(爻)라는 글자에는 '모방하다, 교류하다'라는 의미가 있다. 여섯 효를 통해 만물이 서로 교류하며 만들어 내는 다양한 변화와 움직임을 모방하여 보여 주고 있다는 뜻이다.

64괘 중 다섯번째인 수천 수(水天 需, ䷄)괘를 예로 들어 『주역』의 괘가 실제로 어떻게 구성되어 있는지를 보자.

괘상을 보면 감괘(☵)가 상징하는 물(水)이 위에 있고, 건괘(☰)가 상징하는 하늘(天)이 아래에 있다. 위에 있는 감괘를 상괘(上卦) 또는 외괘(外卦)라 하고, 아래에 있는 건괘를 하괘(下卦) 또는 내괘(內卦)라 한다. 괘를 그릴 때는 맨 아래 초효부터 차례로 그려 올라

괘상		䷄				
괘명		水天 需				
괘사		需, 有孚, 光亨, 貞吉, 利涉大川.				
효사	上六	入于穴, 有不速之客三人來, 敬之, 終吉.	마침		상왕	상괘 (외괘)
	九五	需于酒食, 貞吉.			군주	
	六四	需于血, 出自穴.	↑		재상	
	九三	需于泥, 致寇至.			중간 관리자	하괘 (내괘)
	九二	需于沙, 小有言, 終吉.			덕 있는 인재	
	初九	需于郊, 利用恒, 无咎.	시작		백성	

가지만, 읽을 때는 상괘부터 읽어서 '수천 수'(水天 需)라고 한다. 수(水)가 위에, 천(天)이 아래에 놓인 괘를 '수'(需)라고 부른다는 뜻이다(64괘에는 이런 방식으로 각기 다른 이름들이 붙는다). 괘 이름 밑에 괘사가 오고, 괘사 밑에 여섯 개의 효사가 달린다.

여섯 효에는 각각의 이름이 있다. 맨 아래에서부터 초효(初爻), 이효(二爻), 삼효(三爻), 사효(四爻), 오효(五爻), 상효(上爻)라고 부른다. 맨 아래를 일효라 하지 않고 초효, 맨 위는 육효라 하지 않고 상효라고 한다. 다시 음효냐 양효냐에 따라 양효에는 구(九), 음효에는 육(六)을 붙여 음양을 구별한다. 수괘는 아래부터 양효, 양효, 양효, 음효, 양효, 음효로 구성되어 있다. 따라서 아래부터 초구, 구이, 구삼, 육사, 구오, 상육이라고 부른다. 여기서도 초효를 구초가 아니라 초구라 하고, 육상이 아니라 상육이라 하는 점에 유의하자.

괘사가 사건의 전체적인 상황을 말해 준다면, 효사는 그 상황 안에서 개인이 처하게 되는 각 단계, 저마다의 처지를 나타낸다. 시간적으로 볼 때, 초효와 상효는 일의 시작과 마침을 의미하는 경우가 많다. 초효에서 시작된 일이 각 단계를 거치며 진행되다가 마지막 상효를 지나면서 상황이 다른 국면으로 전환된다고 생각하면 된다. 공간적으로 볼 때 효사는 한 개인이 처한 사회적 지위를 나타낸다. 이때 오효의 자리가 가장 중요하다. 그러므로 오효는 주로 왕, 군주, 사건의 핵심에 있는 권력자를 의미할 때가 많다. 오효를 기준으로 나머지 자리가 구성되는데, 사효는 오효를 최측근에서 돕는 사람(재상), 삼효는 책임 있는 직책을 맡고 있는 신하(중간 관리자), 이효는 오효인 군주와 호응하여 정치를 실행할 수 있는 재야의 덕 있는 선비(재야의 인재), 오효와 가장 먼 거리에 있는 초효는 백성, 상효는 군주의 자리에서 물러난 사람(상왕)의 자리로 본다. 각 효의 자리를 이렇게 사회적 지위로 해석하는 것이 일반적이지만, 상황에 따라 얼마든지 다양하게 해석할 수 있다.

② 괘 풀이

'수천 수(需)'괘를 간단하게 풀어 보자. 괘 풀이를 할 때는 먼저 괘의 모양을 본다. 하늘 위에 물이 있는 형상이다. 위에 있는 감괘(☵, 물)는 '구덩이에 빠지다'로, 건괘(☰, 하늘)는 '강건하다'로 해석할 수 있다고 했으니, 아래의 강건한 기운이 위로 나아가려 하지만 앞에 물구덩이가 있어서 여의치 않은 상황임을 나타낸다. 그다음

괘 이름을 풀이한다. '需'라는 글자에는 '성장과 기다림'이라는 의미가 있다. 이를 괘상과 연결해 보면 수라는 괘명에는, 앞에 장애가 놓여 있어 나아가기 힘든 때이니 성장을 도모하며 때를 기다려야 한다는 의미가 담겨 있음을 알 수 있다. 이 상황을 조금 더 명확하게 풀어준 것이 괘사, '需, 有孚, 光亨, 貞吉, 利涉大川'수, 유부, 광형, 정길, 리섭대천이다. 한자 원문을 번역하면, "수괘는 내면에 꽉 찬 믿음이 있어서 빛나고 형통하며 올바름을 지키고 있어 길하니, 큰 강을 건너는 것이 이롭다"가 된다. 즉 괘사는 수괘의 상황이 전체적으로 보아 험난함이 앞에 있어서 기다려야 하되, 마냥 넋 놓고 있는 게 아니라, 믿음을 가지고 올바름을 굳게 지키면서 때가 되면 나아가 큰일을 할 수 있도록 자신의 성장을 도모해야 하는 때임을 알려 준다.

괘상, 괘명, 괘사를 통해 전체적인 그림을 그렸다면 이제부터 그 상황이 어떤 단계들을 거치면서 진행될지 효사를 통해 알아보자.

初九, 需于郊, 利用恒, 无咎.초구, 수우교, 리용항, 무구. "초구효는 교외에서 기다리는 것이니 항상됨을 지키는 것이 이롭고 허물이 없다." 즉 물(위험)을 나타내는 상괘와 가장 멀리 떨어져 있어, 교외에서 동요됨이 없이 편안하게 기다리는, 여유로운 처지다. 이렇게 초조한 마음 없이 항심을 가지고 기다리면 허물이 없다는 것이다.

九二, 需于沙, 小有言, 終吉.구이, 수우사, 소유언, 종길. "구이효는 모래사장에서 기다리는 것이니 구설수가 조금 있지만 끝내 길하리라." 초구보다는 물(위험)에 가까운 모래사장에서 기다리므로 구설수가 조금 생기지만, 하괘의 가운데에 자리한 이효는 덕을 지닌 자로 인내심을 가지고 기다리니 마침내는 길하다.

九三, 需于泥, 致寇至.구삼, 수우니, 치구지. "구삼효는 진흙탕에서 기다리니 도적이 이르도록 자초한다." 위험을 나타내는 감괘와 붙어 있어 위험이 코앞까지 다가온 상태다. 자칫 조바심이 나서 섣불리 움직이면 도적을 불러들이는 꼴이 될 수 있다.

六四, 需于血, 出自穴.육사, 수우혈, 출자혈. "육사효는 피를 흘리며 기다리는 것이니 스스로 안전한 곳에서 나온 것이다." 육사는 상괘, 즉 물(험난함)에 빠진 상태다. 그래서 직접적인 피해를 입어 피를 흘리게 된다. 이 단계가 되면 기다림을 포기하기 쉽다.

九五, 需于酒食, 貞吉.구오, 수우주식, 정길. "구오효는 술과 음식을 먹으며 기다리니 바르고 길하다." 구오는 양의 기운을 가진 강건한 군주로 상괘의 가운데에 위치한 자다. 현재 벌어지고 있는 상황을 전체적인 시각에서 볼 수 있다. 따라서 아직 움직일 때가 아님을 꿰뚫어보고 술과 음식으로 자신의 덕을 쌓으며 편안히 기다리고 있다. 그것이 지금 수괘의 상황에서 취할 수 있는 올바름이기 때문에 길하다고 했다.

上六, 入于穴, 有不速之客三人來, 敬之, 終吉.상육, 입우혈, 유불속지객삼인래, 경지, 종길. "상육효, 편안한 곳으로 들어가는 것이니 부르지 않은 손님 셋이 오지만 그들을 공경하면 끝내 길하리라." 상육은 현직에서 물러난 자리에 있는 자라 동굴에 들어가 느긋하게 기다리면서 국면이 전환되기를 여유롭게 기다리고 있다. 마침내 국면이 바뀌기 시작하면서 자연스레 아래에 있던 세 양효가 오게 된다. 이때 그들을 공경하며 맞이하면서 끝내 길하게 된다. 흐름에 따라 처신해서 끝내 길한 것이다.

이와 같이 각 괘를 공부하다 보면 지금 내 앞에 펼쳐진 상황이 어떤 괘의 상황이며, 그 상황이 어떤 단계로 진행될지, 그중에서 지금 내가 어떤 단계를 지나고 있는지를 알아채게 되고, 앞으로 어떤 태도로 임해야 할지를 판단하는 데 도움을 얻을 수 있다. 그와 동시에 각자의 위치, 기질, 관계를 맺는 방식 등에 따라 같은 상황을 다르게 겪을 수도 있다는 걸 알게 되고, 그럼으로써 상황을 폭넓게 보는 안목을 기를 수 있다. 나머지 괘의 풀이는 이후 여덟 명의 필자가 펼쳐 낼 이야기 속에서 함께 살펴보기로 하자.

3) 「역전」(易傳)

「역전」은 『주역』의 본 텍스트인 「역경」의 이해를 돕기 위해 쓴 해설서이다. 총 열 편으로 구성되어 있어 십익(十翼)이라고도 하는데, 열 개의 날개라는 뜻이다. 저자에 대해서는 여러 설이 있으나 상세한 것은 학자들에게 맡기고, 공자님이 쓰셨다고 생각해도 큰 문제는 없겠다. 이를 간략하게 표로 정리하면 다음과 같다.

이름		내용
단전(彖傳)	상	단(彖)이란 판단한다는 의미.
	하	단전은 괘명과 괘사 풀이로 괘의 근본 의미를 단적으로 밝힌 글.
상전(象傳)	대상전	괘상과 효에 깃든 자연과 인간사회의 원리를 풀이한 글.
	소상전	괘상 해설을 대상전, 효사 해설을 소상전이라 한다.
계사전 (繫辭傳)	상	계사(繫辭)란 「역경」에 연결되는 말이라는 뜻. 『주역』 철학사상의 핵
	하	심이 담겨 있어, 『주역』을 이해하려면 꼭 읽어야 한다.
문언전(文言傳)		만물을 낳는 부모인 건괘와 곤괘에만 있는 별도의 해설이다.
설괘전(說卦傳)		건/태/리/진/손/감/간/곤 8괘의 상징적 의미와 이 8괘가 서로 섞여 이루는 관계 등에 관해 집중 탐구한다.
서괘전(序卦傳)		건괘에서 시작하여 미제괘로 이어지는 64괘의 순서를 의미론적으로 설명한 글.
잡괘전(雜卦傳)		잡괘란 괘를 섞어 놓았다는 뜻으로, 64괘를 음양이 상반되는 두 괘씩 짝을 짓거나 몇 괘씩 묶어 설명함으로써 각 괘의 특성을 좀 더 선명하 게 드러내는 글.

* 단전과 계사전을 상전·하전으로 나누어 놓은 것은 「역경」이 '상경'(1. 중천 건~30. 중화 리)과 '하경'(31. 택산 함~64. 화수 미제)으로 구성되어 있기 때문이다.

『주역』을 읽기 위해서는 자주 사용되는 용어들을 알아야 한다. 이 장에서는 이 책을 이해하는 데 꼭 필요한 용어들을 아래 두 괘를 예로 들어 설명해 보고자 한다.

 水火 旣濟
수화 기제

 火水 未濟
화수 미제

1) 효의 위치를 나타내는 용어

位위 · 正정 · 中중

위(位)는 효의 자리를 말한다. 여섯 개의 효에는 각기 자기 자리가 있다. 홀수인 초효·삼효·오효는 양효(陽爻━)의 자리이고, 짝수인 이효, 사효, 상효는 음효(陰爻━━)의 자리다.

정(正)은 자리가 바르다는 뜻이다. 초효·삼효·오효에 양효가 오고, 이효·사효·상효에 음효가 올 때, 이를 바르다(正)고 한다. 기제괘의 경우, 양효의 자리인 초효·삼효·오효의 자리에 모두 양효가 오고, 음효의 자리인 이효·사효·상효에 모두 음효가 왔으므로 모든 효가 정(正)이다. 반면 미제괘의 경우, 양효의 자리인 초효·삼효·오효의 자리에 모두 음효가 오고, 음효의 자리인 이효·사효·상효의 자리에 모두 양효가 왔으므로 모든 효가 부정(不正)이다.

중(中)은 효의 자리가 괘의 가운데에 위치한다는 뜻이다. 여기서 가운데라는 것은 소성괘를 중심으로 본 것이다. 따라서 하괘의 가운데인 이효와 상괘의 가운데인 오효가 중의 자리가 된다. 기제 괘에서는 육이와 구오가, 미제 괘에서는 구이와 육오가 중(中)이 된다. 이때 이효가 음효인 육이, 오효가 양효인 구오라면 중(中)과 정(正)을 다 얻었기에 중정(中正)하다고 하여 가장 좋은 것으로 본다. 기제 괘의 이효, 오효가 이에 해당한다. 그러나 둘 중 하나를 택하자면 정(正)보다는 중(中)을 더 중요하게 여긴다.『주역』에서는 때(時)를 아는 것을 매우 중요하게 생각하는데 중(中)을 얻으면 어느 때 어느 장소에서나 이치에 합당할 수 있기 때문이다. 중(中)은 정(正)을 포함하는 개념으로, 정(正)하지만 중(中)하지 않을 수는 있으나, 중(中)하면서 정(正)하지 않는 경우는 없다.

2) 효의 관계를 나타내는 용어

應_응·比_비·乘_승·承_승

『주역』에서는 개개의 효가 어떤 자리에 있는가도 중요하지만, 다른 효들과 어떻게 관계 맺는가가 더 중요하다. 효들 간의 관계를 나타내는 용어 중 가장 많이 사용되는 몇 가지를 살펴보자.

응(應)은 효 사이의 관계를 나타내는 용어 중 가장 중요하다. 효사의 길흉을 판단할 때도 응을 하느냐 안 하느냐가 매우 중요한 기준이 된다. 여섯 개의 효에서 초효와 사효, 이효와 오효, 삼효와 상효가 짝을 이루는데, 이때 하나가 양, 다른 하나가 음으로 짝을 이룰 때 두 효가 응한다고 한다(소성괘를 중심으로 보면 내괘[하괘]의 초효, 이효, 삼효와 외괘[상괘]의 초효, 이효, 삼효가 각각 음양으로 만나는 경우다). 그중에서도 이효와 오효의 응을 가장 중요하게 생각한다. 군주(오효)와 신하(이효)의 관계로 서로 호응하기 때문이다. 특히 오효가 양이고 이효가 음인 경우가 가장 이상적이다. 기제괘와 미제괘는 모든 효가 서로 응을 한다는 점에서는 같다. 그러나 기제괘는 오효가 양효, 이효가 음효로 응을 하고, 미제괘는 이와 반대로 오효가 음효, 이효가 양효로 응을 한다는 점이 다르다.

비(比)는 이웃하고 있는 효의 관계를 말한다. 초효와 이효, 이효와 삼효, 삼효와 사효, 사효와 오효, 오효와 상효가 비의 관계를 맺고 있다. 비의 관계 역시 음양으로 만나야 좋은 것으로 본다.

승(乘)은 음효가 양효에 올라탄다는 의미이다. 아래에 있어야 마땅한 음효가 양효 위에 있어, 신하가 군주를, 소인이 군자를 무시하는 모습이라 하여 길하지 않다고 해석되는 경우가 많다.

승(承)은 음효가 양효를 잇는 관계를 말한다. 즉 음효가 순리에 따라 양효 아래서 위 효를 받든다는 의미로, 대체로 어진 신하가 현명한 군주를 받드는 긍정적인 의미로 해석되는 경우가 많다.

3) 점괘를 풀이하는 용어

吉 · 凶 · 悔 · 吝 · 无咎 · 厲

『주역』의 본 텍스트인 괘사와 효사에 길(吉), 흉(凶), 회(悔), 린(吝), 무구(无咎), 려(厲)라는 글자들이 자주 등장한다. 이 밖에도 다양한 글자들이 나오지만 괘사와 효사를 풀이하려면 최소한 이 글자들은 알아야 한다. 이건 『주역』이 점을 치는 책이라는 것과 관련이 있다. 지금 내가 당면하고 있는 문제 상황에서 어떻게 처신해야 할지를 묻고 그에 대한 응답으로 어떤 효사가 주어진다. 그러면 그 효사로써 지금의 내 상황을 진단하고 대응 태도를 결정하게 되는데, 그때 상황을 판단하고 내 태도를 결정하는 데 기준이 되는 글자가 길, 흉, 회, 린, 무구, 려 등이다.

길(吉) · 흉(凶)은 '행과 불행, 아름다움과 추함, 얻음과 잃음'으로 이해할 수 있다. 그러나 길 · 흉이 고정되어 있지 않다. 상황에 따라 얼마든지 역전될 수 있고, 처지가 바뀌면 달리 해석될 수 있다. 예를 들어, 무언가를 '얻는다'는 것이 가진 게 없어 힘든 이에게는 길하지만 이미 과하게 쌓아 놓은 사람에게는 흉할 수도 있다. 고로, 세상에 절대적인 길과 흉은 없다고 보는 것이다.

회(悔)는 '후회한다'는 의미로, 뭔가 마음이 불편하고 고민스럽고 즐겁지 않은 상태를 나타낸다. 그러나 자신의 행동을 후회하고 뉘우침으로써 길함으로 가고자 하는 마음 상태를 의미한다. 린(吝)은 '인색하다, 부끄럽다'로 번역을 하는데, 자신의 잘못을 인정하는 데에 인색해서 부끄럽다는 뜻이다. 과오(過誤)를 깨닫지 못하거나,

깨달았더라도 인정하지 않고 고집을 부리는, 교만하고 오만한 태도를 보임으로써 흉함으로 갈 확률이 높다. 길과 흉을 놓고 볼 때, 회(悔)는 길함에, 린(吝)은 흉함에 더 가깝다.

무구(无咎)는 허물이 없는 상태이다. '无'는 '無'와 같은 뜻으로 『주역』에서는 無 대신 无를 쓴다. 구(咎)는 허물, 재앙, 근심을 뜻한다. 고로 무구는 길하지도 않지만 흉함도 없는 상태로, 잘못을 깨닫고 고쳐서 상황에 잘 대처하니 길한 것은 아니지만 허물도 없다는 말이다. 무구는 대체로 "~을 하면 허물이 없다"라고 쓰인다. 이는 인생의 마디를 통과할 때 매 순간 조심하고 경계하며 나아가는 태도가 중요하다는 걸 말하는 것이다.

려(厲)는 '위태롭다, 위험하다, 고생스럽고 힘들다'로 풀이한다. 위태롭고 위험한 순간은 대체로 삿된 마음으로부터 생긴다. 과욕, 조바심, 겸손하지 못한 마음이 위험을 초래한다. 그리고 이러한 상황이 결국 심신의 고생스러움과 힘듦으로 드러난다. 고로 려는 눈앞의 사리사욕에 얽매여 넓게 보고 멀리 내다보는 안목을 가지지 못하면 위태롭다는 것을 경계하는 말이다. 상황을 위태롭게 인식하지 않고 자만하거나 방심하는 것 자체가 흉한 것이니, 늘 조심하고 또 조심하라는 의미로 읽을 수 있다.

이상의 용어들을 길과 흉을 기준으로 간단하게 정리하면 다음과 같다. 양 끝에 길과 흉이 있고 그 가운데 길도 흉도 아닌 무구가 있고 길에 더 가까운 회, 흉에 더 가까운 린이 있다고 이해하면 쉬울 것이다. 물론 이렇게 고정 불변하는 의미로 못 박을 수는 없지만, 처음에는 좀 단순하게 접근하는 것도 유용하다(다음 페이지의 표 참조).

용어	吉(길)	悔(회)	无咎(무구)	吝(린)	凶(흉)
의미	길하다. 운이 좋다. 일이 상서롭다. 아름답다. 착하다. 훌륭하다.	뉘우치다. 뉘우침을 통해 길함으로 나아가다.	허물이 없다. 길하지는 않지만 흉은 없다.	인색하다. 주저하다. 허물을 고치는 데 인색하여 흉함으로 나아가다.	흉하다. 두려워하다. 근심하다. 속을 태우다. 부정하다. 운이 나쁘다. 다투다. 시비가 생기다. 해치다.

우리는 보통 '길(吉)하다', '흉(凶)하다'라고 하면, '좋다', '나쁘다'에 해당하는 일이 정해져 있는 것으로 생각하는 경향이 있다. 우주만물은 한시도 가만있지 않고 움직이고, 움직이는 한 길·흉·회·린은 피할 수 없다. 그것이 삶이다. 그리고 이마저도 계속 변화한다. 아침에는 흉했다가 오후에는 길하고 오후에는 길했다가 저녁에는 후회하고, 오늘 흉하다고 생각했던 일이 시간이 지나서 보니 길함이 되기도 하는 것이다. 그러니 어떤 문제 상황이 발생했을 때 어떻게 처신하는 게 옳은지 그른지, 득이 될지 실이 될지는 각자가 처한 상황이나 처지, 욕망, 그리고 주변과의 관계가 변화함에 따라, 그때그때 다르게 해석할 수 있다는 걸 기억하자.

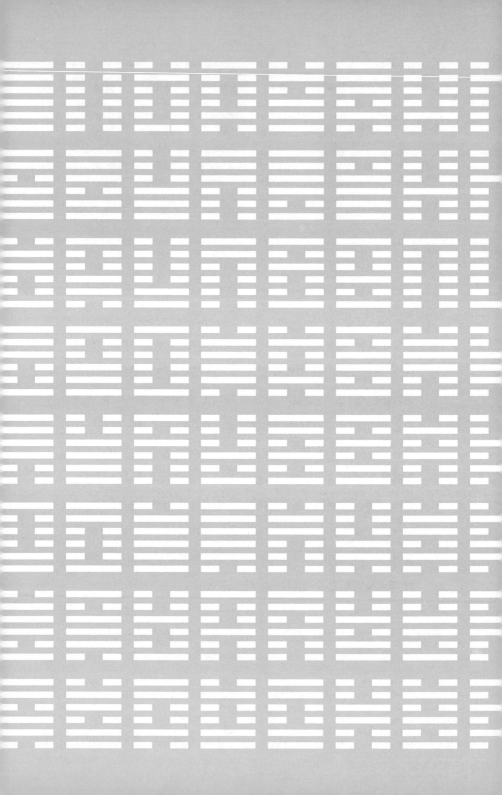

내 인생의 주역

중천 건,

전전긍긍이 아니라
종일건건

오창희

———

重天乾 중천 건

乾, 元, 亨, 利, 貞. 건, 원, 형, 리, 정.

건은 만물을 시작하게 하는 근원이고, 만물을 성장시켜 형통하게 하고, 만물을 촉진시켜 이롭게 하고, 만물을 완성시켜 바르게 한다.

初九, 潛龍, 勿用. 초구, 잠룡, 물용.

초구효, 물에 잠긴 용이니 쓰지 말라.

九二, 見龍在田, 利見大人. 구이, 현룡재전, 리견대인.

구이효, 용이 나타나 밭에 있으니 대인을 만나는 것이 이롭다.

九三, 君子終日乾乾, 夕惕若, 厲, 无咎. 구삼, 군자종일건건, 석척약, 려, 무구.

구삼효, 군자가 종일토록 그침 없이 힘쓰며 저녁이 되어도 두려운 듯이 하면 위태로우나 허물이 없다.

九四, 或躍在淵, 无咎. 구사, 혹약재연, 무구.

구사효, 혹 뛰어 오르거나 연못에 있으면 허물이 없다.

九五, 飛龍在天, 利見大人. 구오, 비룡재천, 리견대인.

구오효, 날아오른 용이 하늘에 있으니 대인을 만나는 것이 이롭다.

上九, 亢龍, 有悔. 상구, 항룡, 유회.

상구효, 너무 높이 올라간 용이니 후회가 있다.

用九*, 見羣龍, 无首, 吉. 용구, 견군룡, 무수, 길.

용구효, 여러 용을 보되 우두머리가 되지 않으면 길하다.

---

* 『주역』의 각 괘에는 여섯 개의 효가 있다. 그중 중천 건과 중지 곤에만 용구와 용육이 있어서 효가 일곱이다. 중천 건과 중지 곤이 양과 음을 대표하는 괘이기 때문에 음양의 용법을 말하는 효사가 하나씩 더 있다.

『주역』64괘에는 나머지 62괘의 부모 격인 괘가 둘 있다. 중천 건(重天 乾)과 중지 곤(重地 坤)이 그것이다. 우주만물이 건과 곤, 즉 하늘과 땅, 이 둘로부터 생겨나고 변화하고 성장한다고 본다. 그래서 64괘의 첫머리에 이 두 괘를 배치했다. 그 첫번째가 중천 건이다.

중천 건은 8괘 중 '건괘'(☰)를 둘 겹쳐 놓은 것인데 이 기운을 가장 잘 드러내는 것이 하늘(天)이고, 그 자질은 강건하여 쉼이 없기 때문에 건(健)이라고 한다. 괘의 전체 메시지를 담고 있는 괘사에서는 "건은 만물을 시작하게 하는 근원이고, 만물을 성장시켜 형통하게 하고, 만물을 촉진시켜 이롭게 하고, 만물을 완성시켜 바르게 한다"라고 한다. 건은 만물을 존재케 하는 근원이라는 것이다. 효사에서는 건괘의 변화 단계를 '용'(龍)으로 표현하고 있다. 크게는 우주를 가득 채울 수도 있고 작게는 벌레로도 변신 가능하며 그 누구도 전체 모습을 본 적이 없는 용이야말로 하늘의 광대무변하고 변화무쌍한 자질을 드러내기에 가장 적절하다고 본 것이다.

여기서 두 가지가 궁금했다. 왜 중천 건의 여섯 효에서 유독 삼효에만 용이 아니라 군자가 등장할까. 그리고 삼효에서 말하는 '종일건건'은 일상에서 어떤 모습으로 드러날까.

첫번째 궁금증부터 해결해 본다. 우선 초구는 물속에 잠긴 용(潛龍)이다. 능력을 갖추었지만 아직 때가 오기를 기다리고 있다. 구이는 때에 맞춰 세상에 그 모습을 드러낸 용(見龍)으로, 기질이 강건하면서 중(中)을 얻어 만사를 원만하게 처리할 수 있는 덕성을 갖췄다. 구사는 자신 있게 날아오를 준비가 된 상태에서 시험 삼아 뛰어올라 보는 용(躍龍)이다. 구오에서 드디어 하늘로 날아오르고(飛

龍), 마지막엔 너무 높이 날아올라(亢龍) 후회를 하는 것으로 끝마친다. 이 정도면 변화의 단계를 차근차근 밟은 게 아닌가. 그러니 삼효를 빼도 무리가 없어 보인다. 그런데 굳이 삼효를 넣은 이유는 무엇일까? 그것도 용이 아니라 군자를 내세워서 말이다.

삼효는 하괘에서 가장 윗자리이며, 상괘로 들어가기 직전에 자리하고 있다. 용으로 보자면 물에서 땅으로 올라와 세상에 모습을 드러낼 만큼의 덕을 갖췄으나 아직 비룡의 자유자재함을 맘껏 드러낼 수는 없는 상태다. 땅에서 움직이던 용이 하늘로 날아오르기 위해서는 질적인 도약이 필요하다. 이를 위해서는 강도 높은 수련의 과정을 거쳐야 한다. 이런 과정 없이 날아오르려 해봤자, 날 수도 없고 행여 날아오른다 해도 천지도 모르고 날뛴다는 비난을 받기 십상이다. 그렇지만 이미 세상에 그 존재를 알린 상태니 다시 잠룡으로 돌아갈 수도 없다. 그렇다면 이 단계에서 할 일은 수련을 통해 질적 변화를 꾀하는 것이다. 용이라는 상징물로는 이것이 불가능하다. 그래서 이 분야의 전문가인 '군자'를 내세웠을 것이다. 구체적인 수련 내용은 "종일토록 그침 없이 힘쓰며(終日乾乾종일건건) 저녁이 되어도 두려운 듯이 하면서(夕惕若석척약), 위태롭게 생각하여 허물이 없도록 하는 것(厲려, 无咎무구)"이다. 소동파가 구삼의 자리를 "화복이 엇갈리는 위치이며, 성패가 결정되는 곳"(소식, 『동파역전』, 청계, 2004, 44쪽)인 동시에, 잠룡, 현룡, 약룡, 비룡의 능력이 모두 이 삼효의 건건함에 기반을 두고 있다고 본 것도 이런 이유에서다.

두번째 궁금증은 일상에서 '종일건건'은 어떤 모습으로 드러날까 하는 것. 그런데 이상하게도 '종일건건'을 생각하면 자꾸만 '전전긍긍'이 떠올랐다. "종일토록 힘쓴다", "저녁이 되어도 두려운 듯해야" 하고 "위태롭게 생각해야 허물이 없다"고 하면, 곧바로 돈을 벌기 위해, 남보다 더 높이 올라가기 위해 일하는 바쁜 하루 일과가 떠오르고, 일과가 끝나도 행여나 손해를 볼세라, 사고를 당할세라 그저 불안한 마음으로 살아가는 우리들의 모습이 겹쳐진다. 듣고 보는 정보가 대부분 이런 것들이다 보니, 하늘의 건건함을 상상하는 게 어렵다.

그러다 문득 재작년 『아파서 살았다』(북드라망, 2018)를 출간했을 때, 이종사촌 오빠와 주고받은 대화가 생각났다. 오빠는 우리 가족들이 한결같은 모습으로 나와 함께해 준 게 참 보기 좋았다며, 그 말에 이어서 "그 관계 중심축이 잘 구축되어 있는 게 항상 부럽지"라는 카톡을 보내왔다. 이에 "중심축은 엄마 아부지였고, 우린 그걸 도는 행성?ㅎㅎ"이라는 답장을 보냈다.

류머티즘과 씨름하는 동안 가장 큰 힘이 되어 준 분이 어머니라는 건 다시 생각할 여지가 없다. 책이 인연이 되어 가끔 강의를 할 때면 어머니에 대해 질문하는 분들이 있었다. 그러면서 나도 어머니의 어떤 점이 내게 힘이 되었을까 생각해 보았다. 그때 떠오른 이미지가 쉼 없이 뜨고 지는 해였다. 어머니는 평소에도 서두르거나 미루는 법이 없으셨다. 식사 시간도 잠자는 시간도 일정했다. 어쩌다 어지럼증이 있을 때면, 밥을 비벼 달라고 해서 눈을 감고 누운 채 우리와 같은 시간에 식사를 하셨다. 나 역시 아침에 아무리 관절이 아프고 힘이 들어도 식사 시간에 맞춰서 일어나 식탁에 앉는 걸 당연하게 여겼다. 나 때문에 걱정해서 잠을 못 이루시는 모습을 본 기억도 없다. 밤 아홉 시가 조금 넘으면 아버지와 함께 코 고는 소리가 들렸다. 병수발도 어머니의 일상이었고, 며칠씩 집을 비울 일이 있을 때면 아버지에게 솔직하게 사정을 말씀하시고 나를 돌봐 달라 부탁하셨다.

아버지가 돌아가시고 연로하신 이후로는 그에 맞게 일상을 꾸리셨다. 아버지와 산책을 하던 시간이 침대 위에서 팔다리를 움직이는 걸로 바뀌었고, 아침 열 시가 되면 법복으로 갈아입고 한 시간 동안 불경을 외셨다. 그럴 때면 전화도 받지 않으셨고, 나도 말을 걸지 않았다. 햇살이 밝게 비치는 동안에는 한 손으로 덮인 눈꺼풀을 걸어 올리고 틈틈이 법화경을 읽으셨고, 궁금한 게 있으면 물어보셨다. 나머지 시간에는 친구들, 혹은 친척들과 전화로 일상을 나누셨다. 늘 좋은 일로도 남의 입에 자주 오르내리는 걸 경계하셨고, 류머티즘이 좀 좋아지거나 하는 일이 잘될 때 내가 기뻐하면, "좋아도 그런 양 해라"(좋아도 그냥 담담하게 마음에 담아 두어라)라고 하시며 마음이 들뜨지 않도록 충고하셨다.

〈감이당〉에서 공부를 시작하고 나서는 공부한 내용들을 어머니와 나누었고, 어머니도 내가 하는 공부에 관심을 가지셨다. 대중지성 1학년인 2013년 1학기, 기말 에세이를 모아 문구점에서 제본을 했다. 맨 앞에 넣을 목차를 타이핑하고 있는데 어머니가 "책 제목을 멀로 정했노?" 하고 물으셨다. 갑자기 무슨 말씀인지 못 알아듣고 머뭇거리자, "아까 찾아온 거 제목을 뭘로 정했노?" 하고 재차 물으셨다. "제목은 생각 안 했는데요" 하자, "제목이 없으면 되나?" 하시며 침대에서 일어나 앉으셨다. 제목을 붙이는 것도 좋겠다 싶어,

일박이일 동안 함께 발표한 게 뜻깊기도 했고, 당시 인기 프로그램이 생각나서 "일박이일"이라고 써서 어머니께 보여 드렸다. "(책의) 두티(두껍기)가 저만 한데 너무 개갑잖나(가볍지 않나)?" 하시며, "내가 읽어 보면 좋으겠는데 눈이 어두워서…" 하며 아쉬워하셨다. 40명 학인들이 살아온 인생 이야기라고 말씀드렸더니, 뭔가를 골똘히 생각하시다가 쑥스러운 표정으로 "육갑전서가 어떨로(어떻겠노)?" 하셨다. 육십갑자가 인간사를 총칭하니 괜찮겠다 싶어 "육갑전서"로 했다. 지금도 책꽂이에서 그 제목을 보면 그날 어머니의 모습이 생생하다.

어머니가 나에게 지극정성을 다하셨지만 나 때문에 '전전긍긍' 하신다는 생각은 해본 적이 없다. 내 병수발을 들면서도 어머니는 일상을 변함없이 꾸리셨고, 나도 그런 어머니를 중심축으로 하루하루를 살았다. 틈틈이 어머니와 나는 소소한 일상을 나누며 서로에게 힘이 되었다. 약효가 없다고 초조해하지도 신세를 한탄하지도 않으셨다. 그때그때 필요한 경계의 말씀을 아끼지 않으셨고 때때로 재밌는 이야기도 많이 들려주셨다. 어머니는 변함없이 뜨고 지는 해처럼 그렇게 아흔일곱 해를 살다가 조용히 눈을 감으셨다.

만약 태양이 어느 사물에 특별히 집착해서 에너지를 쏟아붓는다면 지레 죽고 말 것이다. 어머니가 나 때문에 걱정하고 힘들어하셨다면 그걸 보는 나는 그 무게에 짓눌려서 얼마나 힘겨웠을까. 자식이 어려움에 처했을 때 부모가 줄 수 있는 사랑 중에서 당신의 일상을 굳건하게 꾸리며 중심을 잃지 않는 것, 그 이상은 없을 것이다. 건괘의 효들이 삼효의 건건함에 기반하여 각자 제 능력을 발휘하는 것처럼, 부모의 굳건한 삶의 태도만큼 자식에게 두고두고 힘이 되는 건 없기 때문이다. 만약 부모가 자녀에게 태양 같은 존재라고 한다면, 그것은 태양의 쉼 없음과 굳건함을 의미하는 것일 게다.

　　부모가 된 조카들에게 『아파서 살았다』를 선물하면서 "자기 삶을 굳건하게 꾸려 가는 부모가 되길 바라며"라는 글귀를 적어 주었다. 행여나 내 자식이 남보다 뒤처질까 전전긍긍하는 부모가 아니라, 어떤 상황에서도 태양처럼 종일건건한 부모가 되기를 기원했다.

2
중지 곤,

안으로
아름다움을 품는 삶

안상헌

———

重地坤
중지 곤

坤, 元, 亨, 利, 牝馬之貞, 君子有攸往. 先迷, 後得, 主利. 西南得朋, 東北喪朋, 安貞, 吉. 곤, 원, 형, 리, 빈마지정, 군자유유왕. 선미, 후득, 주리. 서남득붕, 동북상붕, 안정, 길.

곤은 만물이 생겨나는 근원이고, 만물을 성장시켜 형통하게 하고, 만물을 촉진시켜 이롭게 하고, 만물을 완성시키는 암말의 올바름이니 군자가 나아갈 바를 둔다. 앞장서면 헤매게 되고 뒤따르면 항상된 도리를 얻을 것이니 이로움을 주관한다. 서쪽·남쪽은 벗을 얻고 동쪽·북쪽은 벗을 잃으니 편안히 여기고 올바름을 굳게 지켜야 길하다.

初六, 履霜, 堅冰至. 초육, 리상, 견빙지.

초육효, 서리를 밟으면 단단한 얼음이 이르게 된다.

六二, 直方大. 不習无不利. 육이, 직방대. 불습무불리.

육이효, 곧고 반듯하고 위대하다. 애써 익히지 않아도 이롭지 않음이 없다.

六三, 含章可貞, 或從王事, 无成有終. 육삼, 함장가정, 혹종왕사, 무성유종.

육삼효, 안으로 아름다움을 머금어 올바름을 지킬 수 있으니 혹 나랏일에 종사하더라도 그 성공을 자기 것으로 하지 말고 끝마침이 있어야 한다.

六四, 括囊, 无咎无譽. 육사, 괄낭, 무구무예.

육사효, 주머니를 묶으면 허물이 없고 영예도 없으리라.

六五, 黃裳, 元吉. 육오, 황상, 원길.

육오효, 황색 치마이면 크게 좋고 길하다.

上六, 龍戰于野, 其血玄黃. 상육, 용전우야, 기혈현황.

상육효, 용이 들판에서 싸우니, 그 피가 검고 누르다.

用六, 利永貞. 용육, 리영정.

용육, 오래도록 지속함과 올바름을 굳게 지키는 것이 이롭다.

『주역』은 내 인생에 무엇인가? 『주역』은 내 삶의 방향을 '밖에서 안으로' 바꾸게 해준 공부이다. 그중에서도 중지 곤(重地 坤)이 특히 그러하다. 중지 곤은 육효 모두가 음으로 이루어져 있고, '만물을 기르는 땅의 덕'을 상징하는 괘이다. 곤괘는 '대지의 덕'으로서 '땅, 어머니, 부드럽고 유순함, 유연한 적응력, 예민한 현실감각, 폭넓은 실천력, 광대함, 포용력' 등을 상징한다. 건괘가 태초에 만물을 생성하게 하는 작용을 한다면, 곤괘는 만물을 기르는 역할을 한다. 건괘는 강직하고 굳센 것이 올바름이지만, 곤괘는 유순하면서도 올바름을 곧게 지키는 것이 이로운 괘이다.

대략 이런 의미를 가진 중지 곤을 읽고 또 읽으며 많은 생각이 몰려왔다. '음으로만 이루어진 괘에 왜 이렇게 배울 게 많지?', '왜 곤괘에서 건괘보다 군자의 도를 더 많이 이야기하고 있지?', '양강(陽剛)한 괘가 군자의 도를 말하는 것은 당연하겠지만, 음유(陰柔)한 괘에서 소인의 도를 말하지 않고 왜 군자의 도를 더 많이 말하지?', '강한 것은 군자·남자·군주, 약한 것은 소인·여자·백성이 아니었던가?' 등을 생각하며 읽고 또 읽었다. 그 순간 다가온 인생 주역! "안으로 아름다움을 머금어 올바름을 지킬 수 있으니 혹 나랏일에 종사하더라도, 그 성공을 자기 것으로 하지 말고 끝마침이 있어야 한다"(含章可貞함장가정, 或從王事혹종왕사, 无成有終무성유종).

중지 곤, 특히 육삼효가 왜 이렇게 나를 흔들었을까? 중지 곤은 내 삶을 통째로 되돌아보게 했다. 나는 어릴 때부터 집과 학교에서 '남자'는 좀 달라야 하지 않겠느냐는 말을 자주 듣고 자랐다. 늘 가족의 울타리 안에서 살았고, 학교도 참 오래 다녔으니 내 몸에 '남자'라는 말은 오랜 세월 누적되어 새겨져 있는 셈이다. 여기에 덧붙여 대학 이후의 공부에서 나는 또 한 번의 강한 세례를 받았다. 배움이란 세상을 위한 것이라는 가르침이다.

　나는 이렇게 '배운 남자'가 되었고, '배운 남자'로서 '사회적 실천'을 위한 공부와 일을 하려 애썼다. '내 한 몸'과 '나의 가족', 이런 것은 그리 중요하지 않았다. 당시 우리에게 '우(禹)임금이 치수를 위해 세상을 돌아다니면서 10년 동안 집에 한 번 들르지 않았다는 이야기'는 그리 이상한 이야기가 아니었다. 한때는 그런 삶이 참 좋았다. 그렇게 살아야만 세상에서 뭔가 할 수 있다고 배웠고 그렇게 살고자 했다. 이렇게 나는 세상일에 헌신했고, 그러면 당연히 '내 삶도', '내가 살아가는 세상도' 지금 당장은 아니지만 조금씩 좋아질 것이라 믿었다.

　그러나 세상은 내가 생각하듯 그리 쉽게 좋아지지 않았고, 내 삶도 그렇게 좋아지지 않았다. 오히려 어느 순간 세상이 나를 위협하기 시작했다. 그 위협을 감당할 수 없었던 나는 그동안 몸담았던 공부와 일의 장에서 튕겨져 나왔다. 갑자기 내가 어디로 가고 있는지, 어디에 서 있는지, 주변 사람들은 다들 무엇을 하고 있는지가 흐릿해졌다. 그리고 몇 년을 이런저런 곳에서 다른 일과 다른 공부를 하면서 살았다. 때론 시민운동단체에서, 때론 대학 연구소에서, 때론 〈감이당〉과 〈남산강학원〉에서. 다행히 이 과정은 나를 돌아보고 새로운 공부를 하는 과정이었다. 하지만 최근까지 나의 정확한 현재 위치와 앞으로 무엇을 해야 할지 분명하게 잡히지 않았다. 이런 내게 『주역』, 특히 중지 곤 육삼효는 나의 현재 위치뿐만 아니라, 앞으로 내가 어떤 자세로 공부하고 세상을 살아가야 할 것인지를 깨우쳐 주었다. '내 인생의 주역'이 된 것이다.

　과거 내가 했던 공부와 일도 분명 나와 세상의 올바름을 지키기 위한 활동이었다. 하지만 그 활동은 '안으로 아름다움을 머금는 공부와 일'이 아니었다. 과거 내가 애썼던 공부와 일은 세상을 바꾸기 위한 공부와 일이었다. 나를 관찰하고, 나를 닦아, 나를 만들어 가는 활동이 아니었다. 당시 나는 세상을 관찰하여 문제를 찾아내고 그 문제들을 해결해 가고자 애썼다. 그것도 오로지 사람이 만들어 낸 것에 한정되어 문제를 제기하고 답을 찾았다. 그리고 우리가 찾은 답이 옳다고 믿고 밀어붙였다. '부드럽고 유순하며, 유연한 적응력을 가지고, 예민한 현실감각으로, 폭넓은 실천력과 포용력'을 가진 활동이 아니었다. 더군다나 하늘과 땅의 원리 같은 것은 우리가 애쓴다고 될 것이 아니라 생각했다. 이랬던 나였기에 『주역』의 원리인 '하늘과 사람과 땅'(天·人·地)으로 상징되는 삼재(三才)가 언제나 함께 움직이면서 지금 우리가 살아가는 이 세상을 변화시켜 간다는 말은 그 자체로 내게 충격이었다. 자연히 내 공부의 방향도 조금씩 바뀌게 되었다.

　만약 내가 예전처럼 바깥세상을 향한 공부와 일을 지금도 하고 있다면 내 인생이 어떻게 되었을까? 우리가 옳다고 생각하는 제도의 개혁을 위해 무슨 수를 써서라도 내가 그 조직에 붙어 있었다면 어떻게 되었을까? 결과는 알 수 없다. 그러나 분명한 것은 내 삶에서 '하늘과 사람과 땅'(天·人·地)의 변화 속에서 '안으로 아름다움을 품는 삶'은 없었을 것이다. 그동안 세상의 일을 나름 한다고 했지만 실패했다. 그럼에도 불구하고 이제 나는 예전에 내가 했던 공부와 일을 원망도 후회도 없이 마무리했다. 이 마무리와 동시에 내 삶에서 더 중요한 일이 생겼다. 그것은 하늘과 땅의 변화 속에 있는 나를 인식하고 그 속에서 내 삶을 하루하루 살아가는 것이다. 나는 이제 『주역』을 만나 과거에 '바깥 세상'을 향해 애를 썼던 공부와 일이 아닌, '안으로 아름다움을 품는 삶'을 배우고 있다. 나는 『주역』을 읽으며 과거 '밖을 향한 나의 가치 기준'을 '안을 향한 나의 가치 기준'으로 바꾸고 있다. 나는 이제 공부와 일을 함에 있어 과거처럼 세상이 인정하는 성과가 있어야만 그 공부와 일이 의미가 있고, 기대했던 성과가 없으면 그 공부와 일은 실패했다는 생각을 하지는 않을 것이다. 중요한 것은 내가 내 삶에서 '안으로 아름다움을 품을 수 있는가'에 있다. 이것이 진정 나를 키우고 세상을 키우는 것이다.

3
수뢰 둔,

혼돈의 때,
제후를 세워라!

장현숙

水雷屯 수뢰 둔

屯, 元亨, 利貞. 勿用有攸往, 利建侯. 둔, 원형, 리정. 물용유유왕, 리건후.

둔괘는 크게 형통하고 바르게 함이 이롭다. 나아갈 바를 두지 말고, 자신을 보좌할 제후를 세우는 것이 이롭다.

初九, 磐桓, 利居貞, 利建侯. 초구, 반환, 리거정, 리건후

초구효, 주저하는 모습이니 올바름을 지키며 그 자리에 머무는 것이 이롭고, 제후를 세우는 것이 이롭다.

六二, 屯如邅如, 乘馬班如, 匪寇, 婚媾. 女子貞不字, 十年乃字. 육이, 둔여전여, 승마반여, 비구, 혼구. 여자정부자, 십년내자.

육이효, 막힌 듯해서 머뭇거리며 말을 탔다가 말에서 내리니, 도적이 아니면 혼인할 짝이 오리라. 여자가 올바름을 지켜서 시집가지 않다가 십 년이 되어서야 자식을 키우게 된다.

六三, 卽鹿无虞, 惟入于林中. 君子幾, 不如舍, 往吝. 육삼, 즉록무우, 유입우림중. 군자기, 불여사, 왕린.

육삼효, 사슴을 쫓는데 사냥터지기가 없어 숲 속으로 들어감이다. 군자가 기미를 보고 사슴 쫓기를 그만두는 것만 못하니 그대로 가면 부끄러우리라.

六四, 乘馬班如, 求婚媾, 往, 吉, 无不利. 육사, 승마반여, 구혼구, 왕, 길, 무불리.

육사효, 말을 탔다가 말에서 내리니, 혼인할 짝을 구하여 구오의 군주에게 가면 길하여 이롭지 않음이 없다.

九五, 屯其膏. 小貞, 吉, 大貞, 凶. 구오, 둔기고, 소정, 길, 대정, 흉.

구오효, 군주가 베푸는 은택이 막혀서 아래까지 미치지 않는다. 조금씩 점차로 바로잡으면 길하고 크게 단번에 바로잡으려고 하면 흉하다.

上六, 乘馬班如, 泣血漣如. 상육, 승마반여, 읍혈연여.

상육효, 말을 탔다가 말에서 내리는 것이니 피눈물을 줄줄 흘린다.

창원에서 인문학 공부 공간 〈창이지〉를 열려고 준비할 때, 고미숙선생님은 그 공간에서 무엇을 하든 너의 '비전'이 확실히 있어야 한다고 말씀하셨다. 그렇지 않으면 몇 개월 또는 몇 년 하다가 흐지부지 그만두게 된다고. 아직 시작도 못한 마당에 비전이라니. 그때는 그 말이 귀에 들어오지 않았다. 사람을 모으고 세미나를 준비하는 것만으로도 벅찼기 때문이다. 그리고 그 비전이란 것도 공간 확장을 위한 몇 단계에 걸친 계획 정도로만 들렸다.

그러던 어느 날 △△회에서 진행하는 책읽기 소모임에 참석하게 되었다. 주로 서양철학책을 읽는 모임이었는데, 퇴임한 철학과 교수가 철학책 읽기에 조력자로 참여했다. '철학과 교수'라는 타이틀 때문인지, 아니면 '서양철학'이라는 장르 때문인지, 사람들이 많이 모였다. 그런데 첫 모임 때 내 마음이 이상했다. 3~4명으로 진행하는 〈창이지〉에서의 세미나와 20여 명이 참석하는 이 모임의 규모를 비교하며 질투하는 마음이 일어났던 것이다. 소소하게 일구고 있는 내 작은 텃밭(창이지)은 언제라도 사라질 것만 같았다. 생각지도 못했던 마음에 당황하고 혼란스러웠다. 나는 사람들과 함께 공부하는 것만으로도 기쁜 것이 아니었나? 그냥 내 공간에 사람들이 많이 오는 것만을 바라고 있었던 것인가? 그제야 공부모임을 계속할 수 있으려면 너의 비전을 확실히 세워야 한다셨던 곰샘의 말씀이 생각났다.

수뢰 둔(水雷 屯)은 혼돈의 괘이다. 모든 것이 처음 생겨나기 시작할 때, 하늘과 땅 사이는 혼돈으로 가득 차 있다. 구름을 상징하는 감(坎)괘와 우레를 상징하는 진(震)괘는 만물이 생겨나기 전 구름과 우레가 함께 일어나는 모습, 즉 음과 양이 막 교류하기 시작하는 모습을 보여 준다. 하지만 아직 음과 양이 소통되어 만물을 펼쳐 내지는 못했으므로 '혼돈'이라 하였다. 그러니 둔괘는 어떤 일이 막 시작된 초창기의 험난함에 대한 이야기다. 초목이 막 돋아났을 때, 학생이 막 사회에 나갔을 때, 단체가 막 활동하기 시작할 때의 혼돈. 그때 우리는 어떻게 해야 하는가? 〈창이지〉 시작 무렵에 겪은 이야기다 보니, 둔괘 중에서도 특히 초효, 혼돈의 '시작' 때 어떻게 해야 하는지가 궁금해졌다.

"주저하는 모습이니 올바름을 지키며 그 자리에 머무는 것이 이롭고, 제후를 세우는 것이 이롭다"(盤桓반환, 利居貞리거정, 利建侯리건후). 초효는 혼돈의 시작이다. 그리고 혼돈의 때에 가장 낮은 위치에 자리한 사람이다. 강명한 재능(양효)을 가지고 우레를 치듯이 일을 진행시키고 싶으나, 시기상 그리고 위치상 당장은 혼돈을 해결할 수 없기 때문에 그 혼란한 모습을 '주저하는 모습'(盤桓)으로 표현했다. 이는 일의 초기 생각지도 못했던 상황이나 마음 때문에 우왕좌왕하는 모습에 비유할 수 있다. 어떤 일이든 시작 전에 예상했던 것과 시작 후의 상황은 많이 다를 수밖에 없지 않은가. 이는 일의 진행에서 발생하는 문제일 수도 있지만 일이 시작되기 전에는 생각지도 못한 마음에 대한 것일 수도 있다. 마음이란 무릇 닥쳐 봐야 알 수 있는 법이니까. 내가 좋아하는 공부를 같이할 수 있는 사람들을 창원에서 만나고 싶다는 것이 공부모임을 만든 마음이었다. 그런데 닥쳐 보기 전에는 전혀 예상하지 못한 마음이 생겼다. 타 공부모임과의 비교와 질투. 그러니 당황스럽고 혼란스러운 것은 어쩌면 당연한 것.

둔괘의 초구는 이러한 주저와 머뭇거림이 있을 때는 "올바름을 지키고"(利居貞리거정) "제후를 세우는 것"(利建侯리건후)이 이롭다고 한다. 올바름을 지키는 것은 이해가 된다. 공부모임이니 공부에 집중하는 것이 올바름을 지키는 것이다. 그런데 제후를 세운다는 것은 무슨 뜻일까? 제후는 왕을 도와 나라를 다스리는 사람들이다. 그러니 혼돈의 초기 제후를 세운다는 것은 자신을 도와줄 세력을 만든다는 것으로 이해할 수 있다. 정이천도 "마땅히 도와줄 수 있는 세력을 만들어야만 혼돈을 해결할 수 있다"(정이천, 『주역』, 128쪽)고 한다.

그런데 '도와줄 수 있는 세력'이란 구체적으로 뭘까? 주변에 도와줄 사람을 많이 만들라는 뜻일까? 그럼 〈창이지〉를 홍보하고 소개해 줄 사람들을 많이 만들라는 뜻? 이 부분에서 "너의 비전을 세워라!"는 고미숙 선생님의 말씀이 생각났다. 선생님이 말씀하신 비전이란 몇 단계에 걸친 공간 확장에 대한 계획 같은 것이 아니었다. '공부모임의 방향성'에 대한 얘기였다. 〈감이당〉에는 '도심에서 유목하기, 세속에서 출가하기, 일상에서 혁명하기, 글쓰기로 수련하기'란 비전이 있다. 〈감이당〉의 모든 활동은 이 비전을 중심으로 벌어진다. 이 비전이 없으면 〈감이당〉의 공부는 표류할지도 모른다. 더 많은 사람을 모을 수 있거나 더 많은 돈을 벌 수 있는 프로그램으로 시시때때로 바뀔 수 있다. 그런데 그렇게 되지 않는 것은 무엇 때문일까? 공간의 비전이 있기 때문이다. 그 비전이 왕을 도와 혼란을 해결하는 든든한 제후처럼 든든한 버팀목으로 공부의 표류를 막아 주고 있는 것이다.

책읽기 소모임 후 당황스런 마음을 안고 집으로 돌아올 때, '제후를 세워라'라는 둔괘 초효가 생각났다. 일의 초기 어려움에 빠졌을 때 도와줄 수 있는 사람을 만드는 것은 분명 도움이 된다. 하지만 일의 진행상에서 오는 어려움이 아니라 비교하고 질투하는 마음에서 오는 혼돈은 어찌해야 하는 것일까? 이것은 일의 방향성(비전)이 명확하지 않기 때문에 오는 마음이다. 그러니 항구를 떠난 배가 캄캄한 바다에서 길을 잃지 않기 위해선 밤하늘의 별을 지표로 삼듯, 돈에, 숫자에, 타이틀에 흔들리며 비교하는 마음을 오롯이 다시 공부로 돌려 줄 수 있는 것은 내 마음속의 제후, 즉 공부의 비전이다. 그러니 시작의 때, 혼돈의 때에는 먼저 제후를 세워라!

4
산수 몽,

어린아이처럼
깨우쳐라!

신혜정

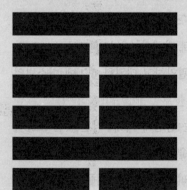

山水蒙
산수몽

蒙, 亨, 匪我求童蒙, 童蒙求我. 初筮告, 再三瀆, 瀆則不告, 利貞. 몽, 형, 비아구동몽, 동몽구아. 초서곡, 재삼독, 독즉불곡, 리정.

몽괘는 형통하다. 내가 어린아이에게 구하는 것이 아니라, 어린아이가 나를 찾는 것이다. 처음 묻거든 알려 주지만 두 번 세 번 물으면 모독하는 것이다. 모독하면 알려 주지 않으니, 자신을 바르게 지키는 것이 이롭다.

初六, 發蒙, 利用刑人. 用脫桎梏, 以往, 吝. 초육, 발몽, 리용형인. 용탈질곡, 이왕, 린.

초육효, 어리석음을 깨우쳐 주는 초기에는 형벌을 가하듯이 엄격하게 하는 것이 이롭다. 그러고 나면 속박하고 있던 차꼬와 수갑을 벗겨 주어야 하니, 그대로 나아간다면 부끄럽기 때문이다.

九二, 包蒙, 吉. 納婦, 吉, 子克家. 구이, 포몽, 길. 납부, 길, 자극가.

구이효, 어리석음을 포용해 주면 길하다. 부인의 말도 받아들이면 길할 것이니, 자식이 집안일을 잘하는 것이다.

六三, 勿用取女. 見金夫, 不有躬, 无攸利. 육삼, 물용취녀. 견금부, 불유궁, 무유리.

육삼효, 이런 여자에게 장가들지 말아야 한다. 돈 많은 남자를 보고 자기 몸을 지키지 못하니, 이로울 바가 없다.

六四, 困蒙, 吝. 육사, 곤몽, 린.

육사효, 어리석음에 빠져 곤란을 겪게 되니 부끄럽다.

六五, 童蒙, 吉. 육오, 동몽, 길.

육오효, 어려서 잘 알지 못하는 것이라 길하다.

上九, 擊蒙. 不利爲寇, 利禦寇. 상구, 격몽. 불리위구, 리어구.

상구효, 어리석음을 쳐서 일깨워 주는 것이다. 도적이 되는 것은 이롭지 않고, 도

적을 막는 것이 이롭다.

2019년 초, 〈감이당〉 도반들과 강원도 함백에서 열리는 인문학 캠프에 참가했었다. 거기서 자신의 공부계획과 1년 동안 읽을 텍스트에 관해 이야기를 나누다가 주역점(周易占)을 치게 됐다. 산가지를 이용해서 『주역』의 효를 뽑고, 그걸 자기가 가졌던 질문의 답, 즉 점괘로 읽어 내는 방식이었다. 1년을 시작하는 시점이니 '올 한해는 어떤 마음으로 공부를 해야 할까?'라는 질문을 던졌는데, '어리석음과 어린아이'를 상징하는 '몽(蒙)괘'의 괘사가 나온 거다. 그때는 단순히 '올해는 어리석음을 깨는 공부를 해야겠다'라고만 생각했다. 한데, 이번에 『주역』을 다시 읽으면서 몽괘에서 말하는 어리석음이란 게 구체적으로 뭔지, 어떻게 하면 그 어리석음을 깰 수 있는지가 궁금했다.

　먼저, 몽괘의 상(象)을 살펴보면 산을 뜻하는 간(艮)괘가 위에 있고, 물을 의미하는 감(坎)괘가 아래에 있다. 옛 성현들은 이를 물이 산에 가로막혀 흐르지 못하고 전전긍긍하는 모습으로 보았다. 무언가에 꽉 막혀 앞으로 나아가지 못하고 있는 형국이니 얼마나 답답할까? 그런데 이상하다. 몽괘에서는 이런 상황이 형통하단다(蒙몽, 亨형). 왜지? 그 이유에 대해 정이천은 "몽은 어리석음을 깨우쳐 계몽할 수 있는 이치가 잠재되어 있으니 형통"(정이천, 『주역』, 145쪽)하다고 말한다. 어리석음을 깨우쳐 깨달음으로 갈 수 있는 여지가 있기에 형통하다는 것이다. 이 말을 곰곰이 새겨 보니, 깨닫기 위해

선 자신이 어리석다는 걸 인정하는 게 먼저라는 생각이 들었다. 몽(蒙)이라는 한자를 풀어 보면 "사람의 머리에 뭔가를 덮어씌워 눈을 가린다"라는 뜻이 있다. 몽괘의 어리석음이란 결국 자신만의 '생각의 감옥'에 갇혀 세상의 이치를 바로 보지 못하는 데서 비롯된 것이다. 그렇다면 올해 어리석음을 깨는 공부를 위해선, 내 눈을 가리고 있는 장막부터 거둬 버려야 하는 게 아닌가.

이제까지 나는 공부를 열심히 한다고 하는데도 변화가 없을 때, 무언가에 가로막혀 불통이라고 느껴질 때마다 내가 가진 공부나 관계에 대한 전제를 의심하기보다 자꾸 익숙한 방식으로 문제를 해결하려고 했다. 나의 무지함을 인정하기가 싫고, 이제까지 고수했던 패턴에서 벗어나는 게 두렵고 힘들어서 피하고 싶었던 거다. 몽괘에서는 어떻게 이 상황에서 벗어날 수 있다고 이야기하는 걸까? 이 질문에 대한 답변을 육오효에서 찾아보려고 한다.

먼저, 육오효는 자신의 부족함을 알고 쿨하게 인정하는 자다. 높은 위치에 있지만 깨달음을 구하기 위해 굴기하심(屈己下心), 겸손하게 몸을 낮추고 마음을 비운 상태로 스승인 구이효를 찾아서 내려간다. 어리석음에서 벗어나는 데 혼자는 곤란하다(困蒙곤몽, 吝린). 자신의 이목을 가리고 있는 견고한 틀을 흔들어서 깨 줄 사람들이 필요하기 때문이다. 육오효는 스승의 사회적 지위나 처한 위치에 대해 전혀 개의치 않는다. 그가 어떤 성품을 지녔고, 어디에 삶의 비전을 두고 사는 사람인지가 중요할 뿐이다. 그리고 한 번 뜻을 정하면 사사로운 것에 마음을 두지 않고 스승을 믿고 따른다. 그러니 자신보다 아래에 있는 구이효에게 가서 응(應)하는 것이다. 한데, 몽괘에서는 왜 굳이 육오효를 동몽(童蒙)에 비유했을까? 왜 어리석은 어린 아이가 길하다고 하는 걸까?

그것은 육오효가 가진 신체성 때문이다. 어린아이의 신체성은 어떤 자의식이나 전제 없이 누구와도 접속해서 배우는 게 가능하다. 또, 유연하고 자유로워서 어디에도 얽매이지 않는다. 어린아이는 분별이 없다. 남녀노소, 학벌, 지위의 고하를 따지지 않고 관계를 맺는다. 몽괘에서 의미하는 동몽의 길함이란 결국 분별 없이 유연한 신체성에서 비롯된 게 아닐까? 그리고 그 길함은 육오효가 보여 준 것처럼 반드시 자신의 힘으로 만들어 가야만 한다. 누구도 대신 해줄 수 없다. 스승이나 도반도 스스로 어리석음을 인정하고, 깨달음을 절실하게 구할 때 그 손을 잡아 줄 수 있기 때문이다. 무지로부터 나를 구원할 수 있는 사람은 자기 자신밖에 없다.

처음 〈감이당〉에서 공부를 시작했을 땐 이 '신체성'이라는 말이 마음에 크게 와닿지 않았다. 신체가 열리고 바뀌어야 텍스트도 새롭게 읽히고 존재가 변화된다는 이야기도 마찬가지다. 내가 생각하는 공부는 이성적으로 지식을 습득하는 차원이지 몸의 문제가 아니었기 때문이다. 그래서 뭔가 막힐 때면 텍스트의 개념을 정리하고 요약하는 데 더 매달렸다. 이런 방법으로 공부를 하니 진척이 있을 리가 없다. 책이든 사람이든 제대로 접속하려면 내가 가진 전제나 분별을 내려놓아야 한다. 다양한 텍스트와 서로 다른 존재들을 만나며 거기서 삶의 이치를 깨닫고 나를 변화시켜 나가야 한다. 그러려면 실제로 신체가 부딪치고, 서로의 생각이나 삶에 깊이 개입하여 섞이는 과정을 반드시 거쳐야 한다. 그렇게 했을 때 비로소 세상에 대한 다양한 시선과 이치를 터득할 수 있는 지혜가 생긴다.

　그런데, 이게 마음만 먹는다고 단숨에 되는 것이 아니다. 삶의 현장에서 꾸준히 연습하고 훈련해야만 가능하다. 산수 몽의 육오효를 공부하면서 어떤 대상과도 섞일 수 있는 열린 신체를 실험하고 수련하는 것! 그리고 그런 과정을 통해 내 삶의 윤리를 만들어 가는 것이 바로 어리석음을 벗어나 깨달음으로 가는 진정한 공부의 길이라는 생각을 했다.

5
수천 수,

술과 음식을 먹으며
기다린다는 것

장현숙
———

水天需 _{수천 수}

需, 有孚, 光亨, 貞吉, 利涉大川. 수, 유부, 광형, 정길, 리섭대천.

수괘는 내면에 꽉 찬 믿음이 있어서 빛나고 형통하며 올바름을 지키고 있어 길하니, 큰 강을 건너는 것이 이롭다.

初九, 需于郊, 利用恒, 无咎. 초구, 수우교, 리용항, 무구.

초구효, 교외에서 기다리는 것이니 항상됨을 지키는 것이 이롭고 허물이 없다.

九二, 需于沙, 小有言, 終吉. 구이, 수우사, 소유언, 종길.

구이효, 모래사장에서 기다리는 것이니 구설수가 조금 있지만 끝내 길하리라.

九三, 需于泥, 致寇至. 구삼, 수우니, 치구지.

구삼효, 진흙탕에서 기다리니 도적이 이르도록 자초한다.

六四, 需于血, 出自穴. 육사, 수우혈, 출자혈.

육사효, 피를 흘리며 기다리는 것이니 스스로 안전한 곳에서 나온 것이다.

九五, 需于酒食, 貞吉. 구오, 수우주식, 정길.

구오효, 술과 음식을 먹으며 기다리니 바르고 길하다.

上六, 入于穴, 有不速之客三人來, 敬之, 終吉. 상육효, 입우혈, 유불속지객삼인래, 경지, 종길.

상육효, 편안한 곳으로 들어가는 것이니 부르지 않은 손님 셋이 오지만 그들을 공경하면 끝내 길하리라.

살아간다는 건 늘 무언가를, 누군가를 기다리는 일인 것 같다. 어릴 적 동생과 함께, 시장 간 엄마가 돌아오길 버스정류장에서 하염없이 기다렸던 기억이 있다. 해질 무렵 두 손 가득 물건을 들고 버스에서 내리는 엄마를 보며 뛰어가던 우리들. 그 기다림은 참 행복했다. 하지만 인생에는 그런 기다림만 있는 것은 아니다. 대부분은 올지 안 올지 모르는 것에 대한 기다림이다. 그래서 기다림은 늘 약간은 긴장되고 초조하고 애가 탄다.

수(需)는 기다림의 괘이다. 상괘인 감(坎)괘는 구름을 상징하고, 하괘인 건(乾)괘는 하늘을 상징한다. 괘상(卦象)으로 본 수괘는 하늘에 구름은 잔뜩 있으나 기다리는 비 소식은 없는 상태이다. 이것이 기다림이라는 것. 수천 수의 효들은 여러 기다림의 모습을 보여 준다. 교외에서 느긋이 기다리며 항심을 유지하는 초효(需于郊수우교, 利用恒리용항)부터 기다림에 지쳐 피를 흘리며 자신의 동굴에서 나오는 사효(需于血수우혈, 出自穴출자혈), 그리고 오랜 기다림 후 생각지도 않은 손님을 맞게 되는 육효까지(入于穴입우혈, 有不速之客三人來유불속지객삼인래, 敬之경지, 終吉종길). 그런 모습들을 보자니 기다릴 일이 있을 때 나는 어떻게 기다렸던가를 생각하게 된다.

수많은 기다림이 있었지만 최근에 가장 기억에 남는 것은 단연 〈창이지〉와 관련된 기다림이었다. 서울에서 창원을 오가길 어언 5년째. 창원에서도 세미나를 열고 같이 공부하는 친구들을 만들고 싶었다. 그래서 2018년 〈창이지〉라는 공간을 열었다. 이 과정에서 한 번도 해본 적이 없는 많은 일들을 했다. 세미나 프로그램을 짜고, 전단지를 뿌리고, 밴드를 만드는 등등. 그러고는? 초조한 기다림이 있었다.

『주역』 세미나가 있던 첫날을 잊지 못한다. 월요일 10시에 시작한다고 공지가 나갔는데 5분 전까지 한 명도 오지 않았다. 그 초조함이란. 미리 세미나비를 입금한 한 사람이 있었고, 오겠다는 사람도 있었으나 정작 시작 5분 전까지 아무도 나타나지 않았다. 10시 정각. 한 사람이 문을 열고 들어서고, 5분 후 또 한 사람. 또 한 사람. 그렇게 네 명이 모였다. 그 한 사람 한 사람이 문을 열며 들어서던 모습을 아직도 기억한다. 그때 나의 기다림은 너무나 애가 타고 초조한 것이었다.

그런데 수괘의 기다림은 '유부'(有孚)부터 말한다. 마음에 믿음이 있어야 한다는 것. 마음에 믿음을 가지고 기다려야 밝게 형통(光亨)하다는 것이다. 그런데 될지 안 될지, 올지 안 올지 모르는 상황에서 어떻게 '유부'할 수 있나. 「상전」(象傳)에서는 한술 더 떠, "구름이 하늘로 올라가는 것이 수괘이니, 군자는 이것을 보고 먹고 마시며 편안하게 즐긴다"라고 한다. 황당하다. 어떤 경지가 되면 먹고 마시며 편안하게 즐기며 기다릴 수 있는 것일까.

술과 음식을 먹으면서 편안히 기다리는(需于酒食수우주식) 것은 오효이다. 정이천은 "구오효는 양강한 자질로 중(中)에 자리하고 정(正)을 얻어 천자의 지위에 자리하니, 기다림의 도리를 다한 것이다"(정이천,『주역』, 173쪽)라며 오효의 기다림을 설명한다. 오효는 양의 자리에 양이 와 있으니 정(正)한 자이다. 정한 자란 자신의 위치에서 자신이 해야 할 바를 제대로 해내고 있는 자란 뜻이다. 그리고 상괘의 중간에 있으니 중(中)한 자이기도 하다. 중한 자는 전체 상황을 보고 자신이 행해야 하는 일을 가장 합당하게 결정하여 행할 줄 아는 자란 뜻이다. 게다가 양효이니 자질 자체가 적극적이며 강하다. 이러한 오효의 특징이 자신이 한 일에 대해 믿음을 가지고 기다릴 수 있는 바탕이 된다.

그런데 자질이 정중(正中)한 군자라고 해서 모두 술과 음식을 먹으면서 편안히 기다릴 수 있는 것은 아니지 않은가. 이에 오효는, 군자가 그렇게 기다릴 수 있는 이유는 '바르게 자신의 도리를 다했기(貞吉)' 때문이라고 한다.

여기서 잠시 비가 어떻게 내리는지를 살펴보자. 먼저 하늘에 구름이 모여야 한다. 구름이 없는 하늘에서 갑자기 비가 내리는 일은 없지 않은가. 어떤 일을 할 때 계획을 세우고, 사람을 만나고, 일을 추진하는 등등은 모두 구름을 모으는 단계라 할 수 있다. 그렇다면 비는? 일의 성사는? 대부분은 수많은 인연조건들이 '비는 오지 않고 구름만 잔뜩 낀 하늘처럼' 답답하게 오고 가다가 어느 날 '문득' 성사된다. 그러니 내가 할 수 있는 일은 구름을 모으는 데까지이다. 구름 속 작은 응결핵이 물 분자 사이를 왔다갔다 하다가 문득 비가 되는 것은 내 일이 아니다.

구오효의 군자는 바로 그것을 아는 사람이다. 그러니 자신이 모아 놓은 구름의 힘을 믿고 기다릴 수 있다. 컴컴하니 아무것도 보이지 않는 그 속에서 어느 날 후두둑 하고 비가 떨어질 것을. 그래서 수괘는 유부(有孚)로 시작하나 보다. 어떤 일에서건 내가 할 수 있는 도리를 바르게 끝냈으면 그다음은 구름의 힘을 믿고 편안히 기다리는 것. 이제 내가 할 일은 그것뿐.

〈창이지〉에서의 첫 기다림 후, 난 계속해서 많은 기다림을 겪고 있다. 하나의 세미나가 끝나고 다음 세미나 공지를 하면서 난 또 기다린다. 그 시간들 속에서 수천 수 오효의 기다림을 생각했다. 아직은 술과 음식을 먹으며 편안히 기다리는 오효의 마음을 알지는 못한다. 하지만 언젠가는, 바르게 자신의 도리를 다한 후에는 술과 음식을 즐기며 기다리는 그 마음을 알 수 있는 날이 오지 않을까. 그 기다림에는 어릴 적 시장 간 엄마를 기다릴 때와 같은 든든한 행복함이 함께하리라 생각해 본다.

6
천수 송,

싸움의 순간을
나를 찾는 계기로 전환하기

안상헌

天水 訟

천수 송

訟, 有孚, 窒, 惕, 中吉, 終凶. 利見大人, 不利涉大川. 송, 유부, 질, 척, 중길, 종흉. 리견대인, 불리섭대천.

송괘는 내면에 진실한 믿음이 있으나 막혀서 두려우니, 중도를 지키면 길하고 끝까지 가면 흉하다. 대인을 만나면 이롭고 큰 강을 건너는 것이 이롭지 않다.

初六, 不永所事, 小有言, 終吉. 초육, 불영소사, 소유언, 종길.

초육효, 다투는 일을 끝까지 하지 않으면 약간 구설수가 있으나 결국에는 길하리라.

九二, 不克訟, 歸而逋, 其邑人三百戶, 无眚. 구이, 불극송, 귀이포, 기읍인삼백호, 무생.

구이효, 송사를 이기지 못하여 돌아가 도망가니 그 마을 사람이 3백 호 정도이면 화를 자초하지 않으리라.

六三, 食舊德, 貞厲, 終吉. 或從王事, 无成. 육삼, 식구덕, 정려, 종길. 혹종왕사, 무성.

육삼효, 예전부터 해오던 일을 하며 먹고살아 가니 올바름을 굳게 지키면 위태로우나 결국에는 길하다. 혹 나랏일에 종사하여도 공을 자신의 것으로 할 수 없다.

九四, 不克訟, 復卽命, 渝, 安貞, 吉. 구사, 불극송, 복즉명, 투, 안정, 길

구사효, 송사를 감당하지 못하니 돌아와 자신에게 주어진 본분에 나아가고, 마음을 바꾸어 편안하게 여기고 올바름을 굳게 지키면 길하다.

九五, 訟, 元吉. 구오, 송, 원길.

구오효, 송사에 크게 선하고 길하다.

上九, 或錫之鞶帶, 終朝三褫之. 상구, 혹석지반대, 종조삼치지.

상구효, 혹 관복의 큰 띠를 하사받더라도 하루아침이 끝나기도 전에 세 번 빼앗기리라.

나는 40대 후반에 마음을 많이 두고 헌신했던 직장을 그만둔 적이 있다. 내가 마음을 많이 둔 것도 그렇지만 나로 인해 그 일이 새롭게 성과를 내고 있었고, 그 일과 관련해 맡고 있는 직위와 책임도 막중했기에 그 직장을 그만두는 것은 당시 나로서는 참 감당하기 어려운 일이었다. 그동안 함께했던 동료들도 이렇게 그만두지 말고, 힘들겠지만 같이 일하면서 싸워 보자고 나를 붙잡았다. 그러나 내 마음은 이들과 싸움을 하고 싶지 않았고, 결국 그 직장을 박차고 나왔다.

　그때 나는 왜 싸우지 않았을까? 더 정확하게 말하면 싸우려는 마음보다 왜 그 자리를 떠나려는 마음이 나에게 더 크게 작용했을까? 최근까지 이 사건과 관련된 나의 마음을 내 스스로도 이해할 수 없었고, 주변의 사람들에게 이해시킬 수도 없었다. 나에게 혹은 주변 사람들에게 "어쨌든 결과가 그렇게 되었고, 나는 또 다른 곳에서 이렇게 잘 살아가고 있지 않느냐" 정도가 내가 할 수 있는 최선의 답이었다. 이런 나에게 송(訟)괘, 구사효는 그때까지 나의 공부와 경험으로는 이해할 수 없었던 내 인생의 사건을 이해할 수 있게 해주었다. "송사를 감당하지 못하니 돌아와 자신에게 주어진 본분(命)에 나아가고, 마음을 바꾸어 편안하게 여기고 올바름을 굳게 지키면 길하다"(不克訟불극송, 復卽命복즉명, 渝투, 安貞안정, 吉길).

　송괘는 건괘가 위에 있고 감괘가 아래에 있는 상(象)으로 다툼을 상징하는 괘이다. 건괘가 상징하는 하늘의 양(陽)은 위로 올라가려고 하고 감괘가 상징하는 물(水)의 성질은 아래로 내려가려 하니, 그들이 가는 방향이 서로 어긋나므로 다툼이 생기는 것이다. 상괘가 건이니 윗사람은 강폭하고, 하괘가 감이니 아랫사람은 막힌 것이 있어서 강폭함과 막힌 것이 서로 만나니 다툼이 있을 수밖에 없는 형국이다. 특히 "구사효는 양강한 자질로 건괘가 상징하는 강건한 형체에 자리하여 중정을 이루지 못했으니, 본래 다투려고 하는 사람이다"(정이천, 『주역』, 192쪽).

실제로 나는 당시 '입학사정관제'*라는 새로운 '대학입학제도'를 현장에서 정착시키기 위해 분투하고 있었다. 당시 이 제도가 아이들의 삶을 풍성하게 만들고 대학 교육의 질을 동시에 높일 수 있다는 명분이 너무나 분명했기에 나는 참 강하게 그 일을 밀어붙였다. 그러나 대학이라는 보수적인 공간에서 그 반대 세력은 결코 만만하지 않았다. 나는 새로운 제도를 확산시키고 정착해야 한다는 명분과 논리, 그리고 현장에서의 실천력에서는 이들을 이길 수 있었다. 하지만 그들은 나의 밥그릇(직위)에 금을 내는 것으로 응대했다. 이 사건이 당시 내가 만들고 싶었던 새로운 제도와 관련된 싸움이었다면, 그 싸움은 아마 계속되었을 것이다. 하지만 싸움의 형국은 조직에서 나의 직위와 관련된 것이 되어 버렸기에 나는 그 싸움을 더이상 할 명분도 마음도 없어지고 말았다. 한마디로 허망하게 힘이 빠졌다. 결국 나는 이들의 응대를 이기지 못하고 그 자리를 떠났다.

'송사는 결코 이길 수 없으니, 절대로 끝까지 싸우려 해서는 안 된다'는 것이 송괘의 핵심 가르침이다. 의리상 싸워야 한다면 『주역』에서도 아마 끝까지 싸우라고 했을 것이다. 하지만 『주역』은 그

---

* 대학이 입학 업무만 담당하는 전문가인 '입학사정관'을 채용하여 신입생을 선발하는 제도.

싸움이 "의리상 다툴 수 없다면 다투지 않고 도리어 각자의 명 혹은 정리(正理)로 돌아가, 그 안정을 이루지 못함과 올바르지 못함을 바꾸어 안정과 올바름을 지키면 길할 것이다"(정이천, 『주역』, 193쪽)라고 말한다.

이 일을 겪은 당시에는 답답하기만 했다. 하지만 『주역』을 배우며 내가 깨달은 것은, 제도라고 하는 것은 기득권 세력이 새로운 세력들에게 행하는 폭력이라는 것과 기득권 세력이 독점한 제도의 폭력성은 절대 제도를 바꾸려는 노력으로는 이길 수 없다는 점이다. 따라서 우리는 싸움의 전략을 바꾸어야 한다. 진짜 세상과 나를 바꾸고 싶다면, 지금의 세상 구도에서 감당할 수 없는 싸움에 힘을 빼앗겨서는 안 된다. 기존 제도의 테두리 안에 있을 수밖에 없는 싸움이라면, 현재 힘이 있는 자들에게 절대적으로 유리한 싸움이라면, 내 명(命)과 상관없이 내 에너지만 소모시키는 싸움이라면, 그 싸움에서는 빨리 빠져나올수록 좋다. 그 싸움을 할 힘으로 각자의 본성에 마땅한 새로운 공부나 일을 찾고, 자기 본성에 마땅하지 못했던 그동안의 일상을 빨리 바꾸어 나가야 한다.

몇 달 전 이곳 〈감이당〉과 〈남산강학원〉에서 한 학인이 한바탕 싸움을 하고 이런저런 갈등에 처한 일이 있었다. 그때 많이 답답했던지 나에게 『주역』 괘를 한번 뽑아 봐 달라고 부탁했다. 그때 얻은 괘가 바로 송괘, 구사효이다. 그때도 나는 말했다. "싸우고 싶은 마음을 빨리 접고, 다시 돌아와 일상의 공부에 매진하는 것이 좋겠다." 그후 몇 달이 지난 요즘 그 학인은 자신의 공부와 일상에 새로운 활력을 찾았다며 감사해한다. 내가 보기에도 그는 자기 공부의 길을 조금씩 찾아가고 있다. 이렇듯 『주역』이 우리에게 가르치는 지혜는 분명하다. 우리가 삶의 과정에서 겪게 되는 싸움의 순간에 그 싸움이 내 명(命)을 실현하는 것과 관련된 일이라면 끝까지 싸워야 한다. 하지만, 그 싸움이 내 명(命)의 실현과 상관없는 일이라면 그 싸움을 멈추고 돌아가 내 명을 실현하는 쪽으로 빨리 방향을 바꾸어야 한다. 이렇게 방향을 바꿀 수 있는 용기는 이후 내 삶의 안정과 올바름을 회복하여 내 삶을 길하게 할 것이다.

지수 사,

승리하더라도
흉할 때

장현숙

———

地水師 _{지수 사}

師, 貞, 丈人, 吉, 无咎. 사, 정, 장인, 길, 무구

사괘는 올바름을 굳게 지켜야 하니, 다른 사람들을 이끌 수 있어야 길하고 허물이 없다.

初六, 師出以律, 否, 臧, 凶. 초육, 사출이율, 부, 장, 흉.

초육효, 군대를 일으키는 데 규율로써 하니, 그렇지 않다면 승리하더라도 흉하다.

九二, 在師, 中吉, 无咎, 王三錫命. 구이, 재사, 중길, 무구, 왕삼석명.

구이효, 군대의 일에 있어서 중도를 지켜 길하고 허물이 없으니, 왕이 신임하여 세 번 명을 내린다.

六三, 師或輿尸, 凶. 육삼, 사혹여시, 흉.

육삼효, 군대의 일을 혹 여러 사람이 주장하면 흉하다.

六四, 師左次, 无咎. 육사, 사좌차, 무구.

육사효, 군대가 물러나 머무르니 허물이 없다.

六五, 田有禽, 利執言, 无咎. 長子帥師, 弟子輿尸, 貞, 凶. 육오, 전유금, 리집언, 무구. 장자솔사, 제자여시, 정, 흉.

육오효, 밭에 짐승이 들어오면 명령을 받들어 잡는 것이 이로우니 허물이 없다. 맏아들이 군대를 거느렸으니, 여러 동생들이 주장하게 하면 바르더라도 흉하리라.

上六, 大君有命, 開國承家, 小人勿用. 상육, 대군유명, 개국승가, 소인물용.

상육효, 위대한 군주가 명을 내리는 것이니, 제후를 봉하고 경대부를 삼을 때에 소인을 쓰지 말라.

어떤 일에서건 다툼(訟)이 일어나면 반드시 무리(師)가 지어진다. 사람들은 각자의 이익 또는 명분에 따라 하나의 무리를 선택하게 되

고, 본격적으로 싸움판이 벌어진다. 이럴 때 우리는 어떻게 싸워야 하는가? 싸울 만한 상황을 아예 만들지 않는 것이 가장 좋고, 싸우지 않고도 이기는 것이 그다음으로 좋으나, 피할 수 없을 때는 적극적으로 싸워야 한다. 지수 사(地水 師)는 싸움을 피할 수 없을 때 우리는 어떻게 싸워야 하는지에 대한 이야기다.

사괘를 공부하다 보니 오래전에 남/여로 갈라져 싸웠던 일명 '커피전쟁'이 생각났다. 20대 때 특허법률 사무소에서 근무한 적이 있다. △△반도체의 기술을 특허청에 제출하여 특허를 받는 업무를 대행하는 사무소였는데, 연봉이라든지 근무시간 등 여러 면으로 조건이 괜찮았다. 그런데 당시 소장님에겐 이상한 고집이 있었는데, 직원들이 출근하자마자 커피를 한 잔 마시면 업무에 효율이 오른다는 거였다. 문제는, 이를 위해 여직원들이 순번을 정해 30분씩 일찍 출근해서 커피를 타야 한다는 것.

입사했을 때부터 정해져 있던 규칙이라 처음 몇 달은 아무 생각 없이 그 일을 했다. 그런데 하다 보니 부아가 나기 시작했다. 출근해서 느긋하게 신문을 펼치며 여직원들이 타다 주는 커피를 받아 마시는 남직원들을 보면, 그 면상에 뜨거운 커피를 부어 버리고 싶었다. 왜 여직원만 커피를 타야 하느냐고 항의했지만 '원래 그러했다'는 이유로 묵살되었다. 불만은 점점 커졌고 급기야 아침커피를 두고 여직원과 남직원이 편을 갈라 싸우는 지경에 이르렀다. 남자들은 기득권을 놓기 싫었고, 여자들은 억울했다.

지수 사는 무리를 통솔하여 전쟁을 치르는 괘이다. 상괘인 곤괘는 땅을 상징하고 하괘인 감괘는 물을 상징하므로, 땅 속의 물이 흩어지지 않고 모여 큰 지하수 물줄기를 형성하는 형상이다. 지하수 물줄기처럼 크게 일어난 군중을 통솔하여 전쟁을 치르는 괘. 괘사는 정(貞)으로 시작한다. 정은 바르다는 뜻이다. 무리를 이끌어 전쟁을 시작하는데 그 대의가 올바르지 않으면 아무도 따르지 않는다는 것. 그다음은 '장인(丈人)이라야 길(吉)하다'이다. 일단 싸움이 시작되면 어떤 상황이 벌어질지 아무도 모른다. 시시각각의 변화에 맞춰 발 빠르게 대처하려면 능력과 신임이 있는 사람이 진두지휘해야 하는 건 상식. 우리는 가장 경력이 많은 대빵 언니를 중심으로 뭉쳤다. 경력이 많으니 상황에 가장 잘 대처할 거라고 생각했던 것이다. 그리고 우리는 우리의 명분이 올바르다고 생각했다. 아침커피가 필요하다면 남녀가 모두 공평하게 분담해야 하지 않은가.

다툼이 있더니 무리가 지어졌고, 마침내 전쟁은 시작되었다. 커피전쟁의 자세한 내용은 기억나지 않는다. 다만 시간이 지날수록 생각지도 못한 방향으로 상황이 흘러갔었다는 것뿐. 싸움의 계기가 된 아침커피 문제는 점점 희미해지고 그저 두 진영(남/여)의 감정이 첨예하게 부딪치는 일들이 빈번하게 발생한 것이다. 서로를 비방하는 말들이 난무하는 가운데 사무실 분위기가 흉흉해지자 소장님은 우리들을 불렀고 결국 필요한 사람이 각자 알아서 타 먹는 것으로 결론이 났다. 커피전쟁은 그렇게 싱겁게 끝났다. 결과만 보면 우린 이겼다(臧). 하기 싫은 일을 더이상 안 해도 되었으니까. 그런데 아무도 우리의 승리를 축하하거나 공감해 주지 않았다. 아니 우리조차도 찜찜했다. 왜 그랬을까? 지수 사를 공부하면서 그 이유를 알았다.

지수 사의 초효는 '사출이율, 부, 장, 흉'(師出以律, 否, 臧, 凶)이다. 군대를 일으키는 데 규율로써 하니, 그렇지 않다면 승리하더라도 흉하다는 것. 정이천은 "규율로써 하지 않는다면, 그것이 비록 선한 의도를 가지고 최선을 다했더라도 흉하며, 승리할지라도 흉한 길이다"(정이천, 『주역』, 204쪽)라며 군사를 일으키는 것뿐만 아니라 군사를 행하는 데도 규율과 통제로 행하는 것을 강조하고 있다. 초효는 무리를 일으켜 막 전쟁을 시작하는 때이다. 험난함이 막 시작되는 상황. 이때 가장 중요한 것은 규율로써 군중을 통솔하는 것. 그렇지 않으면 전쟁 중 발생하는 혼란과 폭력은 걷잡을 수 없기 때문이다.

우리는 부당대우를 받고 있다는 데 너무 많은 감정을 이입했다. 그러다 보니 상대진영과 맞서 싸울 때 어떤 규율로써 진행해야 하는지에 대한 생각을 미처 못했다. 싸움의 원인이 된 문제에 대해서 논리적으로 설득하며 전략적으로 접근하기보다 자극적인 말로 상대를 비방하기 바빴다. 싸움의 이유는 사라지고 싸움 자체만 남았다. 그러니 '커피 타기 싫다'는 것 말고 어떤 이유도 설득되지 않았다. 지금이라면 너무나 당연히 부당한 일이지만, 그 당시, 그 작은 사무실에선 그 부당함도 설득해야 되는 시절이었다.

만약 우리가 처음 무리를 지어 일어날 때, 우리끼리 먼저 싸움을 위한 전략과 그것을 실행하기 위한 합리적 규율이 있었다면 어땠을까 생각해 본다. '사출이율'(師出以律)은 군사를 일으키는 데도 행하는 데도 규율로써 해야 한다는 것이다. 어떤 규율도 없이 오로지 이기는 것만이 목적이 되는 싸움은 어떨까? 서로 너무 많은 희생을 치르지 않을까. 우리의 싸움은 어쩌면 그랬을지도 모른다. 목숨이 오가는 전쟁과 작은 사무실에서의 커피전쟁을 비교하는 것은 무리라고 생각할지도 모른다. 하지만 전쟁은 총칼로만 진행되진 않는다. 무리를 지은 후 상대편을 대상으로 자신들의 목적을 성취하고자 하는 모든 행위는 일종의 전쟁이다. 소장님의 중재로 싱겁게 마무리되긴 했지만, 싸움 끝 감정의 골은 오래갔다. 우리는 비록 승리했지만 흉(凶)했다.

수지 비,

존재의 안정을 위해
필요한 것은?

장현숙
———

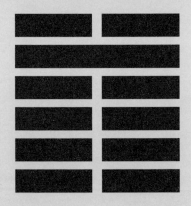

水地比 _{수지 비}

比, 吉, 原筮, 元永貞, 无咎. 不寧, 方來, 後, 夫, 凶. 비, 길, 원서, 원영정, 무구. 불녕, 방래, 후, 부, 흉.

비괘는 길하니 근원을 잘 살피되, 성숙한 지도력과 일관성, 그리고 도덕적인 확고함을 갖추었다면 허물이 없다. 편안하지 않아야 비로소 올 것이니, 뒤처진다면 강한 사내일지라도 흉하리라.

初六, 有孚比之, 无咎. 有孚盈缶, 終, 來有他吉. 초육, 유부비지, 무구. 유부영부, 종, 래유타길

초육효, 진실한 믿음을 가지고 사람과 가까이 지내며 도와야 허물이 없다. 내면의 믿음이 질그릇에 가득 차듯이 하면, 결국에는 뜻하지 않은 길함이 온다.

六二, 比之自內, 貞吉. 육이, 비지자내, 정길.

육이효, 사람들과 가까이 지내며 돕기를 내면으로부터 함이니, 올바름을 지켜서 길하다.

六三, 比之匪人. 육삼, 비지비인.

육삼효, 인간 같지 않은 자와 가까이 지내며 돕는 것이다.

六四, 外比之, 貞, 吉. 육사, 외비지, 정, 길.

육사효, 밖으로 가까이 지내며 돕는 것이니, 바르게 행하여서 길하다.

九五, 顯比, 王用三驅, 失前禽, 邑人不誡, 吉. 구오, 현비, 왕용삼구, 실전금, 읍인불계, 길.

구오효, 가까이 지내며 돕는 것을 드러냄이다. 왕이 세 방향으로 몰아가면서 앞서 도망가는 짐승을 잡지 않으며 자신이 직접 다스리는 곳의 사람들에게만 약속하지 않으면 길하다.

上六, 比之无首, 凶. 상육, 비지무수, 흉.

상육효, 사람들과 가까이 지내며 돕는데 처음부터 믿음이 없으니, 흉하다.

인간은 사회적 동물이다. 이는 혼자서는 존재할 수 없다는 말이다. 우리는 끊임없이 무엇인가와, 그리고 누군가와 연결되어야 존재할 수 있다. 내가 원하든 원하지 않든 존재한다는 것은 그 연결에 의해 가능하다.

예전에 「화차」라는 영화를 본 적이 있다. 불행했던 과거를 지우고 새 인생을 살기로 한 여주인공이, 그럴듯한 대상을 찾아 죽이고, 그 사람 인생을 자신의 인생인 양 대신 살아간다는 내용이었다. 그때 여주인공에게 죽임을 당하는 대상이 흥미로웠는데 모두 주변과 관계가 단절된 사람들이었다. 혼자 고립되어 사는 사람. 자신의 안부를 궁금해하는 사람이 주변에 아무도 없는 사람. 영화를 보며, 나의 생명이 무사히 유지되고 있는 것은 살아 있고자 하는 나의 적극적 삶의 의지보다 어쩌면 무심한 듯 소소하게 얽혀 있는 주변 사람들과의 관계 때문이 아닐까 하는 생각을 했다. 그래서 우리는 "힘들다, 힘들다" 하면서도 결혼을 하고 아이를 낳고 친구를 만드는지도 모르겠다.

비(比)괘는 친밀하게 협력하는 괘이다. 군중이 있으면 반드시 친밀하게 협력을 하니, 군중이 모이는 사(師)괘 다음으로 비괘가 왔다. 땅(地)을 상징하는 곤괘는 아래에 있고 물(水)을 상징하는 감괘는 위에 있어, 사괘와는 반대의 모습, 즉 땅 위에 물이 있는 모습이다. 땅 위의 물이 땅 속으로 흡수되어 사라지지 않으려면 땅이 촘촘하게 물을 지탱해 줘야 한다. 물은 땅의 촘촘한 보좌에 의해 그 존재가 유지된다. 비괘는 땅의 그러한 모습을 사물들이 서로 친밀하게 협력하여 틈이 없는 모습에 비유했다. 그러니 비괘의 친밀한 협력은 존재의 안정을 위한 것이다. 그저 차 한잔 마시고 영화 보며 쇼핑하다가 언제든 헤어지는 친함과는 다르다. 더 구체적으로는 새로운 권력(왕)을 중심으로 새판을 짤 때 어떤 사람과 어떻게 친밀하게 협력할 것인가와 관련된다. 왕의 입장에선 자신을 보좌하여 나라를 잘 다스릴 수 있는 사람과, 신하의 입장에선 자신을 잘 지켜 줄 왕과 협력해야 자신을 보존할 수 있다. 정이천은 "사람들은 스스로 안정을 보존할 수가 없을 때 비로소 와서 친밀한 협력을 구"(정이천, 『주역』, 219쪽)하는데, 이는 협력을 얻으면 안정을 보존할 수가 있기 때문이라며, 비괘의 친밀함이 그저 친함과 다른 차원, 즉 존재의 안정성과 관련된 것임을 강조한다.

우리는 수많은 공동체에 소속되어 있다. 작게는 가족, 사회 그리고 크게는 국가. 그리고 그 외에 수많은 단체와 모임에도 소속되어 있다. 그 모든 공동체, 단체, 모임은 '나'라는 존재의 안정성과 직접적 관계가 있다. 여기서 이제 나의 이야기가 시작된다. 나는 어떤 공동체에서든 경계에 머무를 때가 많다. 공동체 안으로 쑥 들어가 열심히 활동하는 것도 아니고 그렇다고 완전히 빠져나오는 것도 아닌 채 애매하게 있을 때가 많다. 의도적으로 그러는 것이 아니라 낯을 가리며 뭘 해야 될지 몰라 우물쭈물하는 건데 받아들이는 사람은 그렇지 않은가 보다. 무엇이든 적극적으로 개입하지 않는 나를 보며 '언제든 발을 뺄 듯이 있다'는 말을 하곤 했다.

사실 그 말이 약간은 억울했다. 그런데 비괘를 공부해 보니 사람들이 왜 그렇게 얘기했는지 알 것 같다. 어떤 공동체를 함께한다는 건 공동의 목표 아래 고락(苦樂)을 함께하자는 무언의 약속을 전제로 한다. 고락을 함께한다는 건 공동체의 안정을 유지하는 데 마음을 다하고 있을 때 가능하다. 공동체의 안정이 나의 안정과 연결되어 있다는 마음이 있기에 가능한 것. 그런데 발을 뺄 듯 경계에 있다는 것은 왜인가? 마음 깊은 곳에 공동체의 안정과 자신은 상관이 없다는 마음이 있기 때문이다.

평소 이런 얘기를 들었던 탓인지 비괘에서도 특히 초효가 눈에 띄었다. 초효는 친밀한 협력이 막 시작되는 단계이다. 그러니 어떤 마음을 가지고 친밀한 협력을 시작해야 하는지에 대한 얘기가 나온다. "진실한 믿음을 가지고 사람과 가까이 지내며 도와야 허물이 없다. 내면의 믿음이 질그릇에 가득 차듯이 하면, 결국에는 뜻하지 않은 길함이 온다"(有孚比之유부비지, 无咎무구. 有孚盈缶유부영부 終종, 來有他吉래유타길). 정이천은 "서로 친밀하게 협력하는 도리는 진실과 신뢰를 근본으로 한다. 마음속에서 진실로 신뢰하지 않으면서 타인과 친밀한 척 관계한다면, 어느 누가 함께하겠는가?"(정이천, 『주역』, 224쪽)라며 친밀한 협력이 시작될 땐 마음속에 서로에 대한 진실과 신뢰가 있어야 한다고 한다.

비괘의 친밀한 협력은 자기 혼자만으로는 존재의 안정을 보장할 수 없다는 자각에서 시작된다. 그러니 그 시작은 자기 상황에 대해 진솔하게 인정하고 공동체를 진실로 신뢰하는 것부터이다. 혼자서는 안 되므로 같이한다는, 혼자는 안 되므로 공동의 모임이 필요하다는. 그 진솔함이 공동체에 대한 신뢰의 마음을 소박한 질그릇을 가득 채우듯(有孚盈缶유부영부) 표현하게 한다. 그리고 그렇게 마음이 표현될 때만 그 속에서 함께할 친구를 얻을 수 있다(終종, 來有他

래유타). 초육은 육사와 응(應)하는 관계이다. 그런데 육사는 구오와 비(比)하는 관계이므로, 초육과 육사의 친밀한 협력은 뜻하지 않게 구오라는 친구를 데려올 수 있는 것이다.

인간은 혼자서는 살 수 없다. 그래서 함께할 타인을 찾고 공동체를 만든다. 그렇게 이어진 관계망이 서로를 살리고 살리며 존재를 안정되게 한다. 수지 비괘는 나에게 어떤 모임이든, 단체든, 공동체든 같이하고자 마음먹었을 땐 함께하고자 하는 그 마음에 진솔하라고 한다. 그리고 미적거리지 말고 적극적으로 그 신뢰의 마음을 표현하라고 한다. 그래야 그 속에서 서로 친밀하게 협력할 수 있는 친구들을 얻을 수 있다고. 그 친구들과의 협력은 나라는 존재의 안정 그리고 공동체의 안정을 위한 최상의 선물이라고.

풍천 소축,

수레의 바퀴살이 빠졌다면
'초심'으로 돌아가라

이성남
———

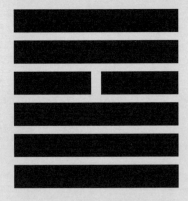

風天小畜 풍천 소축

小畜, 亨. 密雲不雨, 自我西郊. 소축, 형. 밀운불우, 자아서교.

소축괘는 형통하다. 구름이 빽빽한데 비가 오지 않는 것은 내가 서쪽 교외에서 왔기 때문이다.

初九, 復, 自道, 何其咎? 吉. 초구, 복, 자도, 하기구? 길.

초구효, 회복함이 도를 따름이니 무슨 허물이 있겠는가? 길하다.

九二, 牽復, 吉. 구이, 견복, 길.

구이효, 이끌어 연합하여 회복함이니 길하다.

九三, 輿說輻, 夫妻反目. 구삼, 여탈복, 부처반목.

구삼효, 수레에 바퀴살이 빠진 것이니 부부가 서로 반목하는 것이다.

六四, 有孚, 血去, 惕出, 无咎. 육사, 유부, 혈거, 척출, 무구.

육사효, 진실한 믿음을 다하면 피 흘리는 상황에서 벗어나고 두려움에서 빠져나오니 허물이 없다.

九五, 有孚, 攣如, 富以其鄰. 구오, 유부, 련여, 부이기린.

구오효, 믿음이 있어서 여러 양들을 끌어당겨 함께하니 부유함으로써 그 이웃과 함께하는 것이다.

上九, 旣雨旣處, 尚德, 載, 婦貞, 厲. 月幾望, 君子征, 凶. 상구, 기우기처, 상덕, 재, 부정, 려. 월기망, 군자정, 흉.

상구효, 비가 오고 나서 그침은 덕을 숭상하여 가득 쌓인 것이니 부인이 이것을 계속 고수하면 위태롭다. 달이 보름에 가까워서 음의 기운이 가장 왕성한 것이니, 군자가 움직이면 흉하리라.

돌아보면 아찔한 순간이 내게도 있다. 그날 함백캠프에 가지 않았더라면? 아니 〈감이당〉 공부를 다시 시작하지 않았다면? 만약 공부가 끊어졌다면 올해 대중지성의 비전을 실천하는 기쁨은 분명 없었을 것이다. 대구에 공부공동체 〈문이정〉을 오픈해 이웃 주민들과 나누고 순환하는 공부 재미나 48인 〈감이당〉 학인들과 함께 고전-리라이팅 초입 단계에 해당하는 책을 낸 기쁨은 맛볼 수 없었을 것이다.

몇 년 전, 회사 일로 힘들어하는 남편을 케어해야 한다는 의무감, 친정 오빠의 갑작스러운 죽음과 친정 부모님의 건강 악화 등으로 감이당 고전-리라이팅 과정에 집중할 수 없어 공부를 관뒀다. 이후 가족의 울타리에 갇혀 팔다리가 잘린 것처럼 우울한 시간을 보내며 '그간 내가 해온 공부란 뭐지?' 깊은 회의감에 빠져들었다. 겪어 보지 못했던 가족의 죽음과 생사가 걸린 일들이 연이어 터지자 설익은 공부를 해온 나의 깜냥이 그대로 드러났다. '진짜 공부란 뭐지?' 공부 현장에서는 던져 보지 못했던 내 인생을 구원해 주는 공부에 대한 질문은 공부길이 끊어져서야 처음으로 던지게 됐다.

소축(小畜)괘는 어떤 일을 성취해 나가는 과정을 이야기한다. 소축의 상괘는 손(巽)으로 공손함을 상징하고 하괘는 건(乾)의 강건함을 상징한다. 공손한 주체인 육사효 홀로 음효이고 모두 강한 양효들로 이루어져 있다. 유일한 음효인 육사효는 위아래의 모든 양효들의 시선을 한몸에 받고 있다. 음과 양이 서로 호응해 기운이 소통하면 촉촉하게 비가 내리는데 이 괘는 아쉽게도 문제가 있다. 왜냐하면 음의 역량이 양에 비해 턱없이 작아 양과 조화를 이루는 데 작용이 미미하기 때문이다. 나 홀로 음효인 육사효가 다섯 양효들의 양기를 충분히 축적하지 못해 비를 이루지 못했기에 소축의 괘사가 "밀운

불우, 자아서교"(密雲不雨, 自我西郊)다. 검은 구름이 빽빽하게 모이기만 한 상태. 그러므로 소축의 모습은 하늘(乾) 위에 바람(巽)이 불고 있지만, 천둥이 치면서 시원스레 비가 되어 내리려면 때를 기다려야 한다. 그러니 소축은 말 그대로 작은 규모의 축적이다. 모이는 것이 작아 차곡차곡 쌓아 극에 이르러야 겨우 성취하는 바가 있다. 결국 우리가 일구어 내는 성취란 인내와 기다림의 시간이 응축된 피땀의 결과다. 이 차서를 밟지 않고 가는 지름길이란 없는 것 같다.

내가 고전-리라이팅 과정을 그만둔 이유도 이 과정이 힘들어서였다. 단계를 밟아 나가는 과정을 무시해 버리고 성취욕만 앞서면 소축의 구삼효처럼 나아가려다가 수레의 바퀴살이 빠져나간 것처럼 그만 멈춰 서 버린다. 가족의 죽음과 부모님의 건강 악화 등 이런 번뇌들을 성찰할 힘이 당시 나에게는 없었다. 화두를 들 절호의 기회라는 생각은 전혀 못하고 번뇌에 휩쓸려 공부와 단절하는 삶을 선택했다. 삶 따로 글 따로인 '허깨비 공부'를 한 결과였다. '글과 삶이 따로'가 아니라 나의 화두가 질문이 되고 그 질문을 따라 삶의 배치를 바꾸어 나가고 변화된 나의 일상이 글이 되고 내 삶의 윤리가 되는 과정. 차서를 밟아 나가는 이런 인고의 시간이 응축되지 않고서야 어찌 단비가 내리겠는가? 고전에 비추어 나의 습관과 욕망의 패턴을 바꾸어 새로운 삶을 창안하는 것이 '고전-리라이팅'이라는 것을 당시에는 전혀 몰랐다. 성취욕은 과도하나 육사효에게 완전히 제압당해 옴짝달싹 못하는 구삼효는 공부와 단절했던 내 모습 같았다.

"구삼효, 수레에 바퀴살이 빠진 것이니 부부가 서로 반목하는 것이다." 소축의 구삼효는 과도하게 나아가려고 한다. 그런데 바로 위에 음효인 육사효가 가로막고 있다. 음효에 묶여 수레를 굴러가게 하는 중요한 바퀴살이 빠져 버렸다. 육사효는 분명 구삼효를 방해하는 요소이기는 하다. 하지만 구삼효가 스스로 음효의 제지를 받아들였을 수도 있다. 내 경우 복잡한 가정사가 공부의 길을 막은 건 맞다. 그런데 곰곰이 생각해 보면 내가 포기한 바도 있었다. '시간을 썰어 가며' 근면하게 공부하면 책읽기나 글쓰기도 그에 비례해 빨리 능숙해질 것이라는 생각을 하고 있던 때라 진척되지 않는 공부에 스스로 질려 있었다. 그러니 도피하기 딱 좋은 상황이었다. 가정사를 핑계 삼아 공부의 길을 멈춘 것이다. '부부가 서로 반목한다'는 표현은 음과 양이 서로 통하지 못해 화합하지 못하는 어그러진 상태 즉 공부와 현장이 조화를 이루지 못한 나의 상태를 말한다. 그런데 몇 달이 채 지나지 않아 우울증이 찾아왔다. 지인 몇 명과 세미나를 같이하고 있었고 다른 공부모임에도 나가 공부의 끈을 놓지 않고 있었는데 말이다. 나를 촉발시키는 도반과 스승이 없는 공부는 맹숭맹숭했다.

그러던 차, 〈감이당〉 도반에게 연락이 왔다. 송년회 함백캠프에 같이 가자고 제안을 하는 것이었다. 〈감이당〉에 다니고 있지도 않고, 더군다나 이번 캠프는 64괘를 하루 종일 외워 쓰는 캠프라고 했다. 그런데 내 마음은 기다렸다는 듯 흔쾌히 허락하는 것이 아닌가. 함백에 도착해서 오랜만에 선생님과 도반들을 만나 짧게 인사를 나누고 도착하자마자 『주역』 64괘 시험을 하루 종일 쳤다. 잠깐 점심 먹은 시간을 제외하고 저녁 어스름이 내릴 때까지 『주역』 필사를 했다. 필사를 하는 것만으로도 어찌나 허리가 아프고 힘이 들던지…. 그런데 점심을 먹고 잠깐 눈을 붙이고 다시 도반들 속으로 들어가 『주역』을 쓰고 있는데 너무 행복했다. '아, 내가 그동안 이 재미난 걸 못해서 짜증이 나고 늘 우울했던 거구나!' 체했던 몸이 뚫리는 기분이었다.

만약 내가 가고자 하는 길을 가다가 구삼효에서 멈췄다면 방법은 하나다. 다시 초심으로 돌아가면 된다. 초구효의 '복'(復)으로 돌아가면 된다. 즉 내 인생을 구원해 주는 공부의 길로 돌아가 처음부터 다시 시작하면 된다. 나처럼 말이다. 선생님의 질책과 도반들의 충고를 달게 받을 수 있다면 구삼효의 '바퀴살'도 육사효의 '피의 자리'도 통과해 갈 수 있다. 그러다 교만함으로 진창에 또 빠질 수도 있다. 그러면 다시 겸손한 마음으로 '복'의 자리로 회복하기만 하면 소축에서는 '어찌 허물이 있겠는가? 길하다'라고 했다.

작년 봄, 떨리는 마음으로 〈문이정〉을 처음 오픈해 홍보하고 사람들을 모아 세미나를 했던 과정들을 떠올려 보면 절대 내 힘만으로 돌아가지 않았다. 밀고 당겨 주는 관계 속에서 차근차근 밟아 이룬 성과였다. 〈문이정〉에서 만나게 되는 소중한 공부 인연들. 경험 부족에서 오는 미숙함을 일깨워 주는 도반들의 충고나 든든한 정서적 지지. 곳곳에 포진해 있는 공부 도반들의 이런 조력이 없었다면 내가 어찌 작은 성취를 이룰 수 있었을까? 공부를 통해 변화하고 성숙해지겠다는 진실한 마음(有孚)을 내자, 그것을 알고 호응해 준 선생님과 공부 도반들의 협력으로 가능했다. 인생에서 혹여 작은 성취가 찾아온다 하더라도, 그 성취는 혼자 힘으로 절대 이뤄지지 않았음을 기억하자. 그러니 내가 이뤘다고 교만함에 빠질 까닭도 없다. 오직 겸손함으로 갈 뿐. 이 사실을 잊는 순간, 우리는 피를 부르고 두려움이 엄습해 오는 자리에 놓이고 말리라.

천택 리,

자신의 본성에서 시작해야
길이 열린다

안상헌

天澤 履
천택 리

履虎尾, 不咥人, 亨. 리호미, 부질인, 형.

리괘는 호랑이 꼬리를 밟아도 사람을 물지 않으니, 형통하다.

初九, 素履, 往, 无咎. 초구, 소리, 왕, 무구.

초구효, 본래대로 행하여 나아가면 허물이 없다.

九二, 履道坦坦, 幽人貞吉. 구이, 리도탄탄, 유인정길.

구이효, 행하는 도리가 탄탄하니 마음이 차분한 사람이라야 올바르고 길하다.

六三, 眇能視, 跛能履. 履虎尾, 咥人, 凶, 武人爲于大君. 육삼, 묘능시, 파능리. 리호미, 질인, 흉, 무인위우대군.

육삼효, 애꾸눈이 보려 하고, 절름발이가 걸으려 하는 것이다. 호랑이 꼬리를 밟아서 사람을 무니 흉하고, 무력을 쓰는 포악한 사람이 대군이 되려고 한다.

九四, 履虎尾, 愬愬, 終吉. 구사, 리호미, 색색, 종길.

구사효, 호랑이 꼬리를 밟으니 두려워하고 조심하면 결국에는 길하리라.

九五, 夬履, 貞, 厲. 구오, 쾌리, 정, 려.

구오효, 강하게 결단하여 행함이니 바르더라도 위태롭다.

上九, 視履, 考祥, 其旋, 元吉. 상구, 시리, 고상, 기선, 원길.

상구효, 행하여 지나온 것을 보아서 선악과 화복을 상세히 살피되 두루 잘못이 없으면 크게 좋고 길하리라.

우리는 뭔가 새롭게 시작하는 때가 오면, 이때마다 새로운 각오를 한다. 특히 한 해가 바뀌는 연초, 한 학기가 시작되는 학기 초에는 특히 새로운 각오를 많이 한다. 나 또한 해마다 '새해에는 뭔가 다르게 살아 보고 싶다'는 소망을 담은 각오를 했었다. 평범하게는 '건강을 위해 꾸준한 운동을', '공부를 좀 더 잘하기 위해 계획적인 하루하루를', '좀 더 성실한 하루하루를', '함께 일하고 공부하는 사람들과 좀 더 나은 멤버십을', '가족 혹은 주변 사람들과 좀 더 많은 시간을' 등등. 인생의 단계마다 조금씩 다르지만, 대략 정리해 보면 이런 내용들이었다. 조금 특별한 경우, 예를 들어 〈감이당〉에서 공부하는 우리 학인들은 새해가 되면 새로운 공부계획을 세우고, 한 해가 마무리될 즈음해서는 자신의 공부에 큰 성과가 있기를 결심한다.

이런 각오가 그리 나쁠 것은 없다. 그런데 대부분의 사람들이 새해에 설정한 삶의 목표나 기준을 잘 들여다보면 그 기준은 자신이 아닌 외부에 맞춰져 있고, 그 수준은 특정 분야에서 꽤 성취를 이룬 분들의 것이다. 하지만 그 각오는 대부분 '작심삼일!'로 끝나고, 남들도 다 '이렇게 살아가는 거지'라며 때론 자족하고, 때론 체념하면서 살아간다. 하여 많은 경우 건강도, 공부도, 일도, 가족도, 성공하는 경우보다는 실패하는 경우가 더 많다. 혹 성공했더라도 내 안에 이 성공을 지속할 힘이 없어 갑자기 큰 낭패를 당하는 경우도 많다. 또 나이가 들어갈수록 늘 이런 패턴임을 잘 아는 우리들은 새로운 각오와 결심도 점차 시들해지고 늘 조마조마해하면서 그저 문제만 생기지 않길 바라며 살아간다. 그런데 평생을 이렇게 살기는 좀 억울하지 않은가? 우리는 죽을 때까지 이런 패턴에서 영원히 빠져나올 수 없는 것일까? 그렇지 않다. 새로운 각오가 작심삼일이 되지 않고, 그것이 내 삶을 활기차게 이끌어 줄 방법을 찾을 수 있다. 『주역』에 그 길을 물어보자.

천택 리(天澤 履)는 소축괘 다음의 괘로서 작은 축적으로 인한 익숙함에 머물지 않고 나아가 새로운 것을 행하는 괘이다. "밟는다는 뜻인 '리'(履)란 곧 '예'(禮)다. 예란 인간이 본분을 이행하는 것이다. 괘의 모습은 건괘가 상징하는 하늘이 위에 있고 태괘가 상징하는 연못이 아래에 있다. 하늘은 위에 있고 연못은 그 아래에 처하는 것이 위와 아래의 구분과 높음과 낮음의 마땅함이니, 이는 이치의 당연함이며, 예의 근본이며, 일정하게 이행되어야 할 도리이므로 리괘가 된다"(정이천, 『주역』, 258쪽). 괘사에서는 "호랑이 꼬리를 밟아도 사람을 물지 않으니, 형통하다"(履虎尾리호미, 不咥人부질인, 亨형)라고 했다. 그러니 우리가 리괘가 가르치는 방식대로 살아간다면, 위험하고 변화무쌍한 세상살이에서도 나를 해치지 않고 자신의 삶을 살아갈 수 있다.

우리가 살아가는 이 세상은 언제나 호랑이 꼬리를 밟을 수 있는 위험이 산재해 있다. 세상에 위험이 많다는 것을 잘 알기에 우리는 자신의 본성에 맞게 앞으로 나아가지 못하고, 다른 사람이 제시해 놓은 기준에 맞추며, 늘 조심조심 안정된 길을 찾는다. 자신의 본성보다는 외부의 시선이 늘 더 중요한 기준이 된다. 특히 학교 착실히 다니고, 모범생으로 칭찬받으며 자라는 것을 자랑스러워하는 착한 사람들에게 이 기준은 나이가 들어서도 쉽게 벗어날 수 없는 삶의 기준이 된다. 또 이 기준은 자식을 키우는 것에도 적용되어, 대대로 유전되기도 한다. 우리는 이렇게 오랫동안 길들여진 존재들이다. 우리가 이런 존재들이기에 우리들이 새로운 것을 해보겠다고 하는 결심이 작심삼일로 끝나는 것은 어찌 보면 당연한 일이다.

이런 우리들에게 리괘는 각자 삶의 새로운 질서를 만들어 낼 수 있는 방법을 알려준다. 리괘, 초구효에서 "본래대로 행하여 나아 가면 허물이 없다"(素履소리, 往왕, 无咎무구)고 말한다. 소(素)는 '본 디', '바탕', '질박', '꾸밈없음' 등의 뜻이고, 리(履)는 '실천한다', '행 한다', '밟는다'는 뜻이다. 「계사전」에서도 "리(履)는 인간이 밟고 가 야 할 아주 기초적인 세계를 말하기에 이를 덕의 기본"(김용옥, 『도올 계사전 강의』, 미출판 강의록, 247쪽)이라고 했다. 소리(素履)란 '자기 본성에 어긋나지 않게', '자기 결대로', 혹은 '소박하고 정성스럽게' 삶에 임하는 태도를 말한다. 천택 리 초구효를 해석한 「상전」에는 "본래대로 행하여 나아감은 오로지 원하는 바를 행하는 것이다"(素 履之往소리지왕, 獨行願也독행원야)라고 말하고 있다.

이렇듯, 소리(素履)란 자신이 원하던 바를 다른 누군가에 의지 하지 않고 스스로의 기준과 힘으로 행하는 것이다. 하여, 우리도 이 제 삶의 새로운 길을 열어야 할 때, 다른 기준은 버리고 나에게로 시 선을 돌려 보자. 이것을 나의 '본성'이라 해도 좋고, 나의 '욕망'이라 해도 좋다. 세상이 만들어 놓은 이런저런 기준들과 시선을 파악하 기 전에, 나를 믿고 나의 본성과 욕망을 먼저 관찰하는 습관을 길러 보자. 생각해 보면, 내 삶의 길을 새롭게 열어 보겠다는 각오를 하면 서, 처음부터 남의 눈동자에 비치는 내 모습을 상상하는 것은 이상 하지 않은가? 이제 이런 것들은 뒤로 하고, "내 본성이 원하는 바가 무엇인가?"라는 질문을 먼저 가져 보자. 우리가 먼저 이렇게 질문한 다면, 『주역』은 이렇게 답할 것이다. "지금 있는 그대로 나아가라!" 그렇다. 『주역』은 우리에게 지금의 내가 하고자 하는 것이 공부이 든, 일이든, 사랑이든, 그것이 투박하면 투박한 대로, 미약하면 미약한 대로, 꾸밈없이 나아가 보는 것이 좋겠다고 가르친다. 이렇게 살아간다면 우리 삶은 형통할 것이고, 삶의 허물은 하나하나 줄어 갈 것이다. 다만 유의할 일이 있다면, 투박하다고 멈추거나 미약하다고 멈추어서는 안 된다. 자신의 현재 모습을 보았다면 지금의 나를 있는 그대로 지켜보면서 한발씩 나아가는 것이 중요하다. 그것이 나의 본성을 살리는 삶이고, 그래야 내 삶의 길이 열린다.

지천 태,

지천 태에서 배우는
공동체 윤리

신혜정
———

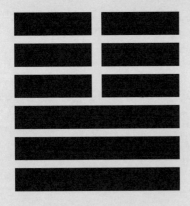

地天泰 지천 태

泰, 小往, 大來, 吉, 亨. 태, 소왕, 대래, 길, 형.

태괘는 작은 것이 가고 큰 것이 오니, 길하고 형통하다.

初九, 拔茅茹, 以其彙征, 吉. 초구, 발모여, 이기휘정, 길.

초구효, 띠풀을 뿌리째 뽑음이라. 그 동류와 무리지어 나아가면 길하다.

九二, 包荒, 用馮河, 不遐遺, 朋亡, 得尙于中行. 구이, 포황, 용빙하, 불하유, 붕망, 득상우중행.

구이효, 거친 것을 포용하고 걸어서 황하를 건너는 과감함을 쓰며, 멀리 있는 사람을 버리지 않고 사사로운 자신의 무리를 버리면, 중도를 행하는 것에 맞게 된다.

九三, 无平不陂, 无往不復. 艱貞, 无咎, 勿恤, 其孚, 于食, 有福. 구삼, 무평불피, 무왕불복, 간정, 무구, 물휼, 기부, 우식, 유복.

구삼효, 평평하기만 하고 기울지 않는 것은 없으며 가기만 하고 돌아오지 않는 것은 없다. 어렵게 여기고 올바름을 지키면 허물이 없고 근심하지 않아도 진실한 믿음이 있으면 벼슬함에 복이 있으리라.

六四, 翩翩, 不富以其鄰, 不戒以孚. 육사, 편편, 불부이기린, 불계이부.

육사효, 새가 가볍게 날듯이 아래로 내려가 부유하지 않은데도 그 이웃과 함께하니 경계하지 않고 진실하게 믿는다.

六五, 帝乙歸妹, 以祉, 元吉. 육오, 제을귀매, 이지, 원길.

육오효, 제을이 누이동생을 시집보냄이니 복을 얻고 크게 좋고 길하리라.

上六, 城復于隍, 勿用師, 自邑告命, 貞, 吝. 상육, 성복우황, 물용사, 자읍고명, 정, 린.

상육효, 성이 무너져 해자로 돌아간다. 군사를 쓰지 말아야 하는데 자신이 다스리는 고을에서 명을 내리니, 올바르더라도 부끄럽다.

며칠 전, 〈문이정〉에서 송년회를 했다. 〈문이정〉은 대구의 공부공동체인데, 연말을 맞아 세미나 도반들과 서울에서 내려온 〈감이당〉 친구들, 외부 손님들이 어울려 시끌벅적 재미난 시간을 가졌다. 그러면서 자연스럽게 한 해를 돌이켜 보게 됐다. 2019년은 개인적으로 의미가 깊은 해다. '지금까지 했던 공부방식으로는 안 돼'라는 위기의식과 '앞으로 어떤 태도로 공부해야 할까?'라는 질문으로 고민하면서 삶의 비전을 새롭게 세운 해였기 때문이다. 그 변화의 중심에는 〈감이당〉과 〈문이정〉이 있었다. 특히, 〈문이정〉의 창단 멤버로 참여해서 간판을 걸고, 세칙을 만들고 세미나 회원을 모았던 일은 아주 귀중한 경험이었다. 그런 시간을 통과하며 공동체 감각도 배우게 됐고, 함께하는 공부의 기쁨도 깊이 체험하게 되었기 때문이다. 그 시간들 속에는 다양한 사건들이 있었다. 서로 다른 존재들이 모여 활동을 하다 보니 즐거움도 어려움도 공존할 수밖에 없다. 그래서 새해에는 어떤 태도로 소통하며 공부해야 할지를 지천 태(地天 泰)에서 배우고 싶다.

『주역』에는 일 년 열두 달을 12개의 괘에 배속시켜 놓은 12소식괘(消息卦)가 있다. 그중, 새해인 1월에 해당하는 괘가 바로 지천 태이다. 그런 까닭에 태괘를 통해 신년에 가져야 할 마음가짐에 대해 알아보면 좋을 것 같다는 생각이 들었다. 먼저, 상(象)을 살펴보면 땅을 상징하는 곤(坤)괘는 위에, 하늘을 상징하는 건(乾)괘는 아래에 처해 있다. 본래 자연의 형상은 하늘이 위에 있고 그 아래 땅이 있어야 한다. 한데, 태괘는 이와는 완전히 역전된 모양이니 혼란스러운 상황이 아닌가? 여기서 반전! 지천 태는 '소통과 안정'을 상징한다. 도대체 이게 어떻게 된 일일까?

하늘의 본래 성질은 위로만 향하는 강건함이고, 땅은 아래로 내려가려는 유순함이 있다. 그러니까 원래대로라면 하늘은 위로만, 땅은 아래로만 향하니 이 둘은 만날 일이 없다. 태괘가 소통을 의미하는 이유는 바로 천지의 상이 뒤집혔기 때문이다. 서로 자기 위치를 고집하지 않고 역지사지했기에 만날 수 있고 만나야 통할 수 있다는 걸 보여 주는 것이다.

『동의보감』에서는 심장과 신장의 기가 꽉 막혀 생기는 병증의 치료에 교태환(交泰丸)을 처방하는데 이때 '태'가 바로 '통한다, 뚫어 준다'라는 뜻이다. 또 있다. 경복궁의 내전으로 왕비가 거처했던 교태전(交泰殿) 역시 지천 태에서 따온 이름이다. 천지가 서로 교통하여 화평을 이룸을 보여 주는 것으로, '서로에게 다가가는 마음'을 의미한다. 이렇게 소통을 말하는 태괘의 여섯 효 중에서 나는 특히 구이효에 관심이 갔다. 정이천은 "소통과 안정을 이룬 때를 다스리는 방도를 주로 구이효를 중심으로 말했다"(정이천, 『주역』, 281쪽)라고 풀기 때문이다. 왜 모든 것이 원만하고 태평한 시기에 다스림의 도에 대해 강조하는지 궁금하다.

구이효에서는 서로 소통하는 방법에 대해 "거친 것을 포용하고 걸어서 황하를 건너는 과감함을 쓰며, 멀리 있는 사람을 버리지 않고 사사로운 자신의 무리를 버리면, 중도를 행하는 것에 맞게 된다"라고 아주 구체적으로 명시하고 있다. 이 말에는 어떤 의미가 담겨 있는 걸까? 정이천의 해석에 따르면 '거친 것'이란 '황예'(荒穢), 곧 '정치적 차이'이다. 여기서 정치적 차이란 나와 생각과 가치관이

다름을 말한다. 그렇다면 거친 것을 포용한다는 건 자신과 견해가 다르고 의견 차이가 있는 사람의 말도 받아들일 수 있는 열린 태도가 아니겠는가.

다음으로, "걸어서 황하를 건넌다"는 건 무슨 뜻일까? 이는 안정을 이룬 때의 편안함과 이제까지 해오던 습관을 따르려는 구태의연한 타성을 혁신해야 한다는 의미이다. 공동체를 하다 보면 정말 이런 문제에 부딪히게 된다. 지금껏 해왔던 방식으로 매사를 해결하려는 태도 말이다. 그런데 생각해 보면 이 둘은 다른 차원이 아니다. 나와 의견이 비슷한 사람, 마음 맞는 사람만 주변에 있고, 익숙한 방식에 젖어 들어 있다면 당연히 안일함과 동일성의 적폐에 빠질 가능성이 크다. 다른 존재들과 다른 방식들이 들어와서 섞여야 비로소 새로운 흐름을 만들 수 있다.

다음으로 "멀리 있는 사람을 버리지 않는다"라고 했는데 과연 어떤 의미일까? 그건 지금 당장 겉으로 드러나지 않은 사소한 일, '먼 것'이라도 세심하고 치밀하게 살펴서 나중에 문제가 생기지 않도록 해야 한다는 말이다. 예를 들면 세미나를 진행하면서 만들었던 규칙, 시간 약속이나 회비, 공부한 자리를 정리하는 것 등 작지만 결코 소홀히 해서는 안 되는 부분을 챙겨야 한다는 거다. 사실 이런 일들이 쌓여 감정이 상하고 분란의 소지가 되기 때문이다. 마지막으로 "사사로운 자신의 무리"를 버린다는 말은 사사로운 감정으로 파벌을 짓고 그 이해관계에 끌려다니면 안 된다는 뜻이다. 공명정대한 원칙을 세워 지켜 나가지 않으면 공동체가 자칫 사조직처럼 변질해 버릴 위험이 있으니 늘 경계해야 한다.

태괘에서는 음양의 조화와 소통, 즉 다른 존재들과 올바른 관계를 위해 구이효의 네 가지 원칙을 숙지하고 잘 지켜 나가면 "중도(中道)를 시행하는 의리에 합치될 수 있다"라고 충고한다. 『주역』에서 말하는 중도와 의리는 뭘까? 중도란 시중(時中) 즉, "상황과 때에 따라 맺는 적절한 도리"이고 의리는 고정된 법칙이 아닌 "인간이 모든 존재와의 관계에 따라 창조해 내는 삶의 윤리"이다. 그러니까 중도를 시행하는 의리는 결국 다른 존재들과 맺는 시의적절한 도리이자 윤리이다.

공동체는 공동체로서의 마땅한 윤리가 반드시 있어야 한다. 하지만 그건 고정된 도덕률 같은 차원이 아니다. 때에 맞게 함께 만들어 가는 것이다. 태괘의 육오효 「상전」에서는 "모두 그의 뜻이 원하는 것이다. 그가 원하지 않는 것을 어떻게 따를 수 있겠는가?"라고 했다. 누군가가 명령하여 억지로 따라가는 게 아니라 공동체 스스로가 윤리를 조직할 수 있는 능력과 시중(時中)에 맞는 규율을 창안해 가는 힘. 그리고 그것을 능동적으로 지켜 나가는 태도가 필요하다는 말이다. 앞으로 공동체 안에서 계속 고민하고 실험해 봐야 할 부분이라고 생각한다.

12
천지 비,

삶이 꽉 막히는 순간을
헤쳐 나가는 무기

안상헌
———

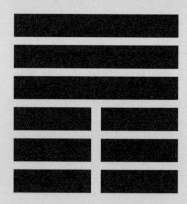

天地否
천지 비

否之匪人. 不利君子貞, 大往小來. 비지비인. 불리군자정, 대왕소래.

비괘는 인간의 길이 아니다. 군자가 올바름을 지킴에 이롭지 않으니, 큰 것이 가고 작은 것이 온다.

初六, 拔茅茹, 以其彙, 貞, 吉, 亨. 초육, 발모여, 이기휘, 정, 길, 형.

초육효, 띠풀을 뿌리째 뽑음이라. 그 동류와 무리지어 올바름을 지키면 길하고 형통하다.

六二, 包承, 小人吉, 大人否, 亨. 육이, 포승, 소인길, 대인비, 형.

육이효, 마음에 품고 있는 것이 윗사람의 뜻을 받드는 일이다. 소인의 경우에는 길하고 대인의 경우에는 막힌 것이니 형통하다.

六三, 包羞. 육삼, 포수.

육삼효, 마음에 품고 있는 것이 부끄럽다.

九四, 有命, 无咎, 疇離祉. 구사, 유명, 무구, 주리지.

구사효, 군주의 명이 있어 행하면 허물이 없으니 동류가 복을 누린다.

九五, 休否, 大人吉. 其亡其亡, 繫于苞桑. 구오, 휴비, 대인길. 기망기망, 계우포상.

구오효, 막힌 것을 그치게 하니, 대인의 길함이다. 나라가 망할까, 망할까 염려하여 무더기로 난 뽕나무에 묶어 매는 것이다.

上九, 傾否, 先否, 後喜. 상구, 경비, 선비, 후희.

상구효, 막힌 것이 기울어짐이니 우선은 막히고 나중에는 기쁘리라.

세상을 살다 보면 '그동안 열심히 한다고 했고, 그 과정에서 일도 나름 잘 풀렸고, 성과도 있어 감사하다!'고 생각하는 순간, 갑자기 내

앞을 가로막는 장애물들이 등장하는 때가 있다. 아마 대부분의 사람들이 인생에서 한두 번은 경험한 사례일 것이다. 나 역시 직장을 남들보다 조금 일찍 그만두게 된 과정을 돌아보면 이런 패턴과 일치한다. 세상에서의 일뿐만 아니라 과거 대학원에서 공부하던 시절을 돌아보거나 요즘 〈감이당〉에서 공부를 하다 보면 많은 사람들이 공부의 과정에서도 비슷하게 이 과정을 겪는 것을 보게 된다. 공부의 과정에서든 일의 과정에서든 갑작스럽게 꽉 막히는 때가 있다. 하지만 이 과정이 누구에게는 잘 견뎌 내서 성장하는 계기가 되는 반면, 누군가에게는 한 번 꼬이기 시작한 일과 공부가 그 사람의 인생을 계속 꼬이게 만든다. 무엇이 이 차이를 만드는 것일까?

천지 비(天地 否)로 이 상황을 한번 설명해 보자. 비괘는 '정체와 단절'을 상징하는 괘이다. 삶이 갑자기 꽉 막히는 상황을 이해하고 이를 헤쳐 나갈 지혜를 찾아보기에 좋은 괘이다. 비괘는 '소통과 안정'을 상징하는 지천 태 바로 다음의 괘이다. 천지가 교류하여 '소통과 안정'이 이루어진 후 이것이 영원히 지속되면 얼마나 좋겠는가? 하지만 우리의 이러한 기대와는 달리, 우리가 경험한 인생도 그렇지 않고 『주역』의 괘 역시 그렇지 않다. '승승장구'하는 삶은 곧 '정체와 단절'의 상황으로 이어진다. '소통과 안정'을 상징하는 태괘는 땅이 위에 있고 하늘이 아래에 있는 상이고, '정체와 단절'을 상징하는 비괘는 하늘은 위에 있고 땅은 아래에 있는 상이다. 이처럼 괘상(卦象)의 배치에서부터 우리는 사람들이 일반적으로 좋고 안정되었다고 생각하는 것과 『주역』이 가르치는 삶의 이치는 다르다는 것을 알 수 있다.

『주역』이 가르치는 삶의 이치는 하늘과 땅이 원래의 위치와 어긋나 있기에 이를 회복하기 위해 '양과 음', '강과 유', '높음과 낮음', '귀함과 천함'이 언제나 소통하려 한다는 것이다. 어긋남이 소통의 조건이고, 이러한 소통으로 인해 천지우주는 늘 생성하고 변화하며, 우리는 그 생성과 변화 속에 있는 것이다. 그러나 우리가 배웠던 삶의 좋은 조건은 이러한 소통과는 정반대의 것이다. '좀 더 강한', '좀 더 높은', '좀 더 귀한' 자리를 차지하여 '유(柔)하고, 낮고, 천한 것들'과는 벽을 쌓고 멀리 떨어지는 것. 이것을 우리는 좋은 삶을 위한 조건이라 생각했다. 하지만『주역』을 배우다 보면 이러한 관점은 너무나 협소하고 잘못된 관점이라는 것을 깨닫게 된다.『주역』에서는 우리가 삶의 과정에서 겪게 되는 장애물들을 우리 삶을 해치는 것으로만 여기지 않는다.

하지만 우리가『주역』이 가르치는 도를 깨닫기 전에 이러한 좁은 생각에서 한꺼번에 완전히 벗어나기는 어렵다. 그러니『주역』의 도를 배워 가는 과정에서 중요한 것은 이러한 순간이 왔을 때 어떻게 이 상황을 잘 견딜 수 있는 지혜를 하나하나 배워 나가는가에 달려 있다. 비괘 초육효에서는 "띠풀을 뿌리째 뽑음이라. 그 동류와 무리지어 올바름을 지키면 길하고 형통하다"(拔茅茹발모여, 以其彙이기휘, 貞정, 吉길, 亨형)라고 했다. 띠풀이 서로 얽혀 있는 모습과 같이 '동류와 무리지어 올바름을 지킬' 것을 강조한다. 이렇듯 '꽉 막힌 상황'에 처했을 때 우리가 취해야 할 첫번째 자세는 가까이에서 서로 얽혀 있는 친구들과 함께 '올바름을 지킬' 수 있는 방법을 찾는 것이다. 이는 '소통과 안정'을 상징하는 태괘에서 친구들과 함께 '나아가면' 길하다고 한 것과 대조된다. 그렇긴 하지만 삶의 과정에서 나아가야 할 때나, 올바름을 지키고 멈춰야 할 때나 가까이 얽혀 있는 친구들과 함께해야 하는 것은 공통적이다. 그런데 이들 친구들과 그냥 멈춰 있다고 꽉 막힌 상황이 풀리고, 이것이 각자의 성장을 위한 계기가 되는 것은 아니다. 멈춰서 지켜야 할 '올바름'이란 것이 있다. 그 올바름에 대해 비괘 초육효 「상전」에서는 "그 뜻이 군주에게 있다"(志在君也지재군야)고 말한다. 여기서 뜻이라고 하는 것은 우리들 각자가 세상에 나아가 뜻을 펼치고자 하는 원래의 그 마음일 것이다. 그 마음이 군주에게 있다는 것을 『주역』에서는 '천명'(天命)이라 하기도 하고, 우리가 어떤 어려움에도 불구하고 갈고 닦아야 할 '군자의 마음'이라고도 한다.

　　나 역시 삶의 어떤 과정에서 꽉 막힌 상황에 처했을 때, 주변의 어떤 사람들은 위로와 격려의 말을 하면서, 이제 그냥 좀 편하게 살 것을 충고하곤 했다. 하지만 이들의 말은 잠깐의 위로는 될 수 있었지만, 내가 당시 겪고 있던 문제를 근본적으로 해결하고 내가 성장할 수 있는 힘을 주는 말은 아니었다. 이런 말들은 나에게 성장의 힘을 주기보다는 나를 주저앉게 한다. 막힘의 순간에 친구가 필요한 건 맞지만, 나를 그 자리에 주저앉게 하는 친구가 필요한 것은 아니다. 막힘의 순간 우리에게 필요한 친구가 있다면 그 친구는 올바름을 함께 지켜 나갈 수 있는 친구이다. 『주역』의 언어로 말한다면 '천명'과 '군자의 마음'을 함께 이야기할 수 있는 친구이다. 삶의 변곡점에서 곁에 있는 친구와 함께 편하게 살아갈 방도를 찾아볼 수도 있다. 하지만 『주역』은 우리에게 그것은 소인의 마음이라 가르친다.

대신 『주역』은 우리에게 그런 소인의 작은 마음이 지배하는 세상이 아닌, 뜻을 다시 하늘에 두는 큰 마음으로 세상을 보고 함께 난관을 견뎌 나갈 것을 가르친다. 그리고 이를 함께하는 사람이 『주역』에서 말하는 친구이다. 『주역』은 우리에게 '나와 삶을 함께하면서 가까이 얽혀 있는 친구들을 소중히 할 것!' 그리고 '그 친구들과 함께 뜻을 어디에 두어야 하는지를 잃지 않을 것!'을 가르친다. 이것이 우리가 삶의 과정에서 늘 반복되는 '막힘의 순간'을 잘 견뎌 내어 스스로가 성장할 수 있는 계기로 만들 수 있는 삶의 무기임을 기억해야 할 것이다.

13
천화 동인,

진정한 친구는
문밖에 있다

김주란

天火 同人 천화 동인

同人于野, 亨, 利涉大川, 利君子貞. 동인우야, 형, 리섭대천, 리군자정.

동인괘는 사람들과 함께하기를 넓은 들판에서 하면 형통하니, 큰 강을 건너는 것이 이롭고, 군자가 올바르게 행하는 것이 이롭다.

初九, 同人于門, 无咎. 초구, 동인우문, 무구.

초구효, 문을 나가서 사람들과 함께하니, 허물이 없다.

六二, 同人于宗, 吝. 육이, 동인우종, 린.

육이효, 자기 집안에서만 사람들과 함께하니, 부끄럽다.

九三, 伏戎于莽, 升其高陵, 三歲不興. 구삼, 복융우망, 승기고릉, 삼세불흥.

구삼효, 병사를 수풀에 감추어 두고 높은 언덕에 올라가서 엿보지만 3년 동안 일으키지 못한다.

九四, 乘其墉, 弗克攻, 吉. 구사, 승기용, 불극공, 길.

구사효, 담장에 올라가지만 구오를 공격하지 못하니 길하다.

九五, 同人, 先號咷而後笑, 大師克, 相遇. 구오, 동인, 선호도이후소, 대사극, 상우.

구오효, 사람들과 함께하는데 먼저 울부짖다가 나중에 웃으니, 큰 군사로 이겨야 서로 만나게 된다.

上九, 同人于郊, 无悔. 상구, 동인우교, 무회.

상구효, 교외에서 사람들과 함께하니 후회할 일이 없다.

둘째 아들이 열 살쯤 되었던 무렵이었나, 학교에서 돌아온 아이가 이런 말을 한 적이 있다.

"엄마, 엄마도 다른 엄마들이랑 더 친하게 지내면 안 될까?"

꼬맹이가 어른들 관계에 훈수를 두겠다는 건가 싶어 웃다가, 이 아이 눈엔 내가 '아싸'(아웃사이더)로 보였을 수도 있겠다는 데 생각이 미치자 기분이 싸해졌다. "야, 내가 요즘 바빠서 그렇지 엄마도 사람들이랑 다 친해~"라고 일단 사실관계를 짚어 둔 후(근데 왜 변명하는 기분이 드는지^^;) 물었다. "근데 왜 그랬으면 좋겠어?"

알고 보니 친구 집에 놀러 가려다 그 집 엄마에게 오늘은 안 되니 다음에 놀러 오라는 소리를 들은 모양이다. 아이들은 친구가 어제 누구네서 재밌게 놀았다는 얘기를 하면 자기도 그 집에 가고 싶어 한다. 하지만 그 전날 손님을 치른 집 주인 입장에서는 부담스러운 게 당연하다. 이런 경우를 몇 번 겪은 아이는 나름의 숙고 끝에 엄마들이 친하면 여행도 같이 가고 집에도 더 자주 놀러 간다는 걸 알아차렸다. 그러다 보니 자기가 거절당할 확률이 더 높아진다는 것도. 그리하여 나에게 '친구 엄마와 친한 엄마 되기'를 주문하기에 이른 것이다.

하지만 어차피 엄마끼리 친해서 아이들도 친해지는 시기는 조만간 끝나게 되어 있다. 난 아이에게 친구 문제는 엄마에게 의지할 게 아니라 스스로 돌파해야 한다고 얘기했다. 내심 별 도움 안 되는 엄마인 게 미안하기도 했지만 어쩌랴, 현실은 냉엄한 것을. 다행히 아이는 내 말을 순순히 수용해 줬다. 뭐, 원래 별 기대 없이 해본 소리였던 것 같기도 하고.

어디 친구 문제로 고민하는 사람이 아이들뿐이겠는가. 안 그런 척할 뿐이지 어른도 마찬가지다. 동인(同人)괘는 다른 사람과 어떻게 마음을 모으고 함께 잘 지내는가 하는 문제에 대해 생각해 보기에 아주 좋은 괘다. 친구를 구하려면 어디서 어떻게 찾아야 할까? 예외도 있겠지만 보통은 공통점이 많은 사람끼리 쉽게 친해진다. 고향, 입맛, 성격, 가치관 등 자신과 비슷한 사람을 보면 친근감이 느껴지기 때문인데, 거꾸로 가까이 있어서 자주 만나다 보면 친해지고 친하게 지내다 보니 비슷해지는 경우도 있다. 그래서 사람들은 친구를 찾아 동창회며 동호회 같은 모임에 가곤 한다.

동인괘의 괘상 또한 함께 어울리는 모습을 나타낸다. 천화 동인이니 위에는 하늘이 아래에는 불이 있는 형상이다. 불은 아래에서 위로 타올라서 하늘을 밝게 빛내며 함께 어우러진다. 우리도 다 그렇게 누군가와 어우러지고 싶어 한다. 하지만 이런 마음만으로는 동인괘를 이해하기 어렵다. 동인괘에서는 친구를 사귀되 "자기 집안사람끼리"(육이효)만 만나는 걸 부끄럽게 여기기 때문이다. 대신 "문을 나가서"(초구효) 사귀라고 한다. 곰곰 생각하게 되는 대목이다. 여기서 같은 집안사람이란 꼭 친인척만을 뜻하는 게 아닐 거다. 아이의 예를 들자면, 엄마끼리 친한 집 아이들처럼 이미 만들어져 있는 관계를 바탕으로 한 사귐도 그런 경우다. 앞에서 언급한 동창회나 동호회, 더 나아가 같은 계급, 같은 인종을 기반으로 하는 만남도 마찬가지다.

이게 뭐가 문제일까? 사실 이건 매우 자연스러운 현상이 아닌가. 그런데 바로 그 자연스러운 끌림이 문제다. 비슷한 사람끼리는 동질감을 느끼므로 쉽게 친해진다. 그러다 보면 거꾸로 친구관계를 유지하고 싶어서 무조건 동조하거나 편을 드는 경우도 생긴다. 안 그래도 같은 부류의 사람들끼리 모여 서로가 점점 더 닮아 가는 모습은 전혀 자연스럽지 않은, 기괴한 풍경이다. 역사는 동질성만 강조하는 사회가 이질적인 존재에 대해 얼마나 쉽게 적으로 규정했는지 기억하고 있다.

동인괘는 그런 사귐을 문안의 세상, 아주 협소하고 편벽된 세상에서의 만남이라고 비판한다. 문안은 내게 익숙한 세상이지만, 문밖의 진짜 세상에는 내가 상상도 못했던 매우 다양한 생각과 경험을 가진 사람들이 살고 있다. 문안의 세상에는 다 나와 닮은 사람들뿐 타자가 없다. 그런 나만의 세계에 갇히지 않으려면 제 발로 문을 열고 나가 타자들에게 말 걸 줄 알아야 한다. 그러려면 더 큰 지혜와 용기가 필요할 터이지만, 그 또한 문밖의 만남에서 얻어지지 않겠는가. 그렇다면 그 만남이 꼭 인간에게만 한정될 이유도 없을 것이다. 『숫타니파타』의 그 유명한 「자애의 경」은 우리를 둘러싼 존재들에 대해 엄청난 감수성을 보여 준다. "살아 있는 생명이건 어떤 것이나, 동물이거나 식물이거나 남김없이, 길다랗거나 커다란 것이나, 중간 것이거나 짧은 것이거나, 미세하거나 거친 것이거나, 보이는 것이나 보이지 않는 것이나, 멀리 사는 것이나 가까이 사는 것이나, 이미 생겨난 것이나 생겨날 것이나"(전재성 역주, 『숫타니파타』, 한국빠알리성전협회, 2005, 136쪽). 이제 생각하니 『주역』에서 말하는 대인(大人)이란 이렇게 다종다양한 문밖의 수많은 존재들과 친구 먹는 사람을 가리키는 말이었다.

아아, 그때 내가 『주역』을 읽었더라면 이런 얘기들을 들려줄 수 있었을 텐데! 이렇게 고전을 읽다 보면 '바로 이게 내가 하고 싶었던 얘기야' 하며 무릎을 치게 되는 순간이 종종 찾아온다. 그때는 선명하게 표현할 수 없었던 미완의 생각들을 글 안에서 만나게 되는 것이다. 그러니 같이 놀고 밥 먹어 주는 친구만 친구일까. 나도 잘 모르는 내 마음을 이렇게 환하게 읽어 주는 이라면, 그가 한 번도 가 보지 못한 저 먼 나라의 몇천 년 전 사람일지라도 그야말로 나의 좋은 친구이다. 이젠 훌쩍 커 버린 아이에게는 이런 친구 얘기를 들려주어야겠다.

14
화천 대유,

연결된 마음을 따라
흐르는 소유

이성남
———

火天大有 화천 대유

大有, 元亨. 대유, 원형.

대유괘는 크게 좋고 형통하다.

初九, 无交害. 匪咎. 艱則无咎. 초구, 무교해. 비구. 간즉무구.

초구효, 해를 끼치는 것과 무관하니 허물이 아니다. 이 상황을 어렵게 여기고 조심하면 허물이 없다.

九二, 大車以載, 有攸往, 无咎. 구이, 대거이재, 유유왕, 무구.

구이효, 큰 수레로 짐을 싣는 것이니, 나아가는 바가 있어서 허물이 없다.

九三, 公用亨于天子, 小人弗克. 구삼, 공용형우천자, 소인불극.

구삼효, 공이 자신의 재물을 써서 천자를 형통하게 하는 것이니, 소인은 할 수 없다.

九四, 匪其彭, 无咎. 구사, 비기방, 무구.

구사효, 지나친 성대함에 처하지 않으면 허물이 없다.

六五, 厥孚交如, 威如, 吉. 육오, 궐부교여, 위여, 길.

육오효, 진실한 믿음을 가지고 사람들과 더불어 사귀는 것이니, 위엄이 있으면 길하다.

上九, 自天祐之, 吉无不利. 상구, 자천우지, 길무불리.

상구효, 하늘로부터 도와줌이니, 길하고 이롭지 않음이 없다.

얼마 전 한 해를 마감하는 〈문이정〉 송년회 모임이 있었다. 저마다 조금씩 가져오는 음식과 과일, 음료들이 한곳으로 모이니 꽤나 풍성하고 푸짐했다. 축의금을 들고 오는 도반들도 있었다. 사람이 모이는 곳에 음식과 선물이 따라온다더니 잔치 때마다 실감하고 있다.

잔치는 연구실에서 주최하는 건 맞지만, 준비가 미흡해도 다른 이들이 늘 채워 줬다. 곳곳에서 흘러오는 보시행렬들. 세미나 때도 마찬가지다. 사람들을 따라오는 풍성한 음식과 이야기로, 올 한 해는 공부만 했던 게 아니라 이런 원리를 몸에 체득한 해이기도 했다.

많이 가져야만 누리고 사는 건 아닌 것 같다. 지위나 부, 어느 것 하나 남부럽지 않은데, 우울증약에 두통약을 달고 살며 부동산 지표에 주식 시세에 날마다 좌불안석인 사람들을 흔하게 볼 수 있다. 현대인들은 부를 지키지 못할까 전전긍긍하며 안달하며 산다. 한편 〈감이당〉과 〈남산강학원〉의 청년들은 수입으로만 따지면 직장에 다니는 청년들보다 벌이는 적지만, 마음이 절실하다면 공부를 마음껏 할 수 있고, 여행이나 다른 경험을 할 수 있는 기회도 많이 주어진다. 많이 소유하는 것이 곧 풍성하게 누리는 것과 일치하지 않는 이 모순. 왜 소유한 만큼 누리지 못하고 늘 불안하고 더 채워야 한다는 생각만 할까? 그래서 풍성하게 누린다는 것이 무엇인지 궁금해졌다. 『주역』의 대유(大有)괘를 공부하며 소유에 대해 다시금 고민해 보고자 한다.

대유의 형상은 리(離)괘가 상징하는 불이 건(乾)괘가 상징하는 하늘 위에 있는 모습이다. 그러니까 하늘 위에 태양이 높이 떠올라 만물을 고루 비추고 있는 모습이다. 태양이 어떤 존재인가? 생명 에너지를 우리에게 무한대로 보시하는 우주 최고의 증여자 아닌가. 대유는 그러한 상태를 풍족한 소유라고 보고 있다. 대유에서 오효가 만물을 비추는 태양과 같은 모습을 지녔다. 리(離)괘의 중(中)의 자리에 있으면서 음효인 오효는 자신을 겸손하게 낮추고 밝게 보는 자다. 그래서 다섯 양효들이 음효인 오효에게 호응한다. 특히 상구효는 오효보다 윗자리에 있지만 육오를 따르는 그 모습이 가상해 하늘이 돕는다고 했다(自天祐之자천우지, 吉无不利길무불리). 풍족함의 극한에서 하늘의 보호까지 받는 형국! 신기하다. 대유의 모습은 우리가 지겹도록 본 드라마의 파국과 달라도 너무 다르다. 대개 드라마 속 캐릭터들은 권력과 부를 독점한 후 부정부패로 망가진다. 하지만 상구효는 대유의 극의 자리에서 소유를 자신의 것으로 삼지 않고, 오효를 도와 천하를 이롭게 했기에 '하늘이 돕는다'고 한 것이다.

재산이 많아지고 지위가 높아지면 물욕에 사로잡혀 지혜롭기가 쉽지 않다. 정이천도 풍성한 시대에 해로움과 접촉하지 않는 일은 현명한 자공이라도 피해 갈 수 없다고 토로했다. 그래서 풍성함을 누리려면 어떻게 소유의 극한에 이르지 않도록 해야 하는지 대유에서는 각 효마다 윤리적 태도를 지속적으로 얘기한다. 우리가 풍요로움에 취해 잊게 되는 마음. 그것을 꼬집어 주는 효가 사효이다. "지나친 성대함에 처하지 않으면 허물이 없다"(匪其彭비기방, 无咎무구). 구사효가 들려주는 지혜는 자신에게 온 부와 명성이 과연 너만의 것인가를 묻고 있다. 성대함에 취해 버리면 조절능력을 잃어버린다. 그래서 자신에게 온 부를 혼자 독차지할 때 탈이 나는 것이다. 쉬운 것 같지만 자기에게 온 부를 지나치지 않도록 억제하며 흘려 보내는 원리를 체득한다는 게 얼마나 어려운가. 특히 우리가 사는 시대는 증여와 선물하는 방식을 몰라도 너무 모른다. 주고받는 교환의 메커니즘에만 익숙해서이다. 준다는 마음 자체를 잊어버리는 증여는 연결된 마음이 있어야 발현되는 액션이다. 자연이 생명 연동체로 연결돼 돌아가는 순환계이듯이 인간 세상도 자연과 다르지 않지만, 우리는 그 연결고리가 뚝뚝 끊어져 서로가 의존해 살아가고 있다는 중요한 사실을 망각하고 있다.

근대 이전 중국소설 『홍루몽』을 보면 가씨 가문의 풍요로운 부귀와 명성이 정점에 이르렀다가 한 줌의 흙처럼 사라지는 순환의 모습을 잘 볼 수 있다. 특히 가문의 중심에 있는 가모는 주인공 가보옥의 할머니로 풍요로움을 잘 조절하는 능력자로 보여진다. 할머니 주변을 가득 채우고 있는 요소들은 언제나 이야기와 음식, 노래와 흥성거림으로 흘러넘친다. 풍요로움의 정점에서 소유를 둘러싼 권모술수나 권력투쟁, 그로 인한 폭력은 할머니에게서는 한 건도 발생하지 않는다. 가모는 황실에 손녀를 시집보낸 권력의 최측근이지만, 인맥을 활용한 재산축적이나 명성을 쌓는 데는 관심이 없다. 대신 맛있는 음식과 풍성한 연회를 자주 마련해서 젊은이들의 생기를 함께 즐기고 자신의 유머와 지혜를 되돌려준다. 그녀는 구사효가 제시하는 '성대함에 처하지 않음'으로 허물이 없는 인생을 마감한다.

그렇다면 구사효가 제시하는 것처럼 성대함에 처하지 않으려면 어떻게 해야 할까? 이 질문에 대한 공자의 주석은 '명변석야'(明辨晳也)이다. 즉 분명하게 분별하는 지혜를 가지고 있다면 소유의 극한으로 치닫지 않는다고 한다. 다시 궁금해진다. 그럼 우리는 무엇을 분명하게 분별해 낼 수 있어야 할까? 오늘의 부는 내 노력만으로 온 것이 절대 아니라는 것. 천지의 것을 덜어 내 나에게 보태 준 것이라는 사실을 잊지 말아야 한다. 가모는 자신에게 흘러온 부는 다시 흘러가도록 해야 한다는 사실을 알았다. 그랬기에 그녀를 둘러싼 배치에서는 부를 지키려는 경직된 모습이나 불안이 전혀 없었다. 떠들썩하게 함께 웃고 즐기는 우정과 담소가 넘쳤을 뿐. 소설 속 가모는 관계 속에서 나누는 무형의 마음과 정성까지 아우르는 풍요로움이 진정한 소유, '대유'임을 몸소 보여 줬다.

〈문이정〉에서 치른 조그만 잔치 하나만 해도, 내 힘만으로 잔치가 굴러갔나 생각해 보면 전혀 아니다. 잔치에 모였던 사람들의 정성과 진실된 마음들이 모여 함께 풍성함을 누렸던 것일 뿐 어느 한 사람만의 노력으로 된 것이 아니었다. 그것을 알고 나누고 흘러가도록 풍성함을 즐기면 된다. 그 지혜를 터득하는 것이 풍성함에서 자칫 해로움으로 가지 않을 수 있는 방법이다. 소인이 풍족한 소유를 얻게 되면 세상에 해롭다고 한 이유도 나에게 온 부를 흐르지 않게 막아 버려서이다. 풍족한 소유는 부유함을 독차지하는 것이 아니라 천리를 따라 흐르도록 해야 한다.

작년 〈문이정〉을 운영하면서 강의보시, 음식보시, 연주보시 등등 헤아릴 수 없는 선물과 증여가 흘러오고 흘러나갔다. 우리는 그 안에서 풍요로움을 맘껏 즐겼다. 〈문이정〉을 둘러싼 연결된 마음이 그것을 가능하게 해주었다. 풍성하게 소유하고 그것을 누리는 충만함은 서로를 연결하는 무형의 마음을 따라 선물과 증여가 막히지 않고 흐르도록 순환시키는 데 그 비밀이 있었다. 고여 있지 않고 흐르고 순환하는 소유. 그게 바로 '큰 소유'라는 사실을 알겠다.

15
지산 겸,

얼굴과 목소리로 드러나는
겸손함

신혜정
———

地山謙 _{지산 겸}

謙, 亨, 君子有終. 겸, 형, 군자유종.

겸괘는 형통하니, 군자는 끝마침이 있다.

初六, 謙謙君子, 用涉大川, 吉. 초육, 겸겸군자, 용섭대천, 길.

초육효, 겸손하고 겸손한 군자이니 이것을 써서 큰 강을 건너더라도 길하다.

六二, 鳴謙, 貞, 吉. 육이, 명겸, 정, 길.

육이효, 겸손함이 울려 드러나니, 올바르고 길하다.

九三, 勞謙, 君子有終, 吉. 구삼, 로겸, 군자유종, 길.

구삼효, 공로가 있으면서 겸손함이니, 군자는 끝마침이 있어 길하다.

六四, 无不利撝謙. 육사, 무불리휘겸.

육사효, 겸손함을 발휘하는 데 이롭지 않음이 없다.

六五, 不富以其鄰, 利用侵伐, 无不利. 육오, 불부이기린, 리용침벌, 무불리.

육오효, 부유하지 않아도 이웃을 얻으니 무력으로 치는 것이 이로우며 이롭지 않음이 없다.

上六, 鳴謙, 利用行師, 征邑國. 상육, 명겸, 리용행사, 정읍국.

상육효, 겸손함이 울려 드러남이니 군대를 움직여 자신이 다스리는 곳을 단속함이 이롭다.

얼마 전, '로또 1등의 비극'이라는 제목의 기획기사를 읽었다. 일확천금을 거머쥐게 된 사람들의 이후 삶을 추적했는데, 그들 중 다수가 돈, 건강, 가족, 친구까지 다 잃은 채 불행한 삶을 살더라는 내용이다. 남들이 부러워할 만한 인생역전의 주인공들이 어쩌다 그렇게 된 걸까? 『주역』 겸(謙)괘의 「상전」에서는 "칭물평시"(稱物平施)라는 말로 그 이유를 설명하고 있다. 천지(天地)의 기운은 만물을 공평하게 분배하려는 방향으로 흐르기 때문에 한쪽으로 치우치는 걸 두고 보지 않는다. 편향된 걸 어떻게든 본래의 상태, 평등한 모습으로 되돌리려 한다는 것이다. 그래서 많이 가진 자일수록 자신이 가진 것을 내어놓고 나누려는 마음이 필요하다. 『주역』에서는 바로 이와 같은 태도가 겸손함이라고 말한다. 소유와 축적을 이룬 대유괘 다음에 겸괘가 등장하는 것도 이런 이유 때문이다.

한데, 자본주의 사회에 길들여진 우리는 '다다익선', 즉 많이 가지는 걸 '선'(善)이라고 여긴다는 데 문제가 있다. 그러니 소유에 대한 욕망은 점점 더 커지고 멈추기가 어려워진다. 어느 가수의 노래 제목처럼 "겸손은 정말 힘들다". 그래서, 겸괘의 괘사에서도 겸손은 군자가 이루어야 하는 도의 끝, 도의 완성이라고 풀고 있지 않은가?(謙겸, 亨형, 君子有終군자유종) 그 정도로 중요하고, 그만큼 어렵다는 말이다. 사실 이제까진 겸손이라고 하면 잘난 체하며 나서지 않고 자신을 낮추는 교양 있는 언행을 떠올렸지, 내 것을 나누고 덜어내는 일이라고는 생각하지 못했다. 해서, 겸손함과 물적인 것을 나누는 건 대체 어떤 관련이 있는 건지, 겸괘에서 말하는 진정한 겸손함이란 어떤 것인지 육이효를 통해 알아보려 한다.

겸괘는 땅을 상징하는 곤(坤)괘가 위에, 산을 뜻하는 간(艮)괘가 아래에 있는 형상이다. 본래 산은 높고 큰 것으로 땅 위에 있는 것인데 아래에 거하니 이것을 자신을 낮추는 겸손한 모습으로 보았다. 특히, 육이효에서는 중정(中正)한 자리에서 겸손의 덕을 실천하는 자를 명겸(鳴謙)이라는 말로 풀고 있다. '소리를 내는 겸손'(鳴謙)이라니! 도대체 무슨 뜻일까? 정이천은 육이효의 「상전」에서 '명겸'에 대해, 겉으로만 그런 척하는 게 아니라 마음에서 우러나와 목소리와 얼굴, 언행에 겸손함이 드러나는 것이라고 말한다. 그럼 어떻게 해야 마음으로부터 나온 겸손함이 목소리와 표정으로 발현될 수 있는 걸까? 궁금하다.

마음이란 고정되어 우리의 몸 어딘가에 따로 있는 것이 아니다. 그것은 내가 세계를 어떻게 인식하느냐에 따라 구성되는 하나의 장이고 어떤 정보와 접속하느냐에 따라 매번 달라지는 작용이다. 그러니 마음으로부터 겸손함이 드러나려면 소유나 축적에 대한 인식의 전환이 필요하다. 그래야만 명겸을 실행할 수 있다. 우주적 차원에서 본다면 유무형의 자원은 정해져 있다. 물리학에서 얘기하는 '에너지 보존의 법칙'과 같은 논리다. 재물이든 재능이든 명예든 내가 많이 가졌다는 건 다른 사람에게 돌아갈 부분이 그만큼 적어졌다는 거고 그 말은 결국, 다른 이들의 몫을 빼앗아 내 것을 채웠다는 의미도 된다. 이런 시각으로 본다면 로또에 당첨되어 큰돈을 얻게 된다든가, 사업이 흥해서 부자가 되는 것도 내가 운이 좋아서, 내가 잘나서가 아니다. 여러 인연 조건들이 얽혀 만들어진 결과일 뿐. 이렇게 본다면 많이 가질수록 겸손하게 나를 낮추고 내가 가진 걸 나누는 건 자연스럽고 당연한 일이 아닐까?

고대 원시사회의 부족장들은 사적인 재물을 쌓는 행위를 가장 천박하고 위험한 일이라고 생각했다. 그래서 '선물'이라는 제도를 통해 가진 것을 증여하려고 애썼다. 이때의 선물은 A와 B가 서로 주고받아 다시 쌓는 교환이 아니라 A는 B에게, B는 C에게 주는 순수

증여이자 순환이다. 만약 선물할 사람이 없으면 바다에 물건을 던져 버릴 망정 축적하지는 않았다. 왜 이렇게까지 했을까? 그들은 천지 자연의 이치를 간파하고 있었던 거다. 여기서 그 이치란 겸괘의 「단전」에서 이야기하는 것처럼 하늘은 가득 찬 것은 재앙을 주어 해치니 지나치면 반드시 덜어 내야 함을 뜻한다. 그리고 그것을 이해하고 받아들여 행하면 일겸사익(一謙四益), "하늘도 땅도 귀신도 사람도 덜어 내서 나눈 부분을 복으로 채워 준다"라는 사실을 믿고 있었다. 겸괘의 여섯 효가 모두 길한 이유를 이제 알겠다. 나누고 비웠더니 복(福)으로 돌아와 채워지는 선순환. 이것이 바로 겸손의 덕이다. 겸손을 실천하면 천하가 지복을 누릴 수 있도록 돕기 때문에 훨씬 충만한 삶을 살 수 있다.

한데, 겸괘의 상육효를 보면 명겸이 또 등장한다(上六상육, 鳴謙명겸, 利用行師리용·행사, 征邑國정읍국). 이건 뭐지? 왜 겸괘의 마지막에 다시 명겸을 언급하는 걸까? 상육효에서 명겸은 육이효와는 다른 상황이다. 과유불급(過猶不及). 겸손이 지나쳐 오히려 오만으로 흐를 수 있음을 보여 준다. 여기서 읍국(邑國)이란 '나의 바운더리' 또는 '나'를 의미하는 것인데 읍국을 친다는 건 수시로 자신을 통제하고 조절하라는 경계의 말이다. 겸손의 도를 행함에 있어서 나의 적은 외부에 있는 게 아니라 언제나 내 안에 있다. 잠시만 방심해도 사리사욕에 빠지기 쉽기 때문이다. 그래서 사사로운 마음을 비우고 수양하는 태도의 중요성을 강조한다.

겸손은 세상과 화합하고 조화를 이루기 위해 끊임없이 내면의 중심을 잡아가는 과정이고, 다른 존재들과의 연결고리를 이해하고 진심으로 받아들일 때 갖게 되는 미덕이다. 그래서 명겸은 억지로 꾸민다고 되는 게 아니다. 세상과 내가 어떻게 연결되어 있는지에 대한 감각을 장착해야 가능한 일이다. 쌓은 후에는 반드시 나눠라!! 그렇지 않으면 하늘도, 땅도, 귀신도, 인간도 미워해서 해치려 든다. 겸괘의 육이효를 공부하면서 진정한 겸손함이란 궁극적으로는 자신을 살리는 길이라는 걸 알게 됐다.

16
뇌지 예,

열광의 순간,
거기서 떠나라

오창희
———

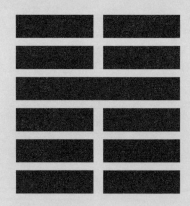

雷地豫
뇌지 예

豫, 利建侯行師. 예, 리건후행사.

예괘는 제후를 세우고 군대를 움직이는 것이 이롭다.

初六, 鳴豫, 凶. 초육, 명예, 흉.

초육효, 기쁨을 드러내어 울리니 흉하다.

六二, 介于石, 不終日, 貞吉. 육이, 개우석, 부종일, 정길.

육이효, 절개가 돌과 같이 굳세어 하루 종일 기쁨에 취해 있지 않고 떠나가니 올 바르고 길하다.

六三, 盱豫, 悔, 遲, 有悔. 육삼, 우예, 회, 지, 유회.

육삼효, 위에 있는 구사효를 올려다보며 기뻐하니 후회가 있고, 머뭇거리며 지체 하여도 후회하리라.

九四, 由豫, 大有得, 勿疑, 朋, 盍簪. 구사, 유예, 대유득, 물의, 붕, 합잠.

구사효, 기쁨이 구사효로 인해 말미암는 것이니 크게 얻음이 있다. 의심하지 않으 면 도와줄 벗들이 모여들 것이다.

六五, 貞, 疾, 恒不死. 육오, 정, 질, 항불사.

육오효, 바른 자리에 있으나 질병이 있어서 항상 앓고 있으면서도 죽지 않는다.

上六, 冥豫, 成, 有渝, 无咎. 상육, 명예, 성, 유투, 무구.

상육효, 기쁨에 빠져 어두워짐이 이루어졌으나 바꿀 수 있으면 허물이 없다.

작년 리뷰쓰기 튜터를 할 때 일이다. 40대 초반인 A는 『낭송 금강 경』을 선택했다. 선택의 이유를 묻는 내게 불교와 안 좋은 기억이 있 어서 피하려 했는데 결국 『금강경』을 손에 잡았다며 그 사연을 들려 주었다.

A는 감각적 쾌락에 빠져서 2, 30대를 살았다. 게다가 일중독에 남친과 헤어진 괴로움까지 겹쳐서 마침내 자신을 통제할 수 없는 상황이 되었다. 그때부터 '괴로움에서 벗어나려면 어떻게 해야 하는가' 하는 질문이 생겼고, 친구로부터 불교 서적 한 권을 건네받았다. 삶은 고(苦)이며, 고(苦)의 원인, 고(苦)로부터 벗어날 수 있는 법 등, 고(苦)에 대한 이야기만을 다루는 불교에 마음이 확 끌렸다. 다행히 자신의 마음을 들여다볼 수 있는 힘이 조금씩 생기면서, 당면했던 괴로움들로부터 어느 정도 벗어났다. 그러자 쾌락 추구를 멈추고 지혜를 기르는 방향으로 살아야겠구나 싶었다. 그때부터 본격적으로 불교 서적들을 읽고 유튜브 동영상을 보며 점점 불교에 빠져들었다. 질문도 의심도 없이 읽고 듣고를 반복했다.

점차 혼자 있는 것이 좋아지고 불교와 관련 없는 사람들은 만나고 싶지 않았다. 이렇게 무소의 뿔처럼 혼자서 수행의 길을 가는 거구나 생각했다. 좋아하던 음악도 영화도 찾지 않게 되었다. 소설이나 미드(미국 드라마)도 시시하고 재미없어졌다. 특히 서두르는 마음이 일어날 때나 화가 나는 상황에서도 알아차림이 잘되는 것 같았고 수행이 되고 있구나 생각했다. 생활과 사고의 중심이 모두 불교가 되었다. 어쩌다 만나는 사람들에게도 불교 이야기를 꺼내 우쭐해하기도 하고 이렇게 좋은 것을 공부하고 있다고 틈만 나면 광고를 하고 다녔다. 그렇게 한참을 보내다가 어느 순간 상대방의 반응이 시큰둥함을 알아채고 그런 행동을 멈추었다.

개인적으로 수행을 더 열심히 하겠다 마음먹고 말이나 행동으로 불편하고 괴로운 일이 생기지 않도록 조심 또 조심했다. 점차 자기검열이 심해지면서 성격이 소심해졌고 사람들과 소통도 잘 되지 않았다. 불교 수행 전보다 마음이 더 힘들고 불편한 상태가 지속됐다. 늘 계율을 지키려고 했기에 겉으로는 수행이 되고 있는 것 같았지만, 실제 몸은 점점 무거워졌고 가슴이 답답했다. 더 이상 그런 상황을 견디기 힘들었고 결국 A는 불교와 거리를 두게 되었다고 한다. 그래서 『낭송 금강경』을 피하려고 했는데 자신도 모르게 그걸 선택한 걸 보면 그때 일이 풀리지 않았던 모양이라고 했다. A가 어떻게 했어야 그 기쁨을 오래 지속할 수 있었을지 충분히 이야기하지 못한 채 헤어졌고 그 문제가 마음에 남아 있었다. 뇌지 예(雷地 豫)를 보면서 그 상황이 조금 선명해졌다.

'예'(豫)는 열광하고 즐겁다는 뜻이다. 괘상을 보면 움직임을 상징하는 진괘가 위에 있고, 순종을 상징하는 곤괘가 아래에 있다. 이치에 순종하면서 움직일 때 열광과 기쁨이 있다는 뜻이며, 예괘는 기쁨을 얻게 되는 이치와 그것을 지속하는 길을 말해 주는 괘다. 예괘에서 사효가 유일한 양효이고 여기서 기쁨이 나온다. 정이천은 이를 "양이 땅 속에 잠재해 감춰졌다가 진동하여 움직여 땅 속에서 나와 그 소리를 떨쳐 일으키니, 소통하여 펼쳐져서 조화를 이루어 즐겁기 때문에 열광"(정이천, 『주역』, 363~364쪽)이라고 풀이했다. 누군가 오랜 숙성의 과정을 거쳐 터져 나오는 기쁨에 겨운 소리를 내자 거리로 뛰쳐나와 그 기쁨을 함께하며 열광하는 군중들의 모습이 연상된다. 예괘의 효들은 기쁨을 대하는 다양한 모습을 보여 준다. 초효는 오로지 사효와 응을 하는 자리에 놓인 덕분에 그의 총애를 받게 된다. 그럼에도 그 기쁨이 자기 것인 양 "너무 좋아!"라고 들떠서 소리만 질러대는 형국이고, 삼효는 아직은 시간이라는 지층을 더 견더 내야 안으로부터 기쁨의 소리가 터져 나올 텐데 사효를 쳐다보며 "어서 나눠 줘!"라며 보채고 있다. 둘 다 사효의 그 기쁨이 어디서 오는가 하는 데에는 관심이 없다. 오직 육이만이 "절개가 돌과 같이 굳세어(介于石개우석) 하루 종일 기쁨에 취해 있지 않고 떠나가니(不終日부종일), 올바르고 길하다(貞吉정길)".

이효에 대한 풀이를 보면서 A의 문제가 조금은 풀렸다. "사람은 기쁨과 즐거움 가운데 있으면 반드시 열광하므로 점차로 탐욕과 미혹에 빠져 그칠 수가 없게 된다"(정이천, 『주역』, 370쪽). 그렇기에 육이처럼 돌과 같은 절도로 그 열광의 도가니에서 하루가 채 되기 전에 신속히 떠나야 한다. 그래야 길하다. 열광의 도가니에서 돌과 같은 절도로 방향을 전환하려면 어떻게 해야 하나? A에게도 방향 전환의 기회가 있었다. 자신의 수행 경험을 이야기하며 불교를 광고하고 다니다가 어느 순간 분위기가 싸하다는 느낌을 받았을 때가 그때다.

구사효에서 진정한 기쁨과 그것의 지속 방법을 말해 주고 있다. "내가 누군가에게 기쁨을 줄 때(由豫유예), 나 역시 큰 기쁨을 얻게 되고(大有得대유득), 내가 하는 행위가 나만을 위한 것이라는 의심을 받지 않으면(勿疑물의) 벗들이 비녀에 머리카락 묶이듯 친밀하게 결속되니(朋봉, 盍簪합잠)", 기쁨을 함께 누릴 수 있다고 한다. 괴로움에 시달리다가 부처님의 말씀을 만나 조금씩 번뇌에서 벗어나는 기쁨을 맛보았을 때, A가 진심으로 그 에너지를 도반들과 나누고자 하는 마음을 가졌더라면, 자신의 기쁨이 어디서 오는지 그것을 지속하려면 어떻게 해야 하는지를 탐구했을 것 같다. 누군가와 함께하려면 이치로 설명할 수 있어야 한다. 그런데 호응을 얻지 못하자, 혼자만의 기쁨을 추구하는 길로 가 버렸고, 그때부터 기쁨과는 멀어지고 결국 불교와도 멀어지게 되었다.

인생사 힘든 문제로 고민하다가 출구를 만나면 누구나 기쁨에 들떠 열광할 수 있다. 그런 자신을 발견하는 순간, 정신을 바짝 차려야 한다. 열광의 에너지를 어느 방향으로 가져가는가에 따라 운명이 달라지기 때문이다. 진정한 기쁨이 지속되는 구도의 길을 갈 것인지, 사사로운 탐욕에 빠져 다시 고통의 삶을 윤회할 것인지. 선택은 자신에게 달려 있다. 말이 쉽지 기쁨이 주는 달콤함에서 떠나는 게 얼마나 어려운 일이겠는가. 괘사가 왜 "리건후행사"(利建侯行師)인지 이해할 듯하다. 훌륭한 제후를 세우듯 기쁨을 타인과 나누겠다는 분명한 비전을 세우고, 전쟁에 임하는 자세로 나아가야 한다. 이 길에는 즐거움에 빠지고 싶은 마음이 호시탐탐 우리를 노리고 있을 게 분명하기 때문이다. 열광의 순간, 돌같이 차가운 이성으로 그곳을 떠나라. 열광의 근원을 탐구하고 벗들과 나누라. 그래야만 진정한 기쁨을 오래도록 누릴 수 있다.

내 안의 적병들을
만나려면

이성남
——

澤雷隨 택뢰수

隨, 元亨, 利貞, 无咎. 수, 원형, 리정, 무구.

수괘는 크게 형통하니 바르게 함이 이롭고 허물이 없다.

初九, 官有渝, 貞, 吉, 出門交有功. 초구, 관유투, 정, 길, 출문교유공.

초구효, 주관하여 지키던 것에 변화가 있으니 바르게 하면 길하고 문밖으로 나가 사귀면 공이 있다.

六二, 係小子, 失丈夫. 육이, 계소자, 실장부.

육이효, 소인배에게 얽매이면 장부를 잃는다.

六三, 係丈夫, 失小子, 隨, 有求, 得, 利居貞. 육삼, 계장부, 실소자, 수, 유구, 득, 리거정.

육삼효, 장부를 따르고 소인배를 버리므로 민심이 따르고 구하는 것이 있어 얻으니 바르게 자신을 지키는 것이 이롭다.

九四, 隨有獲, 貞, 凶. 有孚, 在道, 以明, 何咎! 구사, 수유획, 정, 흉. 유부, 재도, 이명, 하구!

구사효, 민심이 따르는데 차지하려고 하면 올바르더라도 흉하다. 진실한 믿음이 있고 도리를 지키면서 명철하게 처신하면, 무슨 허물이 있겠는가!

九五, 孚于嘉, 吉. 구오, 부우가, 길.

구오효, 아름다움을 깊이 믿으니 길하다.

上六, 拘係之, 乃從維之, 王用亨于西山. 상육, 구계지, 내종유지, 왕용형우서산.

상육효, 붙잡아 묶어 놓고 또 이어서 민심이 따르는 것을 동여매니, 왕이 서산에서 형통할 수 있었다.

얼마 전 〈감이당〉과 〈남산강학원〉 학인 48인이 공동으로 쓴 책,『나는 왜 이 고전을』(북드라망 2019)이 출간됐다. 나를 포함해 48인은 저마다 자기 질문을 품고 오랜 시간 동안 자기가 선택한 고전과 씨름하며 쓰기를 멈추지 않았다. 고전에서 길 찾기! 이 책은 그 길을 찾아가는 과정의 초입 단계라고 보면 된다. 짧지만 강렬한 '48인 저자들'이 고전과 벌이는 전투 과정(?)이 어찌나 리얼한지 읽는 내내 그들의 생고생이 실감났다. 고전과 벌이는 전투란 다름 아닌 나와의 싸움이다. 나의 지독한 아집, 편견, 폭력성, 습관 등등. 내 안에 도사리고 있는 나의 적병들을 상대로 싸움을 벌이는 일이 얼마나 힘이 드는지 나 또한 생생하게 체험했다.

그래서 습(習)대로 산다는 말이 올해만큼 무서웠던 적은 없었다. 왜냐하면 가정 안에서 나의 진상(?)을 여실히 봤고 이제껏 내가 해석해 오던 방식대로 살다간 큰코다치겠다는 발심이 일어났기 때문이다. 나는 '케어'라고 여겼지만, 아이는 지나친 간섭, 폭력이라고 저항했고 남편은 가족을 무시하고 자기 일만 하는 이기적인 사람으로 나를 몰아붙였다. '가족이란 무엇인가'라는 질문을 가지고 고전에서 길 찾기를 하고 있지만, 여전히 헤매고 있다. 생각의 전환은 절실하게 느끼고 있지만, 왜 새로운 눈으로 텍스트를 해석할 수 없는지 답답했다. 그런데『주역』의 수(隨)괘를 공부하면서 '따른다'는 것이 무엇인지 좀 다르게 다가왔다. 특히 초구효는 양강한 자질을 가지고 있지만, 변화를 유순하게 따르는 모습이 신기했다. 양강한 것은 자기 주관이 매우 강해 자기 신념이나 가치관을 쉽게 내려놓지 못할 거라고만 생각했기 때문이다. 나의 편견을 깨는 초구의 모습에서 따른다는 것이 무엇인지 배워 보고 싶다.

　수(隨)는 연못(澤) 가운데에 우레(雷)가 있는 상(象)으로 우레가 연못 가운데에서 진동하니 연못도 우레를 따라서 요동치는 모습이다. 공자가 주석을 붙인 「상전」에 의하면 군자는 이 모습을 관찰하고 어둠이 내리면 집에 들어가 몸을 편안하게 쉬었다고 한다. 낮이면 활동하고 밤이면 활동을 멈추고 휴식을 취하는 것. 「상전」에서 군자가 때를 따르는 모습이 참 단출하다.

　그런데 우리는 왜 따르는 것이 그토록 어려울까? 수(隨)가 따르는 것은 때(時)이다. 그러니까 따름의 핵심은 변화를 받아들이는 자세다. 때가 되면 꽃을 피웠다가 때가 되면 잎을 떨구는 나무만 보아도 고집 한번 부리는 법이 없다. 자신을 펼쳤다가, 비워야 할 때는 말없이 사라지는 겸허함. 수의 괘사가 그런 상황을 여실히 포착하고 있다. '元亨원형, 利貞리정, 无咎무구.' 봄·여름·가을·겨울 계절의 때를 따라 펼쳤다가 비우는 이치. 때를 따르면 허물이 없는 아주 쉽고도 간단한 원리다. 변화의 묘리는 바로 유연함과 겸허함에 있다. 따라서 때를 따른다는 말은 내가 해석해 오던 방식에 의문을 던졌다면 강고한 자기 생각을 내려놓고 일단 비워야 한다는 것이다. 그런 유연하고 겸허한 자세가 수괘의 바른 도다. 초구효는 어떻게 자기 생각을 내려놓을 수 있는지 우리에게 좀 더 구체적으로 알려준다.

　"주관하여 지키던 것에 변화가 있으니 바르게 하면 길하고 문밖으로 나가 사귀면 공이 있다"(官有渝관유투, 貞吉정길, 出門交有功출문교유공). 초구효의 '관'(官)을 왕필(王弼)은 '주관함'으로 보았고, 공영달(孔穎達)은 '마음이 중심으로 삼는 바'로 보았다. 주관하고 마음이 중심으로 삼는 바라면, 나의 가치관, 사상, 관념 같은 것이다. 그런데 주관함에 변화가 왔다고 했다. 왜일까? 초구효는 양강하지만 음유한 육이에게 낮추며 다가간다. 그렇게 할 수 있는 이유는 구사효와 호응관계가 없어 매여 있지 않기 때문이다. 또 움직임의 주체이면서 때를 따르고 있어, 양강하지만 능히 자신을 낮출 수 있다. 관계에 매여 있다는 건 익숙해서 놓지 못하고 있는 집착이다. 변화가 두렵기 때문이다. 시절 인연 따라 조건은 계속 바뀌고 관계 또한 매번 새롭게 구성된다. 무의식적으로 습관에 매여 있다면 변화의 때에 고집을 부리며 자신을 내려놓을 수 없다는 얘기가 아닌가.

나에게 가족이란 내가 그들을 케어해 주고 그들을 위해 희생하고 있는 것이라는 전제가 있다. 동시에 가족은 나의 에너지를 소모하는 걸림돌이라는 전제 또한 있다. 하지만 아이들은 굉장히 독립적이라 내가 딱히 케어해 줄 필요가 없다. 그리고 남편은 내가 하는 공부를 적극 지지해 주고 있다. 그럼에도 아직 이런 전제를 견고하게 붙들고 있는 이유는 그렇게 함으로써 누리는 가족 안에서의 권력 때문일 것이다. 나의 파워를 행사하려는 무의식적 습관이 사랑이라는 이름으로 가족을 지배하려고 했던 것 같다. 사실은 희생이 아니라 보상받고 인정받으려는 교환관계였다.

나의 이런 패턴을 버리려면 문안에만 머물러서는 안 된다. 초구효의 "문밖으로 나가 사귀면 공이 있다"(出門交有功출문교유공)를 배워야 한다. 문안은 편안함과 익숙함에 머물고 싶어 하는 나의 습관을 의미한다. 초구효가 자신을 낮추어 자신이 따를 자를 사귀려 문밖을 나선다는 의미는 불편하고 낯선 곳, 이제껏 살아오던 반대

방향의 벡터로 떠난다는 뜻이다. 습관에서 벗어나는 과정이란 그런 불편함과 위험을 감수해야만 하는 것이다. 문밖에 존재하는 그것들이 나를 깨쳐 줄 진정한 스승이므로.

올해 나는 일주일에 3일을 〈감이당〉에서 공부하며 공동체 생활도 익히고 내 공부도 확장해 갈 생각이다. 물론 고3이 되는 아이와 남편은 나의 길을 적극 지지해 줬다. 안전하고 편안한 곳으로 돌아갈 배치는 원천 차단됐다^^. 새로운 습관의 길을 내는 일이 어디 그리 쉽겠는가? 나도 자유롭고 가족도 자유로운 길. 고전에서 길을 찾아 다른 이에게도 자유를 선물하겠다는 그 비전은 자연의 이치와도 같다. 즉 나의 편견, 아집, 폭력성과 맞서 싸우는 과정을 포기하지 않고 '출문교' 하면 자연스레 때를 따라 공이 있을 것이다. 그러니 내 안의 적병들을 만나려면 나를 깨쳐 줄 무수히 많은 문밖의 스승들을 적극 활용하자.

산풍 고,

썩은 것에서
생성의 향기를 맡다

박장금
———

山風蠱 산풍고

蠱, 元亨, 利涉大川, 先甲三日, 後甲三日. 고, 원형, 리섭대천, 선갑삼일, 후갑삼일.

고괘는 크게 형통하니 큰 강을 건너는 것이 이롭다. 일을 시작하기에 앞서 3일을 생각하고, 일을 한 후에 3일을 신중해야 한다.

초육, 간부지고. 유자, 고무구, 려, 종길.

九二, 幹母之蠱, 不可貞. 구이, 간모지고, 불가정.

구이효, 어머니가 벌인 일을 주관하니 지나치게 굳세게 밀어붙이면 안 된다.

九三, 幹父之蠱, 小有悔, 无大咎. 구삼, 간부지고, 소유회, 무대구.

구삼효, 아버지가 벌인 일을 주관하니 약간 후회가 있지만 큰 허물은 없다.

六四, 裕父之蠱, 往, 見吝. 육사, 유부지고, 왕, 견린.

육사효, 아버지가 벌인 일을 느긋하게 처리하는 것이니 더 나아간다면 부끄러운 일을 당한다.

六五, 幹父之蠱, 用譽. 육오, 간부지고, 용예.

육오효, 아버지가 벌인 일을 주관하니 명예를 얻는다.

上九, 不事王侯, 高尙其事. 상구, 불사왕후, 고상기사.

상구효, 왕과 제후를 섬기지 않고 자신이 해야 할 바를 높인다.

만약 쓰레기더미 옆을 지나간다면 코를 틀어막고 그 자리를 잽싸게 피할 것이다. 한데 피할 수 없는 상황이라면? 아니 내가 쓰레기라면? 아무리 코를 막고 눈을 감아도 썩은 냄새가 온몸에서 진동하고 썩은 물이 뚝뚝 떨어진다면?

생각하기도 싫은 이런 상황을 당황스럽게도 『주역』은 크게 형통할 뿐 아니라 큰일을 하는 시기라고까지 말한다. 산풍 고(山風 蠱)의 蠱고 자를 파자하면 '벌레(蟲) + 그릇(皿)'으로 음식이 썩어 벌레가 꼬인 모습이다. 왜 이 지경이 되었을까. 고괘 앞에는 수(隨)괘가 있었다. 수괘는 '따른다'는 뜻인데 올바름을 따르면 좋지만, 쾌락을 따라서 병이 들고 말았다. 중국 북송 때의 시인인 소동파(蘇東坡)는 이 병이 갑작스럽게 온 게 아니며, 잘 다스려질 때야말로 병의 시작점이라고 말한다. 즉, 잘 다스려짐은 편안함을 낳고 편안함은 즐거움을 낳고 지나치게 즐거움을 추구하면 병이 든다는 것.

순간 나의 과거가 파노라마처럼 지나간다. 삶에 대한 질문 없이 돈을 벌고 그 돈으로 소비하면서 쾌락을 추구하는 게 잘사는 삶이라고 생각했다. 더 많은 돈, 더 많은 쾌락을 위해 편안한 삶을 추구했으니 심신이 병들 수밖에. 고괘에서 문제 삼는 것은 병 그 자체는 아니다. 노자 『도덕경』 71장에 이런 말이 있다. "병을 병으로 여기면 병이 되지 않는다. 성인은 병이 없다. 병을 병으로 알기에 병이 없는 것이다"(夫唯病病부유병병, 是以不病시이불병. 聖人不病성인불병, 以其病病이기병병). 이 문장은 성인에 대한 통념을 뒤집게 했다. 성인은 완벽한 존재가 아니라 병을 앓지만 중생과 달리 병을 병으로 아는 존재였던 것이다.

고괘의 형통함도 병을 병으로 아는 능력에 있었다. 병든지도 모르고 승진이나 연봉을 향해 달려갔던 나. 병이 든 것을 알았다면 해결하면 되는데 그것을 '큰 강을 건넌다'(利涉大川이섭대천)로 표현하고 있다. 그냥 강을 건넌다고 해도 될 것 같은데 굳이 '큰 강'으로 표현한 것일까? 고가 하루 이틀에 생긴 병이 아니기 때문이다. 고괘의 효사는 오랜 시간에 걸쳐 만들어진 부패를 청산하는 다양한 방법에 대한 이야기로 가득 차 있다. 그중 초효를 이해해 보기로 하자. "초육, 아버지가 벌인 일을 주관한다. 자식이 있어 아버지가 허물이 없게 되니, 위태롭게 여겨야 끝내 길하다"(初六초육, 幹父之蠱간부지고. 有子유자, 考无咎고무구, 厲려, 終吉종길). 아버지의 일을 처리해야 하는 아들이 있다는 뜻인데 고의 상태가 오랜 시간에 걸쳐 형성된 것이니 2세대에 걸쳐 해결해야 함을 강조하고 있는 것이다.

공부를 처음 만났던 때가 생각난다. 그때 정말 기뻤다. 병든 나를 진단하고 치료할 수 있는 가능성을 감지했기 때문이다. 이것이 고괘의 첫번째 효에 부합한다고 생각한다. 초효는 아들이 아버지의 적폐를 인식하고 청산을 하면 아버지의 허물이 없어지는데 위태롭게 여겨야 끝내는 길하다고 말한다. 공부를 하기 전에는 외부 가치 기준과 내가 하나 되어 무엇이 문제인지 알지 못했다. 공부를 통해 삶의 본질에 대한 질문을 던지게 되면서 나를 '아버지'와 '아들'로 분리할 수 있었다. 예컨대 '쾌락을 위해 소비하던 과거의 삶'이 아버지이고 '병든 상태를 알아차린 지금의 나'를 아들로 해석하게 된 것이다.

초효 외에 다른 효들도 다음과 같은 지혜를 알려준다. 적폐는 오랜 때가 들러붙은 거라 한두 번의 작업으로는 해결되지 않는데 그것을 인정하지 않으면 조급해질 수 있다. 오랜 세월의 때를 벗긴다는 심정으로 차근차근 과정을 밟아 가면 적폐를 청산할 수 있다. 쉽게 해결되지 않기 때문에 다시 과거의 소비 습관으로 돌아가거나 부정적인 감정의 회로를 반복하는 등 적폐와 타협하고 싶은 유혹이 올라오는데 이것이 위태로움이다. 이 위기를 잘 넘길 수 있다면 끝내 길함이 우리를 기다리고 있다고 『주역』은 말하고 있는 것이다.

소동파는 말한다. 그릇은 항상 쓰이고자 하고 몸은 항상 움직이고자 하고 천하(天下)는 사계절을 멈춘 적이 없다고. 그런데 우리는 자연법칙에서 벗어나 편안함이란 고정된 상태를 추구하니 그것부터가 이미 반생명적인 삶인 것이다. 그러므로 인간은 환란이 없으면 날마다 안일함에 빠질 수밖에 없다는 게 소동파의 지적이다. 그러니 부패를 청산하려면 나를 환란(변화)의 장으로 밀어 넣어야 한다. 한데 밀어 넣기는커녕 자신이 썩은 줄도 모르고 쾌락만을 계속 좇으니 무지야말로 큰 병인 것이다. 앞서 언급한 "병을 병으로 여기면 병이 되지 않는다"는 노자의 말이 사무치게 다가온다. 쾌락의 욕망을 병으로 인식하려면 다른 거 없다. 생명의 이치에 반하는 나의 상태를 알기 위해 반드시 배워야 한다. 그래야 다다익선이란 판타지 속에서 소비와 쾌락에 중독되어 '썩은 냄새 진동하는 나'를 구할 수 있다.

『주역』은 반전의 텍스트이자 긍정의 텍스트이다. 내가 자명하다고 생각한 것에 균열을 내게 하고, 통념에 빠져 허우적거릴 때 그 사건을 전혀 다른 방식으로 보게 하기 때문이다. 부패에 이른 것은 부끄러운 일이지만 그것을 알고 치료한다는 것은 얼마나 형통한 일인가. 부패는 끝이 아니다. 나의 부패를 자양분 삼아 다음으로 나아갈 수 있는 출구이자 기회이다. 그것을 알아차릴 때 썩은 것에서 생성의 향기를 맡게 될 것이다.

지택 림,

소통에서 중요한 건?!
감동이다

신혜정
___

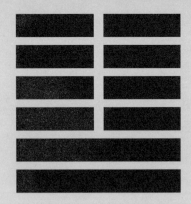

地澤臨
지택 림

臨, 元亨, 利貞. 至于八月, 有凶. 림, 원형, 리정. 지우팔월, 유흉.

림괘는 크게 형통하고 바르게 하면 이롭다. 여덟 달이 지나면 흉함이 있다.

初九, 咸臨, 貞, 吉. 초구, 함림, 정, 길.

초구효, 육사와 감응하여 가까이 다가감이니, 바르게 하면 길하다.

九二, 咸臨, 吉, 无不利. 구이, 함림, 길, 무불리.

구이효, 육오와 감응하여 가까이 다가감이니, 길하여 이롭지 않음이 없다.

六三, 甘臨, 无攸利, 旣憂之, 无咎. 육삼, 감림, 무유리, 기우지, 무구.

육삼효, 기쁜 낯으로만 아랫사람에게 다가가니 이로운 것이 없으나, 이미 그것을 근심하고 있으므로 허물이 없다.

六四, 至臨, 无咎. 육사, 지림, 무구.

육사효, 초구에 다가감이 지극하니 허물이 없다.

六五, 知臨, 大君之宜, 吉. 육오, 지림, 대군지의, 길.

육오효, 다가감이 지혜로운 것이니 위대한 군주가 마땅히 해야 할 일이라서 길하다.

上六, 敦臨, 吉, 无咎. 상육, 돈림, 길, 무구.

상육효, 다가감이 돈독하니 길하고 허물이 없다.

며칠 전 지인에게서 연락이 왔다. 올해 수능을 치른 아들이 의대에 갈 수 있을 만큼 좋은 성적이 나왔는데도 순수과학을 전공하겠다며 고집을 부린다는 거다. 부모는 이제까지의 경험상 의사가 되는 게 전망이 훨씬 좋다고 아들을 압박했고, 아들은 시대가 달라졌다며 맞섰다고 한다. 자신이 왜 물리를 공부해야 하는지 조목조목 이야기하는 아들과 자신의 연륜과 일반적 통념으로 상대를 설득하려는 부모의 언쟁은 결국 서로에게 큰소리를 치고 감정적인 말을 퍼부으며 끝이 났다고 했다. 지인은 "다 저 좋게 하려는 얘긴데도 듣지 않고, 어른의 조언을 무시한다"라며 흥분을 했다. 전화를 끊고 나니 요즘 청년들 사이에 유행한다는 얘기가 떠올랐다. "40, 50대 말 들으면 망한다", "라떼 기성세대". '라떼'란 "나 때는 말이야~"라며 매사에 과거를 들먹이는 기성세대를 비꼬는 말이다.

처음 이 말을 들었을 땐 다소 과격한 표현과 비아냥거리는 말투 때문에 반감이 '확' 하고 생겼다. '아니, 우리가 살아온 세월로 보나 삶의 지혜로 보나 젊은 사람들보다는 한 수 위일 텐데 어떻게 저런 말을 하나', '옛 속담에 어른 말 들으면 자다가도 떡이 생긴다는데'. 그러면서 궁금해졌다. '저들이 "안티(anti) 기성세대"를 외치게 된 근본적인 이유가 뭘까?', '기성세대들이 젊은이들과 소통할 때 특히 유념해야 할 부분은 어떤 것일까?' 평소에 궁금했던 문제들이었는데, 이번에 지택 림(地澤 臨)의 구이효를 공부하면서 그 실마리를 찾을 수 있었다.

지택 림은 연못 위에 땅이 있는 형상으로 서로에게 다가감, 어떤 일에 임하는 모습을 상징한다. 특히 이 괘는 아래에 처해야 하는 땅이 위로 올라가 있고, 물이 아래에 있는 상황이다. 위에서 아래로 임했으니 윗사람이 아랫사람에게 다가갈 때의 모습이라고 풀어 볼 수 있겠다. 땅이 아래의 연못을 바라보며 다스리는 형국이다. 이때 문제는 바로 '어떻게 다가가 이끌어야 할 것인가?', 한마디로 세대 간의 소통과 리더십이 포인트이다. 한데, 자라온 환경도, 타고난 기질도, 세대도 다른 자들의 마음을 움직여(感動) 소통한다는 게 말처럼 쉬운 일이 아니다. 좋은 의도와 분명한 명분을 가지고 다가간다해서 온전히 받아들여지는 건 아니기 때문이다.

림(臨)괘에서는 이럴 때 '옳다, 그르다'라는 가치판단보다 '어떤 태도로 다가가느냐'가 관건이라고 본다. 해서 각 효를 통해 그 방법을 기술하고 있는데, 그중에서도 나는 구이효의 내용이 와닿았다. 타인의 마음에 다가갈 때 어떤 태도가 바람직한지 구체적으로 알고싶기 때문이다. 먼저, 구이효의 함(咸)이라는 글자가 눈에 들어왔다. 함(咸)은 초육효에서도 쓰고 있는 글자다. 여기에는 어떤 의미가 있는 걸까? 다가감의 초반에는 무엇보다 함림(咸臨)이 중요하다는 것이다. 함이라는 한자에는 "큰 위압 앞에 힘껏 목소리를 낸다"라는뜻이 담겨 있다. 정이천은 함(咸)을 감(感)이라는 말과 동의어로 쓰고 있는데 한쪽에서 자극을 줄 때 거기에 반응한다는 의미이다. 서로가 기운을 주고받을 때(咸) 나오는 에너지로 마음이(心) 움직이는것, 한마디로 두 에너지가 감응하여 '파바박' 스파크가 튀는 게 함림이라는 거다. 함림은 이렇게 서로 다른 파동이 접속해서 만들어 내는 사건이다. 그럼 만난다고 다 함림이 될까?

구이효는 중(中)을 얻었고 양강한 자리에 있는 자이지만 바른 위치를 취한 사람은 아니다. 그래서 강한 힘을 써 상대를 막무가내로 끌어당기려는 어리석음을 범할 수도 있다. 다행히 서로 응하는 관계인 육오효를 보면서 지혜롭게 임한다는 게(知臨) 뭔지 배운다. 육오효 역시 자리는 바르지 않지만, 거중(居中)하고 유순한 체질이라서 "아랫사람에게 임하는 방도를 아는 자"이기 때문이다. 구이효가 육오효를 통해 배우는 지혜로운 소통이란, "윗사람이 아랫사람에게 다가갈 때 지극한 관용의 태도로 설득하고 감동하게 만드는 것"이다. 자신의 의견으로 꽉 찬 마음을 내려놓고 상대를 판단하는 잣대를 접고, 그렇게 했을 때 구이효 「상전」의 말처럼 "단지 그 명령에 순종하는 것만이 아니기 때문"(未順命也미순명야)에 아랫사람도 기쁘게 따를 수 있다고 말한다.

림괘의 구이효를 공부하면서 젊은 사람들이 기성세대에게 갖는 반감의 이유를 생각해 봤다. 사실 지금은 부모의 경험이나 과거의 생존 방식이 유용한 시대가 아니다. 오히려 과거 경험에 집착하는 기성세대보다 그것으로부터 자유로운 청년들이 다가올 변화에 훨씬 유연하게 대처할 수 있다. 이젠 기성세대가 청년들에게 배워야 하는 시대이다. 세상은 LTE급으로 바뀌고 있는데 눈 막고 귀 막고, 자신이 알고 있는 좁은 식견으로만 세계를 해석하려고 해선 안 된다. 자신의 경험이나 가치관을 일방적으로 젊은 사람에게 강요한다면 정말 "안티 기성세대", '꼰대' 소리 듣기 십상이다.

림괘의 괘사에서도 "여덟 달이 지나면 흉함이 있다"라는 말로 천지만물의 순환을 강조한다. 이는 절기로 볼 때 양의 기운이 자라는 12월(지택 림)을 지나 8월(풍지 관)에 이르면 다시 음이 득세하게 되는 자연의 이치를 설명한 것이다. 지식과 정보도 마찬가지다. 이제 우리는 의심 없이 받아들였던 앎도 생장소멸을 겪으며 변화한다는 사실을 인정해야 한다. 그때는 진리였던 것이 지금은 아닐 수 있다는 걸 받아들여야 한다는 말이다. 그래야만 때와 시세를 파악할 줄 아는 지혜와 접속할 수 있다. 그리고 그 지혜를 통해 상대를 설득하고 감동하게 만드는 아량과 덕을 갖추게 된다. 이것이야말로 기성 세대가 젊은 세대와 제대로 소통할 수 있는 조건이 아닐까?

지인의 아들은 본인이 원하는 대로 물리학과에 무사히(?) 입학했다. 어렸을 때부터 관심 있었던 분야인 양자역학과 관련된 고에너지 물리를 본격적으로 탐구해 볼 예정이란다. 그리고 인문학적 시각에서 보는 양자역학도 궁금하고, 양자학의 차원에서 세상을 이해해 보고 싶다는 포부도 밝혔다. 그 부모는 아이와 갈등을 겪으며 자신들이 오히려 세상 물정을 너무 몰랐다고 했다. 아직도 섭섭한 마음은 있지만, 20세기에 유용했던 정보로 21세기를 살아갈 아이의 앞길을 결정하려는 건 오류임을 인정했다. 나에게도 이 일은 많은 생각거리를 주었다. 지금 일하고 있는 사교육 현장에서 중·고등학생들을 가르치고, 진로를 상담할 때 어떤 마음과 태도로 그들에게 다가가야 할지가 선명해지는 느낌이 든다. 림괘의 구이효에서 말하고 있는 것처럼 진정한 소통의 우선은 상대의 마음과 통하는 감동(感動)이다.

풍지 관,

마음을 비워야
볼 수 있는 것

신혜정
———

風地 觀
풍지 관

觀, 盥而不薦, 有孚, 顒若. 관, 관이불천, 유부, 옹약.

관괘는 손을 씻고서 아직 제사음식을 올리지 않았을 때처럼 하면, 백성들이 진실한 믿음을 가지고 우러러 본다.

初六, 童觀, 小人无咎, 君子吝. 초육, 동관, 소인무구, 군자린.

초육효, 어린아이가 보는 것이니 소인이라면 허물이 없지만 군자는 부끄러우리라.

　　　　　　　　　육이 , 규관 , 리여정 .

六三, 觀我生, 進退. 육삼, 관아생, 진퇴.

육삼효, 내가 하는 행동을 보고 나아가거나 물러난다.

六四, 觀國之光, 利用賓于王. 육사, 관국지광, 리용빈우왕.

육사효, 나라의 빛남을 보는 것이니 왕에게 제대로 대접받는 신하가 되는 것이 이롭다.

九五, 觀我生, 君子, 无咎. 구오, 관아생, 군자, 무구.

구오효, 내가 하는 정치를 보아서 백성들이 군자답다면 허물이 없다.

上九, 觀其生, 君子, 无咎. 상구, 관기생, 군자, 무구.

상구효, 자신이 하는 덕행을 보았을 때 군자다우면 허물이 없다.

『주역』의 풍지 관(風地 觀)을 공부하면서 작년 이맘때 읽었던 책 한 권이 떠올랐다. 바로『걸리버 여행기』이다. 어렸을 때는 주인공인 걸리버가 소인국과 대인국을 여행하면서 겪는 신기한 모험 이야기라고만 생각했는데, 그게 다가 아니었다. 소인국, 대인국뿐 아니라 라퓨타, 후이넘을 통해 인류를 통렬하고 유쾌하게 비판하는 풍자소설이었다. 그런데 관괘를 읽으며 왜 이 소설이 생각난 걸까? 정이천은 관괘를 '봄'과 '보임'에 관한 서사로 풀고 있다. 관(觀)은 '어떤 것을 본다, 뭔가를 보여 준다'라는 의미를 모두 담고 있다. 여기에 각 효들은 '어떻게 볼 것인가', 즉 본다는 것의 방법론에 대해 구체적인 이야기를 더한다. 이 지점이 『걸리버 여행기』를 생각나게 했던 것 같다. 『걸리버 여행기』 역시 인간이라는 존재들이 어떤 방식으로 세상을 바라보고 이해하는지를 적나라하게 이야기하는 텍스트이기 때문이다. 해서 이번에 관괘의 육이효와 소설 속 사건들을 엮어서 '제대로 본다는 게 무엇인지' 알아보려고 한다.

육이효를 본격적으로 살펴보기 전에 걸리버가 여행한 소인국, 대인국 사람들의 모습과 관괘의 내용을 비교해 보았다. 먼저, 소인국 사람들의 쩨쩨하고 편협한 시각은 초육효의 동관(童觀). 딱 어린아이가 세상을 인식하는 수준이다. 어린아이는 물리적으로 키가 작아서 볼 수 있는 범위가 협소하고, 경험치도 낮아서 세상을 해석하는 프레임이 제한적이다. 그러다 보니 현명하지 못하다. 예를 들어 '달걀을 어느 모서리로 깰 것이냐'를 두고 당파싸움을 벌일 만큼 유치하고 어리석다. 그렇다면 대인국 사람들은 어떨까? 그들의 시선은 너무 거칠다. 어떤 대상을 미세하고 세심하게 관찰할 줄을 모르니 주마간산(走馬看山)식으로 대충 보고 판단한다. 대인국에서 잘났다고 소문난 사람들도 걸리버의 시선으로 보면 추하기 이를 데 없다. 걸리버는 그들에게 근접해서 모공에 낀 먼지며, 몸에 기어 다니는 아주 작은 벌레까지 확인한다. 이는 떨어져서 보면 별문제가 없어 보이는 인간도 세세히 따지고 들면 결점투성이의 역겨운 존재라는 걸 지적하는 부분이다.

소설 속에 등장하는 나라들이 다 흥미진진했지만 내가 가장 공감이 가고 재미있었던 건 허공에 떠 있는 섬, 라퓨타였다. 작가인 스위프트가 라퓨타 사람들을 통해 당시 영국의 정치인들을 풍자하고 있는 내용이 어찌나 날카롭고 위트가 넘치는지!! 거기다 관괘를 공부하면서 둘을 엮어서 보니 색다른 재미가 있었다. 특히, 라퓨타 부분은 육이효의 규관(闚觀)과 비슷하다는 생각이 들었다. 규관이란, 예전에 여자들이 기거했던 규방에서 문틈으로 밖을 엿보는 걸 말한다. 한쪽 눈으로 뭔가를 훔쳐보는 상황이니 잘못이 생길 수밖에 없다. 육이효의 「상전」에서도 "'문틈으로 엿보는 것이라, 여자의 올바름'은 장부에게는 부끄러울 만하다"라고 언급한다. 한데, '여자의 올바름'이란 건 도대체 무슨 뜻일까?

규방에서 생활하며 활동 영역이 제한적이었던 전근대의 여자들은 대사(大事)를 도모할 일이 별로 없었으니 협소한 시각이 문제될 게 없다. 단지 남자들이 하는 일에 순종하며 따르는 것만으로도 이로울 수 있었다. 하지만 자신의 언행이 타인에게 큰 영향을 미칠 만한 위치에 있는 자라면 이야기는 달라진다. 그들이 올바르게 세상을 인식하지 못하는 건 아주 추하고 수치스러운 일이다. 바로 이 부분이 라퓨타의 정치인들과 오버랩된다. 그들은 일단 생김새부터가 범상치 않다. 한쪽 눈은 얼굴 깊숙이 박혀 있고 다른 한쪽은 위를 향해 달려 있다. 스위프트는 이런 관리들의 모습을 통해 무엇을 풍자하고 있는 것일까?

우선, 눈이 안으로 깊이 박혀 있다는 건 자기만의 틀에 갇혀 세상을 해석하는 것이고, 위쪽으로 달린 눈은 형이상학적이고 추상적인 지식에 매몰되어 대상을 규정짓고 판단하는 왜곡된 시선을 의미한다. 한마디로 좁은 시각으로 세상을 바라보고 있다는 점에서 규관(闚觀)이다. 라퓨타는 섬을 공중에 띄웠다 내렸다 할 만큼 과학 문명이 발달하고 부유한 나라지만 누구도 행복하지 않다. 관직에 있는 자들이 독단에 빠져 있고 백성들과 올바른 소통을 하지 않으니 어찌 제대로 된 정치가 이루어질 수 있겠는가?

『걸리버 여행기』와 관괘의 육이효를 읽으면서 결국 무엇을 보느냐가 아닌 어떻게 보느냐가 중요하다는 걸 다시 한번 깨달았다. 사실 본다는 행위는 지극히 주관적이다. 우물 안 개구리처럼 갇힌 시야로 외부 사물을 본다면 딱 거기까지가 내가 구성하는 세상이고, 나의 수준이 된다. 왜곡된 견해로 만사를 해석하게 되는 것이다. 그렇다면 제대로 본다는 건 어떤 것일까? 정이천은 『주역』에서 지혜롭고 총명한 자는 "세상의 눈을 얻어서 보고, 세상의 귀로 듣는다"(정이천, 『주역』, 1009쪽)라고 말했다. 세상의 눈을 얻는다는 건 어떤 의미일까?

풍지 관은 곤(坤)괘가 상징하는 땅 위에서 손(巽)괘가 상징하는 바람이 천지사방의 온갖 것들과 두루 접촉하고, 두루 보는 모습을 이야기한다. 바람처럼 세상과 만나서 거기서 보고 깨달은 것을 다른 사람들에게 전하는 것이다. 왜 관괘가 봄과 보여 줌에 관해 이야기하는 괘라고 했는지 알겠다. 그리고 '나를 살피는 관아생(觀我生)', '나로부터 생겨난 걸 면밀하게 관찰하는 관기생(觀其生)'이 왜 중요한 덕목인지도 공감이 된다. 그러니까 세상의 눈을 얻어 본다는 건 나의 시선에 매여서 대상을 보는 게 아니라 땅 위를 가볍게 날아다니는 바람처럼 외부와 끊임없이 소통하며 내 시야를 넓히고, 인식의 폭을 확장해 가는 것이다. 그리고, 세상으로부터 얻은 지혜는 반드시 다시 나눠야 한다. 그러려면 무엇보다 자신을 성찰하며 수신(修身)하는 일이 선행돼야 한다. 사심으로 가득 찬 신체로는 절대 제대로 볼 수 없기 때문이다. 『걸리버 여행기』의 작가 스위프트도 걸리버라는 인물의 여행을 통해 세상의 눈, 세상의 귀와 쉼 없이 접속하며 스스로를 통찰해 가는 존재의 모습을 표현하고자 했던 게 아닐까? 삶이라는 여정에서도 마찬가지다. 천지만물과 소통하며 우주의 지혜와 연결되려면 지속적인 자기 수행을 통해 넓은 안목을 가져야 한다. 그때 비로소 제대로 볼 수 있다.

화뢰 서합,

코를 박고 깊숙이 물어뜯으면
허물이 사라진다

김주란
———

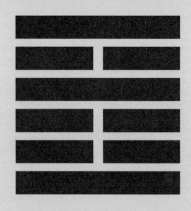

火雷 噬嗑 화뢰 서합

噬嗑, 亨, 利用獄. 서합, 형, 리용옥.

서합괘는 형통하니, 옥사를 쓰는 것이 이롭다.

初九, 屨校, 滅趾, 无咎. 초구, 구교, 멸지, 무구.

초구효, 차꼬를 채워 발을 상하게 하니, 허물이 없다.

六二, 噬膚, 滅鼻, 无咎. 육이, 서부, 멸비, 무구.

육이효, 살점을 깨물어 코가 푹 들어가 없어질 정도이니, 허물이 없다.

六三, 噬腊肉, 遇毒, 小吝, 无咎. 육삼, 서석육, 우독, 소린, 무구.

육삼효, 말린 고기를 씹다가 썩은 부분을 만났으니, 조금 부끄럽지만 허물은 없다.

九四, 噬乾胏, 得金矢, 利艱貞, 吉. 구사, 서건자, 득금시, 리간정, 길.

구사효, 말린 갈비를 깨물어 쇠화살을 얻었으나, 어렵다고 생각하고 올바름을 굳게 지키면 이로우니 길하다.

六五, 噬乾肉, 得黃金, 貞厲, 无咎. 육오, 서건육, 득황금, 정려, 무구.

육오효, 말린 고기를 깨물어 황금을 얻으니, 올바름을 굳게 지키고 위태롭게 여기면 허물이 없다.

上九, 何校滅耳, 凶. 상구, 하교멸이, 흉.

상구효, 차꼬를 목에 차서 귀가 없어졌으니, 흉하다.

〈감이당〉에는 사주명리를 공부하고 자신이 운명과 어떻게 씨름해 왔는가 글로 쓰고 발표하는 강좌가 있다. 이름하여 운명의 누드글쓰기! 자기 인생을 탈탈 털면서 울다가 웃다가 자기도 몰랐던 자기를 만나기도 하고, 그때 그 사람이 왜 그랬는지 다른 참가자 얘기를 들으며 깨닫게 되기도 하는 아주 다이내믹한 프로그램이다. 끝나고 나면 진이 쪽 빠지긴 해도 나는 이 '누드글쓰기'가 정말 좋다.

그래도 역시 녹록지 않은 이 강좌. 그중 가장 인상적인 사건이 있었는데, 참가자 중 한 분이 글쎄 20년 경력의 프로 역술인이었던 것이다. 눈빛도 음성도 예사롭지 않은 분이었다. 튜터인 나도, 다른 참가자들도 그분께 묻지 않을 수 없었다. "그런데… 여기는 왜 오셨어요?" 다른 분들이야 그저 궁금했을 터이지만, 글쓰기와 함께 명리 이론도 지도해야 하는 나로서는 사실 좀 부담스러웠다. 그분은 인문학적으로 사주명리가 어떻게 해석되는지도 궁금하고 앞으로 책을 쓸 때 도움이 될 것 같아서 오셨다고 했다. 그 말을 듣고 나니 '이분이야말로 나보다 훨씬 더 부담스러울 수도 있을 텐데 배우려는 마음으로 용기를 내셨구나' 하는 생각이 들었다.

하지만 두번째 시간, 우리는 결국 부딪치고 말았다. 초보들이 설왕설래하는 걸 보고 답답해진 그분이 이 사주는 이렇다 저렇다 풀어 주려 하셨는데, 나는 튜터로서 거기에 제동을 걸어야 했기 때문이다. 물론 그분으로서야 도와주려는 의도였겠지만, 〈감이당〉의 공부 방식은 타인의 해석에 의존하는 것이 아니다. 스스로 사주를 해석하면서 자기가 무의식적으로 반복해 온 기존의 생각, 감정, 욕망, 습관이 어떤 운명을 만들어 왔는가를 발견해야 운명을 능동적으로 사용할 길이 열리기 때문이다. 함께 글을 쓰고 발표하면서 다른 사람의 의견에 귀를 기울이는 것은 좋지만, 전문가의 권위에 의존하는 것은 이런 경우 전혀 도움이 되지 않는다.

그런데, 솔직히 말하자면 나는 갈등 회피형에 가까운 인간이다. 사주에서 자신을 나타내는 글자를 일간이라고 하는데, 나의 일간은 을목(乙木)이다. 같은 나무라도 수직으로 성장하는 갑목과는 달리 을목은 수평을 지향한다. 땅을 덮고 자라는 풀이나 담장을 타고 번지는 담쟁이 넝쿨처럼 주위의 사람들과 어울렁더울렁 지내고 싶어 한다. 맞서서 싸우기보다는 합의와 수용을 통한 부드러운 일처리 방식을 선호하는 유형이다. 이런 나의 기질상 그분과 맞서는 상황은 상당히 곤혹스러웠다. 하지만 이번 경우에는 유야무야 넘어갈 길이 없었다. 이럴 때는 어떻게 해야 좋을까?

『주역』의 괘 가운데에는 서합(噬嗑)이라는 괘가 있다. 서합이란 입 속에 있는 딱딱한 것을 씹어 삼키고 나서 입이 하나로 다물어지는 모양을 가리키는 말이다. 이 괘는 생긴 구조가 위와 아래에 양효(초구효, 상구효)가 있고 중간에는 음효들(육이효, 육삼효, 육오효)이 있는데 그 가운데 하나의 딱딱한 양효(구사효)가 있으니 벌린 턱 사이에 딱딱한 건더기가 들어 있는 형상이다. 서합괘의 가르침은 이 딱딱한 건더기를 잘게 뜯고 꼭꼭 씹어서(噬) 삼키는(嗑) 과정을 충실히 행하라는 것이다. 그래야 먹은 게 피로 가고 살로 가지 그렇지 않으면 급체, 설사, 구토 등 몸에 난리가 날 것이다.

나는 이 서합괘, 그중에서도 육이효의 효사인 "살점을 깨물어 코가 푹 들어가 없어질 정도이니, 허물이 없다"(噬膚서부, 滅鼻멸비, 无咎무구)라는 말에서 도움을 얻었다. 육이효의 지위는 결코 높지 않다. 하지만 육이효에게는 중정(中正)이라는 덕성이 있다. 신영복 선생님은 『주역』에서 중(中)이 중요한 이유를 가운데라는 위치는 위아래와 두루 접촉하고 관계하기 때문이라고 설파하셨다. 나는 누드

글쓰기 튜터의 역할이 바로 그렇다고 생각한다. 튜터는 음효인 이효처럼 자신을 내세우지 않으면서 주인공(프로그램 참가자)들이 활발하게 발표하고 서로에게 질문하는 관계망을 형성하는 역할을 한다. 그러려면 이번처럼 그런 관계를 어그러뜨리는 강력한 존재가 나타날 때는 확실하게 물어뜯을 줄도 알아야 한다. 이게 튜터로서 정(正)의 덕을 실현하는 일이자, 내가 배워야 할 지점이었다.

하지만 한편으로는 의문도 들었다. "코가 푹 들어가게" 이를 들이박고 물어야 허물이 없다니, 정말일까? 이건 너무 모양 빠지는 꼴이 아닌가. 코란 얼굴의 중심이자 제일 높은 것이다. 흔히 코가 높은 사람이라고 하면 자신감이 있고 그만큼 체면을 중시하는 사람을 말한다. 그런데 그 코가 대적하는 상대방의 살에 파묻히도록 물어뜯는다는 것은 이미 체면이고 뭐고 다 팽개치고 젖 먹던 힘을 다해 싸우고 있다는 얘기다.

왜 이렇게 해야 하는가. 강한 상대를 만났기 때문이다. 서합괘는 불과 우레로 이뤄진 괘다. 불은 밝고 환히 보는 지혜를, 우레는 강한 힘 혹은 형법 등을 뜻하니, 서합의 때는 문제 상황을 환히 보면서 분명하고 적절하게 힘을 써야 할 때라는 말이다. 우리는, 아니 나는 중정하다고 하면 부드럽고 온화한 방식만을 떠올렸더랬다. 하지만 『주역』을 읽을수록 시대는 계속 변하고, 시대별로 다른 대처 방식이 있음을 새삼 깨닫게 된다. 때로는 격렬하게 확실하게 싸우는 것이 중정함이다. 서합의 시대, 강력한 초구효를 타고 앉은 육이효는 그렇게 중정을 실천한다. 그리고 어쩌면 이것이 강한 적을 대하는 가장 합당한 예우일 수도 있겠다는 생각이 든다.

그래서 나는 과연 이렇게 열렬히 그를 물어뜯었던가? 자신할 순 없지만 나름 필사적으로 이빨을 박았다(^^;). 다른 멤버들에게는 모른다고 무조건 질문하지 말고 먼저 자기 스스로 풀 것을 강조하고, 그분의 진단(?)에 대해서는 그대로 수용하지 않고 다른 해석의 가능성을 덧붙였다. 이런 내 모습에서 뭔가 압박감을 느낀 그분 역시 가만있지 않았다. "그런데, 선생님! 왜 저한테는 공격적이신 거죠?" 헉, 예상치 못한 직격탄이었지만 나도 있는 그대로 솔직하게 맞받았다. "선생님은 프로이시기 때문에 선생님 말씀에 다른 분들이 너무 의존하게 됩니다. 저는 그렇게 둘 수 없구요. 제 태도가 그래서 좀 공격적이었나 봐요."

　　이쯤이면 모두 앞에서 이를 드러내고 한 번씩 깊이 물어뜯은 셈이다. 그런데 묘하게도 그후 우리들은 한결 편해졌다. 그건 아마도 이 싸움으로 인해 우리 사이에 걸리적거리던 것들이 사라졌기 때문이다. 그래서 육이효의 효사는 '무구'(无咎)로 끝난다. 코를 들이박고 물어뜯으니 허물이 사라지도다!

산화 비,

바탕을 잃지 않는
꾸밈

장현숙
———

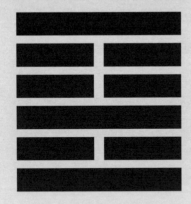

山火賁 산화 비

賁, 亨, 小利有攸往. 비, 형, 소리유유왕.

비괘는 형통하니, 나아갈 바를 두는 것이 약간 이롭다.

初九, 賁其趾, 舍車而徒. 초구, 비기지, 사거이도.

초구효, 발을 꾸밈이니, 수레를 버리고 걷는다.

六二, 賁其須. 육이, 비기수.

육이효, 수염을 꾸민다.

九三, 賁如濡如, 永貞, 吉. 구삼, 비여유여. 영정, 길.

구삼효, 꾸미는 것이 윤택하니, 오래도록 유지하고 올바르게 하면 길하다.

六四, 賁如皤如, 白馬翰如, 匪寇, 婚媾. 육사, 비여파여, 백마한여, 비구, 혼구.

육사효, 꾸밈이 없어 흰 것이며 백마를 타고 나는 듯이 달려가니 도적이 아니면 혼인할 짝이다.

六五, 賁于丘園, 束帛, 戔戔, 吝, 終吉. 육오, 비우구원, 속백, 전전, 린, 종길.

육오효, 언덕 위의 사냥터에서 꾸미는 것이니, 묶은 비단을 재단하여 늘어놓은 듯이 하면 부끄럽지만 결국에는 길하다.

上九, 白賁, 无咎. 상구, 백비, 무구.

상구효, 꾸미는 것을 소박하게 해야 허물이 없다.

〈감이당〉에서 공부한 지 3년이 되던 해였다. 2년째까지는 고만고만하게 경쟁하며 우리끼리 희희낙락하며 글을 썼는데, 3년째부터는 분위기가 달랐다. 매주 돌아가며 발표하는 발제문부터 모든 글쓰기가 2년째까지와는 차원이 다르게 어려웠다. 나는 매주 어리바리하며 어쩔 줄을 모르는데, 한 해 먼저 시작해서 이런 분위기에 적응한 다른 친구들은 너무나 글을 잘 쓰는 것이었다. 그들에 비해 내 글은 너무 볼품없고 초라해 보였다.

어느 날, 『도덕경』을 발제하는 날이었다. 『도덕경』 제81장 "신언불미, 미언불신"(信言不美, 美言不信)에 대한 발제문을 썼는데, "믿음직스러운 말은 아름답지 못하고 아름다운 말은 믿음직스럽지 못하다"는 노자의 말에도 불구하고, 나는 '아름다운 말로 글을 잘 쓰고 싶다'고 발표했다.

"그럼에도 나는 아직 『도덕경』을 이해하고 싶지 않다. 노자의 그 많은 설명에도 불구하고 진솔한 말보다는 아름다운 말로, 깊은 지혜와 함께 박식함도, 낮게 흐르는 물보다는 높이 솟은 산이 되어 보고 싶은 내 속의 욕망을 보기 때문이다."

이는 그날 쓴 나의 발제문의 일부이다. 발제문을 발표한 후 선생님께 눈물이 쏙 빠지도록 야단을 맞았다. 태어나서 누군가에게 그렇게 야단을 맞은 것은 그날이 처음이었다. 선생님은 자신의 생각을 진솔하게 드러내는 글쓰기부터 배워야지 미사여구(美辭麗句)로 치장하는 습관부터 들이면 안 된다고 하셨다. 한번 습관이 들면 그걸 바꾸는 건 너무나 어렵다며, 아름답진 않아도 진솔한 글을 쓰도록 노력하겠다고 지금! 여기서! 당장! 다짐하라고 말씀하셨다. 순간 정신이 번쩍 들었다.

산화 비(山火 賁)는 꾸밈과 장식에 대한 괘이다. 괘 모습을 보면 간(艮)괘가 상징하는 산 아래에 리(離)괘가 상징하는 불이 있다. 불이 산을 비추어 산 위에 있는 풀과 나무 등 온갖 사물이 모두 광채가 난다고 하여 '꾸밈'을 상징하는 비괘가 되었다. 비괘의 괘사를 보면 일단 '亨'(형통)하다고 시작한다. 뭔가를 꾸며서 장식하는 것은 형통한 일이라는 것일까? 그런데 그다음이 좀 이상하다. "小利有攸往소리유유왕"이라 하여 "나아갈 바를 두는 것이 약간 이롭다"라고 했다. 꾸밈, 장식이라면 무언가를 아름답게 치장하는 것이므로 나아갈 바가 이로워야 되는 것이 아닌가. 그런데 '조금' 이롭다고 한다. 왜 그럴까?

정이천은 이에 대해 "장식으로 꾸미는 방식은 바탕에 광채를 더할 수 있을 뿐이므로, 일을 진행해 나아가는 데에는 작은 이로움일 수밖에 없다"(정이천, 『주역』, 467쪽)라고 말한다. 그리고 "장식으로 꾸미는 도가 형통할 수 있는 것은 진실한 바탕이 꾸민 장식으로 인하여 형통하게 된 것"(같은 책, 468쪽)이기 때문이라고 한다. 꾸미는 것이 형통한 이유는 그것으로 인해 진실한 바탕이 잘 드러나기 때문이지, 결코 꾸밈 그 자체 때문이 아니라는 것. 그러니 좋은 꾸밈은 단순히 무언가를 아름답게 장식하는 것이 아니다. 그 꾸밈으로 인해 드러내고자 하는 바를 가장 잘 드러나게 하는 꾸밈, 그것이다.

'꾸밈과 장식'을 대표하는 것으로 말과 글을 들 수 있겠다. 말과 글은 마음속에 있는 뜻(意)을 바깥으로 장식하여 드러내기 때문이다. 같은 뜻이라도 어떻게 말하고 어떻게 쓰느냐에 따라 다르게 드러날 수 있다. '아름다운 말은 믿음직하지 못하다'고 한 것은 드러내고자 하는 뜻에 비해 말이 너무 화려해진 상태를 말한다. 미사여구가 덕지덕지 붙어 실제로 어떤 뜻을 드러내고자 하는지 모르는 말. 뜻을 드러내기 위해 말을 썼는데 그 말이 뜻을 가려 버린 상태. 꾸밈이 형통한 것은 본바탕이 잘 드러나도록 하기 때문이고, 글이 좋은 것은 뜻이 잘 드러나도록 하기 때문인데, 꾸밈이 본바탕을 가려 버리면 그 꾸밈은 무슨 필요가 있겠는가.

그래서 산화 비에서 내가 특히 관심을 가진 효는 상구(上九)이다. "백비, 무구"(白賁, 无咎). '백비'는 꾸밈을 희게 한다는 것인데, 꾸밈이 희다는 것은 안 꾸민다는 뜻이 아니다. 정이천은 "질박한 바탕을 좋아한다는 말은 꾸밈이 없는 것이 아니라, 과도한 화려함이 본바탕의 진실을 없애지 않게 하는 것이다"(정이천, 『주역』, 483쪽)라며 '백비'를 설명한다. 상구는 꾸미는 때에 가장 높은 자리에 있으므로 꾸밈을 주도할 수 있는 자이다. 얼마든지 화려하게 꾸밀 수 있는 자이다. 그런데 산화 비의 상괘는 간괘이다. 간괘는 산을 상징하기도 하지만 '그침'을 상징하기도 한다. 그러니 상구는 얼마든지 화려하게 꾸밀 수 있지만 그것을 그쳐 멈출 줄 아는 자이다. 멈추어서 그 꾸밈을 희게(白賁) 한다. 상구의 강건한 자질(양효)은 과도한 꾸밈은 오히려 본바탕의 진실함을 잃게 한다는 것을 알기 때문이다.

글은 천지만물에 대한 나의 마음을 드러내는 수단이다. 그러니 글을 어떻게 쓰느냐에 따라 천지만물을 대하는 내 마음이 드러난다. 내 글이 꾸밈과 장식에 치중하게 된다면 나는 내 뜻을 드러내기 위한 수단으로 글을 쓰는 것이 아니라, 아름답게 꾸미는 그 자체에 마음이 홀린 것이다. 드러나는 뜻은 작고 꾸밈이 큰 글은 그 화려함에 홀려 당장에는 눈에 잘 띨지도 모른다. 하지만 진솔한 마음의 여운이 남지 않는 글이 얼마나 오래가겠는가? 그래서 그날, 아름다운 글보다는 진솔한 글을 선택하라고 선생님은 그렇게 소리 높여 야단을 쳤나 보다. 그 후 글을 잘 쓰고 싶다는 욕심이 들 때마다, 내가 잘 쓰고 싶은 글이 단순히 아름다운 글인지 아니면 진솔한 글인지 나 자신에게 묻곤 했다. 바탕을 잃지 않은 꾸밈, "백비, 무구"!

산지 박,

깎이고 벗겨져 씨앗으로 남는
글쓰기 수행

이한주

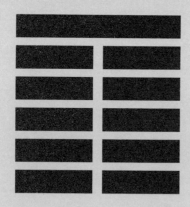

山地剝
산지 박

剝, 不利有攸往. 박, 불리유유왕.

박괘는 가는 바를 두는 것이 이롭지 않다.

初六, 剝牀以足, 蔑貞, 凶. 초육, 박상이족, 멸정, 흉.

초육효, 깎기를 침상 다리에서부터 하니, 올바름을 없애서 흉하다.

六二, 剝牀以辨, 蔑貞, 凶. 육이, 박상이변, 멸정, 흉.

육이효, 침상을 깎아 상판에 이르니, 올바름을 없애서 흉하다.

六三, 剝之无咎. 육삼, 박지무구.

육삼효, 박의 시대에 허물이 없다.

六四, 剝牀以膚, 凶. 육사, 박상이부, 흉.

육사효, 침상을 깎아 피부에까지 미치니 흉하다.

六五, 貫魚, 以宮人寵, 无不利. 육오, 관어, 이궁인총, 무불리.

육오효, 물고기를 꿰어서 상구에게 궁인이 총애받듯이 하면 이롭지 않음이 없다.

上九, 碩果不食, 君子得輿, 小人剝廬. 상구, 석과불식, 군자득여, 소인 박려.

상구효, 큰 과실은 먹히지 않음이니, 군자는 수레를 얻고 소인은 초가지붕을 벗겨 낸다.

'글쓰기로 수련하기'는 〈감이당〉의 명실상부한 수행의 한 방법이다. 글쓰기를 통해 양생과 구도의 길을 열어 가는 수련의 과정이다. 한 마디로 감이당 대중지성의 꽃이라고 할 수 있다.

그런데 이 과정에 참여한 이래 몇 년 동안 글쓰기 현장은 나에게 늘 고역의 시간이었다. 밤잠을 설쳐 가며 텍스트를 읽고 분석하여 주제를 정하고, 산만한 생각들을 겨우 정리한 뒤 글을 발표하면, 스승과 도반들의 예리한 질문과 코멘트가 기다리고 있었다. 그들은 추상적이고 모호한 질문 앞에 멈추어 서서 삶을 명확하게 들여다보지 못하는 내 글의 문제점을 하나하나 세심하게 지도해 주었다. 하지만 아이러니하게도, 뒤이어 찾아오는 감정은 고마움보다는 폭발적으로 분출하는 자의식이었다. 그들의 코멘트가 꼭 가슴을 헤집고 들어오는 칼날처럼 느껴졌다. 집으로 돌아오는 차 안에서 글쓰기 현장을 되새기며 자책감과 열등감으로 머리를 쥐어뜯었던 날들이 얼마나 많았던가?

글쓰기 수련을 시작하기 전까지만 하더라도, 나는 글쓰기란 완성된 사유의 집결체를 언어로 표현하는 것이라고만 여기고 있었다. 그리하여 나의 완성된 사유가 있기라도 한 양 미사여구를 동원해 포장하여 보여 주려고 애썼다. 하지만 결국 글쓴이의 실체가 고스란히 드러나는 것이 글! 글쓰기 발표 현장은 나에게 있어 지금까지 어설프게 포장했던 생각의 파편들이 어김없이 까발려지는 장이었다. 이때 스승과 도반들의 조언을 온전히 받아들여야만 나의 문제가 무엇인지 핵심을 파악할 수 있었다. 그리고 이렇게 할 수 있을 때 글을 수정할 수 있었다.

코멘트를 참고하여 글의 내용을 수정하는 일은 글쓰기 수련에서 가장 중요한 과정이었다. 그래서인지 글을 쓸 때보다 수정하는 것이 더 힘이 들었다. 자의식을 버리고 글을 면밀하게 들여다보면서 수정하다 보면 꾸미고 포장하고자 했던 나의 욕망과 삶에 대한 인식 태도까지 좀 더 선명하게 만날 수 있었다. 분명히 글을 수정하고 있는데 그동안 내팽개쳐 두었던 나를 만나고 있다는 기분이 들었다. 이 과정을 몇 년 동안 계속해 나가다 보니 글쓰기 수련이 왜 양생과 구도로 이어지는지 알 것 같았다. 그러던 중 『주역』을 읽다가 산지박(山地 剝)이 묘하게도 글쓰기 수련 과정과 닮아 있다는 생각이 들었다.

박괘는 산을 상징하는 간(艮)괘가 땅을 상징하는 곤(坤)괘 위에 있다. 언뜻 상상해 보면 땅 위에 산이 우뚝 솟아오른 형상의 이미지다. 그런데 괘상을 좀 더 자세히 들여다보면, 초효보터 오효까지는 음효가, 마지막 상효에 한 개 남은 양효가 자리하고 있다. 이로써 산지박의 괘상이 실질적으로 보여 주는 것은 산이 우르르 무너진 모습이다. 반전이다. 박괘는 이런 모습으로 우뚝 솟은 산도 시간이 지남에 따라 깎이고 깎여 언젠가는 평평한 땅으로 돌아가는 변화의 이치를 보여 준다. 그래서 꾸밈의 도를 상징하는 비괘 다음에 박괘가 온다.

봄과 여름이 오면 인간의 눈에는 자연이 아름다움으로 자신을 치장한 듯이 보인다. 계절이 가을과 겨울로 바뀌면 자연은 무성했던 자신의 치장을 벗겨 내어 앙상하고 초라한 모습으로 돌아가는 듯이 보인다. 이 또한 인간의 시선이다. 인간적 해석에서 벗어나면 자연은 어떤 모습일까? 그저 봄·여름·가을·겨울은 사시사철 그 계절의 조건에 맞게 변화했을 뿐! 꾸밈의 도인 비괘와 깎여짐의 도인 박괘로 이어지는 과정도 이와 같다. 그런데 이러한 이치를 깨닫지 못하고 인간의 관점으로만 박괘를 이해한다면 아주 고통스러운 괘로 읽힐 것이다. 만약 속은 비고 빛만 좋은 삶에 집착한 사람이라면 더욱 괴로울 것이다.

그래서 군자는 산지 박을 알게 되면 소식영허(消息盈虛), 즉, 소멸하고 자라나며 가득 차고 비는 자연의 법칙을 깨닫게 된다고 한다. 군자는 이러한 박괘의 이치를 받아들여 일을 처리하는 근거로 삼았다고 한다. 하지만 소인의 입장에서는 깎임을 겪어 나가는 과정이 쉽지만은 않았을 것이다. 그래서 소인들은 말한다. 박괘는 가장 흉한 괘라고. 이 소인의 마음이 충분히 이해가 된다. 벗김을 당하는 것이 얼마나 고통스러운지 알기 때문이다.

앞에서 밝혔다시피 박괘는 초효부터 오효까지 모두 음효로서, 침상에 누워 있는 사람이 깎여 가는 과정을 보여 준다. 침상 다리부터 시작하여 쭉 깎여 올라가다가 피부까지 벗겨지는 흉한 상황으로까지 상황을 몰아간다. 그렇다면 이 사람의 마지막 자리, 마지막 양인 상구효에서는 어떤 일이 펼쳐질까? 상구의 효사는 이러하다. "상구효, 큰 과실은 먹히지 않음이니, 군자는 수레를 얻고 소인은 초가지붕을 벗겨 낸다"(上九상구, 碩果不食석과불식, 君子得輿군자득여, 小人剝廬소인박려). 이 말은 몸이 의탁했던 모든 것이 없어지고 살갗까지 벗겨진 최악의 상황까지 갔는데도, 그래도, 남는 것이 있다는 뜻이다. 그것은 바로 마지막 하나 남은 양효, 큰 과일인 석과(碩果)이다. 석과는 먹지 않고 남겨 둔 과일이다. 왜 남겨 둔 것일까?

마지막 남은 한 개의 큰 과일, 이것은 모든 것이 벗겨지고 깎여져 회복할 수 없다는 절망에 이르게 되었을 때 하나의 빛으로 주어지는 씨과일이다. 그런데 이 하나의 씨과일을 발견했을 때 군자와 소인의 입장이 확연히 다르다. 군자는 수레를 얻지만, 소인은 마지막 남은 초가마저 허물어 버린다. 이 말은 무슨 말일까? 군자도, 소인도, 벗겨지고 벗겨진 최악의 상황에서 하나의 씨앗을 발견한다. 군자는 이 씨앗을 소생의 기회로 삼는다. 그 소생의 방법은 씨과일을 씨앗으로 삼아 백성을 받들어 모시게 될 수레를 얻는 것이다. 하지만 소인은 이 소생의 씨앗인 과일을 마지막 희망인 줄도 모르고 눈앞의 허기를 채우기 위하여 홀라당 먹어 버린다. 이 소인의 상황을 박괘에서는 자신의 마지막 거처인 허름한 초가마저 허물어 버리는 것에 비유했다.

처음 글쓰기 수련을 시작했을 때는 어떤 목적이 있었던 것이 아니었다. 어느 순간 번뇌의 아수라장인 불통의 프레임에 갇혀 사는 삶을 발견했고, 그것이 너무 답답해서 시작한 공부였다. 공부를 통해 알게 된 것은 불통의 프레임이 스스로 만든 것이며, 아직도 나는 그 속이 요람처럼 느껴져 나오기 싫어한다는 사실이었다. 작은 요람에 누워 답답하다며 낑낑대고 있는 어른아이가 바로 나였다. 언제부터 나 자신을 이 프레임에 가두게 되었는지 알고 싶었다. 그리고 그것을 벗어나는 방법도 간절히 원하게 되었다. 이것을 알아 가는 방법이 글쓰기였다. 그것을 도와주는 사람들이 그 현장에 같이 참여하고 있는 스승과 벗들이었다.

그러나 깎아 나가는 과정은 쉽지 않았다. 소인이 씨과일조차 먹어 버리듯, 차라리 돌아가서 프레임 속에 안주하며 사는 것이 낫겠다고 생각한 적이 한두 번이 아니었다. 불통을 불러온 번뇌의 아수라장으로 다시 돌아갈 뻔도 했다. 침상에 가만히 누워 피부까지 깎였는데도 마지막 희망인 씨과일을 홀라당 삼켜 버린 소인의 마음이 계속 일어났다. 하지만 얼마나 다행인가? 모든 것이 벗겨져야만 자신을 만날 수 있는 이 과정을 수치스럽고 흉한 상황으로만 받아들이지 않은 것은.

만약 글쓰기를 포기해 버렸다면 결국 소통으로 나아가는 길은 물거품이 되고 말았을 것이다. 편안한 침상도, 피부도 모두 깎여 나간 뒤에야 씨과일을 발견할 수 있고, 그 씨과일이 또 다른 생명의 씨앗이라는 것을 인식하기까지 나는 글쓰기를 통해 벗겨 내고 벗겨 내야 했다. 그것이 견고한 프레임에서 빠져나오기 위한 출구를 찾는 길이었다. 세상과 다시 소통할 수 있는 시작점인 출구, 이것이 바로 '석과', 나에게는 씨과일이었다.

석과불식(碩果不食), 만약 출구를 발견한 그 마음으로 세상에 나오게 된다면 무엇을 할까? 씨과일을 발견한 군자가 다음 행로를 알려 준다. 그의 행로를 머릿속에 그려 보았다. 군자는 씨과일을 땅속에 심는다. 씨앗이 우람한 나무로 자라나 풍성한 과일이 열리면 사람들이 많이 모일 것이다. 사람들이 과일을 맛있게 따 먹고 나면 그는 무엇을 할까? 또 씨과일 하나를 남겨 두고 그 나무를 베어 깎아 수레를 만들 것이다. 사람들이 많이 타도 안전한 수레. 그는 사람들을 태우고 함께 수행의 길을 계속 가리라. 이것이 세상과 소통하는 군자의 길이었으리라. 하지만 군자는 잊지 않는다. 이 길을 가기 위해서는 벗겨지고 깎여지는 고통의 과정이 늘 함께한다는 것을.

군자의 길을 공부하며 나는 오늘도 글을 써 본다. 나 또한 벗겨지고 깎여져 하나의 씨앗을 발견하기 위해 글을 쓴다. 그리고 그 씨앗을 홀라당 먹어 버리지 않기 위해 글을 쓴다. 군자의 길을 상상해 보니 나도 나무를 키우고 싶다. 나의 씨앗이 우람하고 튼튼한 나무로 자랄 것이라는 기대까지는 하지 않겠다. 하지만 아주 작은 소망하나는 있다. 나의 나무가 아주 작고 왜소하게 자라 수레를 만들 수 없을지라도, 그나마 누군가에게 잠시 쓰일 수 있는 땔감이라도 될수 있다면, 그렇게라도 세상과 소통하고 싶다. 이것이 나에게는 '석과불식'의 수행의 길이다. 글쓰기로 수련하는 양생과 구도의 길.

24
지뢰 복,

'불원복'(不遠復)의
비밀

오창희
———

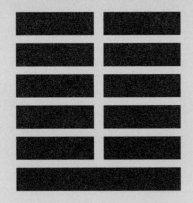

地雷復 <small>지뢰 복</small>

復, 亨. 出入无疾, 朋來无咎. 反復其道, 七日來復, 利有攸往. 복, 형.

출입무질, 붕래무구. 반복기도, 칠일래복, 리유유왕.

복괘는 형통하다. 나가고 들어오는 데에 문제가 없으며 벗들이 와야 허물이 없다.

그 도를 반복하여 7일 만에 돌아와서 회복하니, 나아갈 바를 두는 것이 이롭다.

初九, 不遠復, 无祗悔, 元吉. 초구, 불원복, 무지회, 원길.

초구효, 멀리 가지 않고 돌아오는 것이니, 후회에 이르지 않아서 크게 좋고 길하다.

六二, 休復, 吉. 육이, 휴복, 길.

육이효, 아름답게 돌아옴이니, 길하다.

六三, 頻復, 厲, 无咎. 육삼, 빈복, 려, 무구.

육삼효, 자주 돌아옴이니, 위태로우나 허물이 없으리라.

六四, 中行, 獨復. 육사, 중행, 독복.

육사효, 중도를 행하여서 홀로 돌아온다.

六五, 敦復, 无悔. 육오, 돈복, 무회.

육오효, 돈독하게 돌아옴이니 후회가 없다.

上六, 迷復, 凶, 有災眚. 用行師, 終有大敗, 以其國, 君凶, 至于十年,
不克征. 상육, 미복, 흉, 유재생. 용행사, 종유대패, 이기국, 군흉, 지우십년, 불극정.

상육효, 돌아가는데 길을 잃음이라 흉하고 하늘이 내린 재앙과 스스로 불러들인
화가 있다. 군사를 동원하는 데 쓰면 결국에는 크게 패하고 나라를 다스리는 데
쓰면 군주가 흉하게 되어 10년이 되도록 나아갈 수가 없다.

지뢰 복(地雷 復)을 처음 만났을 때 "초구효는 멀리 가지 않고 돌아오는 것이니, 후회에 이르지 않아서 크게 좋고 길하다"(不遠復불원복, 无祗悔무지회, 元吉원길)라는 효사에 고개를 갸우뚱했다.

복(復)은 회복의 도를 말하는 괘다. 회복한다는 건 뭔가 문제가 생겼다는 건데, 그게 질병이라고 치자. 보통 감기처럼 그냥 왔다 가는 거라면 대체로는 머지않아 회복될 것이고 그러면 후회에 이를 일도 없을 것이다. 이런 정도는 아예 처음부터 문젯거리도 안 된다. 그러니 꽤 심각한 병이 난 건데, 시작 단계에서 "멀리 가지 않고 돌아오는(회복하는)" 것이 가능할까. 그러려면 문제 발생 초기부터, 아니 문제가 드러나기 이전부터 그 기미를 알아차려서 방비를 해야 한다. 그래야 손쓸 수 없는 상황으로 치닫는 걸 막을 수 있을 테니까. 하지만 그게 그리 쉬운 일인가. 그럴 능력만 있다면야 인생사 어떤 일이 닥친들 뭔 걱정이랴.

스물한 살 봄, 꼬리뼈에 이상이 생겼을 때, 일시적인 문제겠지, 곧 낫겠지 생각했다. 이놈이 류머티즘이라는 이름으로 40년이 지난 지금까지도 나와 함께할 줄은 꿈에도 몰랐다. 운동을 좋아해서 어릴 때부터 다치기도 많이 했고, 관절을 움직이면 늘 소리가 났고, 뼈마디들이 개운치 않은 느낌이 있었다. 그게 시초였나 싶지만, 지금 이 시점에서 돌아보니 그렇지 않을까 하는 거지, 솔직히 그런 것들이 류머티즘의 조짐이었는지도 잘 모르겠다. 설사 조짐을 알아차렸다 한들 그것이 곧바로 딱 맞는 치료로 이어져서 아프기 이전 상태로 회복되었을 거라 장담하기도 어렵다.

발병 후 '회복'을 위해 좋다는 약은 뭐든 다 썼다. 그럼에도 차도가 없었다. 일상은커녕 밥을 먹는 것도 돌아눕는 것도 혼자서는 어려웠다. 그러니 휴복(休復: 아름답게 회복함), 빈복(頻復: 회복과 실패를 오감), 독복(獨復: 어려운 상황에서도 나 홀로 회복함), 돈복(敦復: 성숙한 인격 덕분에 회복함) 따위는 한가한 소리였다. 누군가 나았다고 하면 먹는 거든 뭐든 닥치는 대로 했지만 병세는 빠르게 악화되었고 곧바로 미복(迷復: 회복의 방도를 모르는 혼미함)에 빠졌다. 모든 '군대'를 다 동원해서 병과 싸웠지만(用行師용·행사) 결국에는 대패했고(終有大敗종유대패), 10년이 아니라 40년이 되도록 류머티즘과 함께하고 있다(至于十年지우십년, 不克征불극정).

그런데 초장부터 멀리 가지 않고 회복하는 방도를 알아서 후회에 이르지 않으면 크게 길할 수 있다니! 범인들의 고충을 몰라도 너무 모르는, '매~우 성인스런, 경전스러운 말씀이시네' 하는 생각이 불쑥 올라와서 정말 이해하기가 어려웠던 것이다.

그러다 문득 '후회에 이르지 않는다면'(无祗悔무지회)에 눈길이 갔다. 후회에 이르지만 않는다면 길하다. 그것도 크게 길하단다. 괘상부터 다시 살펴본다. 상괘는 순종을 의미하는 곤괘이고, 하괘는 움직임을 뜻하는 진괘이다. 그러니 복괘는 이치에 따르면서 움직여야 하는 상황이다. 움직임의 주체는 여섯 효 중에서 유일한 양효, 바로 초구다. 양효가 양의 자리에 있어 바르다. 그리고 양효이기에 앞으로 나아가려 한다. 그런데 이치에 맞게 나아가려면 상황 인식이 정확해야 한다.

복괘의 상황은 음효(소인)가 판을 치던 산지 박(山地 剝)에서 겨우 살아남은 양효(군자) 하나가 초효에 자리하면서 양효의 세력이 움트기 시작하는 때이다. 그러나 아직은 소인의 기세가 등등하기에 함부로 행동해서는 안 된다. 그래서 괘사에서는, 힘이 되어 줄 벗들이 오기를 기다려 한 발 한 발 나아가야 하며(朋來无咎붕래무구), 그렇게 조심조심 나아가다 보면 회복과 좌절을 반복하다가(反復其道반복기도), 칠일이 지나면 회복하게 될 것(七日來復칠일래복)이라고 하는 것이다. 여기서 7일이 의미하는 바는 효의 여섯 단계를 다 거친 다음에 도를 회복할 수 있다는 뜻이다. 즉 회복할 때까지 우여곡절이 있을 것이며, 그것을 구체적으로 보여 주는 것이 여섯 효이다.

그런데 그 지난한 과정은 좌절과 후회로 점철되기 십상이다. 나도 그랬다. '그때 그 약을 계속 썼더라면', '그 치료는 하지 말았어야 했는데', '왜 조금 더 일찍 류머티즘을 공부하고 내 몸을 탐구하려고 하지 못했을까' 하는 생각들을 수없이 반복했고, 치료 방법을 선택할 때면 나중에 후회하게 될까 두렵기도 했다. 그래서 후회에 이르지만 않아도 크게 길하다고 한 게 아닐까 싶다.

그렇다면 '멀리 가지 않아서'라는 것도 달리 해석이 된다. 물리적인 시간이 오래 걸리지 않는다는 의미가 아니라, 도를 회복하는 길에서 멀리 가 버리는, 즉 후회만 가득한 상황을 만들지 않는다는 걸 말하는 것으로. 결국 어떤 문제에 부닥치든 후회로 끝마치지 않고 꾸준히 나아갈 수 있다면, 얼마나 많은 시간이 걸리든지 상관없이 그건 '멀리 가지 않고 회복하는 것'이 된다는 게 아닐까. 어떤 고난을 겪든, 어떤 잘못을 저지르든, 한탄과 좌절에 빠져서 결국 후회로 끝마치는 우를 범하지만 않는다면, 그것이 도를 회복하는 길이고, 그 시간이 얼마나 오래든 간에 '불원복'이 되는구나!

그동안 '오직 낫고 싶다'는 생각에 빠져 지낸 '환자'에서, '아픈 채로 살면 되지'라는 '생활인'으로, 다시 '왜 내가 내 몸과 삶을 탐구하지 않았지'라는 자각과 함께 '학인'의 길로, 좌충우돌하면서 걷고 또 걸어왔다. 때때로 절망도 하고 후회도 있었지만, 거기에 머물 수가 없었다. 눈뜨면 움직여야 했으니 피할 수도 없고, 그 상황을 어떻게든 통과하는 수밖에는 달리 길이 없었다. 많은 분들의 도움과 격려로 내가 할 수 있는 만큼 일상을 꾸려 왔다. 그러기를 40여 년, 비로소 인간이 종국으로 가야 할 길은 구도자의 길이구나 하는 걸 깨달았다. 오직 병과 씨름하면서 힘든 마디들을 넘으려 애써 왔는데 이렇게 류머티즘을 포함하여 병듦과 늙음, 죽음의 문제까지를 함께 생각하는 구도의 길과 만나게 될 줄이야! 그동안 내가 걸어온 길이 잃어버린 도를 회복하기 위한 길이었음을 깨닫는 순간, 지나간 그 시간들이 곧바로 '불원복'의 여정이 되었다.

이제 알겠다. '불원복'의 비밀은 '무지회'에 있다는 걸! 어떤 어려움이 닥쳐도 그걸 후회로 끝마치지 않고 나아갈 수 있다면 그 길은 결국 구도의 길, 도를 회복하는 길로 이어진다는 것을!

천뢰 무망,

무망(无妄)과
약(藥)

오창희
———

天雷 无妄 천뢰 무망

无妄, 元亨, 利貞, 其匪正, 有眚, 不利有攸往. 무망, 원형, 리정, 기비정, 유생, 불리유유왕.

무망괘는 크게 형통하고 바르게 함이 이로우니, 그 올바름이 아니면 화를 자초하고, 가는 바를 두면 이롭지 않다.

初九, 无妄, 往吉. 초구, 무망, 왕길.

초구효, 망령되지 않음이니, 그대로 나아가면 길하다.

六二, 不耕, 穫, 不菑, 畬, 則利有攸往. 육이, 불경, 확, 불치, 여, 즉리유유왕.

육이효, 밭을 갈지 않고서 수확하며 1년 된 밭을 만들지 않고서 3년 된 밭이 되니, 나아갈 바를 두는 것이 이롭다.

六三, 无妄之災, 或繫之牛, 行人之得, 邑人之災. 육삼, 무망지재, 혹계지우, 행인지득, 읍인지재.

육삼효, 망령되지 않음의 재앙이다. 혹 소를 매어 놓았더라도 길 가던 이가 얻으니 마을 사람들에게는 재앙이 된다.

九四, 可貞, 无咎. 구사, 가정, 무구.

구사효, 올바름을 지킬 수 있으니, 허물이 없다.

九五, 无妄之疾, 勿藥, 有喜. 구오, 무망지질, 물약, 유희.

구오효, 망령되지 않은데 아픔이 생긴 것이니 약을 쓰지 않더라도 기쁜 일이 있다.

上九, 无妄, 行, 有眚, 无攸利. 상구, 무망, 행, 유생, 무유리.

상구효, 망령되지 않음에서 움직여 나아가면 화를 자초하고 이로울 바가 없다.

수십 년 아픈 동안 참 많은 약을 먹었다. 먹는 것뿐 아니라 좋다는 치료는 다 한 것 같다. 알게 모르게 도움이 되긴 했겠지만 생각만큼

'이거다' 싶은 약이 없었다. 더 이상 약을 먹고 싶지 않은 마음이 굴뚝같았는데 그게 쉽지 않았다. 그래서인지 천뢰 무망(天雷 无妄)의 오효, "망령되지 않은데 아픔이 생긴 것이니 약을 쓰지 않더라도 기쁜 일이 있다"(无妄之疾무망지질, 勿藥물약, 有喜유희)는 효사가 오래도록 마음에 남았고, 여러 궁금증이 생겼다. '무망은 망령되지 않다는 것인데 왜 병이 생긴 걸까?', '약을 쓰지 않아야 기쁨이 있다는 건 무슨 의미지?' 등등.

　무망괘의 모습은 하늘을 상징하는 건(乾)이 위에 있고, 움직임을 상징하는 진(震)이 아래에 있다. 하늘의 법칙, 즉 자연법칙에 따라 움직이는 것을 무망이라고 한다. 정이천은 "진실무망이란 올바름일 뿐"이고, 올바름은 "이치의 올바름"이며, "올바르지 않다는 것은 과도하게 갔기 때문"(정이천, 『주역』, 524쪽)이라고 했다. 요컨대 무망, 즉 망령되지 않다는 것은 이치에 따라 움직일 뿐 그 이상의 무언가를 하지 않는 것이다. 그런데 갑작스레 재앙을 만나면 거기서 벗어나기 위해 안간힘을 쓰게 되고 그런 상황에서 어떻게 하는 게 이치에 맞는 것인지, 과도하지 않다는 경계는 어디까지인지 분간하기도 어렵다. 아니 대부분은 아예 그런 생각 자체를 하지 못한다. 나도 그랬다. 처음 십 년은 '약'을 찾는 데만 급급했다.

　그런데 '무망지질'이라면 약을 쓰지 않아야 기쁨이 있단다. 망령되지 않음에 왜 병이 있을까? 이 질문을 곱씹다가 내가 무망을, 어떤 문제도 없는 '온전한 상태'로 생각하고 있었다는 걸 알았다. 이 세상만사가 역(易)이라는 이치 위에 온갖 조건들이 만나고 충돌하고 변화하는 과정 속에 있는데 어떤 문제도 없는 그런 상태가 있을 수 있나. 그럼에도 불구하고 무망, 망령되지 않음이라는 말을 듣고 곧바로 온전한 상태, 어떤 문제(병)도 없는 상태를 떠올리다니. 이런 생각에는 문제가 생기지 않았으면 하는 마음이 고스란히 담겨 있다.

괘상을 다시 본다. 천도를 따라 움직인다. 무망지질은 내가 아무리 자연의 법칙에 따라 살아도 여러 외부 요인에 의해 발생하게 되는 문제를 의미한다. 그럴 땐 이치에 따를 뿐 의도적으로 뭔가를 하지 않아야 기쁨이 있다는 말이다. 하늘을 보면 이치에 따라 움직인다는 것이 무슨 의미인지 알 것 같다. 지구의 공전과 자전의 법칙에 따라 한 치의 어긋남도 없이 태양은 뜨고 지기를 쉼 없이 한다(无妄무망). 그럼에도 불구하고 때로는 먹구름에 뒤덮이고 천둥 번개로 한바탕 소란이 일기도 한다(无妄之疾무망지질). 하늘은 그 병통을 인위적으로 해결하지 않는데도(勿藥물약) 어떤 손상도 입지 않고 항상성을 유지한다(有喜유희). 애초에 구름 한 점 없는 맑은 하늘만을 고집하거나 그런 상태를 온전한 것이라 상정하지 않는다. 어떤 상황에서도 이치대로 움직일 뿐이다.

그러나 우리들은 문제가 생기면 대부분 약부터 찾는다. 구름 한 점 없는 맑고 푸른 하늘만을 갖고 싶고, 병 없는 편안한 몸을 갖고 싶은 욕심 때문이다. 아프면 약을 쓸 수도 있다. 문제는 자연의 이치에 따르는 삶에는 관심도 없이 당장의 불편함을 없앨 수만 있다면 무엇이든 하는 데 있다. 이게 바로 과도하게 나감, 즉 망령됨이다. 즉효가 있다는 주사를 맞고 무리하게 걷는 바람에 관절이 더 망가지고, 몸에 쌓인 약독을 빼겠다며 단식과 절식을 반복하다가 엉뚱하게도 근육이 빠져 손가락, 발가락 관절들이 급격하게 변형됐다. 그러고도 치료를 멈출 수가 없었다.

그러다가 오랜 치료로 힘도 들고 약을 먹는 게 지겹기도 했고, 새로 생기기 시작한 소소한 병 때문에 먹기 시작한 약이 류머티즘 치료약과 충돌하는 일도 생겼다. 그러면서 류머티즘 때문에 뺄 수 없다던 약을 끊어야 하는 상황이 벌어졌다. 그 외에도 다양한 조건들이 겹치면서 수십 년 복용하던 병원약과 서서히 멀어졌다. 그 무렵 〈감이당〉에서『동의보감』, 불경, 니체, 루쉰, 연암 등등 동서양의 고전을 공부하기 시작했다. 책을 읽고 글을 쓰는 일이 일상 속으로 들어오면서 재밌기도 했지만 스트레스가 되기도 했다. 시간 조절을 못해서 수면 부족을 겪기도 했다. 그럴 때면 공부냐 건강이냐를 놓고 고민도 했지만, 공부를 그만두고 싶지는 않았다. 원인 모를 허전함과 불현듯 스치던 불안감이 옅어지고 마음이 편안해졌기 때문이다.

공부가 일상의 중심으로 자리 잡으면서 내 몸에 관심을 더 가지게 되었다. 약을 먹을 때는 약에 의존한 채 스스로 일상을 균형 있게 꾸리는 데는 크게 신경을 쓰지 않았다. 밥이야 원래 꼬박꼬박 먹었던 터라 문제가 없었지만, 조용한 밤 시간에 과제들을 하다 보니 취침 시간이 차츰 늦어지고 드물게는 밤을 거의 새다시피 할 때도 있었다. 그래도 당시 먹던 스테로이드 덕분인지 그 다음날 크게 힘들지 않았다. 그런데 약을 끊은 지 이삼 년쯤 되었을까. 어느 날, 그것도 초저녁에, 의자에 앉아 졸다가 깜짝 놀라 눈을 떴다. 그 순간 졸음 때문에 넘어질 뻔했다는 걸 알고, '센서가 이제야 정상적으로 작동을 하는구나' 싶어 안도감이 들었다. 차츰 몸을 더 세심하게 관찰하며 일상을 조절했고 몸도 차츰 편안해졌다. 약을 먹지 않는 기간이 길어지는데도 큰 어려움은 없었다.

그러면서 어렴풋이나마 무망이란, 병이 없는 온전한 상태라야 할 수 있는 실천을 의미하는 게 아니라, 병이 있는 상태, 문제가 있는 상황에서도 그에 맞게 절제하여 일상을 유지하는 것임을 알게 됐다. 약을 쓰지 않아야 기쁨이 있는 이유는 그래야 이치를 생각하기 때문이다. 약부터 쓰기 시작하는 순간, 마음은 온통 '약'에만 쏠린다. 더 빨리 더 확실하게 효과가 있는 약을 갈망하는 욕망은 멈추기가 어렵고 이치에서는 점점 더 멀어진다. 반면 이치를 알고 그에 따랐을 땐, 마음 깊은 데서 느끼는 편안함과 기쁨이 있다.

〈감이당〉에 와서 맨 처음 들은 『동의보감』 강의에서 지금까지 남아 있는 조언이 있다. "몸에 문제가 생겼을 때, 만약 응급 상황이 아니라면 100일 정도는 자기 일상을 돌아보라"는 것. 잠자는 습관, 먹는 것, 감정을 쓰는 패턴, 관계를 맺는 방식, 운동 등등. 이런 모든 걸 종합적으로 살핀 뒤, 치우친 데가 있다면 균형을 잡는 일부터 시작해서 일상을 재구성해 보라. 그러면 심각하지 않은 문제는 대부분 저절로 해결될 것이다. 그런 뒤에도 나아지지 않으면 그때 약을 써도 늦지 않다는 말이었다. "무망지질, 물약, 유희"의 구체적인 실천 지침으로 삼을 만하다. 병이 있다면, 문제가 생겼다면, 먼저 무망을 생각해 보는 게 순리일 것 같다. '무망'이야말로 무엇보다 근본적인 치료를 위해서 필요한 '약'이다.

26
산천 대축,

고귀한
축적

이성남
———

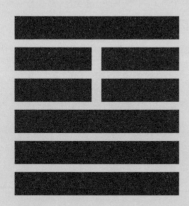

山天大畜 산천 대축

大畜, 利貞, 不家食, 吉, 利涉大川. 대축, 리정, 불가식, 길, 리섭대천.

대축괘는 바르게 하는 것이 이로우니 집에서 밥을 먹지 않으면 길하고 큰 강을 건너는 것이 이롭다.

初九, 有厲, 利已. 초구, 유려, 리이.

초구효, 위태로움이 있으니 멈추는 것이 이롭다.

九二, 輿說輹. 구이, 여탈복.

구이효, 수레에서 바퀴통이 빠졌다.

九三, 良馬逐, 利艱貞. 日閑輿衛, 利有攸往. 구삼, 양마축, 리간정. 일한여위, 리유유왕.

구삼효, 좋은 말이 달려가는 것이니 어렵게 여기고 올바름을 굳게 지키는 것이 이롭다. 날마다 수레 모는 것과 자기를 지키는 것을 연습하면 가는 바를 두는 것이 이롭다.

六四, 童牛之牿, 元吉. 육사, 동우지곡, 원길.

육사효, 어린 송아지에게 뿔막이 나무를 대 놓은 것이니, 크게 좋고 길하다.

六五, 豶豕之牙, 吉. 육오, 분시지아, 길.

육오효, 거세한 멧돼지가 어금니를 쓰지 못함이니, 길하다.

上九, 何天之衢, 亨. 상구, 하천지구, 형.

상구효, 하늘의 큰 길이니 형통하다.

코로나 바이러스로 올봄은 모든 게 처음 겪는 일투성이다. 내가 살고 있는 지역에 코로나 확진자가 무더기로 나와 개강 1주 만에 〈감이당〉 공부를 멈추게 된 건 물론이거니와 세미나나 아이들 개학 등 모든 일정이 멈춰 섰다. 아이돌들의 대형 콘서트도 주식시장도 모두 멈추게 한 이변의 주인공은 바로 바이러스! 코로나19였다. 코로나 사태로 자기 주식을 몽땅 까먹게 된 남편의 상심은 이루 말할 수가 없었다. 먹지도 자지도 못하며 눈에 보이지도 않는 바이러스를 원망하고 미워했다. 나는 의문이 일었다. 주식지수만 오르면 만사형통일까? 소유와 쾌락은 증식만 알지 만족을 모른다. 배가 채워지면 또 다른 목표가 생기고 굶주린 이리처럼 목표를 향해 달려든다. 소유와 쾌락의 전차에서 멈춰서 내리지 않는다면 말이다.

우리 시대의 축적은 더 많이 소유하고 더 증식하는 자산 축적에만 포인트를 둔다. 그 부가 어떻게 순환되어야 하는지에 대한 철학적 담론은 풍부하지 못하다. 그러나 『주역』의 대축(大畜)괘는 한마디로 우리 시대의 소유와 증식을 전복하는 담론이다. 즉 축적이 극에 이르렀을 때 대축은 오히려 도가 크게 행해진다고 한다. 어떻게 그것이 가능했을까?

대축의 모습은 하늘(乾)이 산(艮) 가운데에 있는 모습이다. 하늘은 건(乾)괘의 강건함을 상징하고 산은 간(艮)괘의 그침을 상징하니 강건함을 제지해서 크게 축적을 이룬 모습이다. 정이천은 사람에게 있어 대축은 도와 덕을 안으로 충만하게 축적하고 그 도와 덕을 천하에 시행하면 천하가 길하게 된다고 했다. 말하자면 천하를 다스리기 위한 도와 덕을 내면에 충분히 쌓아 천하를 이롭게 만드는 것. 그것을 인간사 가장 큰 축적으로 본 것이다. 그런데 이렇게 큰 축적을 논하고 있는 대축의 괘사가 좀 뜬금없다. "집에서 밥을 먹지 않으면 길하고 큰 강을 건너는 것이 이롭다"(不家食불가식, 吉길, 利涉大川

리섭대천). 집에서 밥을 먹지 않는다는 얘기가 흥미롭지 않은가. 집에서 먹는 밥은 지극히 사적이다. 그렇다면 괘사에서 그리고 있는 대축의 국면은 사적 영역에서 공적 영역으로 방향을 틀라는 얘기가 아닌가. 그간 충분히 쌓은 덕을 가지고 집에서 막힌 채로 있지 말고 세상의 고난을 구제하는 데 힘쓰라고 종용하고 있다. 결국 대축괘는 우리 시대의 축적 방식과 벡터가 전혀 다른 축적, '증식'이 아닌 '증여의 원리'를 이야기하고 있다.

그래서 대축의 초반에는 위태롭게 여기고 그쳐 멈추라고 하고 필요하다면 달리는 수레바퀴의 차축을 스스로 풀라고 한다. 왜일까? 축적의 초기에 진정으로 쌓아야 하는 것은 내면의 덕이기 때문이다. 만약 덕을 충분히 쌓지 않는다면 부귀를 얻었을 때 혼자서만 누리려는 탐심이 생기는데, 이를 저지하려는 『주역』의 장치로 보인다. 이렇게 덕을 충분히 쌓고 난 후에 세상에 나가 유용한 기술지를 배운다(구삼효). 그러나 기술지를 배울 때도 원칙은 있다. "어렵게 여기고 올바름을 굳게 지키는 것이 이롭다"고 강조한다. 그런데 여기에서 어렵게 여기라는 말이 걸린다. 왜냐하면 더 많이 축적하려면 경쟁에서 이겨야 하고 그러려면 속도가 중요한데 왜 이런 주문을 하고 있는 걸까. 대축에서는 축적에 대한 분명한 철학이 있다. 덕을 축적하고 세상에 필요한 기술지를 익혔다면 그 덕과 기술지를 나만을 위해 증식하면 안 된다는 확고한 윤리! 말하자면 대축은 덕과 기술지를 축적한 후 그것을 어떻게 운용하고 순환시켜야 할까를 지속적으로 고민하고 있다.

우리는 보통 성공하고 출세하면 어떻게 더 부유함과 쾌락을 누릴까에 골몰하는데, 대축에서는 축적이 어느 정도 이루어지고 나서 빠지게 되는 증식의 함정을 끊임없이 경계하고 있다. 그래서 사효나 오효에서는 '소뿔'과 '돼지어금니'로 비유되는 '탐심'을 미리 방비하는 지혜로움을 쌓는 것을 큰 축적으로 여긴다. 코로나 사태로 폭망한 주식 때문에 밥도 먹지 못하고 자지도 못하는 남편의 상실감. 그 욕망의 패턴을 바꾸지 않는다면 소뿔이 울타리에 걸리고 돼지어금니로 폭력을 휘두르게 될지도 모른다. 탐심이 채워지지 않을 때 다음 수순은 분노, 폭력이다. 그 폭력은 나도 해치고 주변도 해치게 되니 소뿔에는 질곡을 씌우고 날카로운 돼지어금니는 없애서 미리 폭력을 방비하는 지혜를 축적하라고 이야기하고 있는 것이다. 소유와 증식으로만 가려는 '강건함' 곧 탐심을 제지해야만 덕을 자유자재로 운용하는 상구효에 이를 수 있다. 그 경지는 하늘의 길이 뻥 뚫려 막힘이 없고 장애가 없기에 "하늘의 큰 길"이 형통한 것이다. 덕이 지극한 지경에 이르면 변화를 일으킨다. 즉 덕이 베풀어지고 흔적 없이 흩어졌기 때문이다.

나 또한 허리디스크로 아프면서 내 몸과 행동의 방향을 돌아보고 크게 깨달은 바가 있었다. 물적 축적만을 목표로 삼고 탐심을 저지하지 않으면 증식의 함정에서 헤어 나올 수가 없고 탐심을 덜어 내지 않으면 아프다는 사실을 알게 됐다. 배움이나 물질, 무엇이든 쌓기만 하고 순환이 일어나지 않으면 꽉 막혀 장애가 생긴다. 그래서 남편과 대화를 나눴다. 우리 집 이층을 오픈해서 많은 사람들이 들락거리는 공부공간으로 활용하고 싶다고 설득했다. 그렇게 연구공간 〈문이정〉이 탄생했다. 마흔아홉 해 동안 내가 살아온 방식의 전환이 필요했다. 지식욕, 탐심은 덜어 내고 지혜와 덕의 포인트는 쌓는 전환 말이다.

코로나를 저주하며 자신을 갉아먹는 후회와 자책 속에 있던 남편이 며칠 전 회심을 전했다. 이제 달리던 욕망의 전차에서 그만 내려오고 싶다고 고백을 했다. 소유와 쾌락이 아니라 충만한 삶이 있다면 그쪽으로 방향을 틀고 싶다고 하지 않나? 그래서 습관을 바꾸기 위한 노력의 일환으로 매일 아침 우리 부부는 맨발걷기 명상을 한 시간 정도 같이한다. 많은 돈이 행복을 보장해 준다는 외부 가치만 좇기보다 생명에 이로운 습관을 만들고 자기와 소통하는 법을 익히고 싶다는 취지에서다. 그리고 남편은 출근해서 새벽에 명상하며 떠올랐던 단상들을 기록하고 퇴근 후에는 주식 차트를 보지 않고 고전을 읽기 시작했다. 하늘의 거리가 형통해지는 큰 축적을 쌓고 싶다면 당연히 욕망의 패턴을 바꾸어야 하고 덕을 축적하는 데에는 공부만 한 것이 없으므로.(^^)

나에게도 고민이 생겼다. 〈문이정〉이라는 공간이 '복덕을 누리는 공간'이 되려면 어떻게 해야 할까? 탐심으로 가려는 마음을 끊임없이 저지하는 것이 먼저다. 내면의 덕이 쌓이고 쌓여 자유자재로 변용하는 공간이 된다면 소원이 없겠다. 누군가에게는 '삶의 지지대', 누군가에게는 '고전과 노니는 집', 누군가에게는 또 다른 무엇이 되는…. 남편도 고전에서 길을 묻고 덕을 축적하는 습관을 만들어 간다면 이전과 전혀 다른 삶이 열릴 것이다. 채워도 채워지지 않던 세상의 축적 방식이 아니라 쌓고 쌓아 하늘의 큰 길이 형통해지는 대축의 삶이.

산뢰 이,

신령스런 거북이(靈龜)의
가르침

장현숙
———

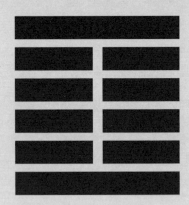

山雷頤
산뢰 이

頤, 貞, 吉, 觀頤, 自求口實. 이, 정, 길, 관이, 자구구실.

이괘는 바르게 행하면 길하니 사람이 길러 내는 것과 스스로 먹을 것을 구하는 방법을 관찰한다.

初九, 舍爾靈龜, 觀我, 朶頤, 凶. 초구, 사이령귀, 관아, 타이, 흉.

초구효, 너 자신의 신령스런 거북이를 버리고 나를 보고 턱을 늘어뜨리니 흉하다.

六二, 顚頤, 拂經, 于丘, 頤, 征, 凶. 육이, 전이, 불경, 우구, 이, 정, 흉.

육이효, 거꾸로 초구효가 길러 주기를 기다리니 이치에 어긋난다. 언덕에게 길러 달라고 하면서 나아가면 흉하다.

六三, 拂頤貞, 凶, 十年勿用, 无攸利. 육삼, 불이정, 흉, 십년물용, 무유리.

육삼효, 길러 주는 바른 도리에 어긋나 흉하니 10년 동안 쓰지 마라. 이로울 바가 없다.

六四, 顚頤, 吉, 虎視耽耽, 其欲逐逐, 无咎. 육사, 전이, 길, 호시탐탐, 기욕축축, 무구.

육사효, 거꾸로 초구효가 길러 주기를 구하지만 길하니 호랑이가 상대를 노려보듯이 하고 하고자 하는 것을 계속 이어 나가면 허물이 없다.

六五, 拂經, 居貞, 吉, 不可涉大川. 육오, 불경, 거정, 길, 불가섭대천.

육오효, 상구의 덕을 보려 하니 이치에 어긋나지만 올바름을 굳게 지키면 길하다. 하지만 큰 강을 건널 수는 없다.

上九, 由頤, 厲, 吉. 利涉大川. 상구, 유이, 려, 길. 리섭대천.

상구효, 자신으로 말미암아 길러지니 위태롭게 여기면 길하다. 큰 강을 건너는 것이 이롭다.

〈감이당〉에서 인문학 등 여러 동서양 고전을 공부하고 있다. 늦은 나이에 시작한 공부여서 그런지 재미가 쏠쏠하다. 그런데 열심히 공부하다가도 뜬금없이 드는 생각들이 있다. '나는 참 아는 것이 별로 없구나. 세상 산 시간이 그리 짧은 것도 아닌데 그동안 도대체 뭘 공부한 거지?' 앞으로 배울 수 있는 수많은 책들이 있음에 가슴 벅찰 때도 있지만, 내 지식의 짧음에 한심한 마음이 밀려올 때도 많다. 그런데 산뢰 이(山雷 頤)는 그런 나에게도 타인이 배울 수 있는 영험한 무엇인가가 있다고 말한다. 단지 내가 그것을 모르고 있을 뿐. 이게 무슨 소리일까?

이괘는 위에는 멈춤을 상징하는 간(艮)괘가 있고 아래에는 움직임을 상징하는 진(震)괘가 있다. 그래서 전체적으로 보면 제일 아래와 제일 위에 양효가 있고, 그 중간에 네 개의 음효가 배열되어 있다. 이 형상이 음식을 씹는 턱을 닮았다고 하여, 턱 이(頤)를 괘 이름으로 한다. 턱은 음식을 씹을 때 중요한 역할을 한다. 제대로 잘 씹어야 나의 몸을 기르는 음식물이 잘 흡수되지 않겠는가. 그래서 이괘는 키움, 배양을 뜻한다. 작게는 몸을 배양하는 것에서부터 크게는 나라를 키우는 것, 그리고 무엇보다도 덕을 키우고 사람을 기른다는 뜻이 크다. 사람을 기른다는 의미에서 볼 때, 이괘의 두 양효인 초구와 상구가 기르는 역할을 하고, 네 음효는 두 양효에 의해 길러지는 역할을 한다. 왕필 주역이든, 정이천 주역이든, 대산(大山) 주역이든 모두 양효인 초구와 상구가 기르는 역할을 한다고 설명한다. 왜? 양효니까. 말이 필요 없다. 『주역』에서 양은 강건하고 적극적이며 현명한 자질을 상징하고, 음은 유약하고 소극적이며 몽매한 자질을 상징한다. 그러니 두 양이 네 음을 기르는 것은 당연하다는 것. 맞는 말이다. 그런데 여기서 의문이 든다. 초효는 가장 낮은 자이다. 그런데 가장 낮은 자가 기르는 자라니 이상하지 않은가? 내 지식이 짧다고 생각하던 터라 그런지 가장 낮은 자도 누군가를 기를 수 있다는 말에 귀가 솔깃해졌다. 초효의 어떤 면이 다른 사람을 기를 수 있는 자질로 작용하는 걸까?

이 의문의 실마리를 나는 초구의 '사이령귀'에서 찾았다. "너 자신의 신령스런 거북이를 버리고 나를 보고 턱을 늘어뜨리니 흉하다"(初九초구, 舍爾靈龜사이령귀, 觀我관아, 朶頤타이, 凶흉). '사이령귀'는 '너의 신령스러운 거북이를 버린다'는 뜻이다. 갑자기 신령스러운 거북이라니. 이게 무슨 뜻일까? 일단 초구의 상황을 보자. 초구는 가장 아래에 있는 자이다. 그래서 누군가를 기를 수 있는 힘이 있다 하더라도 그 자질을 자각하지 못하거나 그 자질을 드러낼 수 있는 지위가 없다. 양의 자리에 양이 와 있으므로 자신의 자리에 바르게(正) 거(居)하며 살지만, 가장 아래에 있으므로 누군가를 기를 수 있다고 미처 생각하지 못하는 것이다. 그러곤 자신보다 높은 지위에 있는 사람(육사)이 자신을 길러 주기만을 바란다. 턱을 늘어뜨린다(朶頤)는 것은 자신의 자질은 보지 않고 육사의 기름만을 구하고 있는 초구의 모습을 표현한 것이다. 이 모습이 흉(凶)하다는 것. 그런데 초구에게 있는 신령스런 거북이(靈龜)는 무엇일까? 그것이 무엇이기에 초구와 비(比)관계인 육이와, 정응(應)관계인 육사가 기꺼이 위아래의 전도를 각오하면서까지 초구에게 길러짐(顚頤)을 구하는 걸까?

고대에는 거북이 등껍질로 점을 쳤다고 한다. 거북이 등껍질을 불로 지져 균열이 나는 방향을 보고 점괘를 해석한 것. 그래서 『주역』의 여러 괘에 등장하는 거북이(龜)는 주로 하늘과 연결된 직관적 지혜를 의미하는 경우가 많다. 초효는 가장 낮은 자이면서도 자신의 위치에서 그 역할을 바르게(正) 수행하고 있는 자라고 했다. 이는 어떤 상황에서건 현장에 가장 밀착되어 자신의 일을 성실히 해내고 있는 자라고 볼 수 있다. 농사일을 예를 들어 보자면, 초효는 오랜 세월 성실하게 자신의 땅에서 농사를 지어 온 농부로 볼 수 있다. 이런 농부는 땅의 경영이나 농사에 대한 체계적 지식은 없다. 하지만 오랜 세월 땅과 함께하면서 저절로 익힌 바가 많다. 그 익힌 바가 다른 사람들이 보기엔 너무나 직관적이라 영험해 보이기까지 한다. 하늘의 기미나 바람에 섞인 냄새만으로도 비가 올지 말지 곡식을 걷어야 되는지 말아야 되는지를 그냥 안다. 그 앎이 경험에 밀착되어 이론화되지 않았기 때문에 전문적 지식인보다 하찮아 보일 수 있다. 하지만 오랜 경험과 함께한 그 지혜는 결코 만만한 것이 아니다. 초구가 가진 신령스러운 거북이는 바로 그 경험에 따른 지혜이다. 이것은 다른 사람을 기를 수 있는 탁월한 자질이다. 하지만 정작 본인은 모른다. 자신에게 얼마나 신령스러운 지혜가 있는지를. 그래서 육사가 가진 이론이 더 전문적으로 보여 자신의 그 영험한 지혜는 버리고 그들에게 배우려고 입을 벌리고 있는 것이다.

이괘의 초구는 말한다. 오랜 시간 삶의 치열한 현장에서 최선을 다하며 살아온 모든 사람들 속에는 반드시 신령스러운 거북이가 있다고. 그러니 그 삶의 경험을 통해 익힌 지혜를 발견하고 타인에게 귀감이 되어 보라고. 이쾌 이야기를 쓰다 보니 문득 정신이 든다. 나에게도 분명, 오랜 세월 삶의 현장에서 익혀 온 나만의 신령스러운 거북이가 있을 것이다. 그 거북이를 버리고 남만 바라보면서 내 모자람을 탓하고 있었으니 그 모습이 얼마나 흉했겠는가. 산뢰 이의 초효는 남을 향해 입 벌리고 있는 모습을 거두고 지금이라도 나에게 있는 신령스런 거북이를 발견하라고 한다. 그리고 이제라도 그 지혜를 주변 사람들과 나누어 보라고 재촉한다.

택풍 대과,

과도함을 행할 때
갖춰야 할 도리

신혜정

澤風 大過
택풍 대과

大過, 棟, 橈, 利有攸往, 亨. 대과, 동, 요, 리유유왕, 형.

대과괘는 들보기둥이 휘어지는 것이니 나아갈 바를 두는 것이 이롭고 형통하다.

初六, 藉用白茅, 无咎. 초육, 자용백모, 무구.

초육효, 흰 띠풀을 써서 소박하지만 정성스럽게 깔개를 만들었으니 허물이 없다.

九二, 枯楊生稊. 老夫得其女妻, 无不利. 구이, 고양생제. 노부득기녀처. 무불리.

구이효, 마른 버드나무에 움이 터 나온다. 늙은 사내가 젊은 아내를 얻는 것이니 이롭지 않음이 없다.

九三, 棟橈, 凶. 구삼, 동요, 흉.

구삼효, 들보기둥이 휘어지는 것이니 흉하다.

九四, 棟隆, 吉, 有它, 吝. 구사, 동륭, 길, 유타, 린.

구사효, 들보기둥이 솟아올라 길하지만 정응인 초육에게 얽매여 다른 마음을 가지면 부끄러울 것이다.

九五, 枯楊生華. 老婦得其士夫, 无咎, 无譽. 구오, 고양생화. 노부득기사부, 무구, 무예.

구오효, 마른 버드나무에 꽃이 핀다. 늙은 부인이 젊은 사내를 얻는 것이니 허물은 없지만 영예도 없다.

上六, 過涉滅頂, 凶, 无咎. 상육, 과섭멸정, 흉, 무구.

상육효, 지나치게 무리해서 강을 건너다가 정수리가 잠겼으니 흉하며 원망할 데가 없다.

과유불급(過猶不及). '과한 것은 부족한 것과 같다.' 중용(中庸)의 도를 강조한 고사성어로, 우리가 하나의 명제처럼 받아들이는 말이다. 한데, 『주역』의 택풍 대과(澤風 大過)괘에서는 과도함을 부정적으로만 보지 않는다. 과도함을 행하는 게 형통하다고까지 말한다. 어떤 이치에서 비롯된 해석일까? 우선 '대과'라는 단어는 '큰 것의 지나침'을 의미한다. '큰 것의 지나침'이란 성인과 현자가 행하는 과도함이다. 성인의 지나침은 사사로운 욕심이 아닌 "공적인 사업"(功業)에 해당하는 일을 과도하게 하는 경우를 일컫는다. 도올 선생은 「계사전」 강의에서 사업을 "변하고 통하는 자연의 원리를 인간 세상에 시행하는 것"이라고 했다. 여기서 자연의 원리란 스스로 균형을 맞추며 조절해 나가는 능력을 말한다.

예를 들어 자연은 어떤 개체가 폭발적으로 증가하면 우연의 법칙처럼 찾아오는 이상 기후나 질병을 통해 그 수를 조절한다. 성인도 그런 자연의 이치를 본받아 한쪽으로 지나치게 힘이 쏠려 본말이 흔들리는 위기가 오면 '과도함'을 행해 균형을 맞춰 간다는 얘기다. 본래 성인과 현자는 사사로운 일에 마음을 뺏기지 않으니 정도를 벗어나는 행동을 하지 않는다. 그들이 과도하게 행할 때는 분명 그럴 만한 이유가 있다는 말이다. 대과괘의 이런 스토리가 아주 흥미로웠다. 평소 사주를 봐도, 별자리를 풀어도 한쪽으로만 치우쳐서 기운을 쓴다는 나에게 지침이 될 만한 괘라는 생각이 들었다. 그래서 나의 과도함은 대과괘의 과함과 어떻게 다른지, 과도함을 행해 치우침을 바로잡을 때, 무엇이 중요한가를 공부해 보려고 한다.

우선, 대과괘의 괘상을 살펴보면 아래에는 나무에 해당하는 손괘(巽卦)가, 위에는 연못을 상징하는 태괘(兌卦)가 있다. 이는 나무가 물에 푹 잠겨 곤경에 처한 모습이다. '택멸목'(澤滅木), 존재를 촉촉하게 길러 내야 할 물이 지나쳐 결국 그 대상을 함몰시킨 상황이니 그야말로 흉한 형국이 아닐 수 없다. 대과괘를 공부하다 보니 몇 년 전 나와 가족 사이에 있었던 일들이 떠올랐다. 당시, 나의 모든 관심과 기운은 오로지 가족에게만 쏠려 있었다. 사랑이라는 명목으로 딸과 아들의 일거수일투족에 일일이 개입했다. 그러면서 사춘기 아들과 큰 갈등을 겪었다. 어렸을 때부터 병치레가 많았던 아이를 내가 케어하지 않으면 안 된다는 생각이 강했다. 그래서 학교 성적, 친구 관계, 학원 스케줄, 심지어 먹는 것까지 관리하면서 아이를 옭아맸다. 얼마나 오만하고 무지한 판단이었는지. 지금 생각해도 정말 오싹하다.

그때는 그게 아이들에 대한 억압이고 폭력이라는 생각을 하지 못했다. 오히려 가족에 대한 애정이고 최선이라고 확신했다. 그래서 아이들의 반항에 나는 나대로 억울하고 원망하는 마음이 컸다. 그러던 중, 아들이 스트레스로 면역력이 약해지면서 병이 나고, 나 역시 몸에 이상이 생겼다. 가족을 위해 최선을 다했는데 도대체 뭐가 문제였는지 알 수가 없었다. 그 후 〈감이당〉에서 공부를 하며 깨달았다. 내가 가족에게 얼마나 폭력적이고 일방적이었는지. 그리고 부모와 자식이라는 관계에 대해 얼마나 왜곡이 심했는지. 물론 자식에 대한 부모의 관심과 가족이 서로 돕고 지원하는 건 인지상정이다. 단지 너무 과했던 게 문제였다. 나는 왜 가족에 그토록 집착했을까?

돌이켜 보면 가족을 향한 나의 과도한 애정에는 그들을 통해 좋은 아내, 착한 며느리, 현명한 엄마로 인정받고 싶다는 나의 삿된 욕망이 똬리를 틀고 있었던 것 같다. 이 지점이 바로 공적인 사업 차원에서 과도함을 행하라는 대과의 원리와 크게 어긋나는 부분이다. 사심으로 과함을 행한 결과 정수리가 물에 잠기고 집의 들보 기둥이 휘어지는 위험한 상황에 빠질 수밖에 없었던 거다. 서로를 생기 있도록 돕고 윤택하게 살리기는커녕 죽음의 늪으로 끌고 들어간 꼴이 돼 버렸다. 스스로 자초한 일이니 누구를 원망하고 탓할 수도 없다. 바로 이럴 때 필요한 극약처방이 '과도함'이다. 서로의 발목을 잡는 늪에서 빠져나오려면 이제까지와는 다른 방향으로 욕망의 벡터를 바꿔야 한다. 그것도 과도하게! 아주 세게!! 그럼 무조건 다른 쪽으로 막 밀어붙이면서 힘을 쓰기만 하면 되는 건가?

대과괘의 구사효에서는 과도함을 써서 조절할 때 경계해야 할 부분에 대해 충고한다. "들보기둥이 솟아올라 길하지만 정응인 초육에게 얽매여 다른 마음을 가지면 부끄러울 것이다."(棟隆동륭, 吉길, 有它유타, 吝린) 아래로 심하게 휘어져 있던 기둥을 높여 수평을 취하는 것이니 길할 수밖에 없다. 한데, 다른 마음을 가지면 부끄럽다는 건 어떤 의미일까? 구사효는 양강한 자이지만 유한 위치에 자리하여 유연한 태도로 일을 처리해 나가는 현명하고 책임감이 강한 존재이다. 정이천은 구사효에서 "'높아진다'라는 말은 아래가 휘어지지 않는 뜻을 취하는 것"(정이천, 『주역』, 586~587쪽)이라고 하면서, 일의 균형을 잡아 가는 과정에 대해 풀었다.

이 말은 과도함으로 위기를 혁신할 때 시의적절한 융통성을 갖되, 상황을 변화시키겠다는 중심은 강건하게 지켜 가야 한다는 뜻이다. 무조건 힘을 쓰다가 들보가 부러질 수도 있다. 그러니 늘 경계하는 마음으로, 조심스럽게 균형을 맞춰 가는 운용의 묘를 발휘하라는 의미이기도 하다. 이때 아래에 있는 음(陰)한 존재인 초육효와 만나는 건 안 된다고 이야기한다. 구사효가 아래로 내려가 초육효에 호응하는 것은 자신이 지향하는 바를 버리고 다른 마음 즉, 사심을 품는 부끄러운 일이기 때문이다.

이제껏 내가 몰입했던 배치를 벗어나 새로운 관계를 만들어 간다는 게 쉬운 일은 아니다. "아내라면, 엄마라면 가족들 부지런히 챙기고 잘 돌봐야지"라는 주변의 구태의연한 지적들. '가족에게 헌신하지 않으면 이기적인 며느리, 아내, 엄마라는 꼬리표가 달리지 않을까?'라는 자의식, 내가 가족을 돌보지 않으면 안 된다는 망상과 싸워야 한다. 그리고 무엇보다 그동안 몸에 새겨져 있는 관성, 습(習)에서 벗어나려는 꾸준한 노력이 필요하다. 방심하면 "정수리가 물에 잠기는 것"(過涉滅頂과섭멸정)과 같은 위태로움으로 돌아가는 건 한순간이다.

구사효의 「상전」에서도 들보기둥을 높여 균형을 잡을 때 중요한 것은 아래의 뜻에 얽매이지 않는 것이라고 했다. "세상이 비난하지만 비난을 개의치 않고 홀로 서서 두려워하지 않는다. 온 세상이 인정해 주지 않아도 후회하지 않고, … 이러한 뒤에야 자신의 신념을 지킬 수 있다"(정이천, 『주역』, 580쪽)는 대과괘의 가르침처럼 뻔한 사회적 통념에 맞설 수 있는 용기와 실천이야말로 과도함을 필요로 하는 때에 갖춰야 할 덕목이다. 그리고 자신의 삶을 책임지는 바른 태도이다.

29
중수 감,

물구덩이에 빠졌다면
물이 차도록 기다려라

이성남

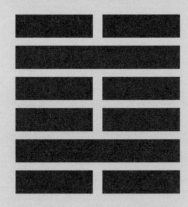

重水坎 _{중수 감}

習坎, 有孚, 維心亨, 行, 有尙. 습감, 유부, 유심형, 행, 유상.

습감괘는 진실한 믿음이 있어서 오직 마음으로 형통하니 움직여 나아가면 가상하다.

初六, 習坎, 入于坎窞, 凶. 초육, 습감, 입우감담, 흉.

초육효, 거듭된 구덩이에서 더 깊은 웅덩이에 들어감이니 흉하다.

九二, 坎有險, 求小得. 구이, 감유험, 구소득.

구이효, 구덩이에 위험이 있지만 구하는 것을 조금 얻는다.

六三, 來之坎坎, 險且枕, 入于坎窞, 勿用. 육삼, 래지감감, 험차침, 입우감담, 물용.

육삼효, 오고 가는데 구덩이에 빠지는 것이며 험한 곳을 베고 누워 더 깊은 구덩이로 들어가는 것이니 쓰지 마라.

六四, 樽酒, 簋貳, 用缶, 納約自牖, 終无咎. 육사, 준주, 궤이, 용부, 납약자유, 종무구.

육사효, 한 동이 술과 두 그릇의 음식을 질그릇을 써서 약소하게 들이되 들창으로부터 하면 마침내 허물이 없다.

九五, 坎不盈, 祗旣平, 无咎. 구오, 감불영, 지기평, 무구.

구오효, 구덩이를 채우지 못하고 있지만 평평한 데에 이르게 되면 허물이 없다.

上六, 係用徽纆, 寘于叢棘, 三歲不得, 凶. 상육, 계용휘묵, 치우총극, 삼세부득, 흉.

상육효, 동아줄로 묶고 가시덤불에 가둬 두어서 3년이 지나도 벗어나지 못하니 흉하다.

얼마 전 수능이 끝났다. 입시철이 돌아오니, 작년 이맘때 공부로 아이와 복닥거리며 갈등하던 때가 떠오른다. 학교교과 공부에 별로 흥미가 없는 아이를 치열하게 경쟁하는 학교에 입학시키면서 나의 험난함은 시작됐다. 나는 아침마다 아이를 등교시키며 차 안에서 아이의 공부를 점검하고 틈틈이 아이의 뒤처진 공부를 도와줄 족집게 선생님을 붙여 주고 성적을 올려 준다는 학원을 골라 보냈다. 공부에 몰입하기를 바라는 나의 바람과는 달리 아이는 공부는 건성이고 외모 꾸미기와 취미활동을 하며 더 많은 시간을 보냈다. 고등학교 교과과정을 바짝 공부해서 괜찮은 대학엘 들어가야 아이 인생의 다음 스텝이 열리는 거 아닌가? 나는 불안했다.

인생사에서 예측불허의 물구덩이를 만났을 때 어떻게 대처해야 하는지 알려 주는 괘가 감(坎)괘이다. 감괘의 감은 물이다. 그런데 감괘는 위와 아래가 모두 감괘로 중첩돼 있어 물이 계속 잇달아 흐르는 모습이다. 또한 감은 물의 지혜로움과 동시에 느닷없이 만난 물구덩이, 험난함을 의미하기도 한다. 위험이 중첩된 '잇단 위험'이다. 그래서 감괘가 당면한 국면은 초효부터 육효까지 마음을 졸이게 한다. 캄캄한 웅덩이로 들어가 흐르지 못하거나 종국에는 가시덤불에 던져져 3년 동안 꼼짝없이 갇혀 있게 되는 상황까지. 한시라도 마음 놓을 때가 없는 험한 괘다. 감괘의 이런 고투와 험난함이 연이어 온다 하더라도 물은 지혜를 상징하니 험난함을 대처하는 방식도 남다를 거라 생각했다. 하지만 괘사에서 붙들고 있는 유일한 형통함이 '유부'(有孚)이다. 오직 진실한 마음에만 의지해서 가야만 형통하고 가상하단다(維心亨유심형, 行행, 有尙유상). 헐~.

그러나 사람이 험지(險地)에 처하게 되면 먼저 이 사달이 나게 된 원인을 외부에서 찾고 남에게 의지해서 문제를 해결하려 한다. 딱 육삼효의 상황이다. "오고 가는데 구덩이에 빠지는 것이며 험한 곳을 베고 누워 더 깊은 구덩이로 들어가는 것이니 쓰지 마라"(來之坎坎래지감감, 險且枕험차침, 入于坎窞입우감담, 勿用물용). 육삼효는 물구덩이에 빠졌을 때 쓰면 안 되는 카드를 썼다. 험난함을 벗어나려고 꼼수를 쓰면 오도가도 못하는 위험만 초래할 뿐이다. 구덩이에 빠졌다면 물이 차도록 기다리는 인내심이 '정도'이다. 그런데 육삼은 '목침'을 베고 아예 누워 버렸다. '침'은 타인에게 의지하는 마음이다. 그런 태도로는 험난함을 통과해 가기란 어림도 없다. 험하고 힘들다고 다른 꼼수를 써 봐야 더 깊은 웅덩이로 내려가 길을 잃고 헤매기만 할 뿐이다. 그 이치를 알려 주는 구절이 '험차침, 입우감담, 물용'이다.

공부에 흥미가 없는 아이를 천천히 기다려 주며 무엇에 관심을 가지고 있는지 아이를 살피기보다 성적을 올리겠다는 목표만 설정해 밀어붙이다 결국 나는 육삼효까지 이르렀다. 초조해진 나는 급기야 철학관을 찾아갔다. 아이의 사주가 자기 기운이 강해 고집이 세니 작명하는 방법으로 태과한 기운을 덜어 내 균형을 맞추라는 조언을 들었다. 거금을 들여 아이의 새 이름을 받아 들었을 때 문제가 곧 해결될 것만 같았다. 그러나 아이가 완강하게 거부해 한 번도 불러 보지 못하고 낯선 이름을 적은 종이는 장롱 속에 잠자고 있다. 지금 돌아보면 어리석음의 극치였다. 아이는 마음의 빗장을 걸어 잠그고 대화를 거부했다. 학교생활도 교우관계도 엉망이 돼 가고 있었다.

나는 어떻게 해야 할지 몰라 〈감이당〉 도반 선생님에게 나의 이런 상황을 상담했다. "그렇게 애면글면하지 말고 공부를 잘하지 못해도 무난하게 3년을 마치는 걸 목표로 하면 안 될까?" 의외로 선생님의 답변은 단순하고 담담했다. 순간 망치로 얻어맞은 느낌이 들었다. 왜냐하면 나는 아이가 '공부 못하는 아이'로 고등과정을 마친다는 선택지는 생각해 본 적이 없었기 때문이다. 성적이 잘 나오지 않는다면 경쟁이 덜한 학교로의 전학 아니면 자퇴까지도 생각하며 아이를 닦달해 오고 있었다. 이런 나의 어리석음이 고등학교 과정을 '입시지옥'으로 만들었다는 생각이 들었다. 그 사실을 인정하고 나니 아이와 내가 허우적대고 있는 구덩이 상황이 인지됐다.

　　정이천은 위험을 벗어나려면 반드시 정도로만 그럴 수 있다고 했다. 육삼효와 같은 처신은 물용! 쓰면 안 되는 카드다. 절대 구덩이에서 헤어날 수 없다. 우선 나의 헛된 욕심 때문에 어그러진 아이와의 관계를 회복해야 했다. 아이에게 그간의 미안함을 진심을 다해 전달했다. 진실한 마음이 통하는 데 꽤나 오랜 시간이 걸렸다. 아이는 공부로만 배치됐던 하루 일과를 바꿔, 방과 후에는 눈치 보지 않고 자기가 좋아하는 활동을 했다. 영화 보기, 소설 읽기, 힙합 듣기 등. 공부 스트레스에서 놓여 나니 자신을 혐오하던 열등감이 많이 사라졌고, 나에게 기본으로 배운 사주명리로 '썰'을 풀어 친구들을 많이 사귀게 되었다는 소리도 들었다. 성적만으로 아이를 평가했던 나에 대한 원망도 많이 풀린 듯하다.(ㅆ) 나도 지금은 여유롭게 아이를 바라보게 됐다. 성적은 여전히 하위권이고 시험제도가 달라질 리도 만무하다. 입시지옥을 부추기는 경쟁과 출세, 성공도식을 따라가던 나의 어리석음을 끊어 내자 찾아온 마음의 평화다. 험난함에 빠지면 묘책이 따로 없다. 물이 차올라 물구덩이가 메워질 때까지 기다리고 기다려야만 험난함을 통과해 갈 수 있다는 사실을 뼈아프게 깨달았다.

30
중화 리,

공부하는
노인의 노래

이한주

重火離 _{중화 리}

離, 利貞, 亨, 畜牝牛吉. 리, 리정, 형, 휵빈우길.

리괘는 바르게 함이 이롭고 형통하니 암소를 기르듯이 하면 길하다.

初九, 履錯然, 敬之, 无咎. 초구, 리착연, 경지, 무구.

초구효, 발자국이 어지러우니 신중하면 허물이 없으리라.

六二, 黃離, 元吉. 육이, 황리, 원길.

육이효, 황색에 걸려 있으니 크게 선하고 길하다.

九三, 日昃之離, 不鼓缶而歌, 則大耋之嗟, 凶. 구삼, 일측지리, 불고부

이가. 즉대질지차, 흉.

구삼효, 해가 기울어져 걸려 있는 것이니 질그릇을 두드리며 노래하지 않는다면

늙은이가 탄식하는 것이니 흉하다.

九四, 突如其來如, 焚如, 死如, 棄如. 구사, 돌여기래여, 분여, 사여, 기여.

**구사효, 갑자기 들이닥쳐서 육오의 군주를 불태울 듯하니 자신이 죽는 것이고 주
변 사람들에게 버림받음이다.**

六五, 出涕沱若, 戚嗟若, 吉. 육오, 출체타약, 척차약, 길.

육오효, 눈물을 줄줄 흘리고 슬퍼하며 탄식함이니 길하리라.

上九, 王用出征, 有嘉, 折首, 獲匪其醜, 无咎. 상구, 왕용출정, 유가, 절수,

획비기추, 무구.

**상구효, 왕이 정벌을 나가면 좋은 일이 있으리니, 우두머리만 죽이고 그 무리를
잡아들이지 않는다면 허물이 없을 것이다.**

올해 공부의 일환으로 '공부하는 노인 되어 보기 상상 프로젝트'를
진행하고 있다. 일명 〈공로상 프로젝트〉이다. 40대에서 60대까지,

중장년층의 참여로 이루어진 공부모임이다. 이 시대에 끌려다니는 노인이 되지 않으려면 어떻게 살아가야 하는지 관련 철학서를 읽고 함께 토론하며, 함께, 또는 각자 자신의 삶을 실험 중이다. 매주 모여 일주일 동안 공부한 내용으로 토론하고, 같이 밥을 먹고 산책을 하며, 영화를 보기도 하고 명상을 하기도 한다. 허심탄회하게 자신의 일상을 공유하기도 한다. 이 현장을 영상으로 남겨 6개월 뒤에 자신의 모습을 객관적 시각으로 만나기로 했다. 아직 몇 개월밖에 되지 않았지만, 중간 평가를 해보자면, 지금까지는 성공적이다.

솔직히 말해, 이 프로젝트를 구상하면서 우려되는 점이 많았었다. 진행자였음에도 불구하고 나 자신이 이 실험에 대해 미심쩍은 마음이 적지 않았기 때문이다. 몇몇 분은 철학을 처음으로 공부하는 분들이셨다. 이분들이 매주 화요일마다 모여 밥까지 나누어 먹으며 하루를 같이 보내야 했다. 더구나 프로그램 안에는 공부뿐만 아니라, 다양한 체험 활동도 포함되어 있었기에 참여자들의 능동성이 필요했다. 이분들이 적극적으로 참여하실지 의문이 들었다.

하지만 시작하고 얼마의 시간이 흐른 뒤, 이러한 걱정은 기우에 불과하다는 것을 깨달았다. 현재의 분위기가 그것을 말해 준다. 언제 그랬냐는 듯, 처음에 보여 주었던 철학에 대한 거부감과 토론의 두려움이 지금은 많이 사라졌다. 활동에 관해서도 자신의 의견을 적극적으로 내세우며 반영되기를 원한다. 아무튼, 참여자들은 현재 이 프로젝트를 즐거워하는 듯 보인다. 무엇으로 즐거움을 증명하겠느냐고 묻는다면 결석자가 거의 없다는 것으로 대답해도 될까?

사실 이 즐거움을 누리게 된 배경에는 『주역』의 힘이 있었다.

그중에서도 특히, 올해 초 중화 리(重火 離)의 구삼효를 공부하며 노년을 앞둔 나의 마음을 점검해 보았다. 그리고 노년의 삶에 대해 고민하게 되었다. 그런 의미에서 중화 리의 구삼효는 이 프로젝트의 명실상부한 가이드 효사라고 해도 과언은 아닐 듯하다.

중화 리는 한자 그대로, 두 개의 불이 중첩된 때와 상황을 보여 준다. 그냥 불이 아니라 아주 큰불이 활활 타오르는 형상이다. 느므느므(너무너무) 크고 뜨거운 불. 리괘는 이 상황을 통해 불이 어디엔가 붙어 타는 것처럼 세상의 이치란 어떤 것이라도 서로가 서로에게 붙어 의지하고 있다는 것을 말해 준다. 하지만 붙어서 관계를 맺고 있는 그 어떤 것도 영속되는 것은 없다. 그렇기에 아무리 크고 뜨거운 불일지라도, 반드시 타다가 잦아드는 시기가 온다. 그때가 하괘의 구삼효이다.

구삼효의 시간적 배경은 태양이 하루 동안 뜨겁게 빛나다가 자신의 역할을 다하고 잠깐 쉬러 가는 일몰의 때이다. 그때 우리 인간은 무엇을 해야 할까? 구삼효에서는 "해가 기울어져 걸려 있는 것이니 질그릇을 두드리며 노래하지 않는다면 늙은이가 탄식하는 것이니 흉하다"(日昃之離일측지리, 不鼓缶而歌불고부이가, 則大耋之嗟즉대질지차, 凶흉)라고 한다. 즉, 일몰의 때에 할 것은 질그릇을 두드리며 노래하는 것이다. 그런데 여기에서 주목할 것은 일몰과 곧 죽음을 앞둔 노인(大耋)의 시간성을 동일하게 보고 있다는 점이다. 낮과 밤, 생과 사의 경계에 있는 동일한 시간성.

이에 대해 정이천은 이렇게 해석한다. 풀이해 보면, 한 사람이 죽고, 또 한 사람이 태어나는 것, 이것이 때의 변혁이다. 따라서 죽고 태어남이 일어나는 변혁의 때는 하루의 해가 기울어 가는 때와 같다. 해가 기울고 밤이 와야 내일의 태양이 떠오르기 때문이다. 성대하면 쇠락하고, 시작하면 반드시 끝나는 것이 세상의 이치이다. 그는 이 이치를 통달한 자는 이러한 이치에 순종하여 즐거워하게 된다고 한다.

『주역』이 알려 주는 세상의 이치는 이렇게 간략하고 쉽다. 생(生)에서 사(死)로 넘어가는 일은 그리 심각한 것이 아니다. 생사는 우리가 보내는 하루 24시간의 주야와 같다. 환하게 빛났던 낮을 기쁜 마음으로 보내고, 캄캄한 밤을 즐겁게 맞이할 수 있다면, 생에서 죽음으로 넘어가는 이치에도 다다를 수 있다. 이와 같은 자연의 이치를 통찰하게 되면 해가 기울 때나, 죽음 직전의 노인이 되어서나, 소박한 질그릇을 두드리며 노래할 수 있다는 것이 구삼효가 의미하는 바다. 하지만 이 이치를 깨닫지 못하게 된다면 어떤 상황이 펼쳐질까? 참으로 흉한, 노인의 서글픔만 남는다고 구삼효는 일침을 놓는다. 이 상황까지도 깨닫는 것, 이것이 생사에 대처하는 인간의 자세임을 알아야 한다는 것이다.

하지만 이 시대는 어떠한가. 낮보다 빛나는 불야성의 밤은 일몰의 시간을 앗아가 버렸고, 젊음에 대한 열망은 늙음으로 가는 자연스러운 길을 부정한다. 활활 타기만 하고 꺼지기를 거부하는 이 전도된 흐름에 동화되지 않았다고 나 자신 역시 떳떳하게 말할 수 있을까? 그러나 어떠한가? 이 흐름의 끝에는 '흉'이라는 최악의 상황, 불안하고 우울한 노년만이 기다리고 있는 것을.

삶은 빛나지도, 아름답지도 않다. 그저 삶일 뿐. 삶이 빛나기를,

아름답기를 바라는 것은 인간의 욕망에 불과하다. 죽음도 마찬가지이다. 그저 죽음일 뿐이다. 죽음 자체가 서글픈 것이 아니라 죽지 않으려고 발버둥 치는 모습이, 자연의 힘을 거스르려고 하는 인간의 무지가 서글픈 것이다. 그렇다면 우리는 생과 사의 경계에서 무엇을 할 것인가? 이 시대가 제공하는 노인의 삶을 수동적으로 따라갈 것이 아니라, 공부하는 노인이 되어 삶과 죽음의 이치를 깨닫고 소박한 마음으로 그 즐거움을 노래하면 어떠할까? 이것이 중화 리의 구삼효가 가르쳐 준 노년의 삶에 대한 지혜였다. 〈공로상 프로젝트〉에 참여하는 선생님들의 즐거운 노래가 아주 작은 기쁨으로라도 자신들의 삶에 주어지는 선물이 되기를 바란다. 나는 지금 이렇게 노년을 향해 걸어가는 중이다. 그들과 함께 소박하고 즐거운 노래를 부르며.

교감은
'등'으로 하는 것!

박장금
———

澤山 咸 택산 함

咸, 亨, 利貞, 取女吉. 함, 형, 리정, 취녀길.

함괘는 형통하니 올바름을 지키는 것이 이롭고, 여자에게 장가들면 길하다.

初六, 咸其拇. 초육, 함기무.

초육효, 엄지발가락에서 감응한다.

六二, 咸其腓, 凶, 居吉. 육이, 함기비, 흉, 거길.

육이효, 장딴지에서 감응하면 흉하니 자기 자리를 지키고 있으면 길하다.

九三, 咸其股. 執其隨, 往吝. 구삼, 함기고. 집기수, 왕린.

구삼효, 넓적다리에서 감응한다. 지키는 바가 상육을 따름이니 나아가면 부끄럽다.

九四, 貞吉, 悔亡. 憧憧往來, 朋從爾思. 구사, 정길, 회망. 동동왕래, 붕종이사.

구사효, 올바름을 굳게 지키면 길하여 후회가 없어진다. 초육에게 왕래하기를 끊임없이 하면 친한 벗만이 너의 생각을 따를 것이다.

九五, 咸其脢, 无悔. 구오, 함기매, 무회.

구오효, 등에서 감응하니 후회가 없으리라.

上六, 咸其輔頰舌. 상육, 함기보협설.

상육효, 광대뼈와 뺨과 혀에서 감응한다.

연구실에 아이가 태어났다. 그 아이의 이름은 '겸제'다. 겸제는 애쓰지 않지만 모두의 시선을 집중시킨다. 반면 연구실의 젊은 친구들은 연애를 하고 싶어서 애를 쓰는 듯하지만 그리 잘 되는 눈치는 아니다. 누구는 사랑하고 싶어도 잘 안 되고, 누구는 존재 자체로 사랑을 내뿜어서 모든 이들의 사랑을 받는다. 이 차이는 도대체 어디서 오는 걸까.

교감의 괘인 택산 함(澤山 咸)에서 그 비밀을 풀어 보기로 하자. 함괘를 보려면 앞서 『주역』 구성을 잠시 짚고 가야 한다. 『주역』은 전체가 64괘인데 상경 30괘와 하경 34괘로 구성되어 있다. 상경은 하늘의 비전을 담았다면 하경은 땅에서 일어나는 인간사에 관한 내용을 담고 있다. 인간사를 담은 하경의 시작이 '함괘'이다. 함(咸)은 '느낄 감(感)'자에서 온 글자인데 왜 이 글자로 시작한 걸까? 남녀가 교감을 해야 결혼하게 되고 아이를 낳을 수 있으니까. 이렇듯 남녀 관계가 형성되면서 다른 관계로 확장되고 그것을 인간사로 본 것이다. 하경이 교감을 뜻하는 함괘로 시작된 것은 너무나 자연스러워 보인다.

이제 드디어 함괘를 만날 시간이다. 함의 괘사는 "형통하니 올바름을 지키는 것이 이롭고, 여자에게 장가들면 길하다"(咸함, 亨형, 利貞리정, 取女吉취녀길)이다. 남자가 여자를 취해야 길하다는 것인데 핵심은 "올바름을 지키는 것"에 있다. 어떻게 올바름을 지킬 것인가. 택산 함은 산과 연못의 조합인데 연못이 산 위에 있는 모습이다. 마치 백두산 천지를 떠오르게 한다. 물은 아래로 흐르는 성질인데 우뚝 솟은 산 위에 위치하는 경이로움. 이것이 가능하려면 산은 기꺼이 자신의 위용을 포기하고 물을 받아들여야 하는데, 그래야 백두산 천지나 한라산 백록담 같은 호수가 형성되어 산에 온갖 생명이 자랄 수 있다. 산도 건조한 산, 습한 산, 바위가 많은 산, 각양각색이다. 산 위에 연못이 있으면 물기가 촉촉해서 온갖 생물이 번성할 수 있는 조건을 확보한 것과 같다. 공자님은 「상전」에서 산에 연못이 있는 모습을 보고 "마음을 비워 남을 받아들"이는(虛受人허수인) 태도를 배우라고 하시는데 이것이 '올바름'인 것이다. 양의 성질을 가진 산은 자신을 낮추어 아래로 가고, 음의 성질을 가진 물은 자신을 힘들게 높여 위로 가게 노력하듯 상대와 만나려면 기꺼이 자신을 비워야 한다. 함괘의 여섯 효사 또한 자신을 비워 교감하는 과정을 그리고 있다.

첫 스텝은 발가락이다. 발가락이 통한다? 이것은 의식으로 통제되는 영역이 아니다. 누군가에게 끌릴 때 이유가 없지 않은가. 교감은 몸이 먼저 반응하는 사건인데 그것의 출발점을 발가락으로 본 것이다. 육이는 교감의 다음 스텝으로 발가락에서 장딴지로 올라가는데 거기서 느끼면 흉하니 멈추라고 말한다. 분명 사랑에 빠지면 짜릿하다. 그 감각에 집착하면 쾌락을 탐하게 된다. 이것은 쾌락을 탐하는 것이지 교감이 아니다. 구삼도 여전히 몸이 주는 즐거움에 매일 수 있음을 경계한다. 구사에 이르러서야 겨우 육체적인 감각을 벗어나 마음이 통하게 되었지만 그것도 정서적 위로에 머물 수 있다. 맨 마지막 효는 입으로 하는 교감인데 서비스업 종사자가 "사랑합니다"를 입에 달고 있듯이, 영혼 없는 립서비스에 머물 수 있음 또한 지적하고 있다.

그렇다면 진정한 교감이란 무엇일까. 구오는 '등으로 느껴야 후회가 없다'(咸其脢함기매, 无悔무회)고 말한다. 등? 맞다. 우리가 볼 수는 없지만 없다고 생각하지 않는 곳. 늘 든든하게 존재를 받쳐 주는 곳이 등이다. 우리는 상대를 등처럼 생각하지 않는다. 늘 상대와 마주보면서 서로가 서로에게 갇히는지도 모른다. 특정 감각에 빠져 더 좋은 촉감, 더 예쁜 것, 더 좋은 소리 등을 원한다. 아이러니하게도 연애를 할 때 더 외로운 감정을 느낀다고 하니 뭔가 잘못돼도 한참 잘못된 것이다. 교감은 내가 원하는 것을 상대에게 요구하는 게 아니다. 함괘에 의하면 심신의 감각적 쾌락에서 벗어난 관계 맺음을 의미한다. 이것이 앞서 언급한 산이 자신을 비워 물을 받아들이는 태도여야 하는데, 어떻게 하라는 걸까.

난 함괘를 처음 공부할 때 엄지발가락부터 시작하여 장딴지, 넓적다리, 마음, 등, 입의 나열을 보면서 오해를 했었다. 발에서 느끼는 것은 나쁜 것이고, 등에서 느끼는 것은 좋은 거라는 식의 위계로 이해를 한 것이다. 나중에 보니 그런 게 아니었다. 결론부터 말하자면 교감을 하려면 여섯 개의 감각기관을 활발하게 작용하라는 거였다. 만일 특정한 감각이 유독 의식이 된다면 그것은 교감력에 적신호가 켜진 것이다. 소동파가 이것을 잘 설명하고 있다. "발이 신발을 잊지 못하면 신발은 구속이 되며 심하면 족쇄가 된다. 허리가 허리띠를 잊지 못하면 허리띠는 재앙이 되며 심하면 밧줄과 오라가 된다. 사람이 종일토록 신발과 허리띠를 하고도 싫어할 줄 모르는 것은 이것을 잊었기 때문"(소식,『동파역전』, 269쪽)이다.

너무 당연한 말이다. 신발이나 허리띠가 계속 신경이 쓰인다면 신발과 허리띠는 나와 한 몸을 이룬 상태가 아니다. 그러니 소동파는 특정한 감각에 집착한다는 것은 발에 맞지 않는 신발을 신은 것과 같으니 구속이나 족쇄 상태로 표현한 것이다. 그러니 성적 쾌락, 예쁜 몸매, 멋진 목소리 등에 사족을 못 쓴다면 그것은 상대와 교감하는 게 아니다. 그것에서 해방이 되어야 비로소 교감이 가능하고, 그 상태를 '등으로 느낀다'고 할 수 있다.

이제 사람들이 겸제만 보면 안달하는 이유를 알 것 같다. 그 아이는 한시도 가만 있지 않는다. 세상과 교감하기 위해 '모든 감각을 적극적으로 발휘'한다. 그것이 교감력이고 그 힘이 모두를 끌어당겼던 것이다. 요즘 젊은 친구들이 연애가 힘든 이유도 알 것 같다. 내가 상대에게 원하는 것은 성적 쾌락, 더 좋은 몸매, 좋은 목소리 등으로 상대는 내가 원하는 감각적 쾌락을 채워 주어야 한다. 나의 흥미가 사라지면 더 이상 상대에게 관심이 가지 않는다. 이런 이기심으로 교감이 될 리가 있겠는가. 상대의 마음을 얻기 위해 애쓴다고 생각하지만 결국 자신의 만족을 채우는 것이지 상대와는 아무런 관계가 없다. 교감이란 나의 이기심을 비우는 일이다. 이때 모든 감각이 활발하게 작용할 뿐 아니라, 비로소 교감의 즐거움을 느낄 수 있다는 것이다. 겸제처럼 상대의 마음을 얻기 위해 애쓰지 않아도 사랑하고 사랑받는 존재가 되는 것이다. 그러니 연애를 하고 싶다면 '등'으로 교감하시라. 겸제처럼 이기심 없이 세상과 접속하시라!

32
뇌풍 항,

'준항'(浚恒)의
함정

오창희

雷風恒
뇌풍 항

恒, 亨, 无咎, 利貞, 利有攸往. 항, 형, 무구, 리정, 리유유왕.

항괘는 형통하여 허물이 없으니 올바름을 굳게 지키는 것이 이롭고 가는 바를 두는 것이 이롭다.

初六, 浚恒, 貞凶, 无攸利. 초육, 준항. 정흉, 무유리.

초육효, 깊이 파고들어 오래 지속하는 것이다. 고수하는 것이라 흉하니 이로울 바가 없다.

九二, 悔亡. 구이, 회망.

구이효, 후회가 없어진다.

九三, 不恒其德, 或承之羞, 貞吝. 구삼, 불항기덕, 혹승지수, 정린.

구삼효, 덕을 오래 지속시키지 못한다. 간혹 수치로 이어질 것이니 그런 자신을 고수하면 부끄럽다.

九四, 田无禽. 구사, 전무금.

구사효, 사냥하는데 짐승을 잡지 못하는 것이다.

六五, 恒其德, 貞. 婦人吉, 夫子凶. 육오, 항기덕, 정. 부인길, 부자흉.

육오효, 그 덕을 오래 지속하여 행하면 올바르다. 부인의 경우는 길하고 장부의 경우는 흉하다.

上六, 振恒, 凶. 상육, 진항, 흉.

상육효, 흔들림이 오래 지속됨이니 흉하다.

'항심'이라든가 '항상성'은 대부분의 사람들이 덕목으로 꼽을 것이다. 그래서 지속의 도를 말하는 항(恒)괘는 뭔가 길한 것으로 가득할 것 같았는데 뜻밖에도 온전히 길한 효가 없다. 그만큼 항이 어렵다는 뜻일 게다. 또 '항'이라고 하면 항상성, 항심, 지속하다, 꾸준하다, 변함없다 등등이 떠오르는데 상괘와 하괘가 8괘 중에서 가장 변화가 심한 우레와 바람이라는 것도 뜻밖이다. 게다가 항괘의 초효(浚恒준항, 貞凶정흉, 无攸利무유리)의 메시지도 생각했던 것과는 아주 다르다. "준(浚)이란 깊게 하는 것이니, 준항이란 상도를 구함이 과도하게 깊다는 말이다"(정이천, 『주역』, 659쪽). 그래서 구하는 바가 올바른 것일지라도 "올바름을 고집하여 흉하니, 이로울 바가 없다"(같은 책, 658쪽)라고 했다. 작심삼일이라는 말도 있듯이 약해서 탈이지 아무리 해도 과할 것 같지 않은, 오래 지속하고자 하는 마음이, 너무 깊으면 되레 지속에 방해가 되다니. 내가 항을 잘못 생각하고 있었던 게 아닌가 싶다.

정이천은 "초구효는 상도를 조급하게 깊이 요구하는 것"이라고 풀이했다. '깊이'를 가운데 두고, 앞뒤로 '조급하게'와 '요구하는'이라는 수식어가 나란히 붙어 있다. 항심을 가지고 어떤 길을 오래도록 가고자 하는 상황에서는 시작부터 그 마음이 너무 깊으면, '조급하게'와 '요구하는' 심리를 동반한다고 보는 것 같다. 맞는 말이다. 초장부터 무언가를 과하게 바라는 마음에는 '조급함'이 있다. 간절히 원하지만 가지지 못했으니 바라게 될 테고, 빨리 갖고자 하는 조급함은 누군가에게 그걸 충족시켜 주기를 요구하는, '의존적인' 태도로 흐를 수밖에 없을 것이다. 사이비나 사기꾼은 물론이고 단기 속성과 특효를 자랑하는 상품들이 다 이런 심리를 파고드는 것이구나 싶다. 일단 조급함이 발동하면 객관적인 상황판단이 안 되고, 척 봐도 알 수 있는 사기꾼에게 속거나 과장 광고에 넘어가는 일이 다반사로 일어난다.

　준(浚)이라는 글자에 '빼앗다, 약탈하다'라는 의미가 함께 있는 걸 보면, 조급한 심리 안에 이미 무언가를 빼앗으려는 마음이 있는 것이다. 항상성이란 점차 쌓아 가는 것인데, 공부나 건강처럼 그 자체로는 나쁜 일이 아니어도 급히 이루고자 하는 마음이 있다면 거기에는 약탈하려는 심리가 깔려 있다. 그래서 "올바르더라도 흉하다"(貞凶정흉)라고 한 것이다. 조급함이 죄가 되는 이유가 여기에 있다. 뜻밖의 해석은 여기서 끝이 아니다. "한 가지로 고정되면 오래 지속할 수가 없"으며, "세상의 이치 가운데 움직이지 않고 오래 지속할 수 있는 것이란 없다"고 한다. 정이천은 그래도 마음이 안 놓이는지 자신이 항의 이치를 이렇게 자세히 밝히는 것은 "사람들이 항상성을 유지하는 것이 한 가지를 고정하여 집착하는 것이라는 생각에 빠질 것을 두려워했기 때문"(정이천, 『주역』, 656쪽)이라는 설명을 덧붙이기까지 했다.

　서른일곱 나이에 뇌졸중으로 쓰러진 후, 걸음마부터 말하고 읽고 쓰는 법까지 모든 걸 다시 배워야만 했던 어느 뇌과학자의 이야기가 생각난다.

　　침대에서 몸을 들어 올리는 데 필요한 힘을 확보하기까지 계속해서 몸을 흔들고 또 흔들었다. 이런 흔들기 단계에서는 흔들기만이 중요하다는 것을 인식해야만 했다. 일어나 앉으려는 최종목표에 집중하는 것은 현재의 내 능력을 훨씬 벗어나는 일이므로 […] 일어나 앉는 것을 목표로 삼고 시행착오를 거듭했다면 내 무능에 실망해서 지속적인 노력을 멈춰 버렸을지도 모른다.(질 볼트 테일러, 『나는 내가 죽었다고 생각했습니다』, 장호연 옮김, 월북, 2019, 82쪽)

그녀는 뇌졸중 환자 중에는 더 이상 회복이 되지 않는다고 불평하는 이들이 많은데, 그들이 이루고 있는 작은 성취에 주목하지 않는 게 진짜 문제가 아닐까 싶다고 했다. 작은 성취는 성에 차지 않고 최종 목표에만 마음을 두면 조급함이 생겨 항심을 가지기가 어렵다는 걸 지적한 말이다. 어디 뇌졸중뿐일까. 무슨 병이든 어떤 문제에서든 마찬가지다. 현재 불가능한 것을 조급하게 바라는 준항이야말로 항심의 가장 큰 장애물이다.

그녀는 깨어 있는 동안에는 무엇이든 배웠고, 어머니는 그녀의 손에 뭔가를 들려 주거나 운동을 시켰다. 그러다가 졸음이 몰려오면 뇌의 정보 수용이 한계치에 달했다는 걸 인정하고 쉬거나 잠을 잤다. 어머니의 도움으로 할 수 있는 것과 할 수 없는 것을 명확하게 나누고 지금 할 수 있는 것에 집중했다. 궁극적으로 어디까지 갈 수 있을지 모르지만 나아갈 방향을 정하고 그것을 향해 한 발 한 발 나아갔다. 한 단계가 능숙해질 때 자연스럽게 다음 단계로 넘어갔다. 그런 노력 끝에 8년 만에 다시 뇌과학자로 활동하게 되었다. 스스로도 8년 후 오늘 같은 모습으로 살아가리라고는 생각조차 하지 않았다고 고백한다.

우레와 바람으로 구성된 괘상이 다시 보인다. 항심을 유지하려면 우레와 바람처럼 끊임없이 움직이고 변해야 한다는 의미 외에 지극히 겸손한 태도로 나아가야 한다는 것도 함께 말해 주고 있구나 싶다. 바람처럼 유연하고 겸손한 것도 없다. 바람은 어디든 갈 수 있고 무엇과도 섞일 수 있다. 바늘구멍만 있어도 들어가고, 드넓은 바다 위도 마다하지 않는다. 어떤 선입견도 없이 그 무엇도 받아들인다. 그렇게 유연하고 겸손한 태도로(손괘) 나아가는 것(진괘)이 항이다.

그녀도 그랬다. 주중에는 연구하는 과학자로, 주말이면 뇌 기증을 홍보하는 노래하는 과학자로, 집안일이며 모든 걸 혼자서 척척 해내던 사람이 하루아침에 혼자서는 아무것도 할 수 없는 처지가 되었지만, 자신의 처지를 겸손하게 받아들였다. 그리고 거기서부터 한 발 한 발 쉬지 않고 나아갔다. 어머니는 그녀의 작은 변화도 놓치지 않았고 그에 맞게 운동이나 학습의 강도와 방법을 바꾸었다. 흔들림 없이 욕심 부리지 않고 차근차근 순리에 따르는 항구함과 쉼 없이 움직이며 멈추지 않는 항구함이 조화를 이룰 때 무엇이든 지속가능함을 말해 주는 훌륭한 사례다. 항괘의 효가 모두 음과 양의 관계로 응(應)을 하고 있다는 것도 이런 이치를 담고 있어서 의미심장하다.

잠깐 작심삼일의 의미를 다시 생각해 본다. '결심이 굳지 못해서' 삼일밖에 못 가는 나약함을 경계하는 사자성어가 아니라, 처음부터 '지나치게 작심을 한 탓에' "준항의 함정"에 빠지는 걸 경계한 말이 아닐까 싶다. 만약 오래도록 지속하고자 하는 바가 있다면, 그럼에도 불구하고 작심삼일을 수없이 반복하고 있다면 생각해 보자. 그 바라는 바와 내 능력의 간극을 정확하게 알고 있는지, 그리고 그 간극을 인정하고 한 발 한 발 나아가면서 다양한 변수들과 섞이며 수없는 시행착오를 견딜 만큼의 끈기와 겸손함이 있는지를!

천산 둔,

미워하지 말고
여유롭게 물러나기

김주란

———

天山遯 천산 둔

遯, 亨, 小利貞. 둔, 형, 소리정.

둔괘는 형통할 수 있으니 바르게 함이 약간 이롭다.

初六, 遯尾, 厲, 勿用有攸往. 초육, 둔미, 려, 물용유유왕.

초육효, 물러나는데 꼬리가 되어 위태로우니 함부로 가지 말아야 한다.

六二, 執之用黃牛之革, 莫之勝說. 육이, 집지용황우지혁, 막지승설.

육이효, 황소 가죽을 써서 잡아매니 이루 다 말할 수 없다.

九三, 係遯, 有疾, 厲, 畜臣妾, 吉. 구삼, 계둔, 유질, 려, 흑신첩, 길.

구삼효, 얽매인 채로 물러나 병이 있어서 위태로우나 신하와 첩을 기르는 데에는 길하다.

九四, 好遯, 君子吉, 小人否. 구사, 호둔, 군자길, 소인비.

구사효, 좋아하면서도 물러남이니 군자에게는 길하고 소인에게는 나쁘다.

九五, 嘉遯, 貞吉. 구오, 가둔, 정길.

구오효, 아름다운 물러남이니 올바름을 굳게 지켜서 길하다.

上九, 肥遯, 无不利. 상구, 비둔, 무불리.

상구효, 넉넉하게 물러나니 이롭지 않음이 없다.

아직 모기가 기승을 부리던 늦여름 어느 저녁, 나는 남편과 다투고 짐을 싸서 나왔다. 어디로? 안방에서 거실로.(^^;) 하지만 이 약간의 이동으로 집은 전장(戰場)이 되었다. 나와서 제일 먼저 한 일은 모기장 주문(잠을 설치면 다음 날 종일 고생하니까). 세상 참 좋아져서 배송도 빨랐다. 다음 날부터 나는 거실에서 원터치 모기장을 치고 편안히 잘 잤다. 아이들은 저희들이 불편하다며 방으로 들어가라고 화해를 종용했지만, 나는 이렇게 대답했다. "니네들은 싸우고 한방에 있고 싶니? 나는 내 방이 따로 없으니까 여기서 자는 건데, 그게 싫으면 둘 중 하나가 아빠와 자고 그 방을 날 줘." 당연히 아이들은 자기 방을 양보하느니 엄마가 거실에 상주하도록 내버려 두는 쪽을 선택했다. 별거 아닌 것 같지만 우리 집에서 이건 놀라운 사건이다. 싸워도 애들 생각해서 티 안 내던(그랬다고 냉랭한 분위기를 몰랐으랴만) 내가 떡하니 거실에 진을 치다니. 이 전법을 나는 『주역』에서 배웠다. 천지와 인간의 도를 망라하는 『주역』의 이치 안에 소소한 가정사에 써먹을 지혜가 없을 리 없지 않은가?(^^)

내게 부부싸움의 전술을 일러 준 괘는 바로 『주역』의 서른세번째 괘인 천산 둔(天山 遯)이다. 둔(遯)이란 물러난다는 뜻이다. 크게 보아 싸움의 전술은 나아감과 물러남, 이 두 가지뿐이다. 언쟁이든 몸싸움이든 나아가 부딪치는 것도 싸움이고, 그 싸움의 전선을 거두고 물러나는 것도 싸움이다. 사실 우리는 물러남을 패배나 포기, 굴복 아니면 도망쯤으로 쉽게 치부하곤 한다. 하지만 둔괘는 물러남도 싸움의 다른 전술이라는 사실을 일러 준다. 이것이 '둔괘(물러남)는 형통할 수 있으니 바르게 함이' 조금이라도 이로울 수 있는 까닭이다(遯둔, 亨형, 小利貞소리정). 사실 이 문장만 보면 물러나는 이유가 조금이라도 이득을 얻기 위해서이며 그 결과 형통한 것이라고 오해할 소지가 있다. 그런데 다음 「단전」의 문장을 보면 그렇지 않다는 사실이 드러난다. "강한 양이 지위에 합당하게 행동하여 호응하니 때에 따라 행하는 것이다"(剛當位而應강당위이응, 與時行也여시행야). 어쩔 수 없이 도망치듯 자리를 피하는 것은 패배이지 물러남이 아니다. 물러남이란 그런 약자적 태도가 아니라 강자가 능동적으로 결정한 행위 방식이다. 강자로서 지위에 합당하고 때에 가장 부합하는 전술로 물러남이라는 방식을 선택한 것이다.

그럼 어느 때가 물러나야 할 때일까? 둔괘의 괘상을 보면 내괘에서 두 개의 음효가 자라나고 있다. 힘의 중심을 소인이 차지하니, 군자는 멀리 물러나는 꼴이다. 자연의 형상으로 풀면 천산 둔이니 위로 하늘이 펼쳐지고 아래에서 산이 솟아오르는 형국이다. 이를 두고 소인의 세력이 산처럼 치받아 올라오는데 하늘 같은 군자는 초연히 물러나는 모습으로 푸는 것이다. 그렇다고 해서 산이 하늘을 침범하지는 못하지만 그래도 이 괘의 실세는 소인이다. 이러한 때가 둔의 시대, 물러나야 하는 때이다. 장차 소인이 성대하게 자라나는 때이니 맞서 싸운다고 한들 대세의 흐름을 돌릴 수는 없다. 이럴 때 싸우고 미워하면 소인은 오히려 더 집요해질 뿐이다.

그렇다면 어떻게 해야 하나? "소인을 멀리하되 미워하지 않으면서도 엄격하게 대한다"(遠小人원소인, 不惡而嚴불오이엄). 둔괘 「상전」의 가르침이다. 내 뜻대로 안 되는 상대에게 미운 맘이 드는 게 우리들이다. 하물며 그가 못된 짓을 하는 걸 목격하면 당연히 미워해야 한다고 여긴다. 그런데 둔괘에 따르면 미워하는 것은 멀리하는 것이 아니다. 생각해 보니 정말 그렇다. 누군가를 미워하고 싫어한다는 건 그 사람을 아주 가까이에, 내 마음속에 꼭 붙들어 놓고 있는 셈이 아닌가. 그 사람을 멀리하려면 미워하고는 불가능하다.

다시 우리 집 얘기를 하자면, 요 몇 년 사이 남편은 점점 명령하고 평가하는 감독관처럼 굴고 있었다. 사춘기 아들이 인사를 안 하거나, 숙제를 미루고 게임에 빠져 있거나 하면 그는 어김없이 내 탓을 했다. 마치 자신은 당사자가 아닌 것처럼 말이다. 이쯤에서 사실 그가 아버지로도 남편으로도 다정하고 성실한 사람이라는 점을 밝히고 넘어가야 내 맘이 편하겠다. 그런 다정한 사람이 감독관처럼 군다는 게 얼핏 모순처럼 생각될지 모르지만, 내 짐작엔 많은 한국의 남편들이 이렇지 않을까 싶다. 그리고 아마, 이런 자기야말로 가족에게 서운함과 불만을 가질 자격이 있다고 확신하는 듯하다. 여기에 갱년기 중년 남성에게 찾아오는 불안과 회한도 한몫했으리라.

근데 더 희한한 건 나였다. 왜 저러나 하면서도 시간이 지나니 절로 그의 눈치를 살피고 있지 않은가. 남편이 출장이라도 가면 외롭기는커녕 세상 편했다. 이렇게 눈치 보게 만드는 남편도, 눈치 보는 나도 미웠다. 하지만 미움은 다시 부끄러움과 억울함, 앙심을, 그리하여 다시 미움을 불러오는 법. 둔괘를 읽으면서 나는 이런 방식을 되풀이하는 일이 무익하다는 사실을 깨달았다. 서로 미움을 주고받으며 이기려 드는 것은 서로를 내 맘대로 하려는 일이고, 이것은 얽매임을 강화하는 일이다. 이는 소인의 세상을 더 견고하게 구축하는 일이다.

그래서 나는 미움 없이 안방을 나와 거실로 물러났다. 만약 남편이 밉고 싫어서 안방을 나왔다면 그것은 물러남이 아니었을 것이다. 나는 남편을 상대하기를 그만두고 단지 내 할 일에 집중하고 싶었다. 둔(遯)! 그 싸움의 전선에서 홀연히 물러선 것이다. 스스로 생각할 때, 나는 감히 이 물러남을 '비둔'(肥遯)이라 여기고 있다. 비둔은 여유로운 물러남으로 둔괘의 상효에 나온다. "상구효, 여유로운 은둔이니, 이롭지 않음이 없다"(上九상구, 肥遯비둔, 无不利무불리). 왜 냐면 이때 내 마음이 정말로 아주 평안했기 때문이다. 이렇게 해서 남편 마음을 어떻게 조종하겠다는 계산, 혹은 이러다 그가 나를 더 비난하게 되면 어쩌나 하는 두려움이 조금이라도 있었다면 거실살 이가 매 순간 좌불안석이었을 것이다. 하지만 내 마음은 한결같이 안온했고, 그런 시간을 지내는 동안 알게 되었다. 여유는 뭐가 든든 히 많은 데서 오는 것이 아니라, 욕심과 두려움을 비울 때 온다는 것을, 그리고 이 평안은 누가 쉽게 깨뜨릴 수 있는 게 아니라는 것을 말이다.

대략 두 달간을 나는 그렇게 거실에 머물렀다. 부부싸움은 칼로 물 베기라는 말처럼 지금은 또 언제 그랬냐는 듯 다시 잘 지내고 있다. 하지만 그전과 아주 똑같지는 않다. 미워하는 대신 멀리하는 법을 배웠고, 우리는 언제든 서로 물러날 수 있다는 사실을 알았기 때문이다. 그리고 우리 둘 다 약간은 더 자유로워졌다. 어떤가, 이쯤 이면 이롭지 않음이 없다고 할 만하지 않겠는가.

뇌천 대장,

울타리에 걸리지 않는
나아감

김주란
———

雷天 大壯
뇌천 대장

大壯, 利貞. 대장, 리정.

대장괘는 올바름을 굳게 지키는 것이 이롭다.

初九, 壯于趾, 征凶, 有孚. 초구, 장우지, 정흉, 유부.

초구효, 발에서 장성한 것이니 나아가면 흉하게 될 것이 틀림없다.

九二, 貞吉. 구이, 정길.

구이효, 올바름을 굳게 지켜 길하다.

九三, 小人用壯, 君子用罔. 貞厲, 羝羊觸藩, 羸其角. 구삼, 소인용장, 군자용망, 정려, 저양촉번, 리기각.

구삼효, 소인이라면 강한 힘을 쓰고 군자라면 상대를 무시한다. 그 상태를 고수하면 위태로우니 숫양이 울타리를 치받아서 그 뿔이 다치는 것이다.

九四, 貞吉, 悔亡. 藩決不羸, 壯于大輿之輹. 구사, 정길, 회망. 번결불리, 장우대여지복.

구사효, 올바름을 굳게 지키면 길하여 후회가 없어진다. 울타리가 터져 열려서 뿔이 다치지 않으며 큰 수레의 바퀴살이 강한 것이다.

六五, 喪羊于易, 无悔. 육오, 상양우이, 무회.

육오효, 양들을 온화하게 대하여 힘을 잃게 하면 후회가 없다.

上六, 羝羊觸藩, 不能退, 不能遂. 无攸利, 艱則吉. 상육, 저양촉번, 불능퇴, 불능수. 무유리, 간즉길.

상육효, 숫양이 울타리를 치받아 물러날 수도 없고 나아갈 수도 없다. 이로운 것이 없으니 어렵게 여기면 길하다.

대장(大壯)괘는 둔괘 다음에 이어지는 괘이다. 자벌레나 개구리도

움츠렸다 폈다 하는 신축운동을 한다. 달이 지면 해가 뜨고, 겨울이 가면 봄이 오듯, 물러나야 할 때인 둔(遯)의 시대가 다하면 힘차게 나아가는 대장(大壯)의 시대가 시작되는 것이다. 대장괘의 괘상을 보면 맨 아래의 초효부터 시작하여 사효까지 연달아 네 개의 양효가 치고 올라오며 위의 두 음효를 밀어내고 있다. 양의 세력이 강성해져 과반을 넘겼으니 대세는 이미 정해졌다. 하체는 하늘이요 상체는 우레라, 우레가 하늘에 번쩍이는 형상이니 이 또한 굳건한 군자의 기상이 천하에 울려 퍼지는 형세다. 이 기세는 멈추려야 멈출 수 없고 꺾으려야 꺾을 수 없으니 나아가지 않을 도리가 없다. 이제 무리를 이룬 군자의 세력이 앞으로 돌진하여 둘밖에 남지 않은 음의 세력을 몰아낼 일만 남았다. 그야말로 대장(大壯)의 시대!『주역』64괘 중 이렇게 호쾌한 괘도 드물 것이다.

그런데 막상 대장괘의 괘사 효사에는 걱정과 잔소리만 한가득이다. "올바름을 굳게 지키는 것이 이롭다"(利貞리정)라니, 가라는 건가 말라는 건가? '굳게 지키는' 자세를 강조하는 것을 보니 역시 조심하라는 얘기다. 아, 답답하다. 대장의 시대도 몸을 한껏 움츠려야 했던 둔의 시대를 겪은 후에 겨우 찾아왔다. 그럼 이제 때를 만났으니 쭉쭉 달려 줘야 할 것 아닌가. 이런 좋은 때, 좋은 친구들까지 함께 있는데 호쾌하게 전진하면 왜 안 되는 것인가?

대장괘의 초효가 딱 나 같은 마음이었나 보다. "발에서 장성한"(壯于趾장우지) 초구효는 앞에 나서고 싶어서 발꿈치가 들썩거리는 중이다. 하룻강아지 범 무서운 줄 모른다고, 경험치가 없는 초효는 겁 없이 나댄다. 그런 초효의 자리에 자신감 넘치는 양효가 놓였으니 얼마나 기세가 올랐을까. 더구나 때까지 대장의 시대라면 이건 마치 뻥 뚫린 고속도로에 올라탄 스포츠카라고나 할까. 그런데, 결정적인 문제가 있다. 이 차의 운전자가 초보라는 사실이다. 여기에서 나는 처음 공부를 시작할 무렵 내 모습을 떠올렸다. 이제 막 공부의 재미를 알기 시작한 나는 초보다운 열의에 가득 차 있었다. 부끄럽게도 나는 아는 내용이 나오기만 하면 아는 척하고 싶어서 안절부절했더랬다. 하고 싶은 말로 꽉 차 있는 사람은 다른 사람들의 얘기를 들을 줄 모른다. 선뜻 끼어들지 못하고 머뭇거리는 사람을 기다릴 줄도 모른다. 이러니 흉할밖에. 그래서 성인은 대장괘 초장부터 엄포를 놓았나 보다. "초구효는 발에서 장성한 것이니 나아가면 흉하게 될 것이 틀림없다."

대장괘는 재밌게도, 아래에서 치고 올라오는 양효를 들이받기 좋아하는 뿔난 숫양(羝羊)으로, 괘 끝에 몰린 음효는 그 양들을 막고 있는 덤불 울타리로 비유하고 있다. 이 비유를 다시 세미나에 적용해 보면, 공부에 열의가 있는 회원들은 기세가 오른 저돌적인 숫양이고, 책을 못 읽어 왔거나 몸이 좋지 않거나 여타의 다른 이유로 태도가 미적지근한 회원들은 덤불 울타리라 할 수 있다. 비록 대장괘의 초구효가 조급하고 미숙하긴 하나 나쁘다고만은 볼 수 없다. 초구효는 양(陽)의 자리에 양(陽)이 왔으니 바름(正)을 얻은 효다. 그렇듯 세미나 시간에 책을 성실히 읽어 오고 적극적으로 의견을 발표하는 것은 '세미나의 바름'을 행하는 것이다. 열성적인 회원들이 다수 포진한 대장괘와 같은 세미나라면 그 분위기는 상당히 활발하고 즐거우리라. 이런 세미나를 운영하는 진행자는 구사가 될 것이다.

노련한 구사는 신이 난 신참회원이 세미나 시간을 독점하지 않도록 적절히 제어해야 한다. 하지만 진행을 맡은 구사효 또한 같은 양의 세력으로서 이런 분위기를 내심 편하고 자연스럽게 여길 수도 있다.

그렇기에 더더욱 "올바름을 굳게" 지키라고 경고해야 하나 보다. 이때의 바름은 앞에서 말한 '세미나의 바름'과는 조금 다르다. 왜냐면 지금은 대장의 시대이기 때문. 대장의 시대에는 열성적인 세미나 회원이 다수이고 이들의 활동이 점점 더 활발해진다. 이럴 때는 자신들은 잘하고 있다는 생각에 빠지기 쉽다. 그리고 상대적으로 열의가 못 미치는 사람들에 대해 무시하는 마음이 들 수 있다. 구사효조차 말이다. 따라서 대장의 때에는 잘하지 못할까를 걱정할 게 아니라 잘하고 있다고 과시하게 되지 않을까를 우려해야 한다. 과한 자신감과 만족감은 상대편의 입장에서는 매우 폭력적으로 느껴진다. 이런 양기의 폭력성을 우리는 흔히 독선이라고 하고, 『주역』에서는 강포(强暴)하다고 한다. 그래서 대장괘는 다른 괘에서와 달리 양(陽)이 양(陽)의 자리에 오는 것에 대해 바르다고 말하지 않고 지나치다고 한다.

이렇게 해서 자칫 강포해지기 쉬운 대장의 시대, 구사효는 자신의 지위에 자만하지 않고 올바름을 지키려 한다. 그것이 가능한 이유가 두 가지 있다. 첫째는 음양의 조화다. 구사효는 양이지만 음의 자리에 있으므로 음양의 조화를 지닌 자다. 그렇기에 강하면서도 섬세하게 힘을 조절할 줄 안다. 그런 자는 숫양처럼 울타리를 들이받지 않는 대신, 큰 수레의 튼튼한 바퀴살처럼 쉼 없이 구르며 원만하게 나아간다. "구사효, 올바름을 굳게 지키면 길하여 후회가 없어진다. 울타리가 터져 열려서 뿔이 다치지 않으며 큰 수레의 바퀴살이 강한 것이다"(九四구사, 貞吉정길, 悔亡회망. 藩決不羸번결불리, 壯于大輿之輹장우대여지복). 두번째는 구사효의 이웃관계다. 구사효는 다른 숫양(양효)과는 달리, 울타리(음효)와도 가까이 접하고 있다. 열성 회원만 아끼는 게 아니라 소극적인 회원들과도 친하게 지내는 사람인 것이다. 그는 친구들의 고민을 잘 안다. 경제적인 어려움이 있는지, 연애가 안 풀려서 마음이 콩밭에 가 있는지, 몸이 어디 안 좋아서 그런 건지 늘 관심을 갖고 얘기를 듣는다. 그러니 구사효를 만나는 친구들은 절로 마음을 열 수밖에. 울타리가 열리는 것이다. 옛날의 나는 초구효처럼 신이 나서 내 공부에만 마음을 썼다. 그때 울타리를 만난다면 잘난 체하며 들이받았을지도 모른다. 대장괘를 읽으며 이런 옛 모습을 떠올리는 건 부끄러운 일이지만, 구사효를 통해 친구들과 함께 공부하는 법을 상세히 읽게 되었으니 참 다행스러운 일이다!

35
화지 진,

성장하려면
마음을 여유롭게

오창희
———

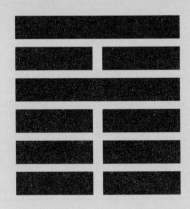

火地 晉
화지 진

晉, 康侯用錫馬蕃庶, 晝日三接. 진, 강후용석마번서, 주일삼접.

진쾌는 나라를 안정시키는 제후에게 말을 많이 하사하고, 하루에 세 번 접견하는 것이다.

初六, 晉如摧如, 貞吉, 罔孚, 裕无咎. 초육, 진여최여, 정길. 망부, 유무구.

초육효, 나아가거나 물러남에 올바르면 길하다. 주변에서 믿어 주지 않더라도 여유로우면 허물이 없다.

六二, 晉如愁如, 貞吉, 受茲介福于其王母. 육이, 진여수여, 정길, 수자개복우기왕모.

육이효, 나아가려다 근심하는 것이지만 올바름을 지키면 길하니 왕모에게서 큰 복을 받는다.

六三, 衆允, 悔亡. 육삼, 중윤, 회망.

육삼효, 무리가 믿고 따르니 후회가 없어진다.

九四, 晉如鼫鼠, 貞厲. 구사, 진여석서, 정려.

구사효, 나아가는 것이 다람쥐와 같으니 계속 고수하면 위태롭다.

六五, 悔亡. 失得勿恤, 往吉, 无不利. 육오, 회망. 실득물휼, 왕길, 무불리.

육오효, 후회가 없게 된다. 득실을 근심하지 말아야 하니 나아가면 길하여 이롭지 않음이 없다.

上九, 晉其角, 維用伐邑, 厲吉, 无咎. 貞吝. 상구, 진기각, 유용벌읍, 려길, 무구. 정린.

상구효, 그 뿔에까지 나아가니 오직 자기 자신을 강하게 단속하는 데에 사용하면 엄격하더라도 길하고 허물이 없다. 하지만 올바름의 측면에서는 부끄러움이 있다.

〈감이당〉에서는 다양한 활동을 통해 각자의 성장을 도모한다. 그 중심에 놓인 것이 글쓰기다. '금요 대중지성'에서는 작년에 이어 자신의 문제의식을 중심으로 하나의 고전을 리-라이팅하는 미션을 수행 중이다. 나름 애를 썼건만, 변한 게 없다는 피드백을 받으면, 늘 해오던 습관에 젖어 아는 지식이 부족해서인가 싶어 이런저런 책들을 뒤적이며 고쳐 본다. 그러나 여전히 한 발짝도 나아가지 못하고 있다는 코멘트가 반복된다. 그러면 우리 모두는 가슴이 답답해진다.

그중에서도 작년 한 해 동안 유독 힘들어하는 학인이 있었다. 그는 여태 성실함을 무기로 차근차근 이 과정을 밟아 왔다. 모든 과제는 일주일 전에 마친다. 자신이 선택한 고전은 읽고 또 읽어서 내용을 꿰고 있다. 개념 설명도 잘 한다. 학창 시절에는 성적도 우수했고 늘 칭찬을 받았을 법하다. 2년 전인가 그가 글쓰기 과정을 잘 따라하고 있다는 얘기를 들었다. 그런데 작년 일 년간 유독 변하지 않고 있다는 피드백을 지속적으로 받으면서 혼란스러워했다. 어느 날 그와 통화를 했다. 솔직히 자신도 뭘 어떻게 해야 할지 모르겠고, 이제는 지친다는 거다. 성실함이 몸에 밴 그는 선생님의 피드백도 최대한 완전하게 반영하려고 무진 애를 쓰고 있었다. 늘 잘한다는 칭찬을 받아 왔으니 더욱더 그랬을 것이다.

대화 속에서 인정을 받으려 애쓰는 그의 마음과 기대에 못 미치는 결과에 대한 초조함이 느껴졌다. 내 느낌을 솔직하게 말했다. 그도 자신의 그런 면을 인정했다. 나는 한마디를 덧붙여서, 공부를 재미있게 하고 있다는 생각이 안 든다고 말해 줬다. 그도 공부가 재미있지 않다고 했다. 다른 건 모르겠는데 일단 재미는 있어야 하지 않겠냐는 말을 주고받은 뒤 통화를 마쳤다. 그는 한 해를 마칠 때까지 스스로에 대한 실망과 자신을 인정해 주지 않는 선생님에 대한 야속한 마음을 다 풀지 못한 것 같았다. 화지 진(火地 晉)을 공부하다가 그(와 우리 모두)에게 필요한 건 '마음의 여유'가 아닐까 하는 생각이 들었다.

화지 진은 나아감의 도를 말하는 괘다. 땅을 상징하는 곤괘 위에 밝음을 상징하는 리괘가 있어, 밝은 해가 땅 위로 나온 모습이다. 곤(坤)의 덕은 순응하는 것이고, 리(離)의 덕은 밝히는 것이므로, 이치에 순응하면서 밝음을 향해 나아가 더욱 '성장'하는 것을 '나아감'(晉)이라 한다. 성장은 내면의 덕이 저절로 드러나게 하는 것이기도 하다. 「상전」에서 밝음은 "가려진 것을 제거하고 지극한 앎에 이르는 것"이라 했다. 『주역』에서 말하는 지극한 앎이란, 우주자연의 이치를 정미하게 탐구해 그것을 자기 일상의 문제에 활용할 수 있는 지혜의 최고 경지를 뜻한다. 이러한 지혜를 얻는 길로 가는 것이 진괘가 말하는 나아감이고 글쓰기를 통해 우리가 가고자 하는 길이다.

글쓰기는 기나긴 여정이고 우리는 지금, 살면서 거의 생각해 본 적 없는 길, 지혜를 찾는 길의 출발점에 있다. 이런 우리들에게 진괘의 초효는, "나아가거나 물러나는 데에 올바름을 얻으면 길하고, 믿어 주지 않더라도 여유로우면 허물이 없다"는 조언을 한다. 처음 가는 길이니 뭔가 좀 되는 것 같아 용기가 나다가도 갑자기 앞이 막힌 듯 힘이 빠지기도 할 것이라는 것(晉如摧如진여최여), 처음부터 인정받을 수 없다는 것(罔孚망부)은 이해가 간다. 그럼에도 불구하고 정도를 지키면서 가면 길(貞吉정길)하고 여유를 가지면 허물이 없다

(裕无咎유무구)는 것 역시 지당하신 말씀이다. 남의 일일 때는 그렇다. 그러나 막상 내 문제가 되면 지당하신 말씀이 부당하게 들린다. 우리 대부분이 그렇고 그는 유독 더 그랬을 것이다.

부당하다는 생각에서 벗어나 피드백의 핵심에 귀를 기울이려면 두 가지를 해결해야 한다. 어떻게 하는 것이 올바른 것인지, 여유가 왜 중요한지. 진괘의 전체 지도를 보여 주는 괘사에서 힌트를 얻어 본다. "진괘는 나라를 안정시키는 제후에게 말을 많이 하사하고, 하루에 세 번 접견하는 것이다"(晉진, 康侯用錫馬蕃庶강후용석마번서, 晝日三接주일삼접). 선문답 같다. 일단 내 문제를 풀고자 하니, '나라'를 '나'로 생각하고 괘사를 풀어 본다. '나라를 안정시키는 제후에게 말을 많이 하사'한다는 것은 '자신의 마음을 편안하게 하면 나아감에 필요한 여러 방편(말)들을 얻게 된다'는 것으로 이해할 수 있겠다. '하루에 세 번 접견한다.' 이는 군주를 접견한다는 것인데 군주는 밝은 태양이자 자신이 나아갈 지혜 탐구의 길이라고 할 수 있다. 그 길을 하루에 세 번 만난다. 그만큼 나아갈 방향을 재차 확인하는 것이 필요하다는 뜻으로 해석할 수 있다. 선생님께서 "방향을 안 바꾸고 지금까지 달려가던 길로 열심히 하기만 하면 제아무리 애를 써도 엉뚱한 곳에서 땅을 파는 꼴이 된다"는 코멘트를 반복하시는 것도 내가 가고 있는 방향을 바로잡는 것이 무엇보다 중요함을 강조한다는 점에서 진괘의 괘사와 통한다.

그는 누구보다 성실하다. 그러나 그 성실함이 눈앞의 결과에 연연하고 당장 누군가의 인정을 받는 데에 초점이 맞춰지면 불안하고 초조함을 피할 수가 없다. 그만 그렇겠는가. 그럼에도 그가 유독 힘들어하는 것은 그가 지금까지 칭찬과 인정을 받는 데 익숙해져 있기 때문이 아닐까. 진괘에서는 성장의 첫 발걸음을 뗄 때, 지금까지 걸어온 자신의 길을 그대로 가려는 태도를 경계하라고 한다. 유순한 덕을 지닌 초육, 육이, 육삼, 육오효 등 음효는 길하거나 허물이 없는데, 자신의 강함을 그대로 밀고 나가려는 양강한 기질을 가진 구사와 상구가 위태롭거나 부끄럽다고 하는 데에 그런 메시지가 담겨 있다. 성장은 질적 도약을 의미하고 거기에는 지금까지와는 다른 태도와 방법으로 전환하는 자세가 필요하다. 그런 점에서 그도 우리도 모두 초보다.

지금까지 잘 왔고, 내게 주어진 과제를 성실히 하고 있는데도 무언가에 막혀서 출구를 찾지 못하고 있다면, 지금 내가 전혀 다른 새로운 지평을 열어 가야 하는 출발점에 서 있지 않은지를 생각해 보자. 그 자리에 서서 가고자 하는 방향을 바라볼 수 있다면 지금 여기와 지향하는 그곳 사이에 공간이 생기고, 그 공간의 크기만큼 마음이 여유로워지지 않을까. "여유로우면 허물이 없다"는 진괘의 초효는 성장의 과정에서 겪게 될 지지부진함과 온갖 우여곡절들을 견뎌 낼 수 있는 힘이 그 여유에서 나온다고 말한다. 그래도 불안과 초조가 밀려오면 다시 내가 지금 어디로 가고 있는지를 확인하면서 가자. 그러면 다시 마음에 안정을 얻게 되고, 그 여유 공간을 딛고 한 발 한 발 나아갈 수 있을 것이다.

지난 금요일 그가 중간발표를 했다. 작년보다 많이 편안해진 모습이다. 부디 그 모습 유지하면서 성장해 가는 모습 볼 수 있기를, 그리하여 그 길을 가려는 우리 모두에게 힘이 되어 주기를 바란다.

36
지화 명이,

말(馬)이
튼튼해질 때까지

오창희

地火 明夷
지화 명이

明夷, 利艱貞. 명이, 리간정.

명이괘는 어려움을 알고 올바름을 굳게 지키는 것이 이롭다.

初九, 明夷于飛, 垂其翼. 君子于行, 三日不食, 有攸往, 主人有言.

초구, 명이우비, 수기익, 군자우행, 삼일불식, 유유왕, 주인유언.

초구효, 밝은 빛이 손상당하는 때이니 나는 새의 날개가 아래로 처지는 것이다. 군자가 떠나가면서 3일 동안 먹지 않으니 나아갈 바를 두면 주변 사람들이 이런 저런 말을 한다.

六二, 明夷, 夷于左股, 用拯馬壯, 吉. 육이, 명이, 이우좌고, 용증마장, 길.

육이효, 밝은 빛이 손상당하니 왼쪽 넓적다리를 다쳤으나 구원하는 말이 건장하다면 길하다.

九三, 明夷于南狩, 得其大首, 不可疾貞. 구삼, 명이우남수, 득기대수, 불가질정.

구삼효, 밝은 빛이 손상당하는 때에 남쪽으로 사냥 나가서 그 우두머리를 얻지만 빨리 바로잡을 수는 없다.

六四, 入于左腹, 獲明夷之心, 于出門庭. 육사, 입우좌복, 획명이지심, 우출문정.

육사효, 왼쪽 배로 들어가 밝은 빛을 손상당한 육오의 마음을 얻어서 문 앞의 뜰로 나오는 것이다.

六五, 箕子之明夷, 利貞. 육오, 기자지명이, 리정.

육오효, 기자가 밝은 빛을 감춘 것이니 올바름을 지키는 것이 이롭다.

上六, 不明晦, 初登于天, 後入于地. 상육, 불명회, 초등우천, 후입우지.

상육효, 밝지 못하여 어두우니 처음에는 하늘에 오르고 나중에는 땅속으로 들어간다.

최근 지인의 고민을 두고 주역점을 친 일이 있다. 고민의 내용은 이렇다. 일을 배우고 싶다는 30대 초반의 젊은이가 지인을 찾아왔다. 일을 나눠서 하면 지인도 도움이 될 것 같았고 또 젊은이의 자립을 돕는 것도 보람 있는 일이라 생각해서 같이 일을 하게 되었다. 그런데 얼마 전에 그가 이런저런 불만을 토로한다는 이야기를 전해 듣게되었다. 다른 일을 했으면 더 많은 돈을 벌었을 거라거나 혼자서도 잘할 수 있는데 큰일을 안 맡겨 준다거나 하는 불평을 한다고 했다. 그런데 그도 30대 초반의 나이로는 경제적으로 꽤나 안정되게 살고 있다. 그리고 주로 현장 촬영을 하는 일이라 날씨라든가 기타 등등 돌발 상황이 생기면 순발력과 유연성이 필요한데, 그가 그런 부분이 아직은 좀 부족하지만, 내달에 시작될 규모가 큰 프로젝트를 혼자 해보라고 맡겨 놓은 상태다.

이렇게 지인 나름대로는 신경을 쓰고 있는데 불평을 하니 속도 상하고, 이런 불만의 밑바탕에는 외제차에 큰 집을 가진 친구들만큼 경제력을 확보하지 못한 데 대한 질투와 조바심이 깔려 있는데, 그 욕구가 채워질까 하는 의구심도 있다. 무엇보다 이 상태로 가다가는 나중에 관계가 틀어져서 안 좋게 헤어질지도 모른다는 생각이 드니, 이쯤에서 어떤 결정을 내리는 게 좋지 않을까 싶다는 것이다. 그가 생각하고 있는 해법은 두 가지였다. 그를 설득해서 독립할 수 있을 때까지 함께 일을 하는 것과 여기서 헤어지는 것인데, 아무리 고민을 해봐도 어느 하나로 결정을 내리기가 너무 어렵다고 했다.

주역점을 쳤더니, 지화 명이(地火 明夷)의 이효가 나왔다. 우선 괘상을 보면, 지화 명이는 땅을 상징하는 곤(坤)괘가 위에 있고, 밝은 빛을 상징하는 리(離)괘가 아래에 있다. 그러니 밝은 빛이 땅속에 들어가 있는, 밝음이 숨겨진 상황이다. 또는 밝음을 숨겨야 할 상황이라고 볼 수도 있다. 이(夷)는 '손상을 입는다'는 뜻이니, '명이'(明夷)는 밝음이 손상을 입는다는 의미다. 괘사에서는 "명이괘는 (밝은 빛이 손상을 당하는 때이니) 어려움을 알고 올바름을 굳게 지키는 것이 이롭다"라고 한다. 항상 밝음이 어둠을 당장 물리칠 수 있는 건 아니다. 어둠이 자연스레 걷히고 밝음이 드러나기를 기다려야 할 때도 있다. 명이가 그런 상황이다.

이런 상황에서 지인은 어떤 단계를 지나고 있는 것일까. 지인이 얻은 육이효에서는 "밝은 빛이 손상당하니(明夷명이), 왼쪽 넓적다리를 다쳤으나(夷于左股이우좌고) 구원하는 말이 건장하다면 길하다(用拯馬壯용증마장, 吉길)"라고 한다. 지인은 지금 넓적다리를 다친 상태다. 육이는 음이 음의 자리에 있어 정(正)하고, 하괘의 가운데에 위치하고 있어서 중(中)을 얻은 자이다. 즉 중정(中正)한 자로 자신의 자리에 바르게 앉아 신중하고 현명하게 처신할 수 있는 덕을 지녔다. 그러나 명이는 전체 상황 자체가 밝음이 손상을 당하는 때인지라, 자신이 아무리 현명하다고 해도 소인으로부터 해를 당할 수밖에 없다. 그러나 중정하기 때문에 그나마 손상이 그리 크지는 않다. 그것이 왼쪽 넓적다리의 상처로 표현되었다. 넓적다리의 상처가 발의 상처보다는 걷는 데 덜 불편하고, 일반적으로 오른편보다는 왼편이 힘을 덜 쓰는 쪽이기에 치명적이지는 않다. 그리고 다행히도 어둠의 상황을 벗어날 방도가 있다. 구조 수단으로 튼튼한 말을 쓰는 것이다.

이를 지인의 고민과 연결해서 생각해 보았다. 전체 상황은 밝음이 손상을 당하는 때이므로 밝음을 숨겨야 하는 때이다. 그러니 함께 일을 시작하면서 가졌던 초심으로 후배를 대하는 것이 좋겠다. 그리고 그가 하는 불평이나 욕심을 지적하거나 충고하는 건 지금으로 봐서는 바람직하지도 않고 효과도 없다. 설사 지인이 후배에게 크게 잘못한 것이 없다 하더라도 넓적다리를 다치는 정도의 손상은 피할 수가 없으니, 후배의 언행으로 인해 받는 상처는 감수해야 한다. 억울하고 야속한 마음이 들면 참기가 어렵겠지만, 밝음이 어둠에 가려진 상황이니 어쩔 수가 없다. 이렇게 해석을 마무리했다.

그러니 지금은 어떤 지혜로운 행동이나 해결책도 빛을 발할 수 없는 어둠이 가득한 상황임을 알고, 자신이 받는 상처를 당연한 것으로 받아들이는 여유를 가져야 한다. 그리고 자신을 구원해 줄 말이 튼튼해질 때까지(해결 방향이 명확해질 때까지) 기다리면 길하다. 기다리다 보면, 더 이상 고민 없이 결정할 수 있을 만큼 문제가 명료하게 드러날 때가 오게 된다. 후배 스스로 자신의 욕망을 분명히 드러내면서 독립 의사를 표현할 수도 있고, 지금으로서는 생각할 수 없는 변수가 끼어들어 다시 함께 갈 수 있는 상황이 펼쳐질 수도 있고, 제3의 길로 해결이 날 수도 있다. 어찌됐든 해결의 방향이 자연스레 드러날 때까지 기다리는 것이 지금으로서는 순리라는 결론을 내렸다.

그 후 오랫동안 잊고 지내다가 얼마 전 그 지인과 통화를 했다. 코로나 와중에 잘 지내는지 안부를 주고받다가 지난여름 주역점을 친 후일담이 궁금해서 후배와는 어떻게 됐는지를 물었다. 지인 왈,

그곳은 코로나가 덮쳐서 일 자체가 올 스톱이라고 했다. 느닷없이 코로나 바이러스가 끼어들어 갈등의 현장 자체를 없애버린 셈이다. 당시로서는 고민이 이렇게 정리될 줄은 상상도 못했다.

　우리는 어떤 문제에 봉착했을 때, 상황을 여유롭게 지켜보기가 어렵다. 내가 겪는 힘듦, 내가 받는 오해와 심리적인 고통에서 빨리 벗어나고 싶기 때문이다. 그러다 보니 조급한 마음이 생기고 조급함이 어떤 쪽으로든 빨리 결정을 내리게 하고 그 때문에 잘못된 결정을 하거나 타이밍을 못 맞춰서 문제를 더 복잡하게 만드는 경우가 다반사다. 지화명이의 이효에서는 이런 우리들에게 경계의 메시지를 준다. 단호하게 행동해야 할 때도 있다. 그러나 어둠이 밝음을 덮어 버린 상황이라고 판단되면, 신중하고 묵묵하게 현재의 상황을 주시하면서 "말이 튼튼해질 때까지" 기다리는 여유를 가지라고!

풍화 가인,

'엄격한 리더'가
필요한 이유

박장금
———

風火 家人
풍화 가인

家人, 利女貞. 가인, 리녀정.

가인괘는 여자가 올바름을 지키는 것이 이롭다.

初九, 閑有家, 悔亡. 초구, 한유가, 회망

초구효, 집안을 법도로 방비하면 후회가 없다.

六二, 无攸遂, 在中饋, 貞吉. 육이, 무유수, 재중궤, 정길.

육이효, 이루려는 바가 없으니 가운데 있으면서 음식을 장만하면 올바르고 길하다.

九三, 家人嗃嗃, 悔厲, 吉. 婦子嘻嘻, 終吝. 구삼, 가인학학, 회려, 길. 부자희희, 종린.

구삼효, 집안사람들이 원망하는 소리를 내면 엄격함을 후회하지만 길하다. 부인과 자식이 희희낙락하면 끝내 부끄럽게 될 것이다.

六四, 富家, 大吉. 육사, 부가, 대길.

육사효, 집안을 부유하게 하는 것이니 크게 길하다.

九五, 王假有家, 勿恤, 吉. 구오, 왕격유가, 물휼, 길.

구오효, 왕이 집안을 다스리는 도를 지극히 하는 것이니 근심하지 않아도 길하다.

上九, 有孚, 威如, 終吉. 상구, 유부, 위여, 종길.

상구효, 진실한 믿음이 있고 위엄이 있으면 끝내 길하다.

나에게 연구실은 생활이 이루어지는 사적 공간이자 일과 공부를 하는 공적 공간이기도 하다. '일타이피'로 볼 수 있지만 공과 사가 부딪힐 때는 애매한 문제가 생긴다. 장점이라면 연구실에서는 늘 생활을 함께하는 학인들이 있으니 든든하다는 것이다. 하지만 친하기 때문에 문제가 생기면 회사처럼 개입하기가 쉽지 않다. 상대방의 문제가 뻔히 보여도 지적을 하게 되면 감정이 상해 당장 생활에서 서먹해지니 좋은 게 좋은 걸로 넘어가기 일쑤다. 한데 문제는 늘 얼렁뚱땅 넘어간 것에서 발생한다. 감정이 쌓이고 쌓이다가 별것 아닌 상황에서 폭발하기 때문이다. 난 그런 방식으로 많은 친구들과 결별했다. 연구실 초기에는 뭘 몰라서 그렇다 쳐도 세월은 흘렀고 피하고 싶어도 난 어느덧 선배가 되어 있었다. 이 문제를 피할 수 없는 때가 온 것이다. 이때 풍화 가인(風火 家人)은 나에게 해결의 실마리를 던져 주었다.

풍화 가인은 괘 제목처럼 가족에 대한 괘이다. 말이 가족이지 우리가 생각하는 핵가족이 아니다. 중국의 가(家)는 중국 주나라 봉건제도에서 온 것으로 국가는 가정의 확대판과 같다. 그 증거가 국가(國家)라는 이름에 있는데, 쉽게 말해 대가족은 최소 500명 정도이고 이것을 몇 개를 합한 게 국가다. 중국의 그 큰 대륙의 통치는 가(家)라는 최소 단위의 다스림이 받쳐 주었기 때문에 가능했을 정도로 집을 다스리는 가도(家道)는 중요했다.

풍화 가인의 상은 밖은 바람이고 안은 불로 안에서 불길이 세차게 타올라 밖으로 바람이 일어나는 모습이다. 『대학』의 '수신제가 치국평천하' 또한 이런 자연의 이치를 반영한 것이다. 내부에서 잘 타오르는 불은 반드시 바람을 일으키고 그것은 사회에 영향을 미치기 마련이다. 이처럼 집안의 도가 불처럼 타오를 때 그 바람은 천하와 연결된다고 보았다. 가인괘는 초효부터 집안의 법도를 세워 방비할 것을 강조한다. 쉽게 말해 초장부터 엄하게 해야지 멋대로 내버려 두면 방종하게 되어 걷잡을 수 없게 된다는 것이다. 공자님은 '엄군'(嚴君)이 필요하다고 말한다. 엄(嚴)은 '엄하다', '혹독하다', '지독하다'라는 뜻으로 '엄'(嚴)자를 구성하는 '감'(敢)자는 호랑이 꼬리를 붙잡고 있는 것으로 '감히'나 '함부로'라는 뜻이다. 감히, 함부로 할 수 없는 자. 아버지는 엄군 역할을 해야 한다. 솔직히 반항심이 올라오기도 한다. 좋은 말로 해도 되는데 굳이 '가오' 잡을 필요가 있을까 싶어서다. 굳이 그렇게 해야 하는 이유는 집이라는 특수성 때문이다. 집은 생활공간으로 감정 교류가 원활하게 일어나는 곳이다. 좋은 말로는 요리조리 피하면서 말을 듣지 않을 수 있다. 하여 집안을 다스리려면 '사적으로 형성된 정'에서 벗어나야 한다. 이 상황을 돌파하기 위해 엄군은 요청된다. 지금의 나의 문제를 따끔하게 말해 줄 어른이 필요한 것이다.

구삼효는 엄군의 중요성을 가장 잘 드러낸 효이다. "집안사람들이 원망하는 소리를 내면 엄격함을 후회하지만 길하다. 부인과 자식이 희희낙락하면 끝내 부끄럽게 될 것이다"(家人嗃嗃가인학학, 悔厲회려, 吉길, 婦子嘻嘻부자희희, 終吝종린). 학학(嗃嗃)은 원망의 의성어로 엄군이 너무 엄격하게 해서 집안사람들의 원망이 자자한 상황을 나타낸 것이다. 엄군을 디스하는 건가 싶었는데 그것은 아니다. 엄하게 하지 않으면 희희낙락하면서 제멋대로인 콩가루 집안이 되니, 아무리 원성이 높아도 집안의 기강을 잡으라는 것이다.

그렇다면 가도란 무엇인가. 공자님은 다음과 같이 말씀하신다. "아비는 아비답고, 자식은 자식답고, 형은 형답고, 아우는 아우답고, 남편은 남편답고, 아내는 아내"다워야 한다고. 언뜻 보면 역할을 고정시켜 놓은 것 같지만 이것은 변화하는 상황에 따라 자신의 위치에 맞게 잘 처신하는 게 핵심이다. 우리 시대는 어떤가. 딸 바보, 아들 바보로 불리는 부모는 엄군과는 거리가 멀다. 하도 방송에서 '스윗한' 부모 자식 관계를 조명하니 이런 게 자식 사랑인가 싶을 정도다. 잘 생각해 보자. 어릴 때 칭찬만 받거나 최고의 대우만 받다가 사회에 나온 자녀는 어떻게 될까? 집안에서처럼 대우받는 걸 당연하게 여기지 않을까. 엄군의 실종은 아이로 하여금 때에 맞게 변형하는 능력을 상실하게 만들고, 자아 비만 상태로 만드는 것인지도 모른다. 누구나 어른이 된다는 것은 집을 벗어나 사회로 나와야 한다는 것이다. 밖을 나오면 당연히 원하는 대로 되지 않고 넘어지고 엎어지기 마련이지만 이런 설정을 아예 하지 않는다. 엄군에게 훈련을 받았다면 집안에서 자신의 위치를 생각하면서 다른 사람과 관계 맺기 위해 조율하는 힘을 키웠을 것이다. 요즘 청년들이 사회생활이 조금만 힘들어도 포기하고, 상처로 기억하는 것은 가도의 상실에서 온 것은 아닌가. 이것은 좀 다른 방향이지만 어른이 돼도 어린이에 머물고 싶은 키덜트(kidult) 문화 또한 엄군의 실종에서 왔다고 생각한다. 도대체 이 사회에 어른은 어디에 있는 것일까. 모두가 아이가 되고 싶어 하니 아이를 성장시킬 어른 또한 부재하다.

가인괘의 메시지는 단호하다. 가도는 초장에 잡아야 하고 원성이 있어도 기강을 세워야 한다고. 말이 쉽지 생활이 밀착된 공간에서 '엄격함'의 적용은 쉬운 일이 아니다. 잘못을 지적했다가 상대가 고치기는커녕 감정이 상하면 피곤해진다. 그러니 결국 좋은 게 좋은 거라며 입을 닫아 버린다. 인간은 참 이기적이다. 상대를 진심으로 위한다면 상대의 문제를 알게 해주어야 한다. 그럼에도 상대의 원망이 두려워 입을 닫으면서 사람 좋은 척한다. 상대의 원망에도 흔들리지 않고 엄격하려면 어떻게 해야 할까. 정이천은 공자를 인용하면서 다음과 같이 말한다. 위엄을 발휘하려면 "마땅히 먼저 자신의 몸에 엄격히 하라"(威嚴不先行於己위엄불선행어기)고.

그렇다. 내가 상대의 문제에 대해 제대로 말하지 못하고 머뭇거렸던 것은 스스로에게 엄격하지 않았기 때문이다. 무늬만 엄격하다고 먹히겠는가. 이렇듯 가도를 세우는 리더십은 바로 나의 수행에서 출발한다. 내가 많은 사람들과 결별한 것도 결국 나에게 엄격하지 못했기 때문일 것이다. 참으로 부끄럽다. 맹자의 "자신이 올바른 도리를 실행하지 않으면 아내와 자식에게서도 실행되지 않고, 남을 올바른 도리로 부리지 않으면 아내와 자식에게서도 실행되지 않는다"(동양고전연구회 역주, 『맹자』, 민음사, 2016, 473쪽)는 말이 허투루 들리지 않는다. 내 자신의 성찰 과정을 통과하지 않고는 공동체에서 선배로서 처신하거나 위엄을 발휘할 수 없는 거였다.

나에게 엄하셨던 부모님, 스승, 선배들이 생각난다. 많이 혼나고 섭섭했던 순간들. 그분들이 나에게 개입할 수 있었던 힘은 '자신에게 엄격'했기 때문일 것이다. 그것이 나를, 그리고 타자를 사랑하는 마음에서 나온 거였다. 입에 발린 말로 사람 좋은 척했던 내가 부끄러워진다. 상대를 위한 마음보다 오직 나를 돋보이기 위한 말과 행동들. 나이에 맞게 잘 처신하려면 먼저 자신에게 엄격해야 한다. 그것은 나의 성찰에서 시작되는 것이고, 그래야 집안이, 그리고 사회가 잘 굴러갈 것이다. 새삼 '수신제가치국평천하'가 다르게 다가온다.

38
화택 규,

그 말을 쫓아가지 마라
(중2를 둔 이 땅의 부모님들에게)

김주란

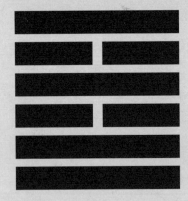

火澤睽 화택 규

睽, 小事吉. 규, 소사길.

규괘는 작은 일에는 길하다.

初九, 悔亡, 喪馬, 勿逐自復, 見惡人, 无咎. 초구, 회망, 상마, 물축자복.
견악인, 무구.

초구효, 후회가 없다. 말을 잃지만 쫓아가지 않아도 저절로 돌아온다. 사이가 나
쁜 사람일지라도 만나야 허물이 없다.

九二, 遇主于巷, 无咎. 구이, 우주우항, 무구.

구이효, 후미진 골목에서 군주를 만나면 허물이 없다.

六三, 見輿曳, 其牛掣, 其人天且劓. 无初有終. 육삼, 견여예, 기우체, 기인
천차의. 무초유종.

**육삼효, 수레가 뒤로 끌리고 소를 막아서니 그 수레에 탄 사람이 머리를 깎이고
코가 베인다. 시작은 없지만 마침은 있으리라.**

九四, 睽孤, 遇元夫, 交孚, 厲无咎. 구사, 규고, 우원부, 교부, 려무구.

**구사효, 어긋나는 때라 외로운 처지인데 훌륭한 남편을 만나 진실한 믿음을 가지
고 사귀니 위태롭지만 허물이 없다.**

六五, 悔亡, 厥宗噬膚, 往何咎? 육오, 회망, 궐종서부, 왕하구?

**육오효, 후회가 없어지니 그 뜻을 같이하는 사람들이 살을 깊이 깨물듯이 완전히
믿고 따라 주면 나아가는 데 무슨 허물이 있겠는가?**

上九, 睽孤, 見豕負塗, 載鬼一車. 先張之弧, 後說之弧, 匪寇, 婚媾, 往
遇雨, 則吉. 상구, 규고, 견시부도, 재귀일거. 선장지호, 후탈지호, 비구, 혼구, 왕우우,
즉길.

**상구효, 어긋나는 때라 외로워서 돼지가 진흙을 뒤집어쓴 것과 수레에 귀신이 가
득히 실려 있는 것을 본다. 먼저 활줄을 당기다가 나중에는 활을 풀어 놓는데, 이**

는 도적이 아니라 혼인할 짝이니 육삼에게 가서 비를 만나면 길하다.

규(睽)괘는 불과 연못이 함께 거주하고 있는 형상의 괘이다. 하지만 이 동거는 시한부 동거다. 하늘로 타오르는 불이 윗자리에 있고, 밑으로 흘러내리는 물이 고여 이루어진 연못이 아랫자리에 자리하니 둘의 사이는 갈수록 어긋나고 벌어질 것이다. 그래서 규괘는 분열과 어그러짐을 상징한다.

바야흐로 우리 집도 규(睽)의 시대에 진입한 듯하다. 우리 집 최연소 구성원은 방년 15세, 사춘기의 정점을 찍는다는 중2다. 불과 2년 전만 해도 깜찍 발랄한 초딩이었는데 어느새 '거친 생각과 불안한 눈빛', 털이 숭숭 난 종아리의 중딩이 되어 버렸다. 쪄 죽는 삼복더위에도 제 방 문을 꼭꼭 닫고 들어앉기와 거실의 컴퓨터 앞에서 고난이도의 부동자세로 장시간 버티기 등의 특기를 지닌 이 녀석의 귀에는, '저 할 말만 하고 듣기 싫은 잔소리는 거부하는 용도'로 추측되는 헤드폰이 근 24시간 장착되어 있다. 기본적으로 악을 쓰지 않고는 대화가 불가능한 조건인데, 악을 쓴다는 건 이미 대화가 아니므로 이래저래 소통이 불가하달까.

녀석의 작전에 대한 나의 대응책은 이러했다. 성을 내거나 서러워하거나, 엄마를 '감시자'로 만들지 말라고 호소하거나 조용히 옆에 책 펴고 앉아 무언의 압력을 행사하거나. 나 나름으로는 다양한 작전을 썼다고 쓴 건데, 지금에 와서 생각해 보면 내 맘대로 아이를 조종하고 싶다는 안달일 뿐이었던 것 같다. 평화로웠던 집안에

발발한 분열의 싹을 순지르고 예전으로 돌아가고 싶었으나 내 노력, 아니 안달의 결과는 역시나 좋지 않았다. 서로가 서로에게 매우 불쾌한 기분이 되었을 뿐이다.

의미심장하게도 규괘는 가인(家人)괘의 뒤를 잇는 괘이다. 서로 화합하여 가정의 도를 이루는 가인의 때가 다하면 분열하고 멀어지는 규의 때가 필연적으로 온다. 엄마·아빠 옆에 껌딱지처럼 달라붙어 보드게임 하자고 조르고, 같이 만화영화 보자고 붙잡던 아이는 이제 더 이상 없다. 사이 좋던 시간이 끝나가고 분열과 괴리가 일어나는 때가 도래했다는 사실을 받아들이면 불필요한 애달픔이나 힘겨루기 과정이 많이 줄어든다. 하지만 이것만으로 문제가 해결되지는 않는다. 아이가 사춘기를 통과하는 동안 대개의 부모들 또한 갱년기를 맞이한다. 불꽃처럼 위로 타오르는 아이들의 에너지를, 연못 물처럼 아래로 가라앉는 부모들이 감당하기란 쉬운 일이 아니다. 가만두면 둘 사이의 간극은 점점 벌어지기만 할 터이다. 분열의 시기에도 우리는 함께 살아야 한다. 좋을 때도 지혜가 필요하다고 하는 『주역』에 이런 난감한 시대에 절실한 지혜가 없을 리 없다.

주옥같은 문장이 하고많지만, 이번에 눈에 들어오는 것은 규괘 초효의 효사다. "후회가 없다. 말을 잃지만 쫓아가지 않아도 저절로 돌아온다(悔亡회망, 喪馬상마, 勿逐自復물축자복). 사이가 나쁜 사람일지라도 만나야 허물이 없다(見惡人견악인, 无咎무구)." 여기에서 나는 우리 집 중딩을 이해할 결정적 단서를 얻을 수 있었다. 초효는 양효다. 그래서 양기가 강한 동물인 말로 표현되었다. 말은 달리고 싶은 내적 충동을 좇아 집이라는 울타리를 넘는다. 안 그래도 동적인 양효가 시작하는 자리에 놓였으니(괘가 시작되는 초효는 기본적으로 양기가 강하다고 본다) 얼마나 궁둥이가 들썩거리겠는가. 내가 볼 때 종아리에 털이 숭숭한 중2야말로 사람보다는 말에 가깝다.(ㅆ) 달리고 싶어 연신 발굽을 굴러 대는, 아직 길들지 않은 말. 이런 말을 쫓아가면 말은 더 멀리 도망가려 할 것이다. 쫓아가려는 의도가 쫓아내는 결과를 가져온다면 그건 안 될 일이다. 게다가 까딱 잘못하면 뒷발에 차이는 불상사가 벌어질지 모른다.

그런데 잃은 말을 쫓지 말라고 하면, '그깟 말 없었던 것으로 치지'라거나 '원래 그놈은 비루먹고 성질이 나쁜 말이었어!'라면서 여우 신 포도 탓하는 식의 태도를 취하기 십상이다. 그런 우려 때문인지 이 대목에서 『주역』은 친절하게 우리를 안심시켜 준다. 그 말은 쫓아가지만 않으면 돌아올 것이라고(喪馬상마, 勿逐自復물축자복). 양기는 뻗치기는 잘해도 오래 가지 못하는 법이기 때문에 달릴 만큼 달리고 나면 제풀에 지쳐 돌아오기 마련이다. 이런 지혜는 사물의 본성을 관찰하는 데에서 나온 것이다. 관찰하면 희망회로를 돌리거나 현실에 눈감는 대신, 음양의 운동성을 이해하고 변화의 리듬을 받아들이게 된다. 쫓지도 원망하지도 않으면서 잃은 말을 기다릴 수 있게 되는 것이다.

"사이가 나쁜 사람일지라도 만나야 허물이 없다"(見惡人견악인, 无咎무구)라는 말 또한 같은 맥락에서 이해해 볼 수 있다. 내 뜻과 어긋나는 사람은 미워하게 되는 것이 본성이다. 자식도, 아니 자식이기에 더 미워하는 경우가 얼마나 많은가. 하지만 이 어긋남도 원래는 동일함에서 온 것이다. 정이천은 "본래 동일하지 않다면 분열하지도 않는다"(정이천, 『주역』, 751쪽)라고 하였다. 이 본래의 동일함이란 다른 게 아니라, 모든 존재는 고립이 아닌 소통을 원한다는 사실이 아닐까? 여기까지 생각하면 미워도 만날 수 있다. 만나면 서로 통하게 되니 더 이상 미워지지 않는다. 그리하여 마침내 허물이 없어지는 것이다.

정말이지 『주역』은 위로가 된다. 뻗대는 중2와 갱년기 부모의 불화는 너무나 당연한 자연의 원리임을 괘상을 통해 보여 주고, 잃은 말(馬)을 찾듯 사방팔방 헤매고 다니지 말라고 똑 부러지게 말해 주고, 미운 사람도 일단 만나면 마음이 통하게 되어 있다는 이치도 알려 주니 말이다. 그러나 이건 분열이 이제 막 시작되는 때에 한한 얘기다. 진짜는 이제부터인지도 모른다. 규괘를 마저 읽으면, 맙소사, 외롭게 뒷골목을 헤매고 머리를 깎이고 코를 베이는 고난을 겪거나 의심이 깊어져 헛것마저 보게 되는 무시무시한 스토리가 이어진다. 이럴 때 『주역』은 또 한없이 리얼하지만, 『주역』을 관통하는 것은 뭐니뭐니해도 변화의 원리가 아니던가. 만남이 헤어짐을 낳았듯이 헤어짐은 다시 만남을 낳는 법. 극심한 분열의 끝은 새로운 만남을 탄생시킨다는 거, 이걸 꼭 기억하기로 하자. 그런 의미에서 나는 중2를 둔 이 땅의 부모들과 함께 『주역』을 읽고 싶다. 여러분~ 우리 같이 『주역』을 읽으면서 이 고난을 넘겨 보아요, 흑흑.

수산 건,

스스로 설 수 있는 힘이 생길 때까지
함부로 나아가지 마라

안상헌
———

水山蹇 수산 건

蹇, 利西南, 不利東北, 利見大人, 貞吉. 건, 리서남, 불리동북, 리견대인, 정길.

건괘는 서남쪽이 이롭고, 동북쪽은 이롭지 않으며 대인을 만나는 것이 이로우니 올바름을 굳게 지키면 길하다.

초육, 왕건, 래예.

六二, 王臣蹇蹇, 匪躬之故. 육이, 왕신건건, 비궁지고.

육이효, 왕의 신하가 고난 속에서 더욱 어려운 것이니 이는 자신의 잘못이 아니다.

九三, 往蹇, 來反. 구삼, 왕건, 래반.

구삼효, 나아가면 어렵고 오면 제자리로 돌아오리라.

六四, 往蹇, 來連. 육사, 왕건, 래연.

육사효, 나아가면 어렵고 제자리로 오면 아래의 효들과 연대한다.

九五, 大蹇, 朋來. 구오, 대건, 붕래.

구오효, 큰 어려움에 처하여 동지들이 온다.

上六, 往蹇, 來碩, 吉, 利見大人. 상육, 왕건, 래석, 길, 리견대인.

상육효, 나아가면 어렵고 돌아오면 여유로워 길하리니 대인을 보는 것이 이롭다.

〈감이당〉과 〈남산강학원〉에서 공부하는 학인들은 1년 365일 당번제로 하루 두 끼의 밥상을 차려 낸다. 아침은 자율로 먹으니, 마음만 먹으면 하루 세끼를 이곳에서 먹을 수 있다. 나는 일주일에 두세 끼 정도 여러 학인들과 함께 밥을 먹는다. 이 시간에는 자연스럽게 공동체의 다양한 프로그램에 참여하여 공부하는 사람들이 많은 이야기를 나눈다. 청년, 장년, 중년, 노년, 때로는 갓난아이까지 함께 식사를 하며 이야기를 나누는 귀한 시간이다. 늘 그렇듯이, 저녁 식사 중에 각자의 공부와 글쓰기에 관련된 이야기를 나누었고, 그날은 '내 인생의 주역'이라는 이름으로 연재되고 있는 글이 이야기의 중심이 되었다. 그때 공동체에서 공부하는 청년 S가 "선생님, 저~ 1년 전에 다니던 직장을 그만두고 여기로 공부하러 왔는데 1년이 지난 지금 공부의 자세를 어떻게 가져야 할지를 질문으로 해서 주역점을 쳤어요. 선생님, 그걸로 글을 써 주실 수 있나요?"라고 물었다. 나는 무엇이 나왔는지를 물었고, 그 청년은 "수산 건괘, 상육효"라고 답했다. 나는 우선 "고난, 시련, 역경의 상황을 상징하는 건괘는 청년의 삶을 해석하기에 참 좋은 괘다"라는 말을 건네며, 글로 써 보겠노라고 약속을 했다.

'건'(蹇)이란 위험하고 장애가 있다는 뜻이다. 건괘의 모습은 물을 상징하는 감(坎)괘가 위에 있고 산을 상징하는 간(艮)괘가 아래에 있다. 감(坎)은 위험을 상징하고 간(艮)은 멈춤을 상징하니, 위험한 물 앞에 멈추어 서서 나아갈 수 없는 모습이다. 앞에는 위험한 함정이 있고 뒤에는 높은 장애물이 있으므로, 고난에 처한 상황이다. 건괘 전체를 봐도 중정(中正)을 이룬 육이효와 구오효를 제외한 네 효에서 한결같이 나아가면 힘들다고 경계한다.

청년은 그 자체로 아름답기도 하지만, 다른 한편에서는 세상에서 자신의 길을 새롭게 열어 가야 하는 시기이기에 그 삶은 결코 녹록지 않은 시기이기도 하다. 초육효에서부터, "나아가면 어렵고 제자리로 돌아오면 영예가 있다"(往蹇왕건, 來譽래예)고 말한다. 그런데 조금 아이러니하다. 일반적으로 청년기는 세상을 향해 적극적으로 나아가야 하는 시기가 아닌가. 하지만 청년 S의 경우는 수산 건괘를 얻었기에 나아가면 어렵고, 그렇지 않으면 영예로울 수 있다. 이 상황을 어떻게 이해해야 하나? 이 청년의 상황을 찬찬히 살펴보자. 청년 S는 대학에서 자신이 좋아했던 '애니메이션' 공부를 했고, 졸업 후 그 전공과 관련된 분야에서 일자리도 잡았다. 하지만 언제나 남들이 시키는 일만 해야 했고, 일과 삶이 분리되어 돌아가는 일상이 점점 힘들어졌다. 그는 '언제까지 이렇게 살아야 하나!'를 생각하다, '이것은 아니다!' 싶어, 과거와는 다른 공부의 길로 찾아온 경우다.

그는 이제 어떻게 살아야 하나? 그의 길을 『주역』에서 한번 찾아보자. 우선 건(蹇)괘의 괘사에서는 "서남쪽이 이롭고, 동북쪽은 이롭지 않다"(利西南리서남, 不利東北불리동북)라고 했다. 『주역』에서 서남쪽이 상징하는 것은 현재 자신이 처한 일이나 인간관계에 충실한 것을 말하고, 동북이 상징하는 것은 큰 변화가 있는 도전적인 일이나 관계로 나아가는 것을 말한다. 인생에서 어떤 때에는 큰 변화가 있는 도전적인 일로 나아가야 할 때가 있지만, 또 다른 때에는 현재 자기가 감당하기 쉬운 곳에서 순리에 따라 처신해야 하는 때도 있다. 공자님은 「단전」에서 지금은 고난과 위험 앞에서 그 "위험을 보고 멈추어 설 수 있으니, 지혜롭구나!"라고 말한다. 청년 S의 경우 함부로 나아가면 위험한 상황에 처할 수 있다. 다행히 스스로 자신을 볼 수 있는 힘을 키우는 공부가 중심인 곳에 왔으니, 일단은 지혜로운 선택을 한 것이다.

그러나 이러한 선택을 했다고 모든 것이 다 해결되는 것은 아니다. 그래서 이 괘의 실천 윤리라 할 수 있는 「대상전」에서는 "군자는 이 모습을 보고 자신을 돌이켜 덕을 수양"(反身修德반신수덕)해야 함을 말하고 있다. 스스로를 관찰하면서 자신을 닦아야 한다는 말이다. '수신(修身)~?' 또 그 소리냐고 손사래를 칠 수도 있다. 하지만 여기서 한 번 더 질문해 보자. 그리고 『주역』의 가르침을 따라가 보자. "멈추어 서서" "자신의 덕을 수양한다"는 것은 무엇을 어떻게 하란 말인가? 이어지는 효사들에서 반복되는 '온다'(來)는 말의 의미를 짚어 보는 것이 필요할 듯하다. 지금 청년 S가 집중해야 할 것은 정이천이 말하듯 "기미를 파악하고 때를 아는 아름다운 능력"(來譽)(정이천, 『주역』, 779쪽)을 가지기 위한 공부이다. 흔히 말하듯, 자기가 좋아하는 공부를 하고, 관련 분야의 직업을 얻어 승승장구하는 것은 지금 청년 S에게는 중요한 것이 아니다. 지금 청년 S가 풀어야 할 과제는 1년 전, 직장을 그만두고 공부의 세계로 돌아오면서 보게 된 '자기 자신'에게로 돌아와 스스로 나아가고 돌아오는 '때'를 아는 힘을 갖는 것이다. 이 힘은 우선은 자신을 보는 것에서 키워지겠지만, 앞으로 청년 S가 맞이할 '때'(時)와 '위'(位)에 따라 때로는 '돌아와 아랫사람들을 기쁘게 해주는 자'(來反)가 되는 것에서 생기기도 하고, 때로는 '연대하는 자'(來連)가 되는 것에서 생기기도 하며, 때로는 '뜻을 함께하는 친구들을 불러 모아 규합'(朋來)하는 데에서 생기기도 할 것이다. 지금의 공부를 통해 이 과정을 온전히 감당할 수 있는 힘이 길러진다면, 청년 S는 올 초 주역점에서 얻은 건괘 상육효의 상황을 자연스럽게 맞이하게 될 것이다. 비로소 그때 청년 S에게는 '크고 관대하여 여유로운 때를 만나 길하고, 대인을 만나 이로운 상황'이 펼쳐질 것이다. 그러니 청년 S에게 『주역』을 빌려 이렇게 말하고 싶다. "이왕에 공부를 시작했으니, 스스로 설 수 있을 때까지, 함부로 나아가지 마라. 혹 나아가더라도 스스로 설 수 있는 힘을 키워야 한다는 것을 늘 가슴에 품고 살고, 이 힘을 키우기 위해 필요하다면 언제든 다시 돌아와 너에게 '대인'이 될 수 있는 선생을 찾는 공부를 해야 한다." 이렇듯 『주역』은 우리에게 나아가는 것에만 지혜가 필요한 것이 아니라, 때로는 나아가지 않는 것에도 많은 지혜가 필요함을 가르치고 있다.

뇌수 해,

높은 성벽 위에 오르면
보이는 것

이한주

雷水解 뇌수 해

解, 利西南, 无所往. 其來復吉, 有攸往, 夙吉. 해, 리서남, 무소왕. 기래복길, 유유왕, 숙길.

해괘는 서남쪽이 이로우니 나아갈 필요가 없다. 와서 회복하는 것이 길하니 나아갈 바를 둔다면 서둘러 하는 것이 길하다.

初六, 无咎. 초육, 무구.

초육효, 허물이 없다.

九二, 田獲三狐, 得黃矢, 貞吉. 구이, 전획삼호, 득황시, 정길.

구이효, 사냥하여 세 마리 여우를 잡아 누런 화살을 얻으니 올바름을 굳게 지켜서 길하다.

六三, 負且乘, 致寇至, 貞吝. 육삼, 부차승, 치구지, 정린.

육삼효, 짐을 져야 할 소인이 수레를 타고 있는 것이라 도적을 불러들이니 올바르더라도 부끄럽게 될 것이다.

九四, 解而拇, 朋至斯孚. 구사, 해이무, 붕지사부.

구사효, 너의 엄지발가락을 풀어 버리면 벗이 이르러 이에 진실로 미더우리라.

六五, 君子維有解, 吉, 有孚于小人. 육오, 군자유유해, 길, 유부우소인.

육오효, 군자만이 오직 풀 수 있어 길하니 소인들의 행태를 보면 알 수 있다.

上六, 公用射隼于高墉之上, 獲之, 无不利. 상육, 공용석준우고용지상, 획지, 무불리.

상육효, 공이 높은 담장 위에서 매를 쏘아 맞히어 잡으니 이롭지 않음이 없다.

올해 스물두 살인 딸이 드디어 독립하기로 했다. 어렸을 적부터 관계의 어려움을 겪어 왔던 아이인지라 본인으로서는 큰 결정을 한 셈이다. 딸이 이 결정을 내리기까지 그것을 지켜보는 엄마로서의 입장도 쉽지만은 않았다. 사회적 관계가 거의 없다 보니 딸아이는 자꾸만 방으로 숨어들었다. 그 아이를 바깥세상으로 내보내기 위해 그동안 갖은 노력을 다해 보았다. 마찰과 갈등이 일어날 수밖에 없었다. 공부의 즐거움을 누리다가도 문득 자기만의 세상에 숨어 있는 아이를 보고 있으면 제어하기가 힘든 엄마로서의 죄책감이 은근히 올라왔다. 늘 해결되지 않은 문제 하나를 안고 살아가는 느낌이었다. 그런 감정이 찾아올 때마다 공부가 무의미해지며 모든 것이 허무해지기도 했다. 그런 의미에서 딸아이의 독립 결정은 본인 못지않게 나에게도 새로운 변화의 시작이다.

사실 문제없이 살아가는 사람이 있을까? 겪어 본 사람은 안다. 아무리 애를 써 봐도 설상가상, 첩첩산중 문제가 점점 꼬여 갈 때가 있다는 것을. 참으로 막막한 상황. 그럴 때 사람들이 흔히 내놓는 답이 있다. "때가 되면 다 해결되게 되어 있어!" 딸아이의 문제로 답답해할 때마다 사람들이 나에게 알려 준 해결 방법이다. 하지만 우리네 삶이 어디 보편적 상식만으로 해결되는 만만한 장이었던가? 개인의 당면 문제로 돌아오는 순간 혼돈의 도가니 안에서 어찌할 바를 모르게 되니 말이다. 이런 상황에서는 '때'라는 시간성을 인식하기도 힘들지만, 문제의 핵심을 파악하기란 '식칼 제 자루 깎기'만큼이나 어렵다. 그런데 『주역』에서는 답이 있다고 한다. 이 상황을 말해 주는 괘가 바로 뇌수 해(雷水 解)이다. 뇌수 해에는 문제 해결의 열쇠를 찾는 방법이 담겨 있다.

해괘는 진동을 상징하는 진(震)괘와 위험을 상징하는 감(坎)괘가 위아래로 겹쳐 있다. 따라서 괘상이 보여 주는 바는 위험이 끝난 뒤의 움직임으로 해석된다. 달리 말하자면, 근심에서 풀려날 때이다. 이때 문제 해결의 열쇠를 찾을 수 있다. 그렇다면, 그 방법은 해괘의 어느 자리에 있을까? 상육효에 있다. "공이 높은 담장 위에서 매를 쏘아 맞히어 잡으니 이롭지 않음이 없다"(公用射隼于高墉之上공용석준우고용지상, 獲之획지, 无不利무불리).

여기에서 공(公)은 군주는 아니지만 아주 높고 존귀한 위치의 사람을 말한다. 그의 이러한 존재감은 그가 문제 해결의 열쇠를 가지고 있음을 의미한다. 그가 이 열쇠를 갖게 된 것은 자신이 집착하고 있는 문제들을 하나씩 천천히 풀어 온 내공이 있기 때문이다. 자신의 문제를 하나씩 해결해 나가자 친구들이 몰려오는 것도 경험했고(解而拇해이무), 군자의 도를 실행하기 위해서는 자신의 당면 문제부터 해결해야 한다는 것도 알게 되었다(君子維有解군자유유해). 그리하여 그가 맨 마지막으로 올라간 곳은 높은 성벽.

높은 성벽? 문제 해결의 상황에 높은 성벽이라니? 이것은 무얼 의미하는 것일까? 성벽은 보통 안과 밖의 경계에 있다. 안과 밖. 아마 이것은 문제의 해결과 미해결, 또는 문제의 지엽성과 전체적 맥락의 경계라고 볼 수 있지 않을까? 이 말은 곧, 그가 아직도 해결하지 못한 문제와 싸우고 있다는 뜻이며, 높은 성벽에 올라가 사건의 안과 밖의 상황을 내려다보며 전체 맥락을 파악하고 있다는 의미이기도 할 것이다.

그리고 그는 알고 있다. 자신의 마음에도 안과 밖이 있다는 것을. 이것과 저것의 이분법의 논리, 즉 자타, 시비의 관점에서 빠져나와야지 문제의 핵심을 찾을 수 있다는 것을. 그 사이에 있는 높은 성벽. 그 위에서 사방을 둘러보던 공은 드디어 문제 해결의 핵심을 찾았다. 그것이 매가 상징하는 바다. 매 또한, 높은 성벽 위에 있다. 문제 해결의 열쇠는 어떤 쪽에도 속하지 않는 객관적 시선을 가질 때 보인다. 매의 모습으로.

매! 즉, 문제 해결의 핵심. 그것을 포착하여 해결한다는 것. 이것이 어디 쉬운 일이던가? 더구나 우리에게는 '뻑사리'라는 함정이 일상다반사로 도사리고 있으니 말이다. 매를 발견하기는 했으나, 아뿔싸! 화살이 준비되어 있지 않다면? 화살이 뭉툭해서 쏘나 마나 하다면? 쏘긴 쏘았으나 화살이 멋지게 빗나간다면? 이런 일이 벌어지지 않는다는 보장이 있는가 말이다. 그리하여 공자는 「계사전」에서 말한다. "새매는 날짐승이고, 활과 화살은 새를 잡는 도구이며 매를 향해 쏘는 것은 사람이다. 군자가 자신의 몸에 새를 잡는 도구를 가지고 때를 기다려 행하면 어찌 이롭지 않음이 있겠는가? 행하여 막힐 것이 없다"(정이천, 『주역』, 808쪽)고. 공자는 화살을 날카롭게 다듬고, 정확히 표적을 맞힐 수 있는 기량을 닦는 노력의 시간이 문제 해결의 최종적인 힘이라고 말한다.

그런데 이 시점에서 한 가지 의문이 든다. 문제를 해결한 공은 그다음에 무엇을 할까? 그도 사람인지라 높은 성벽에서 내려와 다시 땅 위의 삶을 살아가지 않을까? 그러면 또 문제는 발생할 것이고, 높은 성벽을 오르고 화살을 다듬는 시간을 또 보내게 될 것이다. 이것이 우리네 삶 아니겠는가?

역설적으로 생각해 보니, 공도 이러하다면 우리도 그처럼 처음부터 시작할 수 있겠다는 생각이 든다. 그런 의미에서 딸의 독립이 아직 그 아이와 나 사이의 문제 해결의 열쇠가 될 수는 없다. 지금은 솔직히 기쁨과 함께 불안한 마음도 없지 않아 있다. 딸도 나와 똑같은 마음이라고 한다. 하지만 이렇게 시작해 보는 거다. 성벽 밖의 세계를 밟아 보지 않고 어떻게 안과 밖 사이에 그것을 극복할 문제 해결의 길이 있다는 것을 알 수 있겠는가? 독립을 결정한 딸에게 응원의 박수를 보내며 뇌수 해의 가르침을 이사 선물로 주고 싶다.

딸아! 이 기회에 너의 성벽을 한번 발견해 보렴. 엄마도 그러려고 해. 그리고 힘들 때마다 자신의 성벽 위로 올라가 보자. 문제 해결의 '매'가 보일 거야. 그때를 위해 지금부터 활과 화살을 준비해서 다듬어 보자꾸나!

산택 손,

일을 마친 당신,
빨리 떠나라

박장금

—————

山澤損 _{산택 손}

損, 有孚, 元吉, 无咎, 可貞, 利有攸往, 曷之用? 二簋可用享. <small>손, 유부,</small>

<small>원길, 무구, 가정, 리유유왕, 갈지용? 이궤가용향.</small>

손괘는 진실한 믿음이 있으면 크게 길하고 허물이 없어 올바르게 할 수 있으니

나아가는 것이 이롭다. 어떻게 쓰겠는가? 대그릇 두 개만으로도 제사를 받들 수

있다.

~~□□□□□□□□□□□□□~~ <small>초구, 이사천왕, 무구, 작손지.</small>

~~□□□□□□□□□□□□□□□□□□□□□□□□□□□□□□□□□□□□□□□~~

~~□□~~

九二, 利貞, 征凶, 弗損益之. <small>구이, 리정, 정흉, 불손익지.</small>

구이효, 올바름을 굳게 지키는 것이 이롭고 함부로 나아가면 흉하니 자신의 중도

를 덜어 내지 않아야 육오의 군주에게 더해 줄 수 있다.

六三, 三人行, 則損一人, 一人行, 則得其友. <small>육삼, 삼인행, 즉손일인, 일인</small>

<small>행, 즉득기우.</small>

육삼효, 세 사람이 갈 때에는 한 사람을 덜어 내고 한 사람이 갈 때에는 그 벗을

얻는다.

六四, 損其疾, 使遄有喜, 无咎. <small>육사, 손기질, 사천유희, 무구.</small>

육사효, 그 병을 덜어 내되 신속하게 하면 기쁨이 있고 허물이 없게 된다.

六五, 或益之, 十朋之. 龜, 弗克違, 元吉. <small>육오, 혹익지, 십붕지. 귀, 불극위,</small>

<small>원길.</small>

육오효, 혹 더할 일이 있으면 열 명의 벗이 도와준다. 거북점일지라도 이를 어길

수 없으니 크게 길하다.

上九, 弗損益之, 无咎, 貞吉. 利有攸往, 得臣无家. <small>상구, 불손익지, 무구,</small>

<small>정길. 리유유왕, 득신무가.</small>

상구효, 덜어 내지 않고서 더해 주면 허물이 없고 올바름을 지켜서 길하다. 나아
가면 이로우니 신하를 얻는 것이 집안에 국한되지 않으리라.

천차만별의 사람들이 각자 풀고 싶은 문제를 가지고 연구실에 온다.
내가 힘들었던 것처럼 저들도 힘들겠구나 싶었다. 난 삶의 문제를
푸는 장에 함께하고 싶은 마음으로 이야기를 나누었고, 많은 사람들
을 공부의 장으로 끌어들였다. 끌어들인 만큼 떠나는 친구들도 늘어
났다. 나로 인해 공부의 장에 들어온 친구들이 떠났을 때 정말 마음
이 불편했다. 내가 좀 더 잘해 주었다면 남아 있지 않았을까. 그 사람
의 마음을 헤아리지 못한 것은 아닐까.

　고미숙 선생님께 나의 괴로운 심정을 말씀드렸다. 그러자 그들
이 나간 것은 나와 상관이 없다고 했다. 위로의 말인가 싶었다. 하지
만 공부를 하러 온 것도 나와 상관없다는 것이다. 솔직히 망치로 맞
은 듯했는데 그래서 알게 되었다. 나의 설득으로 공부를 했다는, 즉,
'내가 했다'는 마음이 책임을 져야 한다는 마음을 일으켰다는 것을.
그 이후 무슨 일을 하든 '내가 했다'를 내세우는 내가 보이기 시작했
다. 작은 일 하나에도 누군가 알아주지 않으면 섭섭해하는 내가.

　이런 생각을 전환해 주는 괘가 있다. 괘 이름은 산택 손(山澤
損), 손해 본다의 '손'이다. 하지만 손괘에서 손은 손해라고 하지 않
고 '덜어 냄'이라고 한다. 손해는 심리가 결합된 말일 뿐이고 물리
법칙상으로는 손해와 덜어 냄은 방향만 다를 뿐 같은 말이다. 손괘
의 덜어 냄은 나에게 넘치는 것을 남에게 더해서 천하를 유익하게

하라는 것이다. 살면서 덜어 내야 할 게 얼마나 많은가. 사리사욕, 인정욕망, 재물 등등 차고 넘치면 덜어 내야 한다. 이것이 손괘가 전하는 메시지이다.

손괘의 괘사는 "손괘는 진실한 믿음이 있으면 크게 길하고 허물이 없어 올바르게 할 수 있으니 나아가는 것이 이롭다. 어떻게 쓰겠는가? 대그릇 두 개만으로도 제사를 받들 수 있다"(損손, 有孚유부, 元吉원길, 无咎무구, 可貞가정, 利有攸往리유유왕. 曷之用갈지용? 二簋可用享이궤가용향)이다. 덜어 냄은 쉬운 일이 아니다. 무언가를 얻으면 그것을 붙들고 싶기 때문이다. 달이 차면 기울 듯이 차면 덜어 내야 한다. 음식만 해도 그렇지 않나. 음식을 먹어서 필요한 에너지를 흡수하면 나머지는 대소변으로 내보내야 하듯 채우는 것도 중요하지만 덜어 내는 것도 그만큼 중요하다. 괘사에서 '믿음이 있으면 길하'다는 것은 차면 비워야 하는 자연의 이치를 믿어야 덜어 낼 수 있다는 것이다. 이런 태도를 강조한 게 '대그릇 두 개로 받드는 제사'다. 이것은 간소한 상차림 제사로 허례허식이 아니라 진실한 마음을 의미한다. 정화수 한 그릇을 떠놓고 소원을 비는 어머니의 마음을 생각해 보라. 그 마음에 오직 자식을 위한 마음만 있을 뿐, 다른 마음이 들어설 자리가 있겠는가. 이렇듯 욕심이 없어야 내 안의 잉여를 볼 수 있고, 그것을 덜어 낼 수 있다는 뜻이리라.

그중 첫 효가 가장 인상이 깊었다. "초구효, 일을 마치거든 빨리 떠나가야 허물이 없으니 적절히 헤아려서 덜어 내야 한다"(初九초구, 巳事遄往이사천왕, 无咎무구, 酌損之작손지). 얼핏 보면 '열심히 일한 당신 떠나라'라는 광고 문구가 떠오른다. 이 광고가 히트를 친 것은 마음속에 숨어 있던 여행으로 대표되는 보상의 욕구를 자극했기 때문이다. 우리는 일을 하면 보상을 받는 게 당연하다고 여겨 의심하지 않는다. 그런데 『주역』의 렌즈로 보면 완전 다른 세계가 펼쳐진다. 내가 한 일이라 해도 때가 맞아야 하고 주변의 도움이 없으면 이룰 수가 없다. 내가 엄청난 결과를 냈다고 해도 많은 인연들의 힘 관계 속에 있는 것이다. '짐작하여 덜어 내라는 것'은 일이 끝나면 보상받고 싶은 마음을 덜어 내라는 것이다.

손괘의 초효와 통하는 노자의 문장이 있다. "공을 이루면 자신은 물러나는 것이 하늘의 도이다"(손영달 풀어 읽음, 『낭송 도덕경/계사전』, 북드라망, 2015, 34쪽). 공부든 일이든 버티고 노력하면 보상이 주어질 거라는 말에 익숙한 우리에게 공과 명성을 얻었으면 누려야 하는데 물러가라니 억울한 마음이 들기까지 한다. 계속 말하지만 자연은 보상을 원하지 않는다. 거꾸로 태양이 우리에게 보상을 바란다면 누가 그것을 감당하겠는가. 어떤 결과도 만물의 협업 속에서 이루어진 것이지 개체의 노력으로 이루어질 수가 없다. 그러니 보상받고 싶은 마음이 일어날 때 그 마음을 덜어 내고 다음 스텝으로 발걸음을 옮기라는 것이다.

손익에 대한 관점을 전환하게 해준 '잃어버린 활' 이야기가 생각난다. 초나라 공왕(共王)은 자신이 아끼는 활을 잃어버렸다. 그러자 신하들이 그 활을 찾기 위해 난리가 났다. 막상 공왕은 찾는 것을 말리면서 내가 활을 잃어버렸다면 다른 사람이 활을 얻은 것이니 얻은 것도 잃은 것도 아니라고 말한다(『공자가어』). 난 이런 공왕의 멘탈과 화법이 놀라웠다. 자신이 아끼는 것을 잃어도 안달복달은커녕,

누군가 그것을 얻을 거라고 낙관하는 경지. 이런 해석이 가능한 것은 자신의 소유욕을 내려놓고, 천지의 시선으로 이 사건을 바라봤기 때문일 것이다. 그러고 보면 우리의 시선은 참으로 협소하다. 얻으면 '길'하고 잃으면 '흉!', 고작 이런 해석이 전부다. 자연의 시선으로 보면 득실의 구분이 없다. 때에 따라 여기에 있던 것이 저기로 옮겨 갈 뿐이다.

정리하자면 자연의 세계에는 손해도 이익도 없다. 태과한 것을 덜어 내어 불급한 것에 더해 주는 흐름만이 있을 뿐이다. 내가 했다는 보상심리가 이익일 것 같지만 결국 나를 변화의 장에 가지 못하게 만든다. 그러니 일을 마쳤으면 다음 스텝으로 가도록 마음의 잉여를 덜어 내야 한다. 하여 매 순간의 '내가 했다'는 마음을 덜어 내는 것이야말로 자연과 우주의 흐름을 청정하게 하는 일인 것이다. 그러니 일을 마친 당신, 보상받고 싶은 마음에서 빨리 떠나라!

42
풍뢰 익,

개과천선
—이보다 더 큰 이익은 없다

박장금

———

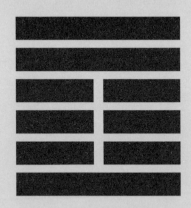

風雷益 풍뢰 익

益, 利有攸往, 利涉大川. 익, 리유유왕, 리섭대천.

익괘는 나아갈 바를 두는 것이 이롭고, 큰 강을 건너는 것이 이롭다.

初九, 利用爲大作, 元吉, 无咎. 초구, 리용위대작, 원길, 무구.

초구효, 큰일을 일으키는 것이 이로우니, 크게 좋고 길해야 허물이 없다.

六二, 或益之, 十朋之龜, 弗克違, 永貞吉. 王用享于帝, 吉. 육이,

혹익지, 십붕지. 귀, 블극위, 영정길. 왕용향우제, 길.

육이효, 혹 보탤 일이 있으면 열 명의 벗이 도와 주는 것이다. 거북점일지라도 이
를 어길 수 없으나, 오래도록 올바름을 굳게 지키면 길하다. 왕이 이런 마음을 써
서 상제께 제사드리면 길하리라.

六三, 益之用凶事, 无咎, 有孚中行, 告公用圭. 육삼, 익지용흉사, 무구, 유
부중행, 고공용규.

**육삼효, 보태는 일을 흉한 일에 쓰면 허물이 없으나, 진실한 믿음을 가지고 중도
로써 행해야 군주에게 고할 때에 규로써 할 수 있다.**

六四, 中行, 告公從, 利用爲依, 遷國. 육사, 중행, 고공종, 리용위의, 천국.

**육사효, 중도로써 행하면 군주에게 고해서 따르게 하리니, 윗사람에게 의지하여
나라의 도읍을 옮기는 것이 이롭다.**

九五, 有孚惠心, 勿問, 元吉, 有孚, 惠我德. 구오, 유부혜심, 물문, 원길, 유
부, 혜아덕.

**구오효, 진실한 믿음이 있어 마음으로 세상을 은혜롭게 하니 묻지 않아도 크게 길
하고, 백성들이 믿음을 가지고 나의 덕을 은혜롭게 여긴다.**

上九, 莫益之, 或擊之, 立心勿恒, 凶. 상구, 막익지, 혹격지, 입심물항, 흉.

**상구효, 보태 주는 사람이 없고, 어떤 사람은 공격한다. 마음먹기를 늘 하던 대로
하지 말아야 하니, 흉하다.**

회사를 다닐 때가 생각난다. 이익, 이익~. 아, 난 그것을 위해 계속 회의하고 일하고 피 말리는 그 과정이 정말 싫었다. 그 조건에서 나를 긍정하기란 정말 쉽지 않다. 성과를 못 내면 불안하고, 내도 불안했다. 간신히 버티는 것은 오직 월급뿐! 다른 출구가 없으니 오직 휴일을 기다린다. 불안을 잊기 위해 친구들과 수다를 떨거나 먹방 순례를 하고 여행을 간다. 아무튼 난 오감 충족을 위해 최선을 다해 돈을 썼다. 그리고 달콤한 휴일이 끝나면 지옥 가는 심정으로 회사에 출근했다.

난 회사에 이익을 내는 대가로 월급을 받고 그것으로 쾌락을 얻는 구조에서 한 발짝도 벗어나지 못했음을 공부하면서 알게 되었다. 과거에는 부럽기만 했는데 최고 정점에 오른 자들의 삶이 보이기 시작했다. 연예인이 마약에 중독되는 것은 기본이고, 최고의 자리에 오른 정치인과 기업인들은 성과 돈 문제로 무너진다. 이들은 꿈을 이뤘고, 최고의 스펙과 학벌을 자랑하고, 심지어 금수저로 태어나기도 했다. 누구나 부러워하는 삶을 사는데 모두가 망가지고 있다. 지금까지 달려온 삶에 문제가 있다면, 도대체 가장 이익이 되는 삶을 살기 위해 어떻게 해야 하는 것일까.

풍뢰 익(風雷 益)은 64괘 중 유일하게 이익에 대해 말하는 괘이다. 『주역』에서 말하는 이익이란 무엇일까. 풍뢰 익은 산택 손 다음에 온다. 손괘는 손해를 뜻하는 동시에 덜어 냄을 의미했다. 계속 덜어 내다 보면 다시 차게 되는 게 자연의 이치이므로 익이 왔다. 비유하자면 달이 완전히 사그러든 후에 다시 차오르기 시작하는 것과 같다. 익의 괘사는 "익괘는 나아갈 바를 두는 것이 이롭고, 큰 강을 건너는 것이 이롭다"(益익, 利有攸往리유유왕, 利涉大川리섭대천)이다. 공자님은 괘사에 대해 구오 군주와 육이 신하가 중정(中正)한 도로 상응하기 때문에 천하를 유익하게 하여 경사스러운 복을 누리게 된다고 하신다. 충격이다. 우리는 이익을 남과는 상관이 없을 뿐 아니라 내 주머니만 채우면 그만이라고 생각하지 않는가.

　『주역』의 이익은 우리의 생각과 너무도 다르다. 나에게도 이익이 되고 너에게도 이익 되는 것. 더 나아가 천하의 이익이 되는 것. 이런 이익을 상상이라도 해봤나 싶다. 군주와 신하가 힘을 합쳐서 천하를 유익하게 하기 때문에 경사스러운 복을 누릴 수 있다는 말이 너무나 커서 당혹스러울 정도이다. 괘사의 '큰 강을 건넌다'는 어려운 상황이 오더라도 천하를 이익 되게 하는 행보를 멈추지 말라니, 이런 존재가 되고 싶다는 마음을 왜 가지지 못했나 싶기도 하고, 난 정말 개미 정도의 시선으로 나밖에 모르고 살았구나 싶기도 하다. 이것은 특별한 존재가 하는 일이 아니다. 인간이라면 이런 마음을 키우는 것이야말로 최고의 이익이라는 것이다. 즉, 그래야 인간이라면 피할 수 없는 생로병사를 통과할 수 있다는 말이다. 이 미션을 완수하려면 어떻게 해야 하는 것일까.

　「상전」에서 공자님은 군자는 바람이 불면 우레가 빠르게 움직이고, 우레가 격렬해지면 바람이 거세지는 모습을 보면서 '이익'을 떠올린다고 말한다. 즉, 우레는 바람에게 도움을 주고, 바람은 우레에게 도움을 주면서 각자의 능력이 커진다는 것이다. 이것을 인간사에 적용해 보면 누군가의 선한 점을 보면 그것을 바로 실천하고, 허물을 보면 바로 개선하려는 노력을 한다는 것이다. 결론부터 말하자면 삶에서 이보다 더한 이익은 없다. 「상전」에서 "바람과 우레가 서로 증진시키는 것이 익괘이니, 군자는 이것을 보고 좋은 것을 보면 옮겨 가고, 허물이 있으면 고친다"(風雷풍뢰, 益익, 君子以군자이, 見善則遷견선즉천, 有過則改유과즉개)라고 한 것이 그것이다. 눈치가 빠른 사람은 알아챘을 텐데 우리가 아는 '개과천선'은 이 익괘에서 나온 것이다. 삶에서 최고의 이익이 고작 개과천선? 우리는 보통 돈이나 집, 학위 등등의 소유를 떠올리지만, 진정한 이익이란 개과천선의 태도를 내 몸에 붙이는 것이다.

아! 이것이 삶의 유익함이자 삶 자체가 배움일 수밖에 없는 이유이기도 할 것이다. 나도 연구실에서 공부를 할 때 나를 진솔히 드러내고 나의 허물을 고치고자 하면 주변 사람들이 도와주는 경험을 한다. 육이가 딱 그런 모습이다. "혹 보탤 일이 있으면 열 명의 벗이 도와 주는 것이다. 거북점일지라도 이를 어길 수 없으나, 오래도록 올바름을 굳게 지키면 길하다. 왕이 이런 마음을 써서 상제께 제사드리면 길하리라"(或益之혹익지, 十朋之십붕지. 龜귀, 弗克違불극위, 永貞吉영정길. 王用享于帝왕용향우제, 吉길). 여기서 열 명의 벗이란 많은 벗들이 와서 도움을 준다는 의미이다. 여기서 거북은 길흉을 점치는 도구이고, 제사는 하늘과의 감응을 의미한다. 정리하자면 개과천선을 하고자 한다면 모든 친구들이 도와주고 점을 쳐도 어긋날 수 없고 하늘이 감응할 정도로 천지만물이 자신을 돕는다는 것이다.

이런 태도를 견지하면 좋으련만 익괘 마지막에서 문제가 생긴다. "상구효, 보태 주는 사람이 없고, 어떤 사람은 공격한다. 마음먹기를 늘 하던 대로 하지 말아야 하니, 흉하다"(上九상구, 莫益之막익지,

或擊之혹격지, 立心勿恒입심물항, 凶흉). 막판에 개과천선을 하고자 하는 마음은 사라지고 내 것을 챙기고 싶은 마음이 올라옴을 조심하라는 것이다. 이런 마음은 참으로 익숙하다. 나의 연구실 생활을 돌아보면 초기에는 무지하기 때문에 모든 것을 내려놓고 경청하고 배우려고 했었다. 그러면서 연구실은 직장, 도서관, 집, 놀이터가 결합된 복합 융합 공간이 되었고 많은 사람을 만났고 내가 하고 싶은 활동을 마음껏 할 수 있었다. 어느 순간 좀 안다는 생각이 올라왔고, 연구실은 어느덧 내 영역이 되어 있었다. 이제 '배려받는' 위치에서 '배려하는' 위치로 모드 전환을 해야 할 때가 왔다. 그때 난 바로 알아채지 못했다. 계속 배려받는 위치에 머물면서 모든 것을 내 소유로 하고 싶었던 것이다.

처음에 즐겁게 공부할 수 있었던 것은 개과천선의 마음을 냈기 때문이고, 그 마음이 스승과 학인들로 하여금 배려하는 마음을 일으켰던 것이다. 그것을 망각할 때 마치 스스로 성장한 것처럼 생각되고 자기 것을 챙기고 싶은 이기적인 마음이 올라온다. 만약 이기심을 멈추지 않고 자기 이익만을 계속 탐한다면 결국 누군가의 공격을 받게 돼서 흉할 수밖에 없다고 『주역』은 경고하고 있다. 욕심을 내려놓으면 주변 친구들을 포함해서 천지만물의 배려 속에 늘 살고 있음이 보이고, 지금 당장 무엇을 해야 할지가 보인다. 하여 때로는 배려를 받고 때로는 배려를 하는 모드를 전환하는 힘. 그 전환의 힘으로 생로병사까지 통과할 수 있는 것이다. 그러니 이런 개과천선의 능력이야말로 삶의 최고의 이익이자 유익함이지 않겠는가. 동시에 천지를 이롭게 하는 일이기도 하다.

43
택천 쾌,

표면장력을 깨는
마지막 동전 하나

김주란

———

澤天夬 택천 쾌

夬, 揚于王庭, 孚號有厲. 告自邑, 不利卽戎, 利有攸往. 쾌, 양우왕정, 부호유려. 고자읍, 불리즉융, 리유유왕.

쾌괘는 왕의 조정에서 드날리는 것이니, 진실한 믿음을 가지고 호령하여 위험이 있음을 알게 한다. 자기 자신에서부터 고하되 군사를 일으키는 것은 이롭지 않으며, 나아갈 바를 두는 것이 이롭다.

初九, 壯于前趾, 往不勝爲咎. 초구, 장우전지, 왕불승위구.

초구효, 발이 앞으로 나아감에 강건한 것이니, 나아가서 감당하지 못하면 허물이 되리라.

九二, 惕號, 莫夜有戎, 勿恤. 구이, 척호, 모야유융, 물휼.

구이효, 두려워하며 호령하는 것이니, 늦은 밤에 적군이 있더라도 걱정할 것이 없다.

九三, 壯于頄, 有凶. 獨行遇雨, 君子夬夬. 若濡有慍, 无咎. 구삼, 장우규, 유흉. 독행우우, 군자쾌쾌. 약유유온, 무구.

구삼효, 광대뼈가 건장하여 흉함이 있다. 홀로 가서 상육과 사귀어 비를 만나니 군자는 과감하게 결단한다. 비에 젖은 듯해서 노여워하면 허물이 없으리라.

九四, 臀无膚, 其行次且. 牽羊悔亡, 聞言不信. 구사, 둔무부, 기행차저. 견양회망, 문언불신.

구사효, 엉덩이에 살이 없으면서 나아가기를 머뭇거린다. 양(羊)을 이끌고 나아가면 후회가 없겠지만, 말을 들어도 믿지 않는다.

九五, 莧陸夬夬, 中行无咎. 구오, 현륙쾌쾌, 중행무구.

구오효, 쇠비름나물을 과감하게 끊어 내면, 중도를 행함에 허물이 없다.

上六, 无號, 終有凶. 상육, 무호, 종유흉.

상육효, 울부짖어도 소용없으니 끝내 흉함이 있다.

택천 쾌(澤天 夬)는 연못이 하늘 위에 있는 형상의 괘이다. 연못이 어떻게 하늘 위에 있나 잘 상상이 안 간다면, 물이 가득 담긴 와인 잔을 떠올려 보면 좋을 듯하다. 나는 이 괘를 보고 어릴 때 배웠던 표면장력이 생각났다. 아마 다들 한 번쯤 시도해 본 실험일 테지만 간단히 설명해 보자. 먼저 넘치기 직전까지 컵에 천천히 물을 붓는다. 물이 거의 다 찼다 싶어도 조금씩 계속 부어야 한다. 그럼 물의 표면이 곡면을 이루면서 컵보다 위로 팽팽히 솟아오르는 걸 볼 수 있다. 이게 물의 표면장력 현상이다.

쾌(夬)괘의 괘상이 딱 이런 모양이다. 아래로는 다섯 개의 양효가 치고 올라오는데 맨 위에 음효 하나가 간당간당 매달려 있는 형국이다. 쾌(夬)란 곧 결(決)이라 했으니, 물이 가득 찬 둑이 터질 때 쏟아져 흐르는 그 강력한 기운으로 일을 완결 짓는다는 뜻이다. 물론 쾌괘에서 완결지어야 할 일은 아직도 명맥을 유지하고 있는 상육효를 결단내는 것이다. 그런데 쾌괘의 마지막 잎새, 아니 마지막 음효도 이 표면장력 같은 힘을 지니고 있는 것일까. 보기와 달리 이 마지막 음효를 끊어 내기가 여의치 않다.

악마는 디테일에 있다는 말처럼 음유한 소인의 강점은 집요하고도 세밀하게 사람의 마음속으로 파고드는 힘에 있다. 이 힘의 속성을 잘 보여 주는 이야기가 있다. 인류의 위대한 스승 붓다가 네란자라 강가에서 깨달음을 얻기 위해 목숨을 건 정진을 할 때의 일이다. 악마 나무치가 다가와 위로하며 말하였다.

"당신은 야위었고 안색이 나쁩니다. 당신은 죽음에 임박해 있습니다. 당신이 죽지 않고 살 가망은 천에 하나입니다. 존자여, 사는 것이 좋습니다. 살아야만 공덕을 성취할 것입니다. 그대가 청정한 삶을 살면서 성화에 제물을 올린다면 많은 공덕이 쌓이지만, 이러다 죽으면 그대의 정진이 무슨 소용이 있겠습니까?"(전재성 역주, 『숫타니파타』, 254쪽)

악마는 이렇게 우리에게 지금 현재에 머물라고 꼬신다. 그 이상 더 가면 죽을지도 모른다는 협박과 현실에 안주하는 이로움을 동시에 어필하면서 말이다. 이런 악마의 속삭임을 우리도 수시로 듣는다. '이 정도면 괜찮아', '누가 알아준다고 그래?', '해봤자 뭐가 달라지겠어!' 등등. 이 말에 넘어가면 둑은 터지지 않는다. 가냘프게 보이지만 음의 결집력은 매우 강하다. 표면장력의 원리도 물 분자들끼리 서로 붙잡고 끌어당기기 때문이다.

이 은밀한 유혹에 대한 대처법을 쾌괘 구삼효에서 얻을 수 있다. "구삼효, 광대뼈가 건장하여 흉함이 있다. 홀로 가서 상육과 사귀어 비를 만나니 군자는 과감하게 결단한다. 비에 젖은 듯해서 노여워하면 허물이 없으리라"(九三구삼, 壯于頄장우규, 有凶유흉. 獨行遇雨독행우우, 君子夬夬군자쾌쾌. 若濡有慍약유유온, 无咎무구). 구삼효는 하체의 맨 위에 자리하여 나름의 지위에 오른 자인 데다 양의 자리에 양이 왔으니 아주 강건한 기질을 지닌 사람이다. 그런데도 구삼효가 상육효를 처단하러 나서는 길엔 주위의 응원은커녕 의심을 받기 십상이다. 둘은 자리로나 음양으로 상응하는 관계이기 때문이다. 상육효의 끈적한 유혹에 젖어 들 듯 말 듯한 바로 그 순간, 구삼효는 그 유혹을 사납게 떨치고 일어난다.

　우리가 구삼효에게 배울 수 있는 미덕은 이러한 강한 결심과 굳은 의지, 타협을 모르는 강직함일 것이다. 동시에 결단이 이루어지는 과정에 주변의 의혹 어린 시선과 은밀하고도 강력한 유혹이 있을 수 있다는 것도 알아 둬야 할 것이다. 상대를 정확히 알아야 올바른 대처가 가능하다. 붓다가 유혹하는 악마에 맞서 그의 정체를 낱낱이 밝힌 것도 바로 그런 이유에서였다.

　　"그대의 첫번째 군대는 욕망, 두번째 군대는 혐오, 세번째 군대는 기갈, 네번째 군대는 갈애라 불린다. 그대의 다섯째 군대는 권태와 수면, 여섯째 군대는 공포라 불리고, 그대의 일곱째 군대는 의혹, 여덟째 군대는 위선과 고집이라고 불린다."(전재성 역주, 『숫타니파타』, 256쪽)

　정체를 들킨 악마는 다가갈 기회를 얻지 못한다. 이런 강함과 밝음을 갖추어야 비로소 표면장력의 저항을 깰 수 있다.

　표면장력 실험의 하이라이트는 최대한 물을 채운 컵에 동전을 하나씩 넣는 순간이다. 넘치기 일보 직전인 컵에 과연 몇 개까지 넣을 수 있을까? 1개? 5개? 아니다. 이 정도로는 티도 안 난다. 어른 주먹 크기의 와인 잔이라면 60개까지도 들어간다. 표면장력이 깨지고 쾌쾌의 물이 넘쳐흐를 때까지 이렇게 많은 동전이 필요할 줄 누가 알았으랴. 그러나 적당히 하다가 관두는 것은 아무 의미가 없다. 59개까지 넣고 말면 물은 여전히 표면장력에 갇힌 채로만 있을 것이다. 표면장력을 깨는 마지막 동전이 60번째가 될지 61번째가 될지 해보지 않고서는 아무도 모른다. 하지만 흘러넘칠 때까지 계속한다면 장력은 반드시 깨진다. 그렇게 흘러넘치지 않으면 물은 만물을 적시지 못한다. 우리는 이 사실만 기억하면 된다.

천풍 구,

어느 상담실에서의
짧은 만남들

장현숙
———

天風姤 _{천풍 구}

姤, 女壯, 勿用取女. 구, 여장, 물용취녀.

구패는 여자가 힘이 센 것이니, 그 여자에게 장가들지 말아야 한다.

初六, 繫于金柅, 貞吉, 有攸往, 見凶. 羸豕孚蹢躅. 초육, 계우금니, 정길, 유유왕, 견흉. 리시부척촉.

초육효, 쇠로 된 굄목에 매어 놓으면 바르게 되어 길하고, 나아갈 바를 두면 흉한 일을 당하리라. 힘없는 돼지는 날뛰고 싶은 마음이 가득하다.

九二, 包有魚, 无咎, 不利賓. 구이, 포유어, 무구, 불리빈.

구이효, 꾸러미에 물고기가 들어옴은 허물이 없으나 손님에게는 이롭지 않다.

九三, 臀无膚, 其行次且, 厲, 无大咎. 구삼, 둔무부, 기행차저, 려, 무대구.

구삼효, 엉덩이에 살이 없으나 나아가기를 머뭇거리니, 위태롭게 여기면 큰 허물이 없다.

九四, 包无魚, 起凶. 구사, 포무어, 기흉.

구사효, 꾸러미에 물고기가 없음이니, 흉한 일이 일어날 것이다.

九五, 以杞包瓜, 含章, 有隕自天. 구오, 이기포과, 함장, 유운자천.

구오효, 구기자나무 잎으로 오이를 감싸는 것이니, 아름다운 덕을 머금고 있으면 하늘로부터 내려 주는 복이 있다.

上九, 姤其角, 吝, 无咎. 상구, 구기각, 린, 무구.

상구효, 그 뿔에서 만나니 부끄러우나 탓할 곳이 없다.

천풍 구(天風 姤)는 만남에 대한 괘이다. 하늘을 상징하는 건(乾)괘가 위에 있고 바람을 상징하는 손(巽)괘가 아래에 있어 바람이 하늘 아래에서 부는 형상이다. 바람이 불어 접촉하지 않는 것이 없으니 만물과 만나는 모습이라 하여 구(姤)라 한다. 만남에 대한 괘이다 보니 살아오면서 경험했던 수많은 만남들이 떠올랐다. 그중 학생 상담 자원봉사를 하며 만난 아이들을 잊지 못한다.

큰아이가 초등학교 다닐 때부터 학생 상담 자원봉사를 했다. 처음에는 방과후학교에서 학생들을 상대로 하다가, 나중에는 법원에서 교육명령을 받는 아이들을 상대로 하는 상담센터에서 상담을 하게 되었다. 일주일에 한 번 두 시간씩 주로 집단 상담을 했는데, 타로를 이용해 살아온 이야기 살아갈 이야기를 하며 자신들이 한 행동을 돌아보게 하는 내용이었다. 한창 성장기의 아이들인지라 덩치도 덩치였지만 자신들이 저지른 범죄의 끔찍함에 비해 일말의 죄책감도 찾아볼 수 없는 모습에 너무 놀랐다. 그중 몇 번씩 법원을 들락거리는 아이들도 있었지만, 초범도 많았다. 초범인 아이를 개인 상담해 보면 그 안타까운 사연에 누가 이 아이들을 탓할 수 있나 하는 생각이 들었다. 돌봐주는 어른도 없고, 있다 하더라도 그 환경이 만만치 않았다. 작은 실수로 한 번 법원에 오기 시작하면 자기들끼리 무리를 형성하면서 다음 범죄에 노출되기 쉬운 상황이 되었다. 그걸 막고, 아이들을 다시 학교와 가정으로 돌려보내는 것이 상담의 목표였다.

하지만 일주일 한 번의 시간에 비해 아이들이 처한 환경은 너무 열악했다. 그래서 가끔은 이 한 번의 상담이 무슨 소용이 있을까 싶어 자괴감에 빠지기도 했다. 그때 상담소 직원분이 내게 해준 말이 생각난다. "좋은 부모에 대한 기억을 가진 아이는 평생을 버틸 수 있고, 좋은 어른에 대한 기억을 가진 아이는 10년을 버틸 수 있어요.

아이들의 환경은 너무 열악해요. 성인이 되어도 그 고리를 끊지 못할 수도 있어요. 하지만 세상엔 자신들을 걱정하며 지켜봐 주는 어른들도 있다는 것을 안다면 아이가 다른 나쁜 길로 빠지는 걸 지연시킬 수는 있지요. 우리는 그저 그 역할을 하는 거예요."

천풍 구는 하나의 음이 이제 막 생겨나 여러 양들을 만나는 모습이다. 정이천은 "구괘는 이제 막 나아가는 음효가 점차로 건장하게 자라서 양에 대적하는 상황이니, 취해서는 안 된다"(정이천, 『주역』, 879쪽)고 한다. 천풍 구에서 하나의 음(초육)은 지금은 그 세력이 매우 약하지만 점차로 자라날 가능성이 있는 음유한 마음을 상징한다. 이 마음은 아직은 약하지만 점점 강해질 가능성이 있다. 그리고 중정(中正)하지 않은 자리에 있기에, "힘없는 돼지는 날뛰고 싶은 마음이 가득하다"(贏豕孚蹢躅리시부척촉)라는 초육의 효사처럼, 그 마음을 잘 다스리지 못하면 어느새 삿된 마음으로 전체의 마음을 물들일 수 있다.

이는 법원의 교육명령을 받은 아이들의 상황과 비슷하다. 보호해 줄 어른이 없는 데다 주변의 유혹은 많으니 처음 생겨난 그 마음을 붙들어 매어 놓기에 혼자선 힘이 부친다. 구이(九二)는 그런 초육을 꾸러미에 물고기를 잡아 담듯(包有魚포유어, 无咎무구)이 만나는 사람이다. 꾸러미에 물고기를 잡아 담듯이 만난다는 것은 어떤 만남일까? 정이천은 구이의 만남을 "초육효의 진실한 마음을 굳게 기르도록 제어해서 꾸러미에 물고기를 잡아 담은 것같이 한다면 만남에 허물이 없을 것이다"(정이천, 『주역』, 886쪽)라고 하여, 오직 한 사람에게 집중하여 진실한 마음을 굳게 기르도록 제어하는 만남이라고 한다. 초육은 다섯 양을 상대할 수 있는 하나의 음이다. 이는 마음이 한곳 또는 한 사람에게 집중되지 않고 여기저기의 유혹에 쉽게 흔들릴 수 있다는 뜻이다. 그래서 구이는 초육을 만날 때 그로부터 진실한 마음을 얻기 어려울 수도 있다. 아이들과 처음 상담할 때 그랬다. 그저 의무적으로 그 시간을 때우려고 했고, 상담시간 내내 관심은 다른 데 가 있기 일쑤였다. 그렇지만 초육이 다른 곳에 마음을 두지 않고(不利賓불리빈) 오직 한 사람에게 집중해 진실한 마음을 나누도록 하는 것, 이것이 꾸러미에 물고기를 잡아 담듯 만나는 구이의 만남이다. 한 사람과 진실한 마음을 나누는 것은 여기저기로 흩어지는 마음을 제어해야 가능하다. 만날 시간에 때맞춰 오는 것, 만나는 시간 동안 다른 데 관심을 돌리지 않고 자기 이야기에 솔직할 줄 아는 것 등. 사소한 일 같지만 마음을 한곳에 집중하여 유지할 줄 알아야만 가능한 일이다. 구이는 초육에게 그런 만남을 경험하게 하는 것이다. 단 한 번이라도 진실한 마음을 나누는 만남을 해본 초육은 이제 구이가 없어도 자신의 마음을 제어하는 법을 어렴풋이나마 알 수 있다.

법원 교육명령을 받은 아이들과의 만남에서 나는 천풍 구 구이의 역할이었다. 어쩌다 법원 교육명령까지 받는 상황이 되었지만, 더 이상 다른 삿된 만남에 유혹되지 않고 진실하게 자신의 마음을 돌아보고 그 마음을 붙들어 매도록 도와주는 것. 사실 내가 그 역할을 제대로 했는지는 자신 없다. 굳이 변명하자면, 일주일에 한 번 두 시간은 너무 짧았다. 그래서 그 시간을 되돌아볼 때마다 아쉬움이 많이 남는다. 하지만 다시 생각해 보니, 나와의 짧은 만남 후 그 아이들은 또 다른 많은 천풍 구의 구이를 만났을지도 모른다. 세상엔 좋은 어른들도 많지 않은가. 그 구이들의 짧은 시간들이 합해져 나약한 돼지의 날뛰고 싶은 마음은 모진 세파의 유혹에도 흔들리지 않고 단단하게 자랐을지도 모른다. 짧은 만남들이지만 그 만남들의 힘을 믿고 싶다.

택지 췌,

관계의 달인
되기

이성남
———

澤地 萃
택지 췌

萃, 亨, 王假有廟. 利見大人, 亨利貞. 用大牲, 吉, 利有攸往. 췌, 형, 왕 격유묘. 리견대인, 형리정. 용대생, 길, 리유유왕.

췌괘는 왕이 종묘를 세우는 것이 지극하다. 대인을 만나는 것이 이로우니 형통하고 올바름을 굳게 지키는 것이 이롭다. 큰 희생을 쓰는 것이 길하니 나아갈 바를 두는 것이 이롭다.

初六, 有孚不終, 乃亂乃萃. 若號, 一握爲笑, 勿恤, 往无咎. 초육, 유부 부종, 내란내췌. 약호, 일악위소, 물휼, 왕무구.

초육효, 구사에 대한 믿음을 가지고 있으나 끝까지 가지 못하면 이에 마음이 어지러워지고, 같은 부류가 모여들 것이다. 만일 크게 울부짖는다면 한 줌의 무리에게 비웃음거리가 될 것이나 이를 근심하지 말고 나아가면 허물이 없다.

六二, 引吉, 无咎, 孚乃利用禴. 육이, 인길, 무구, 부내리용약.

육이효, 구오와 서로 끌어당기면 길하여 허물이 없을 것이니, 진실한 믿음으로 소박한 제사를 드리는 것이 이롭다.

六三, 萃如嗟如, 无攸利. 往无咎, 小吝. 육삼, 췌여차여, 무유리. 왕무구, 소린.

육삼효, 모이게 하려다가 탄식하니 이로울 바가 없다. 나아가면 허물이 없지만 약간 부끄럽다.

九四, 大吉, 无咎. 구사, 대길, 무구.

구사효, 치우침 없이 두루 행해서 길하게 되어야 허물이 없다.

九五, 萃有位, 无咎. 匪孚, 元永貞, 悔亡. 구오, 췌유위, 무구. 비부, 원영정, 회망.

구오효, 백성들의 마음이 모여서 그 지위에 있게 되니 허물이 없다. 믿지 않는 자가 있어도 우두머리의 덕을 지속적으로 바르게 지켜 나가면 후회가 없어진다.

上六, 齎咨涕洟, 无咎. 상육, 자자체이, 무구.

상육효, 한탄하며 눈물, 콧물을 흘리나 탓할 곳이 없다.

인문학 공부에 발을 들인 지 7년째다. 그동안 수많은 공부모임으로 모였다 흩어졌다를 반복해 왔다. 그런데 사람이 모이는 곳에는 늘 갈등이 있었고 그로 인한 혼란스러움 또한 따라다녔다. 지금은 〈문이정〉의 매니저이다. 연구실을 책임지고 있는 입장에서 가장 민감한 부분은 도반이 들고날 때다. 그래서 사람들은 어떤 이치로 모여들고 흩어지는지 또 모임은 누구에게로 모여드는지 궁금할 때가 있다.

〈문이정〉의 공부모임 중 3년째 이어 가고 있는 세미나가 있다. '의리세미나'다. '의역학으로 삶의 이치를 터득하자'는 취지에서 꾸려진 세미나로 사주명리에서 출발해서 현재는 『주역』을 공부하고 있다. 이 공부모임은 현재 가장 걱정이 덜 되는(?) 모임이다. 세미나 회원들이 『주역』을 공부하는 열정이 높고 결석률이 낮다. 그러나 올해 3월 초 2년간 진행해 오던 세미나 방식에 변화를 주면서 위기가 있었다. 꾸준하게 공부해 오던 세 명의 회원들이 동시에 그만둔 것이다. 격주로 만나 공부하던 시간을 매주로 바꾸고, 텍스트를 정해서 돌아가며 발제하는 능동적인 공부방식으로 바꾼 것이 결정적 이유였다. 그들에겐 세미나 공부방식이 낯설고 동의가 안 됐던 것이다. 또 하나, 소수 몇 명만 참여하던 공부공간이 〈문이정〉이라는 이름으로 누구에게나 열린 공간으로 변화한 것도 그만두게 된 이유 중 하나였다. '우리'만이 아니라 또 다른 누군가와 함께 공부하기는 거북한 점이 있었던 것이다. 기쁨으로 모였던 모임이 이별을 고하는 순간이었다. 모임의 성격이 달라지면 이전과 다른 배치로 모이고 흩어지는 것이 당연한 이치였다. 그런데 그 흩어짐이 처음에는 충격으로 다가왔다.

『주역』의 췌(萃)는 사람들이 모이고 흩어지는 이치를 말하고 있다. 그래서 췌의 효들을 살펴보면 모임 안에서 일어나는 인력과 척력의 역학관계가 펼쳐진다. 힘들의 장 안에서는 끌어 주고 당겨 주는 아름다운 관계만 있지 않다. 치고박고 울고불고 하는 사이를 그려 내고 있기도 하다. 즉 뜻이 어지러워서 갈팡질팡하거나, 무리 속에서 탄식하며 괴로워하거나, 눈물 콧물 흘리며 후회하거나. 비웃음 소리와 조롱을 견뎌 내는 인내까지 다 담아 내고 있어 생동감이 넘친다. 말하자면 췌는 사람 사이의 관계를 논한 괘다. 췌의 상(象)을 보면 연못(澤)이 땅(地) 위에 올라가 있는 모습이다. 둑을 쌓아 방비를 잘 하지 않으면 개미구멍만 한 틈으로도 연못 물이 샐 수 있듯이 사람이 모여들면 생기게 될 다툼을 방비하지 않으면 다음 수순은 갈등과 번뇌로 이어짐을 시사하고 있다.

관계를 맺고 살아간다는 일은 호랑이 꼬리를 밟은 듯 위태로운 건 사실이다. '괜찮겠지?' 싶어 맘을 놓는 순간 일은 터져 버린다. 그런데 이 위태로운 관계를 잘 풀어 가는 자리가 구오효다. 공부모임을 리드하는 입장에서 그 비결이 궁금하다. 췌의 상황을 보자면 상괘는 기쁨(兌)을 상징하고 하괘는 순종(坤)을 상징한다. 췌는 순종하며 기쁘게 모이고 있다. 더구나 구오효는 강중의 덕을 지니고 있어 순종하며 따르는 하괘의 효들을 잘 아우를 수 있다. 오호~ 구오효는 요샛말로 하자면 '인싸'다. 밀고 당기는 힘들 사이에서 어떻게 이 힘들을 조율했기에 관계의 달인이 될 수 있었을까?

"구오효는 백성들의 마음이 모여서 그 지위에 있게 되니 허물이 없다. 믿지 않는 자가 있어도 우두머리의 덕을 지속적으로 바르게 지켜 나가면 후회가 없어진다"(萃有位췌유위, 无咎무구. 匪孚비부, 元永貞원영정, 悔亡회망). 구오효는 모임을 리드하고 있고 자리도 얻은 자인데, 왜 믿음을 얻지 못한 자에게까지 '원영정'(元永貞) 해야 후회가 없다고 했을까? 공부모임에서 '믿지 않는 자'(匪孚)라면 모임에 신뢰가 떨어졌거나 혹은 공부의 방향성과 공부방식에 동의하지 않는 자이다. 그렇다면 모임에 다른 뜻을 품은 자에게도 '원영정' 해야 한다는 의미가 뭘까? 내 경우를 떠올려 보면 그들을 붙잡고 싶은 욕심에 내 결정이 성급했었다고 자책했다. 그러나 한편으로는 더이상 느슨한 공부모임을 리드하고 싶지 않다는 확고함이 있었다. 『주역』을 더 깊게 파고들며 지속적으로 공부해 나가고 싶다는 뜻 말이다. 그럼에도 번뇌가 가시지 않았던 이유는 함께한 2년이라는 세월을 붙들고 그들의 마음 행로를 인정하지 않았기 때문이다. 공동체 비전이나 공부 방향에 동의하지 않는 이들이 비부(匪孚)라면 그들을 어떻게 수용해야 할지에 대한 해결책이 '원영정'이다.

정이천은 "함께 모이는 데에 정도(正道)로 하지 않는다면 사람들이 모이는 데에 구차하게 화합"(정이천, 『주역』, 898쪽)한다고 했다. 공부모임의 바른 도는 당연히 공부가 중심이 되는 것이다. 공부가 성장해야 할 시기에 변화를 거부하는 뜻을 가진 자들의 눈치를 보는 태도는 공부에 대한 바른 태도가 아닐 것이다. 그러므로 공부모임을 리드하는 자가 갖추어야 하는 '원영정'이란 공부를 중심에 두는 덕을 닦으라는 말이다. 즉 공부모임은 반드시 바른 도(貞)로 이끌어야 하고 세미나의 방향성에 동의하는 이들과 지속적으로 공부하는 것(永)은 물론이고, '모임의 뜻이 떠난 자'(匪孚)를 붙들고자 하는 욕심이 올라올 때 그 마음을 내려놓을 수 있어야 비로소 후회가 없다는 말이다. 소동파가 "나를 따르는 자는 받아들이고, 따르지 않는 자는 그가 따르고자 하는 자에게 붙게 하는 것"이 대인(大人)이라고 한 이유를 알겠다. 그들의 마음 행로를 인정해 주고 기다리는 것. 모임에 다른 뜻을 품은 자를 넉넉하게 품는 그런 성숙한 마음을 닦아 나가는 것이 바로 '원'(元)이다. 모임의 리더가 갖추어야 할 덕 중 가장 어려운 덕인 것 같다.

3월에 『주역』 공부모임을 떠난 이 가운데, 꾸준하게 밴드모임에 들어와 세미나후기를 읽으며 공부하는 이가 있다. 모임의 경계에 있는 자(?)라고 할 수 있다. 그의 마음 행로를 있는 그대로 받아들이기가 쉽지는 않았다. 그러나 이제는 이해가 간다. 모임의 연결접속은 마음을 어디에 두느냐에 따라 움직이는 역학관계라 내가 어찌할 수 없는 영역이다. 다만 모임을 꾸려 나가는 내가 할 일은 정신줄 놓지 않고 '원영정' 덕을 닦을 일밖에 없다. 관계의 달인은 인기를 몰고 다니는 '인싸'가 결코 아니다. 모임에서 뜻이 떠난 자를 품고 덕을 모으는 일에 집중하는 이다. 사람을 모으는 전략과 기술을 가진 이가 아니라 덕을 모으는 달인이다. 그럼 비부(匪孚)들의 마음의 행로를 거부한다면 어떻게 될까? 상육효처럼 눈물 콧물 흘리며 한탄할 일밖에 없으리라.

46
지풍 승,

올바름을 지킨
상승이 주는 기쁨

안상헌

地風升
지풍 승

升, 元亨, 用見大人, 勿恤, 南征吉. 승, 원형, 용견대인, 물휼, 남정길.

승괘는 크게 좋고 형통하니, 구이의 대인을 만나 보되 근심하지 말고 남쪽으로 나아가면 길하다.

初六, 允升, 大吉. 초육, 윤승, 대길.

초육효, 구이를 믿고 따라 올라가는 것이니, 크게 길하다.

九二, 孚乃利用禴, 无咎. 구이, 부내리용약, 무구.

구이효, 진실한 믿음이 있으면 소박한 제사를 드리는 것이 이로우니, 허물이 없으리라.

九三, 升虛邑. 구삼, 승허읍.

구삼효, 빈 고을에 올라가는 것이다.

六四, 王用亨于岐山, 吉, 无咎. 육사, 왕용형우기산, 길, 무구.

육사효, 왕이 기산에서 형통한 것처럼 하면 길하고 허물이 없으리라.

六五, 貞吉, 升階. 육오, 정길, 승계.

육오효, 올바름을 굳게 지켜야 길하리니, 계단을 딛고 오르는 것이다.

上六, 冥升, 利于不息之貞. 상육, 명승, 리우불식지정.

상육효, 올라감에 어두운 것이니, 쉼 없이 정도를 행하는 것에는 이롭다.

오랜만에 K에게서 참 반가운 전화를 받았다. 그는 이제 대학 시간강사로 정식 채용되었다는 소식을 전해 왔다. 앞으로 3년 정도는 고정된 수입이 있고, 지금까지처럼 공부하면서 강의하고 논문을 쓴다면 3년 이후에도 안정된 상태에서 연구와 강의를 계속할 수 있게 되었다는 것이다. 또 이것들이 누적되면 그동안 쓰고 싶은 책도 쓸 수 있게 될 것이다. K가 대학원에 진학하여 공부를 시작한 이후 늘 꿈꾸던 삶이다.

K는 내가 20대 후반이었던 대학원 시절에 만나 지금까지 나의 공부와 삶에 늘 힘이 되어 준 유능한 연구자이다. 그는 '우수박사학위상'을 받을 만큼 학계가 주목하는 논문을 작성했고, 이후에도 꾸준히 우수한 학술논문과 저술을 발표했지만, 대학에 교수로 임용되지 못했다. K는 '외국학위가 아니라는 점', '지역대학 출신이라는 점', '여자라는 점', '전공분야가 실용적인 학문이 아니라는 점' 때문에 대학에 정식 교수로 임용되기가 참 어렵다는 것을 잘 알고 있다. 하지만 그는 대학 교수가 되는 것이 불가능하다는 것을 잘 알았지만 정식 교수가 아니어도 좋으니, 최소한의 수입만 보장된다면, 대학에서 계속 연구와 강의를 하고 싶어 했다. 그리고 실제로 참 오랜 시간을 연구와 강의에 매진해 왔다. 반면 나는 일찍이 대학에서 하는 학문의 세계를 떠났고, 지금은 대학마저도 완전히 떠나 '대중지성'을 만들어 가는 공부 공동체에서 대학과는 다른 공부를 하고 있다. 그럼에도 불구하고 우리는 가끔 만나 서로의 공부와 삶을 이야기했고, 각자의 길이 어렵긴 하겠지만 그 길을 계속 걸어가는 것이 좋겠다는 생각을 나누곤 했다. 우리에게는 각자가 하고 싶었던 공부와 삶의 방식이 있었고, 이에 대해 서로가 공감하고 있었다. K는 소위 '아카데미지성', 나는 이른바 '대중지성'의 현장에서 각자의 공부와 삶을 살아 보기로 한 것이다.

이제 K는 자신이 원했던 한 계단을 올라갔다. 남들에게는 별것이 아닐지언정, 그에게는 분명히 상승을 한 것이다. 그래서 우리 둘은 너무나 기뻐했고, 앞으로도 지금까지와 같은 자세로 공부하며 살아가자고 다짐했다. 그러면서 요즘 내가 공부하고 있는 『주역』에 지풍 승(地風 升)이라는 괘가 있는데, 승괘 오효를 보면 "올바름을 굳게 지켜야 길하리니, 계단을 딛고 오르는 것이다"(貞吉정길, 升階승계)라는 효사가 있다고 말해 주었다. 그리고 그 뜻을 공자님은 「상전」에서 "'올바름을 굳게 지켜야 길하리니, 계단을 딛고 오르는 것'은 뜻을 크게 얻은 것이다"(貞吉정길, 升階승계, 大得志也대득지야)라고 풀고 있다.

K는 지금까지 경제적 어려움과 2시간짜리 강사라는 사회적 평판을 기꺼이 감수하면서 '시험과 평가제도'라는 자신이 택한 분야의 연구를 성실하게 이어 오고 있다. 이 과정에서 그는 연구의 양을 늘리기 위해 스스로 연구의 질을 떨어뜨리는 일을 하지 않았고, 단 한 강좌의 강의를 위해서도 언제나 최선을 다했다. 이 과정에서 그는 때론 비틀거렸지만, 결국 바른 길을 걸어왔다. K에게 일어난 오늘의 상승은 다름 아닌 그동안 쌓은 그의 노력의 결실인 것이다. 그리고 그는 지금까지와 마찬가지로 앞으로도 그렇게 살아갈 것이다. 한편 몇 년 동안 '대중지성'의 현장에 있었던 나 역시 나름 공부에 매진했다. '대중지성'의 현장에는 자신만의 영역, 소위 대학에서 말하는 전공은 없다. 나는 〈남산강학원〉과 〈감이당〉에서 '루쉰', '푸코', '공자', '소세키', '카잔차키스', '연암' 등을 공부했으며, '니체', 『주역』, '불교'는 요즘 가장 집중하고 있는 나의 공부이다. 그 과정에서 '니체'와 『주역』은 다른 사람들과 함께 공부하는 프로그램을 만들어 공부모임을 이끌어 가고 있다. 이 역시 내 공부와 삶에서의 상

승이라 할 수 있겠다.

우리는 누구나 자신의 뜻을 펼 수 있는 상승을 원한다. 이러한 노력은 개인과 세상을 활기차게 만들고, 개인과 사회의 문제를 해결해 나가는 동력이 되기도 한다. 하지만 이러한 노력과 상승이 새로운 문제를 일으키지 않고, 개인의 삶과 사회의 질서를 왜곡시키지 않으며, 그것을 보는 주변을 기쁘게 만들려면 지켜야 할 윤리가 있다. 이 윤리를 『주역』은 잘 말해 주고 있다.

승괘는 땅 가운데 나무가 자라는 모습이다. 나무가 땅속에서 자라서 더욱 높아지니, 상승의 모습이다. 공자님은 이 상을 보고「대상전」에서 "군자는 이것을 보고 덕을 따르고 작은 것을 쌓아서 높고 크게 한다"(君子以군자이, 順德순덕, 積小以高大적소이고대)라고 말하고 있다. 정이천은 좀 더 자세히 우리를 경계하고 있다. "선을 쌓지 않으면 명예를 이룰 수가 없다. 학업의 충실함과 도덕의 숭고함이 모두 축적하는 것을 통해서 이루어진다. 작은 것을 축적한 것이 높고 위대한 것을 이룰 수 있는 근거이니, 이것이 상승의 뜻이다"(정이천, 『주역』, 921쪽). 그렇다! 자신의 삶에서 상승을 원하는 사람은 '나무가 땅속에서 생겨나, 성장하여 위로 상승'하는 자연의 이치를 잘 살펴보아야 한다. 이 모습을 잘 관찰하여 '때에 따라서 자신을 잘 수양하고, 작은 것을 바르게 누적한 사람만이 어떤 경지에 이를 수 있음'을 알아야 한다.

K의 삶이 이랬다. 그는 자신의 연구가 질적으로 완성되기 전에 조급하게 박사학위논문을 작성하지 않았다. K는 대학교수라는 안정적인 지위보다는 지금의 우리 사회의 '시험과 평가제도'가 조금

이라도 아이들의 성장에 도움이 될 수 있도록 하는 '한 편의 연구'와 '한 시간의 강의'가 더 중요함을 말하고 실천해 왔다. 그의 작은 상승은 이러한 실천의 성과이고, 그는 이를 계단 삼아 앞으로도 연구와 강의에 더욱 매진할 것이다. '대중지성'이라는 광야로 나온 나 역시 마찬가지이다. 요즘 내 공부와 삶은 대중이 지성인이 되는 세상을 만들어 가는 현장에 있다. 나는 앞으로도 대중이 전문가들의 지식에 기가 죽거나, 그것을 감상하며 구경하는 것이 아닌 대중이 직접 지성의 현장으로 들어와 앎을 생산하고 소통하는 세상을 만들어 가는 공부와 삶의 현장에 있을 것이다. 나는 대중지성의 현장에서 '한 권의 책', '한 편의 글', '한 시간의 세미나'가 중요하다는 자세로 일상을 살아갈 것이다. 이런 나를 K도 기쁘게 응원하고 있다.

택수 곤,

인문학 공부
어떻게 하면 좋을까요

안상헌

———

澤水困 _{택수 곤}

困, 亨, 貞, 大人吉, 无咎. 有言不信. 곤, 형, 정, 대인길, 무구. 유언불신.

곤괘는 형통하고 올바를 수 있으니 대인이라야 길하고 허물이 없다. 말을 해도 믿지 않을 것이다.

初六, 臀困于株木. 入于幽谷, 三歲不覿. 초육, 둔곤우주목. 입우유곡, 삼세부적.

초육효, 밑둥만 있는 나무에 앉아 있으니 곤란하다. 어두운 골짜기로 들어가서 3년이 지나도 볼 수 없다.

九二, 困于酒食, 朱紱方來. 利用亨祀, 征凶, 无咎. 구이, 곤우주식, 주불방래. 리용향사, 정흉, 무구.

구이효, 술과 밥에 곤궁하지만 붉은 무릎가리개를 한 구오의 군주가 올 것이다. 제사를 드리는 것이 이로우니 나아가면 흉하여서 탓할 곳이 없다.

六三, 困于石, 據于蒺藜. 入于其宮, 不見其妻, 凶. 육삼, 곤우석, 거우질려. 입우기궁, 불견기처, 흉.

육삼효, 돌에 눌려서 곤란하고 가시풀에 찔리며 앉아 있다. 그 집에 들어가도 아내를 볼 수 없으니 흉하다.

九四, 來徐徐, 困于金車, 吝, 有終. 구사, 래서서, 곤우금거, 린, 유종.

구사효, 천천히 내려감은 쇠수레에 막혀 곤란하기 때문이니, 부끄럽지만 끝맺음은 있을 것이다.

九五, 劓刖, 困于赤紱, 乃徐有說, 利用祭祀. 구오, 의월, 곤우적불, 내서유열, 리용제사.

구오효, 코를 베이고 발뒤꿈치를 잘리니 자주색 무릎가리개를 한 신하가 막혀 있지만, 서서히 기쁨이 있으니 하늘과 땅에 제사를 드리는 것이 이롭다.

上六, 困于葛藟, 于臲卼, 曰動悔, 有悔, 征吉. 상육, 곤우갈류, 우얼올, 왈

동회, 유회, 정길.

상육효, 칡덩굴과 높고 위태로운 자리에서 곤란을 겪으니, 움직일 때마다 후회하며 뉘우치면, 어떤 일을 하든 길하게 된다.

2018년 8월부터 대구에서 '니체와 인문학'이란 제목으로 '인문학 공부'를 하고 있다. 중년의 나이에 〈남산강학원〉과 〈감이당〉에서 4~5년 공부하고 나니, 인문학을 배우는 입장에서만 공부하는 것이 아니라, 가르치는 입장에 간혹 서기도 한다. 인문학 공부가 배우는 것과 가르치는 것이 구분될 수 없는 일이기에 크게 달라진 것은 없다. 하지만 좀 더 부담스러운 것은 사실이다. 그렇지만 그 부담만큼 재미도 있고, 이를 계기로 공부도 더 많이 하며, 생각지도 않은 수입도 있고 하니 나에게는 참 좋은 일이다. 같이 공부하고자 모여든 사람도 각 시즌마다 15~20명 내외이고, 무엇보다 오시는 분들이 재미있어 하니 나름 성공적인 프로그램으로 자리 잡아 가고 있다.

이렇게 공부를 하다 보니 1년이 다 되어 가고 또 새로운 시즌이 시작되었다. 1년, 그리고 새로운 시즌의 시작을 기념할 겸해서 그동안 배운 『주역』으로 괘를 한번 뽑아 보았다. 질문은 '지금 우리가 하고 있는 인문학 공부를 앞으로 어떻게 하면 좋을까요?'였다. 결과는 택수 곤(澤水 困)괘 초육효가 나왔다. "밑둥만 있는 나무에 앉아 있으니 곤란하다. 어두운 골짜기로 들어가서 3년이 지나도 볼 수 없다"(臀困于株木둔곤우주목. 入于幽谷입우유곡, 三歲不覿삼세부적).

곤괘의 전체 모습을 보면 연못에 물이 없어 궁핍한 상황이다.

또 상괘는 두 양이 맨 위의 음에 의해 저지당하고, 하괘는 양이 두 음의 가운데에 있어 양이 상징하는 군자가 음이 상징하는 소인에게 은 폐를 당하고 있는 상황이다. 1년 정도 지난 우리의 공부가 뭔가 곤란한 상황, 즉 '각자의 밑천이 바닥이 드러난 상황'임을 보여 준다. 위에는 어려운 니체 철학에 짓눌려 있고, 아래에는 이 어려움을 헤쳐 나갈 힘이 부족한 것이 지금의 우리 처지이다.

처음에는 약간 당황했다. 재미있게 공부 잘하고 있는데, 이왕이면 좋은 괘가 나와 우리의 이 기분을 더욱 부추겨 주면 좋으련만! 서운한 마음이 들기도 했다. 하지만 나는 평소에도 '공부란 원래 거칠 것을 다 거친 이후에 즐거움이 있는 일'임을 말해 왔기에 지금 우리에게 잘 맞는 괘라 생각하고 이런저런 풀이를 해나갔다. '공부란 원래 엉덩이가 아플 때까지 하는 것이다.' '그렇게 공부한다고 하지만 뭐가 뭔지 모르는 미궁 속으로 빠져드는 게 인문학 공부이다.' '그렇게 3년을 해도 잘 모르는 게 인문학 공부가 아니겠는가.' '특히 니체의 철학은 더욱 그렇다!' 그러니 '1년 남짓 공부하고 아는 척하지 말고, 최소한 3년은 같이 더 열심히 공부해 보자는 결심'을 했다. 또 괘사에서 이런저런 어려움에 대해 '유언이면 불신'(有言不信)이라 했으니 '공부가 힘들다는 불평을 하지 말고 좀 더 열심히 해보자!' 등을 이야기했다. 그리고 나는 "나도 좀 더 열심히 준비할게요!"란 말을 했고, 그 자리에 있는 몇 분들은 "선생님, 죄송해요! 다음 주부터 '암송', '필사' 열심히 해올게요!"라고 응답했다. 그리고 우리는 서로 한참을 웃었다. 서로가 서로에게 약간은 찔리는 것이 있었고, 각자의 게으름을 이 기회에 한번 점검했으니 나름 좋은 전환점이 되었다. 그럼에도 불구하고 걱정이 되었다. 이어지는 효들도 그야말로 곤란한 상황들만 계속된다. 이 상황을 우리가 이겨 낼 수 있을까? 인문학 공부 괜히 시작했나? 아직 인문학 공부가 무르익지 않은 내가 괜히 이런 프로그램을 했나? 등의 의문이 들었다.

이런저런 의문을 품은 채, 곤괘를 찬찬히 다시 읽어 보았다. 그 순간, "아니다. 이제 공부를 제대로 할 때이다"는 생각이 들었다. 곤괘는 이러한 상황에 처한 우리에게 공부의 자세를 잘 알려준다. 괘사에서 "곤괘는 형통하고 올바를 수 있으니"(困곤, 亨형, 貞정), "대인이라야 길하고 허물이 없다"(大人吉대인길, 无咎무구)고 말한다. 앞서도 말했지만 '공부란 원래 거칠 것을 제대로 거친 이후에 즐거움이 있는 것'이니, 지금의 이 상황이 특별할 것도 없다. 중요한 것은 괘사에서 말하듯 우리가 인문학 공부를 대하는 태도를 이제 '대인의 자세'로 바꿔야 한다는 점이다. 그런데 갑자기 대인? 우리가 어떻게? 솔직히 당황스럽다. 공자님도 이런 우리의 마음을 아셨나 보다. 갑자기 대인이 되는 것이 우리에게 과한 요구라 판단하신 것이다. 그래서 공자님은 「단전」에서 "위험한 상황이지만 기쁜 마음을 가지고 있어서 곤경에 처할지라도 형통할 수 있는 가능성을 잃지 않으니, 그러한 자는 오직 군자뿐일 것이다"라고 말한다. 이것이 공자님이 해석한 대인의 공부, 곧 군자가 되고자 하는 사람들이 공부를 대하는 태도이다.

우리는 이런저런 계기에서 인문학 공부를 시작한다. '갑자기 삶에 대한 회의가 와서', '학교 공부가 아니다 싶어서', '취업 준비만 하는 대학 공부가 싫어서', '몸이 아파서', '직장을 그만두게 되어서',

'미래가 불안하여' 등 각자 이런저런 계기가 있을 것이다. 이런 모든 분들에게 곤괘는 말한다. "힘들지만 기쁜 마음으로 하라! 그러면 현재의 상황이 힘들겠지만 좋아질 가능성은 잃지 않는다. 비록 기쁨은 더디긴 하겠지만, 결국에는 오기 마련이다." 그렇다면 오늘 우리가 인문학 공부를 잘한다는 것은 무엇일까? 그것은 '공부란 끝까지 곤란함이 있음을 알고, 끝까지 뉘우침이 있는 마음으로 해야 하는 것'임을 말해 주고 있다. 실제로 그렇지 않은가. 공부가 조금 되었다는 생각이 들면, 그만큼의 곤란함이 생긴다. 다만 달라진 것이 있다면 내가 그 곤란함을 이겨 낼 수 있는 힘이 예전과 달라졌을 뿐이다. 공부의 과정에서 느끼는 즐거움은 곤란함이 없을 때 느끼는 것이 아니다. 그 기쁨은 지금의 난관을 이겨 낼 수 있는 힘이 내게 있을 때 느끼는 것이다. 실제로 주변에서 인문학 공부를 처음 시작할 때와는 달라진 난관을 견딜 수 있는 힘이 없어 그만두는 경우가 많다. 하여 우리가 인문학 공부를 통해 곤괘가 알려준 난관을 대하는 자세, 즉 삶의 각 국면마다 겪게 될 다양한 곤란함을 견딜 수 있는 힘을 갖게 된다면 그때 우리는 어떤 공부를 해도 길한 상태가 될 것이다.

수풍 정,

우물터
매니저 되기

이성남
—

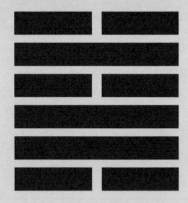

水風井 수풍 정

井, 改邑, 不改井, 无喪无得, 往來井井. 汔至亦未繘井, 羸其瓶, 凶.

정, 개읍, 불개정, 무상무득, 왕래정정. 흘지역미율정, 리기병, 흉.

정괘는 고을은 바꾸어도 우물은 바꿀 수 없으니, 잃는 것도 없고 얻는 것도 없으며, 오고 가는 이가 모두 우물물을 마신다. 거의 이르렀는데도 두레박줄이 우물에 닿지 못한 것과 같으니 두레박이 깨지면 흉하다.

初六, 井泥不食, 舊井无禽. 초육, 정니불식. 구정무금.

초육효, 우물에 진흙이 있어 아무도 먹지 않는다. 오래된 우물에는 짐승들도 찾아오지 않는다.

九二, 井谷, 射鮒, 甕敝漏. 구이, 정곡, 사부, 옹폐루.

구이효, 골짜기와 같은 우물이라서 두꺼비에게만 흐르고 항아리가 깨져서 물이 샌다.

九三, 井渫不食, 爲我心惻. 可用汲, 王明, 並受其福. 구삼, 정설불식, 위아심측. 가용급, 왕명, 병수기복.

구삼효, 우물 바닥을 파내어 물이 깨끗한데도 사람들이 먹지 않으니 내 마음이 슬프다. 끌어올려 쓸 수 있으니 구오의 군주가 현명하면 모두 함께 그 복을 받는다.

六四, 井甃, 无咎. 육사, 정추, 무구.

육사효, 우물에 벽돌을 쌓으면 허물이 없으리라.

九五, 井洌, 寒泉食. 구오, 정렬, 한천식.

구오효, 우물물이 맑으니 시원한 샘물을 마신다.

上六, 井收勿幕, 有孚, 元吉. 상육, 정수물막, 유부, 원길.

상육효, 우물물을 긷고서 장막으로 뚜껑을 덮지 않으니 오래 유지되는 믿음이 있어 매우 좋고 길하다.

어린 시절 시골에서 보았던 우물에 대한 기억이 있다. 내 눈에 우물물은 분명히 고인 물처럼 보이는데 이상하게도 누군가 와서 퍼 가도 물이 줄어들지 않고 일정하게 고여 있는 모습이 너무도 신기했다. 지금이야 박물관에 가서나 볼 법하지만, 예전의 우물터는 마을의 중심에 거처를 정해 맑은 물을 항상 공급하고, 누구나 그 물을 마시게 해주었다. 그러니까 우물물은 마을 주민들을 길러 내는 생명수였다. 뭇 생명들을 길러 주는 어머니 품 같은 역할을 했다. 『주역』의 정(井)괘는 그런 우물의 덕을 이야기하고 있다. 언제나 물이 솟아올라 마르지도 넘치지도 않는다는 점과 오가는 이 누구에게나 열려 있다는 점에서 말이다.

정(井)괘는 물(坎) 아래 나무(巽)가 있는 모습으로 두레박으로 우물물을 길어 올리는 형상이다. 우물물은 두레박으로 길어 올려야 최종적으로 쓰일 수 있다. 중간에 두레박줄이 끊어지거나 두레박이 깨진다면 물은 쓰일 수 없다. 그래서 옛 성인은 이런 우물의 작용을 살펴서 사람들을 돕고 끊임없이 베푸는 우물의 덕을 본받고자 했다. 내가 몸담고 있는 연구실, 〈문이정〉도 '공부로 우물의 덕을 긷는 공간'이 되고자 정(井)괘를 '비전 괘'로 삼아 이름을 지었다. 그런데 최근에 〈문이정〉을 오래 지속할 수 있을까 하는 두려움을 느끼게 하는 일이 있었다. 공부로 덕을 긷기는커녕, 내 마음은 번뇌로 꽉 찬 진흙투성이였다. 지금 정(井)괘에서 내 상황을 찾아 보자면 초효의 상태에 비유해 볼 수 있다. 진흙탕물이라 먹을 수가 없는 상태. 이번 기회에 번뇌를 좋은 도구로 삼아 〈문이정〉의 비전을 새롭게 다져 보려고 한다.

처음 연구실을 오픈하면서 몇 가지 규율을 정했다. 그중 하나가 공간 유지를 위해 세미나회비를 받는 것이다. 그런데 공간 운영을 위한 회비를 내고 세미나 참석을 하는 원칙을 알고 있음에도 은근슬쩍 회비를 내지 않는 이가 있었다. 게다가 그 회원이 〈문이정〉이 〈감이당〉과 어떤 차별성도 없고, 〈문이정〉만의 색깔이 없는 것 같아서 불만이라고 뒷담화를 했다는 소리를 듣게 되자, 나는 당혹스러움과 함께 엄청 화가 났다.

이런 마음을 먼저 〈감이당〉 도반들에게 털어놨다. 연구실 운영에 도움이 되는 이야기들이 우수수 쏟아져 나왔다. 종합해 보면 연구공간의 원칙과 약속은 철저해야 하고 물러섬이 없어야 한다는 것. 그리고 내가 감당 못할 감정의 잉여를 끌고 다니면 공부에 이득이 없다는 것. 생각해 보니 〈문이정〉의 회비원칙을 어긴 것은 엄연히 규율 문제였다. 공적 약속을 어긴 것이니 그 사실을 담백하게 전하면 될 일이다. 그런데 내 번뇌가 증폭된 원인은 투명하게 회비문제를 바로잡지 못한 채로, 이런저런 사사로운 감정을 끌어와 서로 다른 문제를 뒤섞은 것이다. 〈문이정〉의 색깔을 만들라는 얘기는 오히려 귀담아 들어야 할 이야기인데, 공과 사를 구분하지 못해 일으킨 번뇌였다. 우물물은 고요하지만 맑고 투명함을 유지하는 비결은 쉼 없이 솟아오르기 때문이다. 그러나 물길이 막히면 물은 금방 더러워진다. 사람이 모이는 공간도 마찬가지다. 그렇다면 공간이 스스로 자정능력을 갖추려면 어떻게 해야 할까?

정(井)괘의 초육효는 "우물에 진흙이 있어 아무도 먹지 않는다"(井泥不食정니불식)이다. 그래서 사람들은 우물을 버리고 모두 떠났다. 시간이 더 흐르자 아뿔싸! 옛 우물에는 새 한 마리조차 날아오지 않게 됐다(舊井无禽구정무금). 이제 어떤 생명도 기를 수 없는 상태가 됐다. 왜 초육효의 우물은 이 지경이 된 걸까? 정이천에 의하면 "초육효는 음유한 자질로 아래 지위에 있어 물을 길어 올리는 모습이 없다"(정이천, 『주역』, 958쪽)고 한다. 즉 초육효는 우물 가장 아래에 위치해 먼지와 진흙이 있는 모습이다. 먼지와 진흙이 두텁게 쌓이지 않도록 게을리하지 않아야 물줄기가 막히지 않는다. 그러나 초육효는 방만했고 또 위로 호응하여 도와주는 이가 없으니 사람들에게 아무 도움도 줄 수 없는 우물로 전락해 버리고 말았다.

그렇다면 〈문이정〉을 흐리게 하는 진흙은 뭘까? 연구공간의 원칙이 투명하지 못하고 공간을 흩트리는 감정의 잉여가 섞여 버린다면 공부가 제대로 될 리가 없다. 연구실에서 샘물이 솟아오르지 못하도록 막는 진흙은 사람 사이에서 오가는 사적 감정일 것이다. 우물은 누구나 오가는 개방된 공간이라, 함께 만들어 가고 관리해야 한다. 수많은 사람들이 왕래하는 공간이 청정해지려면 무엇보다 공간 윤리와 사적 감정이 선명하게 분리돼서 번뇌가 되지 않도록 해야 한다. 설사 공간 규율 문제로 좌충우돌하되 원칙이 분명하다면 번뇌가 더 증폭되지는 않을 것이다. 그래서 이후 〈문이정〉 회원들이 함께 지켜야 할 공간 규율 몇 가지는 늘 볼 수 있도록 칠판에 적어 뒀다. 예를 들자면 세미나 신청은 밴드에 댓글로 신청하기. 세미나회비는 시작 전 입금하기. 세미나 지각과 결석 사유는 공동으로 공유하기. 사용한 찻잔은 각자 씻어 놓고 정리하고 가기 등. 꾸준하게 이런 규율을 실천해 가다 보면 회원 간 공통감각도 생기리라.

정(井)괘를 공부하며 우물물을 먹었던 옛사람들의 마음을 더듬어 보니 우물터의 매니저와 이용자가 따로 구분될 수 없음을 알았다. 마을 사람 모두가 함께 먹는 우물물에 작은 먼지 한 톨이라도 들어가지 않도록 함께 치우고 설거지하는 마음들이 모여 길이길이 우물물을 마실 수 있었다. 여기에 공간 운영의 지혜가 있다고 본다. 그렇다면 '공간 규율을 얘기해서 괜히 서먹한 사이가 돼 버리면 어쩌지?', '가뜩이나 한 사람 한 사람이 귀한데 발길이라도 끊어 버리면 회원 수가 더 줄어 버리지 않을까' 하는 걱정보다 감정의 잉여에서 생기는 혼탁해질 물을 더 걱정해야 할 것이다. 〈문이정〉의 '물맛'은 〈문이정〉 물을 마시러 오는 모두에게 책임이 있다. 그러므로 〈문이정〉을 찾는 이가 없을까 두려워하기보다 물처럼 지혜롭고 투명한 공간 규율에 대해 자주 얘기 나누고, 회원 간 감정의 잉여를 덜어 내는 훈련을 몸에 익힐 일이 먼저다. 마르지도 넘치지도 않아 오고 가는 사람들이 해갈할 수 있는 우물물처럼 '공부'로 '우물의 덕'을 기르는 공간은 그렇게 만들어지는 것이 아닐까.

택화 혁,

계속 이렇게
살 것인가?

이한주
———

澤火革 _{택화 혁}

革, 已日乃孚, 元亨, 利貞, 悔亡. 혁, 이일내부, 원형, 리정, 회망.

혁괘는 날이 지나야 이에 믿게 되니 크게 형통하고, 올바름을 굳게 지키는 것이 이로우니 후회가 없다.

初九, 鞏用黃牛之革. 초구, 공용황우지혁.

초구효, 황소 가죽을 써서 단단히 묶는다.

六二, 已日乃革之, 征吉, 无咎. 육이, 이일내혁지, 정길, 무구.

육이효, 날이 지나서야 이에 크게 바꿀 수 있으니, 그대로 해나가면 길하여 허물이 없다.

九三, 征凶, 貞厲. 革言三就, 有孚. 구삼, 정흉, 정려, 혁언삼취, 유부.

구삼효, 그대로 나아가면 흉하니 올바름을 굳게 지키고 위태롭게 여기는 마음을 품어야 하리라. 개혁해야 한다는 공론이 세 번 이루어지면 믿을 수 있다.

九四, 悔亡, 有孚, 改命, 吉. 구사, 회망, 유부, 개명, 길.

구사효, 후회가 없으니 진실한 믿음이 있으면 천명을 바꾸는 것이 길하리라.

九五, 大人虎變, 未占有孚. 구오, 대인호변, 미점유부.

구오효, 위대한 사람이 호랑이처럼 변화시키는 것이니, 점을 치지 않아도 믿음이 있다.

上六, 君子豹變, 小人革面, 征凶, 居貞吉. 상육, 군자표변, 소인혁면, 정흉, 거정길.

상육효, 군자는 표범처럼 변하고 소인은 얼굴만 바꾸니, 끝까지 나아가려고 하면 흉하고 올바름을 지키고 있으면 길하다.

연세가 여든둘인 어머니는 요즘 하루가 다르게 쇠약해지시는 듯하다. 어머니는 내가 알고 있는 것만으로도 몇 번의 삶의 고비를 넘기셨다. 열두 살에 6·25 전쟁을 피해 피난살이를 하셨고, 다행히 귀향했지만, 엎친 데 덮친 격으로 외할아버지가 돌아가시며 찢어지는 가난을 겪어야 했다. 먹을 것이 없어서 산으로 들로 다니며 나무껍질이나 뿌리를 캐어 먹고 살았다. 심신이 지쳐 버린 외할머니는 살림살이를 포기하셨고, 어머니는 어린 나이에 가난한 살림을 맡아서 하시며 오빠들과 동생을 거두었다. 늦은 나이에 결혼이란 것을 했지만 잘못된 선택이었다. 첫날밤만 보내고 남편이라는 사람은 달아나 버렸다. 그 와중에 아이가 생겼는데 바로 나였다.

성장 중에 어머니는 자신의 인생 풀스토리를 무수히 들려주셨지만, 삶을 비극으로 채널 설정해 놓은 내게는 그 이야기들이 귀에 잘 들어오지 않았다. 오히려 원망하는 마음이 컸다. 왜 나를 낳았느냐며 철없는 말로 어머니의 가슴에 생채기를 내었다. 어머니의 이야기가 들리고 보이기 시작한 것은 나 역시 결혼을 하고 아이를 키우게 되면서이다. 그때부터는 어머니께 잘해 드려야겠다고 생각했다. 그런데 가끔 울컥울컥 부정적 감정이 올라올 때는 다시 어머니가 원망스러웠다. 어머니를 정말 사랑하는지, 어머니의 삶을 존중하는지 스스로에게 물어보았다. 자신이 없었다. 나 역시 나의 삶을 존중하지 않고 있었고, 그것을 어머니 탓으로 돌리고 있었다. 계속 이렇게 살 것인가? 택화 혁(澤火 革)은 그것을 나에게 묻고 있다.

혁괘의 괘상은 불 위에 물이 있는 모습이다. 물이 불을 없애고, 불이 물을 말려서 서로 변혁하는 것이다. 서로 극하는 관계가 위아래로 만나 서로 없애려 하면서 새로운 변혁이 일어나는 상황을 보여 준다. 혁괘는 그야말로 존재가 바뀔 수밖에 없는 때의 상황을 보여 준다. 이러한 일이 일어나는 이유는 예부터 계속되었던 오랜 습관으로 인해 존재가 합당한 이치를 잃어버렸기 때문이다. 그러나 변혁은 말만큼 쉽지 않다.

혁괘의 괘사에서는 "혁괘는 날이 지나야 이에 믿게 되니 크게 형통하고, 올바름을 굳게 지키는 것이 이로우니 후회가 없다"고 한다. 변혁은 옛것을 파괴해야만 일어난다. 따라서 파괴 후에 후회가 올 수도 있음을 괘사에서는 말하고 있다. 변혁이 일어났다고 해서 무조건 좋은 방향으로 가는 것이 아니라는 것을 우리는 삶에서 확인한다. 지금까지 살던 방식을 바꾸었기 때문에 아무런 이익이 생기지 않을 수도, 오히려 삶이 피폐해질 수도 있다. 그래서 변혁의 때에는 오히려 후회하는 일이 발생하는 것이다. 이때 신중함과 올바른 마음을 가지는 것이 중요하다. 이 마음은 변혁의 지속성을 위해서이다. 지속적인 시간을 거치며 훈련을 해야만 옛 습관을 버리게 된 합당한 이치를 터득할 수 있다. 이치를 체득하게 되면 후회는 사라지고 스스로에 대한 믿음이 일어난다. 이것이 괘사가 말하는 바다. 혁괘의 효들은 이때의 구체적 모습들을 보여 준다. 이 중 상육효는 "변혁의 도가 완성되는 지점"이라고 정이천은 말한다(정이천, 『주역』, 984쪽).

"상육효, 군자는 표범처럼 변하고 소인은 얼굴만 바꾸니, 끝까지 나아가려고 하면 흉하고 올바름을 지키고 있으면 길하다"라고 한다. 상육효에서는 군자와 소인의 변혁을 노골적이고 분명하게 밝힌다. 공자의 말을 빌리자면 여기에서의 군자는 변혁을 일관되게 오래 지속하는 사람이다. 바꾸고자 하는 마음이 일어나긴 했으나 없으면서 있는 체하고 비어 있으면서 차 있는 체하는 데 그친다면 그것은 군자의 변혁이 아니다. 그 마음으로는 오래 지속할 수 없기 때문이다. 하지만 계속 지속할 수 있다면 군자의 변혁은 아름다운 표범의 무늬처럼 자연스레 드러날 것이다. 이것이 군자가 완성한 변혁의 도, '군자표변'(君子豹變)이다.

소인은 어떠할까? 물론 소인도 변혁의 도를 완성할 수 있다. '소인혁면'(小人革面), 얼굴만 고치는 것으로 말이다. 어리석은 소인은 마음의 본성까지는 바꿀 수 없다. 그들은 주어진 도덕관에 따르는 척하며 살아간다. 이것이 소인에게는 최선이다. 그래서 상육효에서는 소인이 그렇게 살겠다면 굳이 바꾸려고 애쓰지 말고 그대로 두라고 한다. 상대가 바뀌려는 의지가 없는데 바꾸려고 하는 행위가 '흉'이라고 한다. 소인의 마음을 바꾸려고 애쓸 것이 아니라 자신이 지속적인 연마를 하고 있는지 돌아보는 것이 군자가 완성하는 변혁의 도다.

어머니에 대한 나의 마음은 어느 지점에 있는가? 얼굴만 바꾼 채로 효도하는 척하는 '소인혁면'의 마음이 불쑥불쑥 일어남을 인정하지 않을 수가 없다. 왜 이런 마음이 일어날까? 이에 대해 정이천은 '스스로를 학대하는 자포(自暴)와 스스로를 포기하는 자기(自棄)'로 설명한다. "자포(自暴)하는 자는 거부하면서 자신을 믿지 않고, 자기(自棄)하는 자는 체념하면서 하려고 하지 않는다"(정이천, 『주역』, 986쪽). 정이천은 인간의 본성은 본디 선하기에 스스로 절차탁마하면 바꿀 수가 있지만 유일하게 바꿀 수 없는 사람이 자포자기하는 사람이라고 한다. 그는 공자도 이 세상에서 가장 어리석은 사람이 자포자기하는 사람이라고 했다면서 자신의 주장을 강조한다. 소인들이란 본성적으로 선하게 사는 삶은 알고 있지만, 지속적인 연마의 길을 가는 것은 포기해 버렸다. 따라서 표피적으로 바뀌었지만, 진정으로 삶을 존중하는 자신의 윤리까지 완성할 수 없는 것이다. 이런 나 자신을 직면하고 나자 다시 한번 나 자신에게 묻고 싶다. 계속 이렇게 살 것인가?

몸이 쇠약해지고 있지만, 어머니는 나에게 전혀 기대려고 하지 않으신다. 혼자 있을 때면 문득 옛날 일이 억울하기도 하고, 다가오는 죽음이 무섭다는 생각이 들기도 하지만 나름 지낼 만하다며 오히려 나를 걱정하신다. 그러다가 내가 『주역』의 한 문장을 곁들여 가며 인생사라는 것이 이렇더라며 말씀드리면 나의 이야기를 재미있게 들어 주신다. 그런 어머니의 모습을 뵈면 모든 존재는 존재 그 자체로 가르침과 배움을 품고 있다는 생각이 든다. 어머니는 이제 모든 옛것이 자신에게 필요 없어진 것을 터득하신 듯하다. 그리고 조용히 죽음을 준비하고 계신 듯 보인다. 홀로 담담하게 죽음을 맞아들이고 있는 존재, 나의 어머니…. 그 어머니에게서 나는 '군자표변'의 모습을 본다. 그런 어머니를 뵈면서도 '소인혁면'에서 주저주저하며 변하지 않겠다고 자포자기하는 것, 이것이야말로 불효가 아니겠는가? 삶을 바꾸어 보겠다고 떠난 이 길! 두려워하지 않고 계속 가 볼게요. 포기하지 않을게요, 어머니.

화풍 정,

솥과 공부와 주방에
대하여

김주란
———

火風鼎 화풍 정

鼎, 元吉, 亨. 정, 원길, 형.

정괘는 크게 형통하다.

初六, 鼎顚趾, 利出否. 得妾, 以其子, 无咎. 초육, 정전지, 리출비. 득첩, 이기자, 무구.

초육효, 솥의 발이 뒤집어졌으나 나쁜 것을 쏟아내니 이롭다. 첩을 얻어서 그 사람을 도우니 허물이 없다.

九二, 鼎有實, 我仇有疾, 不我能卽, 吉. 구이, 정유실, 아구유질, 불아능즉, 길.

구이효, 솥에 꽉 찬 음식이 있지만, 나의 상대에게 병이 있으니 나에게 다가오지 못하게 하면 길하리라.

九三, 鼎耳革, 其行塞, 雉膏不食. 方雨, 虧悔終吉. 구삼, 정이혁, 기행색, 치고불식. 방우, 휴회종길.

구삼효, 솥귀가 바뀌어서 구삼이 나아가는 것이 막히고 기름진 꿩고기를 먹지 못한다. 그러나 비가 내리게 되면 구삼이 부족함을 뉘우친 것이니 결국 길하게 된다.

九四, 鼎折足, 覆公餗, 其形渥, 凶. 구사, 정절족, 복공속, 기형악, 흉.

구사효, 솥의 다리가 부러져서 군주에게 바칠 음식을 엎었으니, 구사의 얼굴이 붉어지고 흉하다.

六五, 鼎黃耳金鉉, 利貞. 육오, 정황이금현, 리정.

육오효, 솥의 누런 귀에 쇠로 만든 고리 장식이 달렸으니, 올바름을 굳게 지키는 것이 이롭다.

上九, 鼎玉鉉, 大吉, 无不利. 상구, 정옥현, 대길, 무불리.

상구효, 솥의 옥으로 된 고리이니, 크게 길하여 이롭지 않음이 없다.

조금씩 해서 바로 먹어야 맛있는 요리도 있지만 국은 다르다. 국은 큰 솥에 물을 넉넉히 잡고 오랜 시간 푹 끓여야 맛이 있다. 〈감이당〉 국이 맛있는 건 그래서이다. 보통 사오십인 분은 예사로 만들어 내니 얼마나 국솥이 크겠는가. 화구도 일반 가정용이 아닌 식당용이라 화력이 어찌나 좋은지 그 큰 솥에 가득 끓여도 금세 김이 설설 오른다. 미역국, 배춧국, 북엇국, 된장국에 채소로만 끓인 육개장까지 온갖 맛있는 국을 끓여 내는 솥! 『주역』에도 이 솥을 테마로 한 괘가 있으니 이름하여 화풍 정(火風 鼎)이다. 그런데 아무리 그래도 그렇지 솥이 뭐라고 64괘 중 한 자리를 차지하는 걸까 궁금하다. 과연 화풍 정은 우리에게 어떤 이야기를 전하고 있을까?

정괘는 상괘에 불이, 하괘에는 바람이 온다. 불은 문명을 상징한다. 『주역』에서도 불이 두 번 중첩된 중화 리(重火 離)로 문명의 시작을 설명한다. 불로 어둠과 맹수를 물리치고 음식을 익혀 먹기 시작하면서 문명이 시작되었다고 보는 것이다. 오늘날 인류학자들도 불의 역할에 주목한다. 화식(火食)을 시작하면서 소화가 더 쉬워졌고, 치아나 창자의 활동에 소요되던 에너지를 그만큼 더 대뇌로 넘겨줄 수 있게 되었기 때문이다. 그런데 인간은 여기서 멈추지 않고 '솥'을 만들었다! 상상해 보라. 불과 물은 한자리에 있을 수 없는 상극이지만, 솥이라는 기물이 있으면 불에 물을 올려 함께 쓸 수 있다. 불과 물이라는 두 대극적인 에너지를 '솥'이라는 '문명의 이기(利器)'로 인해 드디어 함께 다룰 수 있게 된 것이다. 엔진기관이나 컴퓨터, 우주로켓, 원자력 등만 '문명'이라고 생각했던 나는 화풍 정을 읽으며 나의 좁은 소견을 반성했다. 『주역』은 이런 문명의 창안자를 가리켜 '성인'(聖人)이라 한다. 뭔가 비일상적이고, 남달리 거룩한 경지에 오른 존재가 아니라 솥을 발명하고 배를 만들어 우리 일상의 삶을 바꾸는 이들이 성인이다.

이렇게 생각해 보면 솥이란 실로 놀라운 기물이다. 불에 직접 구우면 겉은 타고 속은 설익기 쉽다. 반면 솥에 물을 붓고 끓이면 각 재료가 뭉근하게 익으면서 국물로 우러난 맛이 서로 조화를 이루게 된다. 이 '끝내주는 국물 맛'의 조화로움에 우리의 영혼은 위로받고, 원기는 보충된다. 거기에 더 적은 양으로 더 많은 사람들의 배를 채울 수 있다는 장점 또한 무시할 수 없다. 그리고 『주역』은 여기서 한 발 더 나아간다. "성인은 희생을 삶아서 상제께 제사드리고, 음식을 많이 만들어 위대한 자와 현명한 자를 기른다"(화풍 정 「단전」). 성인의 진정한 기획 의도는 바로 이것이 아닐까? 〈감이당〉과 같은 공부 공동체이건 혁명으로 수립된 새로운 국가이건 모든 사회에는 공통의 비전이 있어야 한다. 제사나 교육은 그 비전을 만들고 공유하기 위한 일종의 장치일 것이다. 공동체를 무의식 차원에서 함양하고 축복하는 의식이 제사라면, 교육은 실제로 구성원들에게 역사와 문화를 전수하는 사업이다. 그런데 이 중차대한 사업의 핵심에 '솥'이 있다는 것 아닌가! 아, 솥의 위대함이여.

이 솥을 다루는 일이 만만할 리가 없다. 정괘의 괘사는 "크게 형통하다"로 단순하지만, 효사는 자리마다 유의해야 할 일들로 가득하다. 그중에서 가장 무시무시한 건 사효다. "솥의 다리가 부러져서 군주에게 바칠 음식을 엎었으니, 구사의 얼굴이 붉어지고 흉하다"(鼎折足정절족, 覆公餗복공속, 其形渥기형악, 凶흉). 다된 음식을 나르다 그만 엎어 버리는 것! 상상만 해도 아찔하다. 배고픈 학인들이 웅성웅성 몰려오는데, 솥에 가득 든 국을 엎지르다니…. 고대의 솥은 다리가 셋 달려 있는데 밑변이 삼각형을 이루는 구도가 가장 안정적이기 때문이라고 한다. 그런데 이 다리가 부러졌다면 그건 어느 한 다리가 너무 길거나 짧았기 때문일 것이다. 그 책임은 구사효에 있다. 구사는 군주 바로 밑에서 아래 삼효를 다스리는 대신(大臣)이다. 따라서 구사는 자기 일처리에만 급급해서는 안 된다. 정이천은 말한다. "세상의 일을 어찌 한 사람이 홀로 책임질 수 있겠는가? 반드시 세상의 어질고 현명한 사람을 구하여 그들과 협력해야만 한다"고 (정이천, 『주역』, 1004쪽).

솥 다리가 부러지지 않고 온전히 제 역할을 하려면 보이지 않는 중심이 필요한데, 그게 구사의 역할이다. 다시 〈감이당〉 주방으로 돌아와 보자. 밥 당번을 하러 가면 어떤 날은 전직 셰프 출신의 베테랑, 어떤 날은 계란 프라이도 안 해본 청년 등 매번 다른 사람들과 함께 식사준비를 하게 된다. 처음엔 요리를 하는 것보다 낯선 주방 환경에서 낯선 사람과 같이 일을 한다는 게 더 어려웠던 기억이 난다. 하지만 주방에는 언제나 주방의 구사효, 매니저가 있다. 매니저만큼 〈감이당〉 학인들과 골고루 안면을 튼 사람도 없다. 그는 서먹한 사람들 사이에서 이런저런 화제를 찾아 말을 건다. 그러면서 오늘의 메뉴나 주방 사용법 등을 전체적으로 안내한다. 이런 마음 씀이야말로 세 개의 솥 다리가 균형을 이루며 하나의 마음으로 모이도록 하는 작업일 것이다. 매니저 역시 공부하는 학인이기 때문에 주방에만 붙어 있을 수 없고 그래서도 안 되지만, 그가 한 번 왔다 가면 그 후로는 알아서 눈치껏 협력해서 일을 하게 된다. 그렇게 세 시간 가량을 함께 썰고 볶고 씻고 치우며 수다를 떨다 보면 마치 솥에 넣은 배추와 파가 된장 국물에 부드럽게 풀어지듯 마음이 푸근하게 통하니, 〈감이당〉 국솥이 끓여 내는 것은 단지 국만이 아닌 것 같다.

물론 〈감이당〉 주방에도 간간이 실패와 좌절의 순간이 찾아온다. 카레가 타 눌어붙거나, 밥이 설거나 심지어 화풍 정의 구사효처럼 다된 음식을 쏟기도 한다. 하지만 이런 사고는 그냥 사건일 뿐이다. 진짜 실패는 〈감이당〉 주방의 존재 이유를 망각할 때일 것이다. 〈감이당〉은 공부 공동체이다. 공부하는 사람 따로 있고, 그 공부를 위해 밥을 차리는 사람이 따로 있지 않다. 공부하기 위해 먹고, 먹으니까 공부하기 때문이다. 그런데도 부지불식간에 공부와 주방 일을 차등시하는 마음이 일어날 때가 있다. 그럴 때면 밥 당번하는 시간이 아깝고 힘들어질 터. 주방에서 아무리 맛있는 요리를 낸다 해도 이 점을 놓친다면, 그것이야말로 솥 다리가 부러지고 함께 먹을 국을 쏟는 일이 될 것이니 주방에 들어갈 때마다 외워야 하지 않겠는가? 정절족, 복공속, 기형악, 흉!

중뢰 진,

두려움,
변화를 알리는 전주곡

박장금
———

重雷震 중뢰 진

震, 亨. 震來虩虩, 笑言啞啞. 震驚百里, 不喪匕鬯. 진, 형. 진래혁혁, 소언
액액. 진경백리, 불상비창.

**진괘는 형통하다. 우레가 진동할 때 돌아보고 두려워하면 훗날에 웃고 말하며 즐
거워할 때가 있으리라. 우레가 진동하여 백 리를 놀라게 할 때, 큰 숟가락과 울창
주를 잃지 말아야 한다.**

初九, 震來虩虩, 後笑言啞啞, 吉. 초구, 진래혁혁, 후소언액액, 길.

**초구효, 우레가 진동할 때 돌아보고 두려워해야 훗날 웃고 말하는 소리가 즐거울
것이니 길하다.**

六二, 震來, 厲, 億喪貝, 躋于九陵, 勿逐, 七日得. 육이, 진래, 려, 억상
패, 제우구릉. 물축, 칠일득.

육이효, 우레가 맹렬하게 진동하여 위태로운 것이라 재물을 잃을 것을 헤아려서
높은 언덕에 올라간다. 잃어버린 것을 쫓아가지 않으면 7일이 지나서 얻으리라.

六三, 震蘇蘇, 震行, 无眚. 육삼, 진소소, 진행, 무생.

**육삼효, 우레가 진동하여 정신이 아득해지니 놀라고 두려워하면서 행한다면 과
실이 없으리라.**

九四, 震遂泥. 구사, 진수니.

구사효, 진동하여 끝내 진창에 빠져 버렸다.

六五, 震往來, 厲, 億, 无喪有事. 육오, 진왕래, 려, 억, 무상유사.

**육오효, 진동하여 위로 가거나 아래로 내려가는 것 모두 위태로우니, 현실을 헤아
려서 그 자리에서 해야 할 일을 잃지 말아야 한다.**

上六, 震索索, 視矍矍, 征凶. 震不于其躬, 于其隣, 无咎, 婚媾有言. 상육, 진삭삭, 시확확, 정흉. 진불우기궁, 우기린, 무구, 혼구유언.

상육효, 우레가 진동하여 넋이 나가 두리번거리는 것이니, 나아가면 흉하다. 우레

가 자신에게 떨어지지 않고 그 이웃에 떨어지면 허물이 없을 것이지만, 혼인한 짝은 원망하는 말을 할 것이다.

최근 연구실에서 '나는 왜'라는 화두로 글쓰기 프로젝트를 진행했다. 이것을 진행한 이유는 삶에서 부딪히는 문제를 공부로 뚫자는 것이다. 우리는 보통 공부를 좋은 대학이나 직업을 갖는 수단으로 생각한다. 정작 살면서 자기 마음대로 되지 않는 일이 얼마나 많은가. 그런 문제를 풀기 위해 공부를 해야 한다고는 감히 생각조차 못한다. 내가 그랬고 공부를 많이 한 사람들도 공부라는 말만 들어도 신물을 내는 경우까지 보았다. 이제 공부는 '성적'이 되어 버린 것이다. 공부가 오염된 시대에 〈감이당〉에서 공부를 하게 된 것은 행운이라고 생각한다. 〈감이당〉 비전은 네 가지로 압축된다. "도시에서 유목하기, 세속에서 출가하기, 일상에서 혁명하기, 글쓰기로 수련하기." 난 이 비전에 동참하는 중이다. 이번 프로젝트 또한 각자 직면한 문제를 자신이 정한 인생의 책으로 어떻게 뚫을 것인가를 1,800자 정도로 쓰는 게 미션이었다.

분량은 고작 A4 한 장이지만 문제의식을 하나로 모으고, 인생 텍스트를 정하고 문제를 푸는 과정을 압축하는 작업은 그리 만만치가 않았다. 끙끙거리면서 생각하고 그것을 글로 담아내고 스승과 친구들과 합평하면서 좌절하고 또 쓰고 고치고 또 고쳤다. 이 프로젝트에 참여한 인원은 무려 48명. 그들의 손때 묻은 글이 조각조각 이어져 조각보 같은 책이 완성되었다(『나는 왜 이 고전을』, 북드라망,

2019). 독자들은 결과만 보겠지만 그 과정은 마치 조각보 뒤에 실밥이 엉키듯 많은 이야기들로 아로새겨져 있다. 욕 먹고 좌절하고 우쭐하고 또 머리 쥐어뜯는…. 그중 청년 D가 남들은 다 완성했는데 자신만 마무리 못해 불안해했다. 조금만 수정하면 완성되는데 혼자 남았다는 불안감 때문에 글에 집중하지 못하고 안절부절. 그 기운이 내 몸까지 전해져 왔다. 난 그 불안감이 쉽게 가라앉지 않을 것 같아서 주역점을 쳐보자고 제안했다.

주역점을 친 결과, 중뢰 진(重雷 震)의 두번째 효가 나왔다. 중뢰 진은 우레가 중첩된 괘. 우레가 한 번 쳐도 두려운데 우레가 더블로 친 상황! 이 점괘는 D의 심리 상태, 천하를 진동시킬 만큼의 두려움이 엄습했음을 드러내는 듯했다. 이렇게 두려울 때 어떤 태도를 취해야 하는 걸까.

먼저 우레가 치는 이유부터 알아보자. 우레란 구름의 마찰로 인해 생기는 전류인데 이것으로 인해 만물이 생명력을 부여받게 된다. 지구 생성 초기에 생명이 생긴 것도 우레 덕분으로, 고압의 전기가 지표에 닿으면서 여러 물질이 생성되었다고 한다. 번개는 대기 중 에너지의 방전 현상인데 이때 빛이 발생한다. 번갯불이 지나간 자리의 공기가 급속도로 가열되어 초음속으로 팽창하면서 엄청난 소리를 낸다. 즉, 천둥번개 소리는 생명이 탄생하기 위한 진통과도 같은 것이다.

중뢰 진의 괘사는 "진괘는 형통하다. 우레가 진동할 때 돌아보고 두려워하면 훗날에 웃고 말하며 즐거워할 때가 있으리라. 우레가 진동하여 백 리를 놀라게 할 때, 큰 숟가락과 울창주를 잃지 말아야 한다"(震진, 亨형. 震來虩虩진래혁혁, 笑言啞啞소언액액, 震驚百里진경백리, 不喪匕鬯불상비창)이다. 당연히 우레가 우르르 꽝꽝 치면 누구나 두려울 수밖에 없다. 그러나 소리에 압도되지 않고, 우레가 치는 이유를 알게 되면 이 소리를 생명 탄생의 예고음이나 전주곡으로 들을 수도 있을 것이다. '웃고 말하는 소리가 즐겁다'란 두려움을 넘어 이치를 파악한 자의 마음 상태를 이처럼 표현한 것이다. 울창주란 제사에 올리는 술로 우레가 치듯 두려운 상황에서 제사를 지내는 마음, 즉 정성과 공경의 태도를 잃지 말라는 뜻이다.

글쓰기로 다시 돌아가 보자. 글을 쓰기 위해서는 외부의 시선을 거두고 자신의 심연과 만나야 한다. 그것은 기존의 방식으로 세상을 보는 나와 결별하고 새로운 나를 창조하는 일이기도 하다. 그때 내면에 우르르 꽝꽝 우레가 칠 것이고, 그 격한 변화에 두려움이 밀려올 수밖에 없다. D가 진짜 두려웠던 이유는 기존의 자신과 결별하기 위한 두려움이었는지도 모른다. 그때 울창주를 들 듯, 제사 지내는 마음이 중요하다. 두려움과 조급함에 휘둘리기보다는 글을 쓰는 본연의 목적을 상기할 수 있도록!

이제 청년 D가 뽑은 두번째 효로 더 들어가 보자. "육이효, 우레가 맹렬하게 진동하여 위태로운 것이라 재물을 잃을 것을 헤아려서 높은 언덕에 올라간다. 잃어버린 것을 쫓아가지 않으면 7일이 지나서 얻으리라"(六二육이, 震來진래, 厲려, 億喪貝억상패, 躋于九陵제우구릉, 勿逐물축, 七日得칠일득)이다. 우레가 치자 혼비백산하여 현재 가진 재물을 모두 잃어버린 상황이다. 그것을 찾기 위해 높은 언덕에 올라갔는데 그것을 찾으려고 아등바등하기보다는 7일을 기다리다

보면 저절로 얻게 된다는 것이다. 이것을 D에 적용해 보자. 48명 중 47명이 완성하고 자기만 남았으니 완성 못할까 봐 조급함이 극에 달했을 것이다. 이 상태를 우레가 칠 때의 두려움으로 볼 수 있다. 재물을 쫓지 말라는 것은 완성에 급급하지 말라는 것이다. 오직 자신의 문제에 집중하여 그 문제를 풀고자 하는 마음으로 글쓰기를 차근차근 하면 7일 만에 다시 재물을 얻듯이 자연스럽게 글은 완성될 거라고 해석할 수 있다. 난 D에게 남과 비교하지 말고 자신의 문제를 풀기 위한 마음만으로 한 자 한 자 써 나가라고 조언해 주었다. 그 이후로도 D는 2주를 끙끙 앓으면서 쓰고 고치기를 반복했고 결국 글을 완성할 수 있었다.

지금 생각해 보면 아찔하기도 하다. 만약 점사가 '얻는다'(得)가 아니라 '흉'(凶)으로 나왔으면 어떻게 조언했어야 하나. '7일을 기다리면 얻는다'는 점사가 너무 확언에 차 있었기 때문에 나도 밀어붙일 수 있었다. 이것이 천지와 감응한 게 아닌가 싶다.

우여곡절 끝에 48명이 무사히 프로젝트를 마쳤다. D를 포함한 모두가 글을 쓰면서 자기 안의 우레를 만나지 않았을까. 태초에 천둥 번개와 함께 생명이 창조되었듯, 이 글을 출발점으로 모두 자기 안의 생명력과 만나 두려운 상황을 오히려 성장의 기회로 삼았을 것이다.

중산 간,

과하게 누리려다가
등뼈가 벌어지다

이성남
———

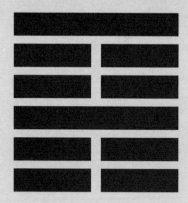

重山艮 _{중산 간}

艮其背, 不獲其身, 行其庭, 不見其人, 无咎. 간기배, 불획기신, 행기정, 불
견기인, 무구.

**등에서 멈추면 그 몸을 얻지 못하며, 뜰을 걷더라도 그 사람을 보지 못하여 허물
이 없으리라.**

初六, 艮其趾, 无咎, 利永貞. 초육, 간기지, 무구, 리영정.

**초육효, 발꿈치에서 멈추는 것이라 허물이 없으니, 오래도록 올바름을 유지하는
것이 이롭다.**

六二, 艮其腓, 不拯其隨, 其心不快. 육이, 간기비, 부증기수, 기심불쾌.

**육이효, 장딴지에서 멈추는 것이니 구삼을 구제하지 못하고 따르게 되어 마음이
불쾌하다.**

九三, 艮其限, 列其夤, 厲薰心. 구삼, 간기한, 열기인, 려훈심.

구삼효, 한계에 멈추는 것이라 등뼈를 벌려 놓음이니 위태로움이 마음을 태운다.

六四, 艮其身, 无咎. 육사, 간기신, 무구.

육사효, 그 자신에서 멈추는 것이니, 허물이 없다.

六五, 艮其輔, 言有序, 悔亡. 육오, 간기보, 언유서, 회망.

육오효, 광대뼈에서 그침이라. 말에는 순서가 있으니 후회가 없어진다.

上九, 敦艮, 吉. 상구, 돈간, 길.

상구효, 독실하게 멈추는 것이니 길하리라.

얼마 전 인스타그램에 지인이 올린 글을 읽고 깜짝 놀란 일이 있었
다. 이유인즉슨 그녀가 미국과 캐나다를 2주간 체류 예정인데, 여행
가기 전날 척추에 주사 6대를 맞고 진통제를 챙겨 가서도 무리를 하

고 있어서다. 욕심인 줄 알면서도 시간이 아까워 잠도 못 잔다는 그녀는 여행, 뮤지컬, 독서 리뷰를 위해 온몸을 불태우고 있었다. 몸이 그 지경에 이르렀는데도 멈추지 못하며 왜 습을 반복하게 되는 걸까? 몇 년 전 여행에 눈이 멀어 과욕을 부리다가 허리디스크 고질병을 얻게 된 나의 케이스가 떠올랐다. 당시에는 〈감이당〉 공부에 아이들 가르치는 일도 해서 24시간이 모자랄 지경이었다. 그런데 〈감이당〉 2주 방학에 맞춰 꼬박꼬박 열흘 정도 되는 해외여행을 다녀왔다. 스페인, 동부유럽, 이탈리아까지. 나의 탐욕은 끝이 없었다. 쾌락에 눈이 멀면 몸이 보내는 신호를 무시한다. 중독에 빠져서이다. 내 경우를 생각해 보면 밤마다 끙끙거리고는 낮에는 평상시처럼 활동했다. 제발 멈추라고 밤마다 몸이 신호를 보냈음에도 귀 기울이지 않았다. 생명의 신호를 무시할 때 치러야 할 대가는 돌이킬 수 없다. 그래서 멈춤이 얼마나 지혜로운 덕인지 허리디스크 진단을 받고 나서야 알게 됐다.

『주역』의 간(艮)괘는 멈춤에 대한 괘다. 간괘의 모습은 위와 아래가 모두 산이다. 산이 두 번 중첩돼 중산 간(重山 艮)이다. 산은 멈춤(止)을 의미하기도 한다. 멈추고 또 멈추라? 이렇게 신중해서 갈 길을 갈 수나 있으려나? 의문이 들기도 한다. 고대 삼역 중 하나인 『연산역』에서는 간괘를 맨 처음 배치했다. 고대인들이 건괘나 곤괘 못지않게 멈춤의 도리를 담고 있는 간괘 또한 중요하게 여겼음을 짐작해 볼 수 있다. 그 단서가 되는 구절이 「단전」에 있다. "그쳐야 할 때 그치고 나아가야 할 때 나아가서 움직임과 고요함이 때를 잃지 않으니, 그 도가 밝게 드러난다"(時止則止시지즉지, 時行則行시행즉행,

動靜不失其時동정불실기시, 其道光明기도광명). 멈춤의 도(道)는 다름이
아니라 능동적으로 알아서 그칠 줄 아는 지혜다. 그런데 때를 잃지
않는다는 말이 무슨 뜻일까? 공자님이 벼슬할 만하면 벼슬하고 멈
출 만하면 멈추고 오래할 만하면 오래하고 신속하게 해야 할 때라면
그때를 잘 알아 움직였다는 이치다. 그러니 간에서 멈춘다는 말을
단순하게 'STOP'하라는 말로 오해하면 안 된다. 시중(時中)! 즉 상
황에 부합하는 딱 그 자리(位)에서 멈추라는 의미다.

　간의 효들은 발이나 장딴지, 허리, 몸, 뺨과 같이 우리 신체 부
위에서 각각 어떻게 그치고 있는지 멈춤의 여섯 단계의 과정을 보여
준다. 때를 잃지 않고 적절하게 멈추거나, 때를 놓쳐 어리석게 멈추
거나. 그중 나나 지인의 경우를 여실하게 보여 주는 장면이 구삼효
다. "한계에 멈추는 것이라 등뼈를 벌려 놓음이니 위태로움이 마음
을 태운다"(艮其限간기한, 列其夤열기인, 厲薰心려훈심). 이 상황은 한계
에서 강제로 멈추게 되니, 우리 몸의 위아래를 연결하는 척추가 끊
어지는 장면을 묘사하고 있다. 우리 몸의 중심인 척추가 어긋나서
옴짝달싹도 할 수 없는 가장 궁색한 지경으로, 모든 활동이 중지되
는 위험천만한 상태다. 우리 삶도 적절하게 멈추지 못하고 임계치를
넘어 버리면 균형을 잃어 휘청거린다. 이렇듯 구삼효처럼 때를 놓쳐
멈추게 되면 대가를 혹독하게 치러야 한다. 경로를 이탈한 등뼈가
근육의 신경을 건드려 댈 때 그 통증은 이루 말할 수가 없다. 몸도 무
너지지만 애태우며 마음 졸이는 번뇌는 또 어떤가. 그 심신의 고통
을 "열기인, 려훈심"(列其夤, 厲薰心)으로 리얼하게 표현한 것이다.

　그런데 중독에 빠지면 왜 적절한 자리(位)에서 멈추는 것이 그

렇게 어려울까? 쾌락의 회로는 고속도로와도 같다. 감각의 노예가
돼 버리면 내달리기만 하지 멈출 수가 없다. 〈감이당〉의 한 학기가
끝나면 10주 동안 미션을 수행하느라 지친 몸과 마음을 추슬러야
한다. 더군다나 내가 하는 일은 아이들 중간고사 기말고사를 집중해
서 봐줘야 하는 일인데, 그 기간과 딱 맞춰 낭송시험과 에세이발표
가 진행된다. 그 미션을 마치고 나면 몸의 에너지는 말도 못할 만큼
고갈된다. 그런데 여행 바람이 불었던 그 해는 〈감이당〉 학기가 끝
나자마자 유럽으로 가는 장시간 비행기에 몸을 싣고 빡빡한 패키지
일정을 불태웠다. 사진을 찍고, 먹고 싶은 것을 먹고, 보고 싶은 것을
눈에 담고, 사고 싶은 것을 샀다. 돌아와서는 또다시 과로 상태의 일
상의 연속. 공부도 지성을 연마하는 것이 아니라 배를 채우는 방식
으로 했다. 그러니 꽉 막혀 균형을 잃어 허리가 끊어진 것이다. 아무
것도 할 수 없을 만큼 고통이 커서 강제로 멈추기 전에는 왜 멈춰야
하는지 몰랐다.

간의 괘사가 "등에서 멈추라"(艮其背간기배)고 한 이유는 중독
에 빠지기 쉬운 우리에게 간괘가 내린 행동강령이다. "등에서 멈추
라!" 그런데 왜 하필 등일까? 우리 몸에서 등은 내가 볼 수 없는 곳
이다. 또 스스로 움직이지 못하는 곳이기도 하다. 외물과 접촉할 때
생기는 탐심은 감각으로 오는 것이니, 볼 수 없고 움직이지 못하는
등이야말로 가장 담백할 수 있는 신체 부위가 아니겠는가. 한편 등
줄기를 따라 흐르는 척수는 우리 몸의 가장 서늘한 기운을 내뿜고
있어 쾌락의 열기를 식히기에도 알맞다.

"등에서 멈추면 그 몸을 얻지 못한다"라고 괘사에서 말한 의미

가 이제야 풀린다. 감각에 휘둘리지 않고 적절하게 그칠 줄 알면 몸이 자유를 얻는다는 말이다. 신발이 내 발에 잘 맞을 때 신발을 신고 있다는 사실을 잊어버리듯이, 등에서 적절하게 멈추면 몸을 잊어버리는 이치다. 그때 몸의 고통도 번뇌도 자연스럽게 멈추는 것이다. 허리디스크 환자가 된 나는 이제 산책도 공부도 일도 때에 알맞게 하는 습관을 익히려고 애쓴다. 좋은 마음이 올라와 더 내달리려고 할 때 멈추는 훈련. '간기배'는 부처님이 말씀하신 '니르바나' 같다는 생각이 든다. 열기로 타오르는 '바나'를 시원하게 꺼 주는 '니르'의 작용이 부처님은 열반에 든 상태라고 했다. 우리 삶도 뜨거운 쾌락의 상태를 지속하고 싶을 때 적절하게 알아서 멈출 줄 안다면 그 상태의 만족스러움이 바로 니르바나, 곧 '간기배'이리라.

풍산 점,

점차로 나아가는
기러기의 비상

장현숙
———

風山漸
風산 점

漸, 女歸吉, 利貞. 점, 녀귀길, 리정.

점괘는 여자가 시집가는 것이 길하니, 올바름을 지키는 것이 이롭다.

初六, 鴻漸于干, 小子厲, 有言, 无咎. 초육, 홍점우간, 소자려, 유언, 무구.

초육효, 기러기가 물가로 점차 나아가는 것이다. 소인배는 위태롭게 여겨 말이 있으나 허물이 없다.

六二, 鴻漸于磐. 飮食衎衎, 吉. 육이, 홍점우반, 음식간간, 길.

육이효, 기러기가 넓은 바위로 점차 나아가는 것이다. 음식을 먹는 것이 즐겁고 즐거우니 길하다.

九三, 鴻漸于陸. 夫征不復, 婦孕不育, 凶, 利禦寇. 구삼, 홍점우륙, 부정불복, 부잉불육, 흉, 리어구.

구삼효, 기러기가 육지로 점차 나아가는 것이다. 남자는 가면 돌아오지 않고 부인은 잉태하더라도 기르지 못하여 흉하니 도적을 막는 것이 이롭다.

六四, 鴻漸于木. 或得其桷, 无咎. 육사, 홍점우목, 혹득기각, 무구.

육사효, 기러기가 나무로 점차 나아가는 것이다. 혹 평평한 가지를 얻을 수 있으면 허물이 없으리라.

九五, 鴻漸于陵. 婦三歲不孕, 終莫之勝, 吉. 구오, 홍점우릉, 부삼세불잉, 종막지승, 길.

구오효, 기러기가 높은 언덕으로 점차 나아가는 것이다. 부인이 3년 동안 잉태하지 못하나 끝내 구삼과 육사가 이기지 못하니 길하리라.

上九, 鴻漸于陸(逵). 其羽可用爲儀, 吉. 상구, 홍점우륙(규). 기우가용위의, 길.

상구효, 기러기가 허공으로 점차 나아가는 것이다. 그 날개가 본보기가 될 만하여 길하다.

작년에 인문학 공부모임을 준비하게 되었다. 뜻하지 않게 작은 공간이 생기는 바람에 가능해진 일이다. 주어진 공간이 반가워, 뭐든 하면 되지 하고 가볍게 생각했는데, 막상 시작해 보니 생각보다 준비할 게 많았다. 일단 이 공간에서 무슨 공부를 하고 싶은지를 결정해야 했다. 그러는 과정에서 내 공부 전반을 되돌아보게 되었다. 나는 왜 공부를 계속하고 있는지, 내가 공부를 통해 하고 싶은 것은 무엇인지. 공간이 있다고 아무거나 할 수는 없지 않은가. 공간의 방향성을 정해야 했다. 그런 다음 그 방향성에 맞는 프로그램을 짜야 했다. 강의를 주로 할 것인지, 세미나를 주로 할 것인지. 세미나라면 어떤 것을? 책은? 대상은? 시간은? 공간의 이름은? 등등 결정할 것이 너무나 많았다. 그 모든 것이 대충 마무리될 무렵에는 이 공간을 어떻게 홍보할 것인지가 또 고민이었다. 전단지를 만들고, 뿌리고, 생전 처음 밴드도 만들었다. 이 과정들을 지나면서 일을 진행할 때 어떻게 해야 하는지를 생각하게 되었다.

『주역』 64괘 중 일의 진행과 관련되는 괘는 점(漸)괘이다. 점(漸)은 '점점'이란 뜻이다. 점진적으로 나아간다는 의미. 산을 상징하는 간(艮)괘가 아래에 있고 나무를 상징하는 손(巽)괘가 위에 있어 전체적으로 산 위에 나무가 높이 서 있는 모습이다. 나무가 높이 서 있을 수 있는 것은 산이 바탕이 되어 주기 때문이다. 산이라는 바탕이 있기 때문에 나무가 높게 서 있을 수 있는 것처럼 모든 높은 것은 그것이 서 있을 수 있는 바탕이 있기 때문에 가능한 것. 그 높음의 바탕이 되는 것은 나아갈 때 순서에 바탕을 두었기 때문이라고 해석하여 점(漸)은 '점차적인 진입'을 의미한다.

점괘는 일을 점차적인 순서를 가지고 진행하는 모습을 기러기가 물가에서 하늘로 나아가는 모습에 비유한다. 기러기는 물가에서 하늘로 날아오를 때까지 물가(鴻漸于干홍점우간), 반석(鴻漸于磐홍점우반), 육지(鴻漸于陸홍점우륙), 나무(鴻漸于木홍점우목), 언덕(鴻漸于陵홍점우릉) 그리고 최종적으로 하늘(鴻漸于陸홍점우륙[귀])로, 총 여섯 번의 절차(六進)를 거쳐 나아간다. 기러기는 철새이다. 기러기가 물에서 하늘로 날아오르는 것은 수천 킬로미터 밖에 있는 새로운 터전으로 가기 위한 것이다. 그래서 기러기의 단계별 비상은 긴 여정을 앞두고 꼼꼼히 상황을 준비하는 모습과 관련이 있다.

또 기러기는 한번 짝을 지으면 평생을 같이 산다고 한다. 전통 혼례에서는 백년해로 하겠다는 의미로 나무 기러기 한 쌍(木雁)을 함 속에 넣어 보낸다. 그래서 점괘는 여자가 시집가는 것을 의미하기도 한다. 옛날에는 여자가 자신이 살아온 곳을 떠나 다른 곳으로 가는 유일한 방법은 시집이었다. 지금껏 자신이 살았던 곳을 떠나 다른 곳으로 향할 때의 절차적 순서, 그것이 결혼식이다. 그래서 괘사는 '女歸吉녀귀길, 利貞리정'이다. "여자가 시집가는 것이 길하니, 올바름을 지키는 것이 이롭다"는 뜻. 이 올바름은 기러기가 비상할 때처럼 일의 순서를 하나하나 차근차근 밟아 가는 것을 말한다. 느리지만 차근차근. 기러기의 비상도 여자의 시집도 하나의 세계를 떠나 다른 세계로 나아가는 모습이다. 그럴 때 느리지만 차근차근 필요한 순서를 점차로 밟아 가는 모습이 점괘의 전체 모습이다.

여러 효 중 유독 초육이 눈에 들어왔다. 일의 시작에 있다 보니 당연한 일. 효사는 "기러기가 물가로 점차 나아가는 것이다. 소인배

는 위태롭게 여겨 말이 있으나 허물이 없다"(鴻漸于干홍점우간, 小子
屬소자려, 有言유언, 无咎무구)이다. 초육은 일의 시작에 위치하고, 매
우 낮은 자이다. 음의 자질이라 유약한 데다 위로 호응하는 자가 없
어 도움을 주는 사람도 없다. 이런 조건으로 나아가는 일은 근심스
러운 일이다. 그러다 보니 소자(小子)는 초육의 그런 상황을 보며 위
태롭다고 여겨 말이 많다. 여기서 '소자'란 소인과 어린이를 의미하
는데, 이는 일의 시작을 바라보는 주변 사람들로 생각할 수 있다. 소
인은 남의 일에 이렇다 저렇다 말을 만드는 사람. 어린이는 천지를
모르는 사람. 어떤 일이든 천지를 모르면서도 부정적인 말을 늘어놓
는 사람들이 있지 않은가. 하지만 나는 소자를 주변 사람들로 해석
하기보다 자기 마음속의 두려움으로 해석하고 싶다. 자기 속에서 올
라오는 두려움은 끊임없이 자신에게 말을 걸기 때문이다. '아직 공
부가 덜됐어', '이 나이에 뭘 시작하겠다는 거야.', '사람이 안 오면
어떡하지?' '그냥 여태 살던 대로 살아' 등등 일의 시작을 두려워하
며 수많은 말을 건다. 그럴 땐 정말이지 모든 걸 그만두고 싶어진다.

하지만 초육은 '무구'(无咎)로 마무리된다. 그런 소자들의 염려
의 말은 일의 시작에 허물이 되지 않는다는 것이다. 정이천은 "아랫
자리에 있는 것이 나아갈 수 있는 가능성이 있는 것이고, 유연하게
행하는 것이 조급해하지 않는 것이며, 호응하는 사람이 없는 것이
점차적으로 진입할 수 있는 가능성이 있는 것"(정이천, 『주역』, 1053
쪽)이기 때문이라고 한다. 일의 시작 때 아랫자리(초효)에 있고, 유
약(음)하고, 호응하는 사람이 없어서 근심스럽다고 했는데, 이런 조
건들이 일의 시작이라는 점에서 보자면 허물이 없다는 것이다. 왜일

까? 풍산점의 내괘는 간(艮)괘이다. 이는 일의 초반, 걱정이 동(動)하고, 욕심이 동하고, 조급함이 동할 때, 큰 그침(止)으로 안정을 이루어 점차적으로 진입해야 하기 때문이다. 만약 일의 초반에 지위도 높고, 강하며, 호응하는 사람도 있다면 어떨까? 먼 길을 가야 하는 초반에 벌써 마음은 날뛴다. 일의 순서고 뭐고 빨리 이루고 싶은 조급함이 날뛴다. 이런 조급함은 순서의 올바름을 지키기 어렵게 한다. 건너뛴 것은 언젠간 돌아온다. 나 같은 경우도, 생각지도 않은 공간이 생겼을 때 뭐라도 빨리 이루고 싶은 마음에 이것저것 닥치는 대로 시작했다면 어땠을까? 아마 금방 좌초해서 나가떨어졌을 것이다. 그러니 앞으로 나아갈 가능성을 보고 조급하지 않게 유연하게 행하며, 호응하는 것이 없더라도 차근차근 자신의 힘으로 자신에게 맞게 순서를 밟아 가는 것이 중요하다. 그런 과정에 주변에서 혹은 자신 속에서 올라오는 걱정스런 말은 그 과정을 탄탄히 밟아 가라는 신호이므로 허물이 없다.

점괘는 자신이 여태 해오던 것을 떠나 다른 것을 시작할 때는, 여자가 시집갈 때와 기러기가 먼 길을 떠날 때처럼 점차적으로 순서를 밟아 가는 것이 중요하다고 한다. 그 순서들을 건너뛰고 빨리 이루고 싶은 조급한 마음이 들 때는 물가를 떠나 점차로 하늘로 나아가는 기러기의 비상을 생각하라. 먼 여정 동안 수많은 일들이 일어나겠지만 처음 떠날 때의 준비된 마음이 그 모든 어려움을 무사히 넘기게 할 것이다. 매년 같은 길을 오고 가는 기러기조차 여섯 단계에 거쳐 그 일을 준비하는데, 세상에 태어나 처음 시도하는 우리들의 일이야 말해 무엇 하랴.

뇌택 귀매,

불타는 사랑으로
결혼해도 될까

박장금

雷澤 歸妹
뇌택 귀매

歸妹, 征凶, 无攸利. 귀매, 정흉, 무유리.

귀매괘는 섣불리 나아가면 흉하니 이로울 바가 없다.

初九, 歸妹以娣, 跛能履, 征吉. 초구, 귀매이제, 파능리, 정길.

초구효, 잉첩으로 시집보내니 절름발이가 걸어가는 것이나 그대로 나아가면 길하리라.

九二, 眇能視, 利幽人之貞. 구이, 묘능시, 리유인지정.

구이효, 애꾸눈으로 보는 것이니 차분하고 안정된 사람의 올바름을 지키는 것이 이롭다.

六三, 歸妹以須, 反歸以娣. 육삼, 귀매이수, 반귀이제.

육삼효, 시집가기를 기다리는 것이니 돌이켜 낮추어서 잉첩으로 시집보낸다.

九四, 歸妹愆期, 遲歸有時. 구사, 귀매건기, 지귀유시.

구사효, 시집갈 혼기가 지난 것이니 시집가는 일이 지체되는 것은 때가 있기 때문이다.

六五, 帝乙歸妹, 其君之袂, 不如其娣之袂良, 月幾望, 吉. 육오, 제을귀매, 기군지몌, 불여기제지몌량, 월기망, 길.

육오효, 제을이 어린 누이를 시집보내는 것이다. 본처의 소매가 잉첩의 소매보다 아름답지 못하니, 달이 거의 차오르면 길하다.

上六, 女承筐无實, 士刲羊无血, 无攸利. 상육, 여승광무실, 사규양무혈, 무유리.

상육효, 여자가 제수 담을 광주리를 이어받았으나 내용물이 없고 남자가 희생양을 칼로 베지만 피가 나오지 않으니 이로울 바가 없다.

뇌택 귀매는 결혼의 괘이다. 귀매의 '귀'(歸)는 돌아온다는 의미이다. 여자의 결혼을 '시집으로 돌아온다'고 보고 있다. 여기에는 여자라면 누구나 시집을 가야 하고, 가야 할 곳으로 돌아왔다는 전제가 깔려 있다. 지금 시대감각에서는 남녀불평등으로 느껴질 수도 있지만, 우리는 몇 천 년 전 그 시대적 맥락 속에서 이것을 이해해야 한다.

'외가'(外家)도 귀매와 연관이 있다. 우리는 여자가 시집가기 전에 살던 집을 '외가'라고 부른다. 외는 바깥 외(外)자로 여자가 시집, 즉 돌아갈 곳으로 갔으니 그전에 살았던 집은 '밖의 집'이 된다. 시집, 외가 모두 여자 중심으로 말해지는데 이것은 모계 사회의 흔적이다. 중국 상고시대에는 모계 사회로 어머니만 알았지 아버지는 몰랐다고 한다. 성(姓)이라는 글자만 해도 '여'(女)+'생'(生)의 조합이다. 부계 사회에서 그렇게 강조하는 성도 어머니 성을 따르는 것에서 시작됐음을 알 수 있다. 이렇듯 문명 초기에 여성은 사회 구성 멤버로서 매우 중요한 위치에 있었다. 자연이 만물을 낳듯, 여성의 출산 능력은 자연과 가장 닮은 능력으로 존중받았던 것이다. 이렇듯 여성이란 표상도 시대마다 다르다. 귀매괘를 통해 결혼 또한 전혀 다른 시선으로 만나 보기로 하자.

귀매는 괘사부터 심상치가 않다. "섣불리 나아가면(여자가 시집을 함부로 가면) 흉하니 이로울 바가 없다"(歸妹귀매, 征凶정흉, 无攸利무유리)이다. 여기에는 다른 괘에 있는 형, 길 등 좋은 글자가 등장하지 않는다. 결혼은 기쁜 일인데 괘사는 험악한(?) 분위기를 연출하는 듯하다. 겁먹지 말고, 괘사의 조합을 찬찬히 따져 보자. 괘는 레고 블록처럼 자연의 조합으로 이루어져 있다. 그 조합을 잘 분석하면 대처할 방법도 생기게 마련이다. 뇌택 귀매는 우레가 위에 있고 아래에 연못이 있는 모습이다. 우레가 치면 못이 출렁이듯이 '기쁨의 태(兌)괘'는 '움직임의 진(震)괘'를 따른다. 이건 무엇을 뜻하는 걸까? 남녀의 결혼은 우레가 치듯 갑작스러운 사건이다. 이 사건은 놀라움이나 두려움이 아니고 기쁜 감정을 일으킨다. 그 기쁨이 매우 강렬해서 집착하기 쉽다. 그래서 초장부터 흉하니 이로울 바 없다는 말로 엄포를 놓은 것이다.

물결이 출렁이듯 기쁨이 온다는 것은 현대 과학이 밝힌 '사랑은 호르몬이 결정한다'와 상통한다. 남녀가 사랑을 시작할 때 설레고 활력이 넘치는 것은 '도파민' 때문이라고 한다. 불타는 사랑의 정체는 호르몬 작용으로 볼 수도 있다. 이 물질이 계속 나오면 좋으련만 최대 유효 기간은 3년이다. 이유는 간단하다. 도파민은 흥분 자극 호르몬으로 계속 나오면 몸의 항상성이 무너지기 때문이다.

난 연구실에서 부부들의 고민을 종종 듣게 된다. 남편이나 아내가 결혼 초기와 달리 변했다는 내용이 대부분이다. 호르몬 입장에서 보면 사람이 달라진 게 아니라 호르몬 분비가 멈췄을 뿐이다. 자연의 관점에서 보면 초기의 기쁨이 지나고 비로소 서로의 실상을 마주하게 된 것뿐인데 부부는 상대가 변했다면서 섭섭해한다. 이때 귀매의 지혜가 필요하다. 귀매괘는 결혼이란 물결이 출렁이듯 심신의 출렁임에서 시작된다고 말한다. 그렇다면 당연히 물결이 출렁이지 않을 때도 있음을 이해해야 한다. 이것을 외면하고 계속 출렁임의 상태, 짜릿한 기쁨을 준 그 상태만을 원한다면 기다리는 것은 권태밖에 없다. 그렇다면 출렁임 다음에 오는 잔잔한 물결을 권태가 아니게 하려면 어떻게 해야 하는 걸까. 귀매괘의 해법은 간단하다. 오직 '부부의 도'를 지키라고 말한다. 말은 참 쉽다. 그런데 어떻게?

귀매의 여섯 효는 결혼과 관계된 다양한 태도를 보여 준다. 그중 육오효가 가장 인상이 깊었다. "제을이 어린 누이를 시집보내는 것이다. 본처의 소매가 잉첩의 소매보다 아름답지 못하니, 달이 거의 차오르면 길하다"(六五육오, 帝乙歸妹제을귀매, 其君之袂기군지몌, 不如其娣之袂良불여기제지몌량, 月幾望월기망, 吉길)이다. 제을은 상고시대인 상나라의 황제이다. 황제인 제을이 공주를 제후국 문왕에게 시집을 보냈다. 요즘 시대로 보면 재벌가의 딸이나 스타 같은 잘나가는 여성이 평범한 남자와 만난 셈이다. 아무튼 균형이 맞지 않는 결혼이다. 이때 공주는 작은 나라에 시집가지 않겠다고 거부할 수도 있고, 결혼을 해도 대우 받기를 원할 것이다. 하지만 제을 공주는 남편의 조건에 맞게 자신을 낮추어서 예를 따랐다. '본처의 소매가 잉첩의 소매보다 아름답지 못하다'는 것은 눈높이 결혼을 의미할 뿐 아니라, 외모를 통해 상대를 기쁘게 하지 않음까지 포함한다. 즉, 공주가 예를 존중하고 외모에 집착하지 않음을 '소매가 첩보다 소박하다'로 표현한 것이다.

우리 시대와는 참으로 다르다. 좋은 조건을 찾아 결혼하지 못해 안달할 뿐 아니라, 그 조건을 얻기 위해 얼마나 용모를 '절차탁마' 하는가. 자신의 이득을 위해 조건 결혼을 하고 판타지가 깨지면 사네 마네들 한다. 모두 물이 출렁이는 기쁨, 쾌락에 머물고 싶은 욕망 때문이 아닌가. 육오효의 공주의 결혼은 전혀 다르다. 결혼이란 상대를 존중하는 것이고, 그것은 상대의 상황을 기꺼이 받아들여 나를 변형하는 일인 것이다. 이것을 '달이 거의 차면'(月幾望월기망)으로 표현하고 있다. 이 표현은『주역』곳곳에 나오니 잘 익혀 두기 바란다. 달이 찬 것도 아니고 '거의' 찬 것은 어떤 상태인가? 보름달을 생각해 보라. 달은 꽉 차면 더 커지는 게 아니라 기울 수밖에 없다. 그 원리를 부정할 수 없으면서도 우리는 늘 완벽하고, 완성되고, 꽉 찬 것이 계속되기를 바란다. 현명한 자라면 무엇이든 꽉 차지 않게 마음을 쓸 것이다. 그래야 바로 기우는 상태로 가지 않을 테니까. 이런 태도가 겸손이다. 겸손은 밑도 끝도 없이 겸사를 남발하는 게 아니다. 먼저 상황 파악부터 해야 한다. 시작하는 상황인지, 절정인지, 쇠락하는 상황인지. 정확하게 상황 파악을 해야 무엇을 덜어 낼지, 보탤지가 보인다. 이렇듯 상황에 맞는 행동이 겸손인 것이다. 이런 태도는 모든 관계에서 필요하겠지만 부부 관계에서는 '필수'라는 것이다. 그런데 우리는 대부분 반대로 한다. 밖에서는 온갖 비위를 다 맞추고 집에 들어와서는 억압한 감정을 폭발하느라 함부로 대하는 부부가 얼마나 많은가. 제을의 공주는 전혀 다른 관계를 맺고 있다. 그것이 가능했던 것은 황제의 딸이라는 그 정체성을 완전히 버리고 자기 변신을 했기 때문이다. 이것이 부부의 도의 핵심이고, 오효가 '길'(吉)로 마무리된 이유이기도 하다.

호르몬 관점에서 보면 사랑은 물결이 출렁이듯 도파민에서 시작되지만 서로 존중하고 배려하게 되면 놀랍게도 '세로토닌'이라는 호르몬이 생성된다고 한다. 결혼이란 자신의 즐거움을 상대에게 구하는 것이 아니다. 부부의 도를 지키는 것이고, 이것은 오직 '자기 비움'에서 온다는 게 귀매괘가 전하는 메시지이다!

뇌화 풍,

풍요 속의
어둠

이한주

雷火 豐 뇌화 풍

豐, 亨, 王假之, 勿憂, 宜日中. 풍, 형, 왕격지, 물우, 의일중.

풍괘는 형통하다. 왕만이 이를 제대로 감당할 수 있으니, 근심이 없으려면 마땅히 해가 중천에 뜬 듯이 해야 한다.

初九, 遇其配主. 雖旬, 无咎, 往有尙. 초구, 우기배주. 수순, 무구, 왕유상.

초구효, 짝이 되는 주인을 만남이다. 비록 둘 다 양이라 대등한 관계이지만 허물이 없으니, 그대로 나아가면 가상함이 있으리라.

六二, 豐其蔀. 日中見斗. 往得疑疾, 有孚發若, 吉. 육이, 풍기부. 일중견두. 왕득의질, 유부발약, 길.

육이효, 짚으로 엮은 덮개에 많이 가려짐이라. 해가 중천에 떴는데도 북두성을 본다. 나아가면 의심과 질시를 얻으리니, 진실한 믿음을 가지고 감동시키면 길하리라.

九三, 豐其沛. 日中見沫. 折其右肱, 无咎. 구삼, 풍기패. 일중견매. 절기우굉, 무구.

구삼효, 휘장을 둘러쓰고 있음이라. 해가 중천에 떴는데도 작은 별을 본다. 오른쪽 팔뚝이 부러졌으나 탓할 곳이 없다.

九四, 豐其蔀. 日中見斗. 遇其夷主, 吉. 구사, 풍기부. 일중견두. 우기이주, 길.

구사효, 짚으로 엮은 덮개에 많이 가려짐이라. 해가 중천에 떴는데도 북두성을 본다. 대등한 상대를 만나면 길하리라.

六五, 來章, 有慶譽, 吉. 육오, 래장, 유경예, 길.

육오효, 아름답고 훌륭한 인재를 오게 하면 경사와 영예가 있어 길하리라.

上六, 豐其屋, 蔀其家, 闚其戶, 闃其无人, 三歲不覿, 凶. 상육, 풍기옥, 부기가. 규기호, 격기무인, 삼세부적, 흉.

상육효, 집을 성대하게 하고도 그 집을 짚으로 엮은 덮개로 덮어 놓은 것이라. 집안을 엿보니 사람이 없어 3년이 지나도록 만나 보지 못하니 흉하다.

늦은 나이에 지방에서 서울까지 오가는 공부를 시작한 지 수년이 지났다. 학교를 졸업하고 30년이 다 되어 가는 시기에 시작한 구도(求道)의 공부였다. 낯설고 힘들었다. 주부의 몸에서 공부하는 몸으로 전환해야 했기에 가족들에게 소홀해졌고, 이웃들에게도 무심해졌다. 다행히 나의 공부에 대해 딴지를 거는 사람은 없었다. 오히려 응원을 받는 것 같았다. 이게 웬 공부 복인가 싶었다. 그야말로, 탄탄대로의 공부 길, 그저 쭉~ 가기만 하면 되었다. 그런데 웬걸! 딴 마음은 오히려 내 안에서 올라왔다. 자꾸만 그만두고 싶었다. 시도 때도 없이 불쑥불쑥 때려치우고 싶었다. 누가 시켜서 하는 것도 아니고, 스스로 하고 싶어 하는 공부인데, 매일 '해야 하나? 말아야 하나?' 고민이었다. 부끄러워서 누구에게 털어놓을 수도 없었다. 혼자 끙끙대던 중 뇌화 풍(雷火 豐)을 읽고 나의 상태를 제대로 알게 되었다.

뇌화 풍의 풍은 성대하다는 의미이다. 밝은 지혜를 상징하는 리(離)괘 위에 움직임을 상징하는 진(震)괘가 자리하고 있다. 괘상의 시간적 조건은 의일중(宜日中), 중천에 해가 떴을 때이다. 중천에 해가 뜨면 어떠한가? 강렬한 태양의 볕 아래에서 자연 만물의 모습은 온전히 드러난다. 정이천은 이때를 "마땅히 해가 중천에 뜨듯이 공명정대하고 넓게 비추어, 미치지 않는 곳이 없게 한 뒤에야 근심이 없"(정이천, 『주역』, 1085쪽)는 때라고 한다. 중천에 든 해는 공명정대하게 세상을 비추고, 완전과 불완전, 미추에 상관없이 삼라만상을 드러낸다. 이와 마찬가지로 풍요의 시대에 군주는 명철한 지혜로 공명정대하게 사악한 자들을 처벌할 수 있다. 이러한 공명정대한 군주가 있다면 사람들은 자신의 모든 것을 드러낼 수 있고 근심이 없어진다. 이것이 진정한 풍요의 시대이다. 한마디로 풍요의 시대란 만인이 자신을 온전히 드러낼 수 있을 때이다. 그런데 이 시기의 인간의 마음은 어떠할까? 모든 것이 드러나는 것을 반길까?

꼭 그렇지만은 않은 듯하다. 풍괘는 풍요로운 시대 속 사람들의 마음을 적나라하게 묘사하고 있다. 사람들은 중천에 해가 뜨자 너무 뜨겁다며 큰 장막(蔀부)이나 휘장(沛패)을 덮어쓰고 밝음을 피해 어둠으로 들어가 버린다. 그리고 덮개 속에서 어둠을 떨쳐 내기 위해 북두칠성(斗두)이나, 샛별(沫매)을 찾는다. 그러더니 상육효에서는 급기야, '豐其屋풍기옥, 蔀其家부기가, 闚其戶규기호, 闃其无人격기무인, 三歲不覿삼세부적, 凶흉'의 상태에까지 간다. "집을 성대하게 하고도 그 집을 짚으로 엮은 덮개로 덮어 놓은 것이라. 집 안을 엿보니 사람이 없어 3년이 지나도록 만나 보지 못하니 흉하다"는 뜻이다. 고대광실 부잣집을 덮개로 덮어 버렸다. 입이 떡 벌어질 정도로 좋은 집이라지만 그 안에서 사람 하나 구경할 수 없다면 이 집이야말로 흉가가 아니겠는가? 참으로 아이러니한 상황이다. 이 경우야말로 '풍요 속의 빈곤', 아니, '풍요 속의 어둠'이니 말이다.

풍요의 시대에 왜 이런 마음이 일어나는 것일까? 왜 사람들은 어둠의 덮개 속에 있으려고 하고 급기야는 고립되려고 하는 것일까? 그것도 가장 높은 성대한 풍요의 자리에서. 소동파는 말한다. "지혜는 우환에서 생기고 어리석음은 편안함에서 생긴다"라고(소식, 『동파역전』, 439쪽). 풍족함이 편안함을 낳고, 걱정 없이 사는 지나친 편안함은 오만함을 낳고, 오히려 인간을 어리석음으로 이끌 수 있다는 뜻이다. 편안함이 낳은 오만과 어리석음. 나 또한 이런 상태가 아니었을까? 오만과 어리석음의 덮개로 감각을 가리고, 마음을 가리고, 그 안에 파묻혀, 갈 수 없다고, 힘들다고, 나 자신을 의심하고 두려워했던 마음. 이 마음의 어둠 속에서 나는 공부라는 허울 뿐인 이름, 그 샛별을 찾고 있었던 것은 아니었을까? 왜 지혜의 길이 아니라 오히려 무지의 어둠으로 들어가는 길에서 헤매고 있었던 것일까?. 나는 무엇을 놓쳤던 것일까? 공부라는 덮개를 벗어 버려야 하는 걸까? 공부를 그만두어야 하는 걸까?

풍괘의 효에서 대부분의 사람들은 덮개를 덮어쓰고 있다. 이것이 바로 우리의 현실적 모습이다. 대부분 사람들이 중천에 뜬 해의 공명정대함을 모르고 산다. 또한, 자신이 풍요의 시대를 살고 있다는 사실조차도 모르고 있다. 그러니 덮개 속에서 걱정 근심을 만들어 끙끙대고 있다. 나 또한 마찬가지였다. 한쪽으로 치우친 삶이 만들어 낸 번뇌의 실체를 들여다보고자 공부를 시작했고 그것을 온전히 드러내는 방법을 글쓰기로 익히고 있었다. 그리고 그 실체는 서서히 모습을 드러내기 시작했다. 그 속에는 물론 선한 이미지의 나도, 추한 나도 있었다. 괴로운 것은 추하고 사악한 나의 모습 때문이었다. 감추고 싶었다. 그것을 글쓰기로 드러낼 때마다 너무나도 괴로웠다. 그랬다. 난 그때마다 뇌까렸다. "이따위 공부, 해서 뭐하게!" 공부 복은 남부럽지 않게 주어져 있는데 난 덮개를 덮어쓰고 점점 가족들에게서도, 이웃에게서도, 벗들에게서도 멀어지고 싶었다.

상육효에서는 이런 상황이 3년이나 계속 가니 흉하다고 한다. 3년이란 아주 긴 세월을 상징한다. 덮개 속에서 변화하려는 마음을 내지 않는다면 흉할 것이라는 뜻이다. 당장 알아야 할 것은 추한 모습을 드러내지 않으려고 애쓰다 보면 더 흉해질 것이라는 것이다. 더 나빠지지 않기 위해서는 공부를 그만둘 것이 아니라 지금의 상태를 알고 덮어쓴 덮개를 스스로 걷어 내는 힘을 회복하는 것이 먼저였다. 그리하여 공명정대함으로 자신을 정직하게 마주할 수 있는 힘을 회복해야 했다. 공부는 바로 그 과정이었다. 이것이 내가 떠난 구도의 공부였다. 이렇게 본다면 지금 만난 어둠이라는 덮개 또한, 그 힘을 회복하는 데 있어서 아주 중요한 조건이다. 결국, 어둠도 밝음도 결국 우리 안에 있는 하나의 마음이기 때문이다. 그래서 나는 지금 덮개를 벗겨 내는 중이다.

화산 려,

순종하는 마음으로
한 걸음씩 나아가기

신혜정

火山旅 _{화산 려}

旅, 小亨, 旅貞, 吉. 려, 소형, 려정, 길.

려괘는 조금 형통하고, 유랑함에 올바르게 행동해야 길하다.

初六, 旅瑣瑣, 斯其所取災. 초육, 려쇄쇄, 사기소취재.

초육효, 유랑하는 자가 비루하고 쪼잔하니 이 때문에 재앙을 자초한다.

六二, 旅卽次, 懷其資, 得童僕貞. 육이, 려즉차, 회기자, 득동복정.

육이효, 유랑하는 자가 숙소에 드니 노잣돈을 지니고 있고 어린 종복의 충직함을 얻는다.

九三, 旅焚其次, 喪其童僕貞, 厲. 구삼, 려분기차, 상기동복정, 려.

구삼효, 유랑하는 자가 숙소를 불태우고 어린 종복의 충직함을 잃어버리니 위태롭다.

九四, 旅于處, 得其資斧, 我心, 不快. 구사, 려우처, 득기자부, 아심, 불쾌.

구사효, 유랑하는 자가 거처할 곳이 있고 그 노잣돈과 도끼를 얻었지만, 나의 마음은 불쾌하다.

六五, 射雉一矢亡. 終以譽命. 육오, 석치일시망. 종이예명.

육오효, 꿩을 쏘아 맞히어 화살 하나로 잡은 것이다. 끝내 영예와 복록을 얻는다.

上九, 鳥焚其巢, 旅人先笑後號咷, 喪牛于易, 凶. 상구, 조분기소, 려인선소후호도. 상우우이, 흉.

상구효, 새가 둥지를 불태우는 것이니 유랑하는 자가 먼저 웃고 나중에는 울부짖는다. 소홀히 여겨서 소를 잃어버리니 흉하다.

아직도 아주 가끔 궁금해하는 사람들이 있다. 6년 전, 한창 일도 잘 되고 돈도 많이 벌던 시기에 왜 수업을 줄이고 서울까지 가서 공부하게 됐는지, 거기에서 무슨 공부를 하는 건지를 말이다. 〈감이당〉에서 공부를 시작할 무렵, 대구의 교육특구라고 불리던 수성구에서 중·고등학생들을 가르치는 학원을 운영하고 있었다. 소위 명문고, 명문대라고 불리는 상급학교 진학률이 높아서 찾는 사람들이 꽤 많았다. 입소문이 나면서 공공기관에서 수업도 하게 되고 당연히 돈도 상당히 벌었다. 일도, 사람들의 관심도 넘쳐나고 모든 것이 풍족하게 잘 풀린다고 느껴졌다. 그렇게 정점에 올랐다고 생각하는 순간, 사고가 났다. 수업 중에 숨도 못 쉴 만큼 극심한 통증으로 쓰러진 거다. 구급차에 실려 응급실로 가면서 '이렇게 죽는구나' 싶었다.

입원 후, 온갖 검사를 다 한 결과 별다른 병명은 없었고 과로와 스트레스가 원인이라는 진단을 받았다. 그 사건이 있고 나서, 나의 일상을 돌이켜보니 잠도 제대로 안 자고, 제때에 먹지도 못하고 파멸을 자초하는 불나방처럼 살았다는 생각이 들었다. 이대로 살다가는 정말 죽을 수도 있다는 위기감이 몰려왔다. 그래서 일을 상당 부분 줄이고, 지금과는 다른 스텝으로 살아야겠다고 마음먹었다. '앞으로 어떻게 살 것인가?', '변해야 살 수 있다'라는 질문과 미션을 가지고 집을 떠나 서울로 길을 나서게 된 것이다.

『주역』에 이와 같은 상황을 이야기하고 있는 괘가 있다. 바로 화산 려(火山 旅)이다. 려괘는 불을 상징하는 리(離)괘가 위에 있고, 산을 상징하는 간(艮)괘가 아래에 있다. 멈추어 절대 움직이지 않는 산과 활활 타오르면서 이리저리 옮겨붙는 불은 서로 어긋나 한곳에 머물 수가 없으니 이를 유랑하는 나그네의 모습으로 보았다. 그리고 "풍요의 성대함"에 대해 말하는 풍(豐)괘 뒤에 려괘가 이어진 것도

다 이유가 있다. "물극필반"(物極必反), "사물은 극에 달하면 반드시 반전한다". 이것은 자연의 이치다. 풍요의 성대함이 궁극에 이르면 반드시 편안함을 잃고 그 자리에서 떠나게 되는 것처럼, 오르면 내려와야 하고 내려오면 다시 올라가는 순환이 당연한 거라고 볼 수 있다. 그러니까 내가 풍족하게 이뤘다고 생각하는 순간이 사실은 가장 경계해야 할 때이고, 삶의 다른 국면을 탐색할 시기라는 걸 알아야 한다.

려괘의 「단전」에서도 이럴 때일수록 "유랑의 도(道)가 올바르게 행해져야 길(吉)하다"라고 말한다(정이천, 『주역』, 1106쪽). 유랑하는 사람이 왜 도를 바르게 해야 하는 걸까? 유랑자의 올바른 도란 과연 무엇일까? 려괘에서는 편안하게 쉴 거처도, 나를 도와줄 사람도 하나 없이 타지를 떠도는 때일수록 반드시 길잡이가 되어 줄 현명한 자에게 멈추어서 의지해야 한다고 충고한다. 이렇게 한 뒤에야 유랑에 대처하는 방도를 얻을 수 있다고도 말한다. 그렇다면 나에게 그 현자는 누구일까? 다름 아닌 〈감이당〉에서 만난 스승과 도반들, 수많은 고전 속의 인물들이었다. 그들이 공부하고 있는 방향과 삶의 비전에 동의하고, 그 깨달음에 대한 믿음이 있었기에 멈춰 설 수 있었다.

한데, 지금 생각해 보면 '정말 나에게 그 길을 함께 가겠다는 절실함과 공부로 인생을 역전할 수 있다는 믿음이 있었나?'라는 의문이 든다. 시간이 지나면서 예전의 패턴을 그대로 반복하고 있는 나를 확인했기 때문이다. 고미숙 선생님과 도반들의 질타가 이어졌다. 도대체 왜 공부하는 것이며, 네 삶의 지향은 무엇이냐고, 이대로라면 여기서 더는 공부할 수 없다는 최후통첩도 받았다. 딱 려괘의 상구효처럼 아주 흉한 처지에 놓이게 된 거다. "상구효, 새가 둥지를 불태우는 것이니 유랑하는 자가 먼저 웃고 나중에는 울부짖는다. 소홀히 여겨서 소를 잃어버리니 흉하다"(上九상구, 鳥焚其巢조분기소, 旅人先笑後號咷려인선소후호도, 喪牛于易상우우이, 凶흉).

　타향을 유랑하는 자는 "겸손하고 자신을 낮추고 유연하면서 조화를 이루어야 스스로를 보존할 수 있다"(정이천, 『주역』, 1116쪽)라고 했다. 그런데, 상구효의 새는 자신의 처지를 잊은 채 날아올라서 높은 곳에만 처하려 들고 무엇이 잘못인지도 모르고 만족해한다. 그런 존재는 결국 자기에게 합당한 자리도, 함께하는 사람들도 모두 잃게 된다. 그리고 나중에는 울부짖게 될 수밖에 없다. 여기서 새는 교만함을 상징한다. 교만함으로 꽉 차 있는 자는 자신이 밟아 가야 할 과정보다는 목표를 달성하는 데만 급급하다. "조급하고 경솔하여 순종하는 덕을 잃게 되니 결국에는 들어도 깨닫지 못한다." 상구효를 읽으며 나 역시 배움 앞에 겸손하지 못했다는 생각이 들었다. 무엇 때문에 공부를 하고 어떤 삶을 살아야겠다는 방향성도, 이제까지와는 다르게 살겠다는 절실함도 없이 공부현장에 있다는 것만으로 스스로를 위로하며 만족했던 것 같다. 또, 글을 잘 써서 인정받고 싶다는 목표에만 빠져 있었다. 거기에는 수행으로써의 공부는 없다.

　려괘에서는 반드시 물리적인 외부, 바깥의 타향을 떠도는 것만이 유랑이 아니라고 말한다. 내가 진심으로 믿고 순종할 수 있는 스승과 도반이 없고, 나를 신뢰하는 친구가 없으면 그게 바로 떠돌이의 삶이라는 것이다. 모든 일에는 차서가 있다. 깨달음으로 가는 길도 마찬가지다. 무엇보다 먼저, 그 길에 대한 믿음과 내가 의지해야 할 현자들의 귀한 가르침에 순종하는 마음이 필요하다. 상구효에서 소를 잃어버리면 흉하다는 게 바로 순종하는 마음과 믿음을 잃어버리면 결국 흉한 처지에 놓이게 된다는 뜻이다. 그때 가서 눈물 흘리며 울부짖어도 소용이 없다. 그러니 늘 기억해야 한다. 곤궁한 처지를 벗어나고자 깨달음의 길로 나설 때, '소'를 잃어버리지 말자!!

중풍 손,

공손함은
'무인(武人)의 결단력'에서

오창희
——

重風巽 _{중풍손}

巽, 小亨, 利有攸往, 利見大人. 손, 소형, 리유유왕, 리견대인.

손괘는 조금 형통할 수 있으니 나아갈 바를 두는 것이 이롭고, 대인을 만나는 것이 이롭다.

初六, 進退, 利武人之貞. 초육, 진퇴, 리무인지정.

초육효, 나아가다가 물러나니, 무인의 올바름이 이롭다.

九二, 巽在牀下, 用史巫紛若, 吉, 无咎. 구이, 손재상하, 용사무분약, 길, 무구.

구이효, 겸손하여 침상 아래에 있으니, 박수와 무당을 많이 쓰면 길하고 허물이 없다.

九三, 頻巽, 吝. 구삼, 빈손, 린.

구삼효, 이랬다저랬다 하는 공손함이니, 부끄럽다.

六四, 悔亡, 田獲三品. 육사, 회망, 전획삼품.

육사효, 후회가 없어지니 사냥 나가서 세 등급의 짐승을 잡는 것이다.

九五, 貞吉. 悔亡, 无不利, 无初有終. 先庚三日, 後庚三日, 吉.

구오, 정길, 회망, 무불리, 무초유종. 선경삼일, 후경삼일, 길.

구오효, 올바름을 굳게 지키면 길하다. 후회가 없어져서 이롭지 않음이 없으니, 처음은 없지만 끝맺음이 있다. 변혁에 앞서 3일, 변혁 이후 3일을 신중히 하면 길하리라.

上九, 巽在牀下, 喪其資斧. 貞凶. 상구, 손재상하, 상기자부. 정흉.

상구효, 자신을 낮추어 침상 아래에 있으니 노잣돈과 도끼를 잃는다. 올바름의 측면에서 보면 흉하다.

『주역』을 공부하면서 얻는 재미가 여럿 있다. 그중 늘 쓰던 말의 의미와 그 말에 담긴 이치를 새로이 발견할 때 느끼는 기쁨을 빼놓을 수 없다. 그럴 때면 지금까지 죽어 있던 그 말이 살아 움직이면서 전에 했던 행동을 재해석해 주기도 하고, 세상이 새롭게 보이기도 한다. '다소곳하다' 또는 '다른 사람의 의견에 잘 따르다' 정도로 알고 있던 '공손하다'는 말도 그중 하나다.

크든 작든 모든 공동체는 구체적 활동을 통해 자신들의 비전을 구현해 간다. 그 현장에서 각자의 움직임이 만들어 내는 다양한 힘들이 섞이고, 그러다 보면 힘들을 조정하는 결정을 해야 할 상황이 수시로 생긴다. 고미숙 선생님이 2018년 초, 짧게는 2년 길게는 6~7년을 공부하고 있는 학인들을 대상으로 주말에 '장자스쿨'('장'년의 '자'립을 도모한다는 뜻)을 열었다. 〈감이당〉에 적을 둔 지는 오래지만 평일에만 있는 고전평론가 과정에 들어갈 수 없는 직장인들이 대부분이었다. 일 년간 자신의 한계를 시험할 기회를 주고, 그 과정을 견뎌 내면 고전평론가 과정으로 가고, 아니면 연말에 인연을 정리하기로 했다. 15명의 학인이 모였고 내가 담임을 맡게 되었다. 담임의 역할은 프로그램이 취지에 맞게 잘 굴러갈 수 있게 돕는 것이다.

1학기가 시작된 지 얼마 되지 않아 새로운 미션이 부과되었다. 일명 '청-장 크로스'. 청년과 장년이 한 팀을 구성해 세대 간의 소통 능력과 장년의 리더십을 기르겠다는 것이 이 미션의 목표다. 중심 활동은 동서양의 고전을 한 권씩 선택해서 청년과 장년이 함께 공부하는 것이다. 총 5개의 팀이 구성되었다. 처음에는 의욕을 가지고 임하던 학인들이 미션이 점점 구체화되고 연말 학술제에 결과물을 발표하라고 하자, 미션을 좀 가볍게 해달라는 요구를 내비치곤 했다.

소소한 문제들을 안고 그럭저럭 2학기를 마치고 조장들과 만났다. 그 자리에서 미션이 부담스럽다며 고충을 해결해 달라는 건의를 했다. 그 자리에서 어떻게 하면 그들의 부담을 덜어 줄 수 있을까를 함께 고민하며 이런저런 대안들을 모색했다.

다음 날, 선생님께 논의된 내용을 말씀드리니, 간단하게 몇 말씀하셨다. "어떻게 해도 좋아요. 여기서 중단해도 좋고. 그러나 우리가 왜 그런 미션들을 주었는지를 놓쳐서는 안 됩니다." 정신이 퍼뜩 들었다. 미션은 그들의 신체적인 능력이든 지적 능력이든 한계치까지 밀어붙여 그것의 확장을 도모하겠다는, 학인들로 하여금 더이상 정체된 상태로 있게 하지 않겠다는 취지로 주어진 게 아니었나. 중풍 손(重風巽)을 공부하다가 그때가 떠올랐다.

중풍 손은 손괘가 둘 겹친 것이다. 상괘도 하괘도 모두 하나의 음효가 두 양효 아래에서 순종하는 모습을 하고 있다. 그래서 괘 이름이 공손함을 뜻하는 손(巽)이다. 괘사는 "손괘는 조금 형통할 수 있으니 나아갈 바를 두는 것이 이롭고, 대인을 만나는 것이 이롭다"(巽손, 小亨소형, 利有攸往리유유왕, 利見大人리견대인)고 말한다. 『주역』에서는 음은 작은 것 또는 소인에, 양은 큰 것 또는 군자에 비유되곤 한다. 그러니 중풍 손은, '공손함은 조금 형통함, 또는 소인의 형통함을 말하는 괘이며, 소인이 형통할 수 있으려면 머물러 있지 말고 나아가야 하고, 스스로 나아가기 어려우니 대인, 즉 비전을 제시할 수 있는 스승의 가르침을 따라야 이롭다'는 이치를 말하고 있다. 이 과정에서 윗사람은 아랫사람에게 순종하면서 명령을 내리고, 아랫사람은 윗사람에게 순종하면서 복종하니, 위와 아래가 모두 순종하여 중복된 공손함이 된다. 여기서 윗사람 아랫사람은 위계를 말하는 게 아니라 역할에 따른 구분으로, 윗사람은 아랫사람에게 비전을 제시하면서 필요한 미션을 부과하는 사람, 아랫사람은 자신의 한계를 넘기 위해 그 미션을 따르는 사람으로 이해하면 무리가 없다.

서로가 서로에게 순종하면서 혁신을 이루겠다는 다짐으로 시작은 했지만 습관이라는 게 그리 쉬 변하는 게 아니라서 당연히 힘들이 충돌하게 마련이다. 학인들은 과거의 편안함으로 돌아가기를 원했고, 나는 그들이 미션을 무사히 수행하기를 원했다. 그러나 그들의 요구가 계속되자 중심을 잃고 마땅히 써야 할 힘을 제대로 행사하지 못했다. 손괘에서는 자신이 처한 상황을 제대로 인식하여 때에 맞고 자리에 걸맞게 힘을 행사하는 것을 '공손하다'고 한다. 힘을 올바른 방향으로 행사하지 못하면 공손하지 못한, 흉한 처사로 치부한다.

학인들이 자신들의 한계를 넘으려면 신체적으로나 지적으로나 지금까지 해오던 범위를 벗어나는 도전을 해야 한다. 그러기 위해 미션에 따라야 하고, 담임인 나는 학인들의 고충에 귀 기울여 함께 고민을 하되, 주어진 미션이 어떤 취지에서 주어진 것인지 그것이 왜 필요한지를 설명하면서 그들이 최선을 다할 수 있도록 방향을 분명히 잡았어야 한다. 그런데 방향을 잃고 내가 처한 위치에서 써야 할 힘을 엉뚱한 방향으로 사용하는 우를 범했던 거다. 그래서 공손의 첫 단계인 초효에서는 "나아갔다가 물러나니, 무인의 올바름이 이롭다"(進退진퇴, 利武人之貞리무인지정)라고 한다. 음유한 초육이 불안한 마음으로 나아갔다 물러났다 하면 따라야 할 것이 무엇인지 모르게 되니, 무인과 같은 올바름이 필요하다는 것이다.

무인은 전장에서 명령을 통해 힘을 행사하는 사람이고, 그 명령에 많은 사람의 목숨이 달려 있다. 그렇기 때문에 자신의 권한을 어느 방향으로 언제쯤 얼마만큼의 강도로 어떻게 행사할지를 결정하고 실행하는 힘이 필요하다. 초효에서 말하는 무인의 올바름이란 바로 이 결단력을 일컫는다. 초육은 음유한 자질로 양의 자리에 있으니 제자리를 얻지도 못했고(不正), 아래 괘에서 가운데가 아니니 중(中)을 이루지도 못했다. 그리고 다른 효들과의 관계에서도 위로 강한 자(두 양)를 받들고 있으니, 그 힘에 흔들리기 쉽다. 이런 상황에서는 자칫 바로 위에 있는 두 양에게 아첨을 하거나, 우유부단한 태도로 우물쭈물하다가 타이밍을 놓치거나, 힘을 엉뚱한 방향으로 써서 목표나 비전에 어긋나는 결과를 초래하기 쉽다. 내가 그랬다.

그러고 보니, 인간사에서 일어나는 대부분의 갈등이 공손의 기술을 터득하지 못해 생기는 문제다. 공동체는 다양한 힘들이 충돌하는 현장이다. 평소에 힘을 제대로 쓰는 훈련을 하지 않으면 불필요한 에너지를 소모할 뿐 아니라, 뜻하지 않게 공동체가 추구하는 비전과 어긋나는 행동을 다반사로 하게 된다. 그러니 자신과 공동체의 성장을 원한다면 소인이 형통할 수 있는 공손의 덕목을 익히지 않을 수 있겠는가. 그동안 타자의 의견을 잘 들어 주는 것, 부드럽게 대하는 것 등등을 공손으로 오해했다. 자신의 자리에서 마땅히 써야 할 힘을 올바르게 행사하는 그것이 공손함이다. 이 덕목을 몸에 익히려면 먼저 자신이 처한 상황을 파악하고 적절한 타이밍에 적절한 힘을 쓸 수 있는 '무인의 결단력'을 기를 일이다.

중택 태,

끝까지 저항한 뒤에
오는 기쁨

이한주
———

重澤兌 중택 태

兌, 亨, 利貞. 태, 형, 리정.

태괘는 형통하니, 바르게 하는 것이 이롭다.

初九, 和兌, 吉. 초구, 화태, 길.

초구효, 조화를 이루면서 기쁘게 함이니 길하다.

九二, 孚兌, 吉, 悔亡. 구이, 부태, 길, 회망.

구이효, 진실한 믿음으로써 기쁘게 하니 길하고 후회가 없어진다.

六三, 來兌, 凶. 육삼, 래태, 흉.

육삼효, 아래로 내려가서 기쁘게 하니 흉하다.

九四, 商兌未寧, 介疾有喜. 구사, 상태미녕, 개질유희.

구사효, 기쁨을 계산하느라 편안하지 못한 것이니, 구오의 군주에 대한 절개를 지키고 병이 되는 자를 미워하면 기쁜 일이 있으리라.

九五, 孚于剝, 有厲. 구오, 부우박, 유려.

구오효, 양을 벗겨 내려는 자를 믿으면 위태로움이 있으리라.

上六, 引兌. 상육, 인태.

상육효, 기쁨을 당겨서 연장하려는 것이다.

최근 가장 큰 정치적 이슈는 한 고위 공직자와 그의 가족이 가족 사기단으로 몰려 법정에까지 서게 된 사건이었다. 처음에는 일상적으로 일어나는 정치적 문제려니 했다가 불길처럼 급속하게 확산되는 전개 과정을 지켜보면서 나도 모르게 그 사건에 빨려 들어갔다. 사건의 발단을 파헤치고 과정을 지켜보는 데 많은 시간을 투자하였다. 그런데 들어갈수록 정치의 세계는 늪이라고 느껴졌다. 이 사건과 관련해 더 크고 무서운 권력의 연결고리들이 얽혀 있다는 판단이 들었다. 불의가 느껴졌지만 한 개인으로서 어떻게 할 수 없다는 생각이 이르자 한편으로는 분노가, 한편으로는 무력감이 찾아왔다. 이즈음에서 나는 관점을 바꾸어야 할 필요성을 느꼈다.

생각해 보니, 정치 권력에의 욕망으로 삶의 초점이 맞춰진 자들은 대중 위에 군림하는 것을 늘 꿈꾼다. 한편으로 그들은 대중들의 지지가 언제 돌아설지 불안하기도 하다. 때문에, 대중의 지지를 얻기 위해서 온갖 수단과 방법을 가리지 않는다. 그들이 가장 좋은 방법으로 선택하는 것은 대중의 감정을 요동치게 하는 것이다. 선정적인 가짜뉴스는 대중을 뒤흔들고 선동하기에 아주 좋은 예이다. 매일 쏟아지는 사건 관련 뉴스를 읽다 보면 부지불식간에 선동될 수도 있겠다는 생각이 들었다. 그런데 만약 이 사건이 해결될 기미도 보이지 않고 지리멸렬하게 이어진다면 어떻게 될까? 분노와 무력감, 선동가들에게 지친 몸은 이 사건에서 멀어져 좀 편안해지고 싶다는 마음이 들지 않을까? 생각이 여기에까지 미치자 나는 지금까지 이런 식으로 정치적 문제를 비껴갔던 것이 아닐까 하는 의문이 들었다. 중택 태(重澤 兌)는 이와 같은 인간의 감정에 근거하여 세상의 이치를 알려준다.

중택 태는 기쁨의 시대를 상징한다. 이 괘는 기쁨을 뜻하는 태 괘가 아래위로 조화롭고 유익한 관계로 중첩되어 있다. 그리하여 모두가 충만한 기쁨을 누리는 시대이다. 기쁨에 대해 공자는 「단전」에서 이렇게 풀이한다. "태는 기쁨이다. 강한 양이 중의 자리에 있고 부드러운 음이 밖으로 드러나서, 기뻐하며 올바름을 지키는 것이 이로움이다. 이 때문에 하늘의 이치를 따르면서 사람들에게 호응한다. 기쁨으로 백성들을 앞서 이끌면 백성들은 수고로움을 잊고, 기쁨으로 어려운 일을 무릅쓰게 하면 백성들이 자신들의 죽음까지 잊으니, 기쁨의 위대함이여, 백성들이 믿고 기꺼이 따르는구나!" 기쁨의 시대는 이러하다. 백성들이 죽음마저 잊고 어려운 일을 하게 된다. 그만큼 기쁨은 백성들을 힘내게 하는 감정이다. 백성을 선도하는 자들은 백성들이 이런 기쁨을 느끼게 하기 위해 '위'로는 '천리'(天理)를 따르고 '아래'로는 '민심'에 호응한다. 다시 말해, 정치란 천리와 민심을 모두 읽고 행하는 것이라고 할 수 있겠다. 이 같은 정치가가 이끌어 준다면 대중은 아무리 어려운 일이라도 기쁜 마음으로 해내는 능동성을 발휘하게 될 것이다.

하지만 이런 정치가 지속되는 것이 어디 쉽겠는가? 아무리 조화로운 기쁨의 시대라 할지라도 권력을 욕망하는 음험한 야심가들이 있을 테니 말이다. 이 야심가들의 욕망을 타고 선동가들의 더티 플레이가 펼쳐진다. 이들도 대중에게 유익함과 기쁨을 주기 위함이라는 명분을 내세우기 때문에 흔히 그들의 속셈을 놓치기 쉽다. 여기서 대중의 혼란이 시작된다. 기쁨의 시대이므로 이쪽도, 저쪽도 모두 대중들에게는 기쁨을 주는 존재들이다. 하지만 한쪽은 분명 사악함이 포함된 편안하지 않은 기쁨이다. 소동파는 이 기쁨을 "아름답고 감칠나는 맛있는 음식이 추한 돌보다 못하다"라는 『춘추좌전』의 말로 설명한다(소식, 『동파역전』, 458쪽). 아무리 탐스럽고 맛있으나 독버섯으로 요리된 음식이라면 차라리 돌을 씹는 것이 낫지 않겠는가? 하지만 우리의 감각은 이것을 판단하기가 쉽지 않다. 당장 눈과 혀를 만족시키는 기쁨에 겨워 그 뒤에 오는 불편함은 전혀 예상하지 못하는 것이 우리의 신체이다.

그렇다면 이 상황을 마주했을 때 어떻게 해야 할까? 그것을 알려주는 것이 태괘의 구사효이다. "기쁨을 계산하느라 편안하지 못한 것이니, 구오의 군주에 대한 절개를 지키고 병이 되는 자를 미워하면 기쁜 일이 있으리라"(商兌未寧상태미녕, 介疾有喜개질유희). 아래에서는 사악한 무리가 따르고 위로는 중정의 덕을 갖춘 군주를 받드는 양강한 신하의 모습이 구사효이다. 그는 사악한 무리와 중정한 군주, 이 둘 사이의 경계에서 판단할 수 있는 자이다. 그는 경계에 서서 이쪽, 저쪽 모두를 보고 있다. 따라서 이때 필요한 것이 절도라고 구사효는 말한다. 절도를 지키는 것을 '개'(介)라고 한다. 구사효는 돌을 씹는 것 같을지라도 '개'(介)로써 사악함을 끊어 내야지만 어디에도 얽매이지 않는 편안하고 조화로운 기쁨이 올 것이라고 말해 준다. 그러나 이렇게 힘들게 찾아온 기쁨의 감정이지만 구사효의 기쁨은 개인만의 기쁨이 아니다. 이 기쁨은 다른 사람들에게 두루 미치는 기쁨임을 구사효에서는 강조한다.

두어 달 넘게 정치 뉴스에 매달려 분노와 무력감에 젖어 있었던 일상을 다시 돌아보게 된다. 이 글을 쓰며 정리해 보니, 내가 가장 견디기 힘들었던 부분은 이 사건이 내가 원하는 방향으로 빨리 해결되어야 하는데 그렇게 이루어지지 않아서 찾아온 분노와 무력감이었던 것 같다. 그리고 선동가들의 부도덕하고 비논리적인 외침과 그것에서 오는 부정적 감정의 피로함에서 속히 벗어나 편안해지고 싶었던 것이 사실이다. 아마도 지금까지 나는 이런 식으로 불의의 정치적 사건을 내 삶에서 배제시켰을 것이다.

　사실 불의를 보면 분노하고, 부조리한 것을 알지만 맞서기에는 너무나 거대한 권력을 마주했을 때 무력감을 느끼는 것은 당연한 감정이다. 그런데 불의와 부조리한 거대 권력은 인간의 삶과 항상 공존한다. 그렇다고 이 감정을 덮어 버릴 것인가? 그렇기에 오히려 이 감정을 들여다보는 것이 중요하지 않을까? 그리하여 분노와 무력감을 일으킨 대상의 사악함을 인식하고, 끝까지 저항하여 그것을 끊어 내는 힘의 발현까지 가야 하지 않을까? 그 뒤에 오는 기쁨이 진정 편안한 기쁨임을 중택 태의 구사효는 말하고 있기 때문이다. 불의에 맞서 끝까지 저항했던 혁명가들의 삶에서 지극한 기쁨이 느껴지는 것을 보면 이 진리는 분명하다. 그래서 이제부터 나는 지리멸렬하게 진행될 수도 있고, 모든 추한 것이 다 드러날 수도 있는 이 사건을 피하지 않고 두 눈을 똑바로 뜨고 지켜보기로 했다.

풍수 환,

흩어짐은 새로운 생성으로
나아가는 길

신혜정
———

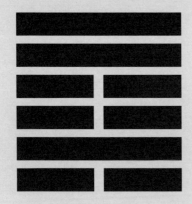

風水渙
풍수환

渙, 亨. 王假有廟, 利涉大川, 利貞. 환, 형. 왕격유묘, 리섭대천, 리정.

환괘는 형통하다. 왕이 종묘를 두는 데 지극하면 큰 강을 건너는 것이 이로우니

올바름을 굳게 지키는 것이 이롭다.

初六, 用拯馬壯, 吉. 초육, 용증마장, 길.

초육효, 구제하려고 하되 말이 건장하니 길하다.

九二, 渙, 奔其机, 悔亡. 구이, 환, 분기궤, 회망.

구이효, 민심이 흩어지는 때에 기댈 곳으로 달려가면 후회가 없어지리라.

六三, 渙, 其躬, 无悔. 육삼, 환, 기궁, 무회.

육삼효, 민심이 흩어질 때에 그 자신만 후회가 없으리라.

六四, 渙, 其羣, 元吉. 渙, 有丘, 匪夷所思. 육사, 환, 기군, 원길. 환, 유구, 비

이소사.

육사효, 민심이 흩어지는 때에 무리를 이루는 자라서 크게 길하다. 민심이 흩어질

때 사람이 언덕처럼 모이는 것은 평범한 사람이 생각할 수 있는 것이 아니다.

九五, 渙, 汗其大號, 渙, 王居, 无咎. 구오, 환, 한기대호, 환, 왕거, 무구.

구오효, 민심이 흩어질 때에 크게 호령하기를 몸이 땀에 젖어 들듯이 하면, 민심

이 흩어짐에 왕이 왕답게 처신하니 허물이 없으리라.

上九, 渙, 其血去, 逖出, 无咎. 상구, 환, 기혈거, 적출, 무구.

상구효, 민심이 흩어질 때에 그 피를 제거하고 두려움에서 벗어나면 허물이 없으

리라.

요즘 나의 가장 큰 관심사는 '해체와 생성'을 통한 자기 변형의 문제

이다. 이것은 순서가 있는 게 아니라 동시에 일어난다는 생각이 든

다. 완고하게 붙들고 있던 것들을 무너뜨리고 흩어 버리는 순간 지금까지와는 다른 길이 열리기 때문이다. 『주역』의 환(渙)괘는 바로 이런 '흩어짐과 모음'에 관한 이야기를 담고 있다. 자기 지반을 해체하고 다시 모은다는 것은 결국 이제까지와는 다른 방향으로 몸을 트는 것이다. 환괘의 괘사와 각 효들은 이때 무엇을 경계하며 나아가야 하는지를 자세히 설명하고 있다. 먼저, 괘사에서는 '흩어짐'은 형통하니(渙환, 亨형) '종묘를 두는 것이 이롭다'(王假有廟왕격유묘)라고 말한다. 종묘를 둔다는 건 어떤 의미이고, 왜 이롭다고 하는 걸까?

예전부터 왕은 국난이 생기면 종묘에서 제사를 지냈다. 이는 자신을 낮추어 하늘의 뜻을 구하고, 백성의 마음을 하나로 모으기 위한 행위다. 「단전」에서 '종묘를 두는 것은 마음이 중에 있는 것'(王假有廟왕격유묘, 王乃在中也왕내재중지)이라 했는데, 정이천은 이를 중(中)은 "마음이 중도를 이룬 모습, '심지상(心之象)'"(정이천, 『주역』, 1150쪽 참조)이라고 풀고 있다. 그렇다면 '심지상'이란 결국 내 마음이 어느 방향으로 치우쳐 있는지를 살피는 것이 아닐까? 흩어질 때 반드시 어떤 방향으로 다시 모을까에 대한 비전을 세워야 형통할 수 있다는 뜻이리라.

이것을 환괘의 괘상으로 다시 살펴보면, 물을 상징하는 감(坎)괘 위에 바람을 상징하는 손(巽)괘가 함께 있는 모습으로 바람이 물 위에서 부니, 물이 흩어지며 퍼져 나가는 형상이다. 옛 성인은 이것을 보고 흩어 버리고 다시 모을 때 어떻게 할 것인가를 고민했다고 한다. 그래서 흩어짐에는 언제나 다시 모은다는 뜻이 들어 있다. 환괘가 흩어짐의 괘인데도 주야장천 모을 때의 태도를 이야기하는 데는 그럴 만한 이유가 있었던 거다. 내가 어떤 방향으로 어떠한 비전을 가지고 흩어 버리고 모을 것인가가 가장 중요하기 때문이다. 해서, 이번에 환괘의 초육효를 공부하며 '해체와 생성'을 실천하는 방법과 맨 처음 염두에 두어야 할 것이 뭔지 살펴보고자 한다.

올해 '금성'(감이당 금요대중지성)을 시작하기 전 갈등이 심했다. 지금까지 공부했던 방식으로는 한 걸음도 나갈 수 없다는 걸 깨달았기 때문이다. 공부할수록 무거워지고 견고해지는 자신을 확인하면서 이대로는 안 된다는 생각이 들었다. '그럼 어쩌지? 공부를 그만둬야 하나?'라고 자신에게 수없이 질문했다. 그런데 문제는 그러고 싶지 않다는 것이었다. '그렇다면 달라져야 한다'라고 절실하게 매달리는 순간, 당시에 읽고 있던 『원각경』의 보살행이 다르게 다가왔다. '자리이타'. '나를 닦아서 남과 나누는 공부'. 갑자기 정신이 번쩍 들었다. 그리고 '왜 나는 이제껏 나를 지키고 강화하는 쪽으로만 공부했던 걸까', '이제는 쌓아서 축적하고 증식하는 공부가 아닌 나누는 공부를 하고 싶다'라는 생각이 들었다. 이렇게 마음의 방향을 바꾸는 순간 다른 길이 보였다. 〈문이정〉이라는 공부 공동체를 시작하게 된 것도 이런 마음의 작용이다.

기존의 나를 무너뜨리고 새로운 길을 열어 갈 때 혼자 힘으로는 쉽지가 않다. 도반들과 함께하는 것이 무엇보다 중요하다. 나라는 존재는 수많은 인연 조건 속에서 만들어지기도 하고 해체되기도 한다. 그러니 관계 속에서만 나를 변형시켜 나갈 수가 있기 때문이다. 환괘의 첫번째 단계인 초육효에서 빠르고 건장한 말(用拯馬壯 용증마장)에 의지한다는 것도 같은 맥락이다. 여기서 말(馬)은 유약한 초육효를 돕는 존재인 구이효를 가리킨다. 모든 걸 흩어 버리고 다시 시작하는 시기에 중정(中正)하지 못한 초육효는 힘들기만 하다. 구이효는 이런 초육효를 어려움에서 빠져나올 수 있게 해주는 자이다. 특히 초육효와 구이효는 서로 '응'(應)하는 관계가 아니다. '비'(比)의 관계, 지근거리에 있는 존재들이 힘을 합쳐 나가는 상황이다. 가장 가까운 거리에 있는 자들과의 협력인 것이다.

이 부분을 달리 해석해 보면 건장하고 빠른 말이란 내 문제에 적극적으로 개입해서 나를 밀고 당겨 주는 자들, 곁에서 나를 지켜 봤던 스승과 도반 같은 존재라고 볼 수 있겠다. 〈감이당〉에서 처음 공부를 시작할 때, '지금처럼 살지 않겠다. 변하고 싶다'라는 마음이 컸다. 그런데 어느 순간 예전과 똑같은 욕망으로 공부하고 있는 나를 발견했다. 고미숙 선생님과 도반들이 늘 이야기했던 "너는 왜 공부를 하느냐? 네 삶의 비전은 뭐냐?", "왜 그렇게 변하지 않느냐?"라는 지적이 새삼 크게 다가왔고, 이제 공부의 방향을 바꿔야 한다고 생각하는 순간 나와 뜻이 같은 도반의 제안으로 공동체를 시작하게 되었다. 지금 생각해 보면 스승과 도반들은 정말 나를 적나라하게 비춰 주는 거울이었고, 나를 다른 방향으로 이끌고 에너지를 주는 건장한 말(馬)이었다.

'흩어져야 능히 모일 수 있다.' 이것은 자연의 이치이고 원리이다. 흩어짐이 있어야 새로움을 생성하는 길로 나아갈 수가 있기 때문이다. 환괘에서는 그것이 결코 쉬운 일이 아니고, 아무나 할 수 있는 것도 아니라고 말한다(匪夷所思비이소사). 하지만 내가 마음의 방향을 그곳에 두고 있다는 게 중요하다. 마음의 방향을 전환하는 순간 새로운 장이 펼쳐지는 경험을 했기 때문이다. 그리고 무엇보다 든든한 건 도반들과 함께 가고 있다는 점이다. 새로움을 생성하며 나아가는 길에 완성이란 없다. 흩어졌다 모았다를 반복하는 삶은 늘 진행형일 뿐이다.

수택 절,

다이어트는
감미롭게

김주란
———

水澤 節 _{수택 절}

節, 亨, 苦節, 不可貞. 절, 형, 고절, 불가정.

절괘는 형통하니, 억지로 제어하는 것은 올바름을 굳게 지킬 수 없다.

初九, 不出戶庭, 无咎. 초구, 불출호정, 무구.

초구효, 문 바깥 정원에 나가지 않으면 허물이 없으리라.

九二, 不出門庭, 凶. 구이, 불출문정, 흉.

구이효, 집 안에 있는 정원에 나가지 않으니 흉하다.

六三, 不節若, 則嗟若, 无咎. 육삼, 부절약, 즉차약, 무구.

육삼효, 자신을 절도에 맞게 제어하지 않으면 탄식하게 될 것이니 탓할 곳이 없다.

六四, 安節, 亨. 육사, 안절, 형.

육사효, 절제함에 편안하니 형통하다.

九五, 甘節, 吉, 往有尙. 구오, 감절, 길, 왕유상.

구오효, 아름다운(감미로운) 절제라서 길하니 그대로 나아가면 가상함이 있다.

上六, 苦節, 貞凶, 悔亡. 상육, 고절, 정흉, 회망.

상육효, 억지로 절제하는 것이니 고집하면 흉하고, 고치면 후회가 없어진다.

중년이 되니 나잇살이라는 게 뭔지 실감난다. 예전보다 많이 먹은 것도 아니건만 저도 모르게 살이 붙다니, 얼마나 억울한지! 하지만 다시 생각하니 많이 먹긴 먹었다. 밥보다 나이. 때에 따라 모든 게 변화하는데, 내 몸이라고 예전 같을 수가 있으랴. 그래, 지금 나는 인생의 가을을 맞이하고 있다. 그러면 가을답게 살아야 할 터이다. 나무도 가을이 되면 잎을 떨군다. 남길 걸 남기고 버릴 걸 버리지 않으면 겨울에 다 얼어 죽기 때문이다. 그러니 나도 얼어 죽지 않으려면 겨울을 맞기 전에 이 군살들을 덜어 내야겠지….

이렇게 다이어트를 결심한 내 눈에 『주역』 64괘 중 딱 맞춤한 괘가 눈에 들어왔으니, 그것은 다름 아닌 절(節)괘다. 절괘는 절제와 절도에 대한 괘이다. 다이어트에는 절도 있는 절제가 필수 아닌가. 내심 절괘를 공부하면 모든 달콤한 것들의 유혹을 물리칠 칼 같은 절제력을 얻을 수 있으리라는 기대 속에서 『주역』을 폈다. 그러나 나는 다음 순간 어리벙벙해지고 말았다. 절괘의 하이라이트 오효가 제시하는 절제의 비전은 다름 아닌 "감미로운 절제", 즉 "감절"(甘節)이었기 때문이다. 절제의 맛이 쓴맛이 아니라 단맛이라니, 이게 무슨 소리란 말인가?

우선 절괘의 괘상을 살펴보자. 절괘는 수택 절(水澤 節)이다. 물(水)이 가득한 연못(澤)이니 평화롭고 아름다운 풍경이 아닌가. 이 또한 절제에 대한 우리의 통념을 배신하는 그림이 아닐 수 없다. 미심쩍은 마음으로 괘사를 읽어 봤다. "절괘는 형통하다"(節절, 亨형). 허허, 절이 형통하다고? 절(節)은 원래 마디라는 뜻이다. 손에도 마디가 있고, 나무에도 마디가 있다. 알다시피 마디에 이르면 쭉쭉 잘 나가던 것들도 기세를 잃고 꺾인다. 마디란 그 꺾이고 저지된 힘들이 맴돌던 흔적이다. 그래서 마디란 마디는 모두 울퉁불퉁 불거진 모양을 하고 있지 않은가. 절제, 절도라는 추상적 의미도 여기서 파생되었을 것이다. 나무의 성장세가 마디라는 문턱에서 꺾이듯, 절제란 맹목적으로 질주하는 습관의 힘에 제동을 건다. 그러려면 그에 상응하는 반대 벡터의 힘을 쓸 수 있어야 한다. 그래서 절제력이란 강력하고 강제적인 힘을 스스로에게 부과하는 의지이며 그 힘을 견뎌 내는 인내라고만 여겨 왔던 것이다. 그런데 이제 보니, 『주역』에서는 그간 전혀 생각해 보지 못했던 새로운 절제를 이야기하고 있다. 그것은 감미롭고 평화롭고 형통하다. 왜 『주역』은 이런 절제를 주장하는 것일까?

그런데 여기서 고백할 것이 있다. 『주역』이 제시하는 '감미로운 절제'에 대한 나의 첫 반응은 당혹감이었지만, 사실 그 당혹감은 재빠르게 안도감으로 전환되었다. 아마도 나는 다이어트를 하기도 전에 이미 나를 불신하고 있었던 것 같다. 굳은 의지와 쓴 인내, 강한 절제력 등이 애시당초 내게 있기나 한 것인지, 아니 잠깐은 반짝 '노오력'한다 쳐도 언제까지 지속가능할지 자신이 없었다. 잠깐 브레이크를 거는 정도로는 습관을 멈출 수 없다는 건 누구나 알고 있다. 유지될 수 없는 일시적 다이어트는 결국 요요현상을 부를 뿐이다. 그러니 내게 필요한 것은 지속가능한 방식의 다이어트이다. 알고 보니 다이어트라는 말 자체도 흔히들 생각하는 살 빼기나 절식이 아니라 '생활방식'이라는 뜻의 그리스어 '디아이타'(diaita)에서 유래했다고 한다. 그렇다면 다이어트를 한다는 말은 흐트러진 생활을 돌아보고 조화로운 삶의 리듬을 재정립하는 일이라고도 말할 수 있다. 옳거니, 이런 다이어트를 위해서라면 『주역』에서 제안하는 '감절'을 연구할 필요가 있겠다.

수택 절에 대한 해석을 내처 읽어 가니, 연못의 고요한 아름다움이 어떻게 이루어진 것인지에 대한 설명이 있다. 연못은 한없이 물을 받아들이는 법이 없다. 수용할 수 있는 만큼만 받아들이고, 넘치는 것은 아낌없이 흘려보낸다. 은물결 반짝이는 잔잔한 수면을 보며 선인들이 깨우친 절제의 미덕이란 이렇게 자연스럽고 평화로우며 동시에 쉼이 없는 것이지, 뼈를 깎고 허벅지를 찌르는 고통스러운 인내가 아니다. 이어지는 다음 괘사를 보면 이 점이 명백하게 밝혀져 있다. "억지로 제어하는 것은 올바름을 굳게 지킬 수 없다"(苦節고절, 不可貞불가정). '고절'이란 절제하기 위해 쓰고 고통스러운 느낌을 견디는 것이다. 올바르다고 번역된 '정'(貞)이라는 글자는 바르다는 의미와 함께 오래도록 변함이 없다는 뜻을 함축하고 있는 글자다. 다시 말해, 억지로 괴로움을 견디는 방식의 절제는 오래갈 수 없으니 이건 바른 절제가 아니라는 뜻이 된다.

그렇기에 고절이 아니라 감절, 감미로운 절제여야 한다. "아름다운(감미로운) 절제라서 길하니 그대로 나아가면 가상함이 있다"(甘節감절, 吉길, 往有尙왕유상). 절괘 오효의 효사다. 쓴맛이 아니고, 단맛의 절제라고 해서 그저 쉽게 그 경지에 오를 리는 만무하다. 오효는 지존의 자리이니 절제의 마스터가 되려면 초효의 단계부터 차근차근 수련을 해야 한다. 이 과정을 생활방식을 재정립하려는 다이어터에게도 바로 적용해 보면 매우 흥미롭다. 우선 초효를 보자. 초보 다이어터에게 외식은 과식을 부르는 지름길이다. 그런 유혹을 피하기 위해 당분간 모임을 자제하듯, 절괘 초효는 문밖 출입을 삼간다(初九초구, 不出戶庭불출호정, 无咎무구). 부산스런 출입을 삼가고 고요히 자신과 대면하는 시간을 가질 때 비로소 자신의 용량이 어느 정도인지에 대한 감각이 생긴다. 그다음엔 이제 새로운 패턴을 형성해야 한다. 이 단계의 다이어터에겐 산책이든 달리기든 적절한 운동이 필수다. 절괘 구이효도 문안에 틀어박혀 있으면 흉하다고 경계한다(九二구이, 不出門庭불출문정, 凶흉). 나가지 말랬다가 나가랬다가, 말만 놓고 보면 이랬다저랬다 하는 것 같지만 그게 아니다. 앞에서 보았듯 고일 때는 고이고, 넘칠 때는 넘치는 것이 절괘의 도다. 이를 두고 정이천은 이렇게 풀었다. "때가 통하면 행하고, 막히면 멈춰야 하니, 의리상 마땅히 나가야만 하면 나가야 하는 것이다"(정이천, 『주역』, 1170쪽).

그러다 보면 도중에 폭식을 하거나, 운동을 못하는 일이 생길 것이 분명하다. 이때 이것을 실패라 규정하고 좌절하거나 포기하기 쉽다. 『주역』은 이런 우리의 습성을 너무나 잘 알고 있다. 하여 "육삼효, 자신을 절도에 맞게 제어하지 않으면 탄식하게 될 것이니 탓할 곳이 없다"(六三육삼, 不節若부절약, 則嗟若즉차약, 无咎무구)라고 짚어 두고 있다. 후회란 잘못을 고쳐 그 잘못이 허물이 되지 않도록 하는 것이지, 자괴감에 빠져 자포자기로 가는 전단계가 아닌 것이다. 이러니 『주역』의 통찰은 참으로 넓고도 세밀하다고 감탄할밖에! 이 단계를 지나면 절제가 편안해지게 되고(安節안절), 편안한 절제가 가능해지면 드디어 '감미로운 절제'의 경지에 이르게 된다.

나의 다이어트는 지금 어디쯤 와 있을까? 아마도 이효와 삼효를 오르락내리락하고 있는 중이지 싶다. 그래서 겉으로 보기에는 다이어트를 마음먹기 전과 그다지 달라지지도 않았다. 하지만 달라진 게 있다. 자신을 강제하여 빠른 성과를 얻겠다는 욕심 대신 내 신체의 용량에 넘치는가 넘치지 않는가를, 찰랑찰랑한 그 수위를 지켜보는 감각이 생겼다. '감절'의 경지는 아직 멀었지만 이 감각만큼은 지금도 충분히 감미롭다.

풍택 중부,

누군가에게 자신의 마음을
전하는 법

안상헌

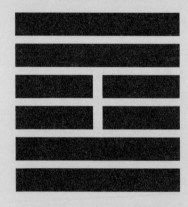

風澤 中孚
풍택 중부

中孚, 豚魚, 吉, 利涉大川, 利貞. 중부, 돈어, 길, 리섭대천, 리정.

중부괘는 진실한 믿음이 돼지와 물고기에게까지 미치면 길하니, 큰 강을 건너는 것이 이롭고 올바름을 굳게 지키는 것이 이롭다.

初九, 虞, 吉, 有他, 不燕. 초구, 우, 길, 유타, 불연.

초구효, 믿을 상대를 깊이 헤아리면 길하니, 다른 사람을 두어 믿지 못할 상대를 만나면 편안치 못하리라.

九二, 鳴鶴在陰, 其子和之, 我有好爵, 吾與爾靡之. 구이, 명학재음, 기자화지, 아유호작, 오여이미지.

구이효, 그늘 속 학이 울고 있으니 그 새끼가 화답한다. 내게 좋은 술이 있으니 그대와 함께 나누고 싶다.

六三, 得敵, 或鼓, 或罷, 或泣, 或歌. 육삼, 득적, 혹고, 혹파, 혹읍, 혹가.

육삼효, 상대를 얻어서 어떤 때는 북을 치고, 어떤 때는 그만두며, 어떤 때는 울고, 어떤 때는 노래한다.

六四, 月幾望, 馬匹亡, 无咎. 육사, 월기망, 마필망, 무구.

육사효, 달이 거의 가득 차오르니, 말이 짝을 잃으면 허물이 없다.

九五, 有孚攣如, 无咎. 구오, 유부련여, 무구.

구오효, 진실한 믿음으로 천하의 민심을 묶어 두듯이 하면 허물이 없다.

上九, 翰音登于天, 貞凶. 상구, 한음등우천, 정흉.

상구효, 새 날갯짓 소리가 하늘로 올라가니 고집하면 흉하다.

우리는 세상을 살아가면서 나와 관계된 많은 사람들에게 자신의 마음을 전해야 할 때가 많다. 각종 기념일, 한 해의 시작과 마무리 등등의 시점에 우리는 다양한 아이디어로 누군가에게 자신의 마음을 전한다. 가족을 비롯하여 학교와 직장 등등에서 이런저런 인연이 있었던 사람들과 '건강', '행복', '성공' 등의 메시지를 담은 인사를 주고받는다. 누구는 '문자'로, 누구는 '카톡'으로, 누구는 '그림과 음악이 있는 카드'로, 누구는 '약간의 선물'을 곁들여서 인사가 오고간다. 언제부터인가 나는 이런 인사를 대부분 그냥 지나치거나, 상대가 나를 위해 특별히 돈을 썼다고 생각되는 경우 미안해서 답장을 보내는 정도이다. 나뿐만 아니라, 다른 사람들도 그리 특별한 것 같지는 않다. 사람에 따라서 많은 애를 쓰지만, 보내는 사람도 받는 사람도 서로 마음이 잘 전달되지 않음을 쉽게 알 수 있다. 또 다른 경우에는 누군가에게 진심 어린 기도나 축원을 하기도 한다. 흔히 부모들이 자식들에게 전하는 마음이 이런 경우이다. 이는 앞의 경우와는 달리 자신의 마음을 전하기 위해 어떤 유형적인 무엇인가에 머물지 않고, 진심을 다해 자신의 마음을 전하고자 하지만 이 또한 마음이 잘 전달되지 않는다. 경우에 따라서는 더 큰 오해와 실망, 그리고 섭섭함이 남는다.

내 마음을 잘 전하는 방법이 없을까? 있다! 『주역』에서는 지금의 우리와는 다른 방식으로 서로에게 마음을 전한다. 이런저런 수단을 동원해도 마음이 잘 전달되지 않는 지금의 우리와는 달리, 『주역』에서는 멀리 보이지 않는 곳에서도 서로의 마음을 아름답게 잘 전한다. 예나 지금이나 우리는 때가 되면 누군가가 그리워지고, 보고 싶어진다. 그리고 이들에게 나의 이런 마음을 전하고 싶다. 마치 어미 학이 새끼 학을 그리워하듯이! 『주역』에서도 가장 아름다운 문장 중 하나로 꼽히는 풍택 중부(風澤 中孚) 구이효에서 우리는 그립고 보고 싶은 누군가에게 자신의 마음을 전하는 방법을 잘 배울 수 있다. "그늘 속 학이 울고 있으니 그 새끼가 화답한다. 내게 좋은 술이 있으니 그대와 함께 나누고 싶다"(鳴鶴在陰명학재음, 其子和之기자화지. 我有好爵아유호작, 吾與爾靡之오여이미지). 일반적으로 학이 멀리 그늘지고 외딴 곳에서 울고 있으면 그 소리는 들리지 않는다. 당연히 그 마음을 알기 어렵다. 하지만 중부괘 구이효에서는 멀리 그늘지고 외딴 곳에서 어미 학이 우는 소리를 새끼 학이 듣고 화답한다. 어떻게 이것이 가능할까?

중부괘는 '진실한 믿음'을 상징하는 괘이다. 괘의 모습은 바람을 상징하는 손(巽)괘가 위에 있고 연못을 상징하는 태(兌)괘가 아래에 있어서 연못 위에 바람이 부는 상이다. 바람이 연못 위에 불어서 물속에서 감동하게 되는 것이 중부괘의 모습이다. 중부괘는 내괘와 외괘의 중심(이효와 오효)이 모두 꽉 차 있는 양효이지만 전체적인 괘의 모습에서는 가운데 두 효(삼효와 사효)가 음효로서 텅 비어 있는 상(象)이다. 전체 괘에서 삼효와 사효가 텅 비어 있는 것이 '믿음의 근본'을 상징하고, 내괘와 외괘의 가운데가 꽉 차 있는 것(이효와 오효가 양인 것을 말함)이 '믿음의 바탕'을 상징한다(정이천, 『주역』, 1179~1180쪽). 중부괘는 '믿음의 근본과 바탕'을 모두 포함하고 있기에 구이효를 해설한 「상전」에서 "'그 새끼가 화답하는 것'은 마음속 깊은 곳에서 원하기 때문이다"라고 설명하고 있다.

정이천은 '텅 비어 있음'은 '믿음의 근본'이고, '꽉 차 있음'은 '믿음의 바탕'이라고 해석하고 있다. 우선 '믿음의 근본'은 '비어 있음'이기에 그 관계가 뭔가를 주고받아야만 하는 '교환관계'가 아니다. 서로가 마음을 주고받는 과정에 무엇이 끼어 있으면 그 마음을 온전히 전하기 어렵다. 아마도 '텅 비어 있음'이란 서로 간에 '사심 없는 마음'을 말할 것이다. 또한 '믿음의 바탕'은 내괘의 가운데 이효가 양으로 꽉 차 있고, 외괘의 가운데 오효가 양으로 꽉 차 있음을 의미한다. 이는 각자의 삶이 서로 독립적이면서도 창조적인 힘을 발휘하는 '활기찬 삶'으로 이해할 수 있겠다. 이를 통해 우리는 누군가에게 내 마음을 온전하게 전하려면 무엇보다 내 일상에 활기가 있어야 함을 배울 수 있다. 이렇게 『주역』에서는 '서로 간의 사심 없는 마음'과 '각자의 독립적이고 활기찬 삶'이 있어야 서로의 마음이 온전히 전달되어 서로가 감응할 수 있다고 말한다.

뿐만 아니라, 「계사전」에서는 "군자가 집에 머물러 있더라도 그 말이 좋으면 천리 밖에서도 감응하니 하물며 가까이 있는 사람이야 말할 것이 있겠는가! 집에 머물더라도 그 말이 좋지 않으면 천리 밖에서도 거스르니 하물며 가까이 있는 사람이야 말할 것이 있겠는가! 군자의 말은 자신의 몸에서 나오지만 백성에게 퍼져 나가고, 행동은 가까운 데서 하지만 먼 곳에까지 영향을 미친다"(김용옥, 『주역 계사전 강의록』, 미출간, 79쪽)고 했다. 공자님은 군자의 몸에서 나오는 좋은 말과 행동이 미치는 영향력은 거리가 문제가 되지 않는다고 말한다. 우리는 누군가에게 자신의 마음을 전하려 할 때, 가능하면 그 사람에게 가까이 가서 그 사람이 좋아하는 무엇인가를 주면서 그 사람의 마음을 얻고자 한다. 하지만 공자님은 우리가 누군가에게 마음을 전해 그것이 감동을 주는 데는 거리의 가까움과 좋은 선물이 아니라 그 말의 좋음과 좋지 않음에 있다고 말하고 있다. 중부괘의 괘상에서 보았듯이 '사심 없는 마음'과 '각자의 활기찬 일상'에서 우러나오는 말과 행동이라면 그 말과 행동은 먼 곳에까지 전해져 감응할 수 있다는 말이다. 반면 그 말과 행동이 꼭 무엇인가를 주고받아야 하는 것이거나, 활기 없는 일상에서 나온 말과 행동이라면 이는 모두에게 거슬리는 말이 된다. 하여, 우리는 이제 누군가에게 마음을 전하고 싶다면 영혼 없는 '건강 축원'과 '행복 타령'을 그만두자. 대신 내가 지금 '활기찬 삶'을 살고 있는가를 먼저 돌아보자. 또 이런 내 마음이 멀리 있는 사람에게 전해질 수 있을까를 걱정하지 말자. 오늘 내가 전하고 싶은 말과 행동이 '나의 활기찬 일상의 삶'에서 나온 것이라면, 멀리 있는 사람들도 가까이 있는 사람들도 그 마음을 감사히 받고 화답할 것이다.

뇌산 소과,

내려올 줄 아는 새는
추락하지 않는다

이한주

雷山小過 _{뇌산 소과}

小過, 亨, 利貞. 可小事, 不可大事. 飛鳥遺之音, 不宜上, 宜下, 大吉. 소과, 형, 리정. 가소사, 불가대사. 비조유지음, 불의상, 의하, 대길.

소과괘는 형통하니 올바름을 굳게 지키는 것이 이롭다. 작은 일은 할 수 있지만 큰 일은 할 수 없다. 날아가는 새가 소리를 남기는 것이니 위로 올라가면 마땅치 않고 아래로 향하면 마땅하니 크게 길하다.

初六, 飛鳥, 以凶. 초육, 비조, 이흉.

초육효, 날아가는 새이니 흉하다.

六二, 過其祖, 遇其妣, 不及其君, 遇其臣, 无咎. 육이, 과기조, 우기비, 불급기군, 우기신, 무구.

육이효, 할아버지를 지나치고 할머니를 만나는 것이니, 군주의 권위에 도전하지 않고 신하의 도리에 합당하다면 허물이 없으리라.

九三, 弗過防之, 從或戕之, 凶. 구삼, 불과방지, 종혹장지, 흉.

구삼효, 지나칠 정도로 방비하지 않으면 이어서 해칠 수 있으므로 흉하다.

九四, 无咎, 弗過遇之. 往厲必戒, 勿用永貞. 구사, 무구, 불과우지. 왕려필계, 물용영정.

구사효, 허물이 없으니 과도하지 않아 적당한 것이다. 그대로 나아가면 위태로우니 반드시 경계해야 하며, 오래도록 고집하지 말아야 한다.

六五, 密雲不雨, 自我西郊, 公, 弋取彼在穴. 육오, 밀운불우, 자아서교, 공, 익취피재혈.

육오효, 구름이 빽빽하지만 비가 내리지 않는 것은 내가 서쪽 교외로부터 왔기 때문이니, 육오의 군주가 저 구멍에 있는 육이를 쏘아서 잡는다.

上六, 弗遇過之, 飛鳥離之, 凶, 是謂災眚. 상육, 불우과지, 비조리지, 흉, 시위재생.

상육효, 적합하지 않아 과도하니, 날아가는 새가 빨리 떠나가는 것이라 흉하다.
이것을 일러 하늘이 내린 재앙(災)과 인간이 자초한 화(眚)라고 한다.

"열심히 살지 말라!" 처음 『동의보감』 공부를 시작했을 때 가장 놀랍게 다가왔던 말이었다. 이 말이 충격적이었던 이유는, 한때 나는 무엇이든 열심히 하는 것이 삶의 미덕인 줄 알고 있었기 때문이었다. 나는 되도록 열심히 살려고 애썼다. 열심히 하지 않으면 은근히 죄책감이 일어났다. 열심히 하지 않는 것은 게으른 것이고, 게으른 것은 죄라는 생각이 들었다. 그런데 그 열심히 사는 것의 기준에 문제가 있었다. 아주 주관적이라는 점이었다. 예를 들면 이런 식이다. 남편을 종용해서 학군이 좋은 도심에 집을 마련하고 아이들의 교육에 최선을 다하는 것이 나의 기준에는 열심히 사는 것이었다. 나의 이 확고한 신념 때문에 남편은 열심히 돈을 벌어야 했고, 아이들은 열심히 공부해야 했다. 모두 이렇게 열심히 살고 있는데도 나의 마음 한 구석은 늘 우울하고 채워지지 않는 느낌이었다. 그 점이 참 이상했다. 그런데 뒤이어 더 큰 문제가 발생했는데 가족들도 모두 우울하고 피로해 보이기 시작한 것이었다. 가족 모두가 환자처럼 느껴졌다. 그러고 보니 우울과 피로 속에서도 우리 가족은 항상 열심히 다투고 있었다.

　'열심'(熱心)이라는 한자어를 우리의 몸에 적용해 해석해 보니 이 현상이 어디에서 왔는지 알 것 같았다. '열심히!'는 어떤 일에 온 정성을 다하여 골똘히 힘씀, 즉, 무슨 일이든 심장이 뜨거워질 정도로 힘쓴다는 뜻이다. 이 의미는 양생의 측면에서 두 가지 함정을 품고 있다.

첫째, 심장을 나타내는 괘는 리(離)괘(☲)이다. 리괘는 양이 음을 싸고 있는 모습이다. 겉은 불이지만 안은 물이다. 이러한 성질 때문에 불 조절이 가능한 것이다. 그런데 심장이 계속 뜨거운 상태에 있으면 어떻게 될까? 안에 있는 음이 모두 말라 버려 불이 망동하게 된다. 음허화동의 상태이다. 즉 무엇이든 열심히 하는 것은 음허화동의 지름길이다. 둘째, 심장이 뜨거워질 정도로 일을 한다는 것은 상도(常道)에서 벗어나 무엇이든 넘치게 한다는 뜻이다. 『동의보감』에서는 넘치는 것을 태과라고 한다. 넘치는 것은 모자람만 못하다. 있는 것을 덜어 내는 것이 모자람을 채우는 것보다 어렵기 때문이다. 살을 찌우는 것보다 빼는 것이 훨씬 어려운 이치와 같다.

"열심히!"는 조절이 불가능한 상태에서 무엇이든 너무 넘치게 하고자 하는 나의 과욕이었던 것이다. 그런데 어떻게 이 과욕이 일상의 미덕으로 들어와 있었던 것일까? 나는 많으면 많을수록, 가지면 가질수록 삶이 풍요로워진다는 다다익선의 자본주의적 도덕관이 최선인 줄 알고 있었던 것이다. 음허화동과 태과의 함정이 일상에 늘 도사리고 있는 것도 모르고…. 그러다 보니 나뿐만이 아니라 가족들까지 그 함정으로 몰아넣고 있었다. 그 안에서 우리 가족은 계속 지쳐 가고 있었다. 이러한 일상의 과도함에 대한 이야기가 뇌산 소과(雷山 小過)이다.

소과는 일상에서 일어나는 작은 일의 과도함을 뜻한다. 풍택중부 다음에 오는 괘이다. 소과괘는 높은 산 위에서 우레가 치는 모습을 지니고 있다. 이로써 평상시보다 과도해지는 상황을 보여 준다. 중부괘 다음에 소과괘가 오는 이유는 신념이 확고해지면 자신도 모르게 일상을 과도하게, 즉 넘치게 행하며 살 수 있기 때문이라고 한다. 상도(常道)의 측면에서 과도, 또는 과욕은 어떤 경우에도 올바른 행동으로 보기 힘들다. 그런데 희한하게도 소과의 괘사에서는 가끔 어떤 일의 경우에는 과도하게 행하는 것이 형통할 수 있다고 한다. 군자라면 과도함으로 행해도 되는 마땅한 때가 있다는 것이다(小過소과, 亨형, 利貞리정). 「상전」에서 밝히는 구체적 예를 보면, "공손함을 과도하게 하고, 상례를 치르는 데 슬픔을 과도하게 하고, 재물을 쓰는 데 검소함을 과도하게 한다". 군자는 이러한 경우를 작은 일의 과도함, 즉 소과의 도로 본다. 이때만은 열심히 힘써 행해도 괜찮다고 한다. 이런 과도함은 멈출 수가 있기 때문이다. 그런데 이외의 경우에 과욕을 부리게 되면 어떻게 될까?

이 경우, "과도해야 할 경우가 아닌데도 과도하게 하는 것은 과도한 과실"(정이천, 『주역』, 1201쪽)로 남게 된다. 가속도가 붙은 과욕의 질주는 멈추기가 어렵다. 그리하여 큰일도 해낼 수 있으리라고 자신의 능력을 과신하게 되고 결국 과도한 과실을 범하게 되어 회복할 수 없는 지경에 이르게 된다. 그래서 그런 마음이 일어나지 않도록 꾸준히 자신을 경계해야 한다.

괘사에서는 이 부분에 대하여 날아가는 새에 빗대어 좀 더 자세히 말해 준다. 괘사에서는 날아가는 새가 소리를 남기고 위로 더 올라가는 것을 상도에서 벗어난 인간의 과도함으로 표현하고 있다. 난다는 것은 새의 기본적인 능력이다. 새는 자신의 능력을 발휘하여 이미 올라가 있는 상태이다. 그 능력은 새의 날개짓 소리로 알 수 있다. 그런데 새의 날개짓 소리를 들을 수 없는 상태를 괘사에서는 나는 새의 과도함이라고 말한다. 새는 자신의 능력이 상도에서 벗어나지 않으려면 땅에서 너무 멀어지면 안 된다. 계속 올라가고 싶은 마음이 마땅한 것이 아니라는 것을 아는 것이 중요하다. 따라서 괘사에서는 새가 날면서 소리를 남기고 아래로 내려오는 것을 마땅하게 여길 줄 안다면 크게 길할 것이라고 한다(飛鳥遺之音비조유지음, 不宜上불의상, 宜下의하, 大吉대길).

그런데 하늘 위에서 날고 있는 새가 된 인간의 마음은 어떠할까? 내려오기 쉽지가 않다. 소과의 시기, 나는 새가 된 사람들에게는 계속 하늘 위로 올라가고 싶은 욕구가 일어난다. 욕심이 일어난 상태에서는 상도를 지키기 어렵다. 그래서인가? 소과의 효사들은 대부분 흉하다. 아무리 노력할지라도 겨우 허물이 없는 정도일 뿐이다. 결국, 소과괘가 말하는 것은 '과욕은 금물'이라는 것이다. 따라서 올라가 있을 때 내려가는 것을 마땅히 여길 줄 아는 사람이라면 크게 길할 것이라고 한다. 그런데 이렇게 경계함에도 불구하고 만약 계속 위로 날아 올라간다면 어떻게 될까?

마지막 효인 상육효는 말한다. "적합하지 않아 과도하니, 날아가는 새가 빨리 떠나가는 것이라 흉하다. 이것을 일러 하늘이 내린 재앙(災)과 인간이 자초한 화(眚)라고 한다"(弗遇過之불우과지, 飛鳥離之비조리지, 凶흉. 是謂災眚시위재생). 하늘 위로 계속 올라가는 새의 과도함이 상도에서 너무 멀리 벗어나 버렸다. 이것은 분명히 재앙이다. 그렇다면 날고 있는 새에게 있어서 재앙은 어떤 상황일까? 그것은 바로 추락이다. 그런데 정이천은 이 상황을 새의 재앙이 아니라 인재(人災)라고 해석한다. 추락은 인간에게만 해당되는 재앙인 것이다. 그러고 보면 추락의 재앙은 새에게는 일어나지 않을 듯하다. 계속 위로만 날아오르는 새가 있을까? 그것은 새의 본성상 반생명적 행위이기 때문이다. 그런데 이러한 새의 본성보다도 인간이 더 무지해질 때가 있다. 탐욕이 일어날 때이다. 승승장구하며 계속 위로 올라가고 싶어 하는 과욕 말이다. 그 끝은 결국 추락뿐인 것을.

열심히 사는 것이 재앙으로 향한다는 논리는 너무 과하다고 말하는 사람들이 있을 수도 있겠다. 그러나 그것을 미덕으로 알고 매 순간 상도(常道)를 무시하고 일상의 매 순간을 남보다 더 열심히, 더 잘 살기 위해서만 노력한다면 어떻게 될까? 열심히, 열심히 사는데 오히려 현실의 지반과는 점점 멀어지는 삶의 모습들. 거기에서 파생되는 탐욕, 부정적 감정들, 망상들, 갈등들…. 그렇기에, 소과괘에서는 과도하게 하고 싶은 마음이 일어날 때는 오히려 과도하게 방지해야 한다고 한다. 반드시 이렇게 해야지만 상도를 지킬 수 있다(상도는 한순간에 무너질 수 있기 때문이다).

오늘 나는 뇌산 소과를 공부하며 날아가는 새의 마음이 되어 본다. 날아가는 새들은 반드시 땅과의 적정 거리를 유지해야 한다. 언제든 내려와 먹이를 잡아먹으며 에너지를 보충해야 하기 때문이다. 이것이 새의 일상이다. 그것을 모르고 열심히 오르고 싶어했던 나의 과욕을 되돌아 본다. 아주, 많이, 부끄럽다. 가족들에게 참 미안하다. 그래서 무심히 날다가 먹이가 필요할 때면 언제든 땅 위로 내려올 줄 아는 새의 마음을 소중히 간직하기로 했다. 열심히 하고 싶

을 때마다 이 마음이 과욕은 아닌지 꺼내어 보며 스스로 경계하기
위해서이다. 내려올 줄 아는 새만이 추락하지 않기에.

수화 기제,

봉준호 감독의
성공 비결은?

박장금
———

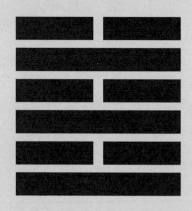

水火 旣濟 수화 기제

旣濟, 亨小. 利貞, 初吉終亂. 기제, 형소. 리정, 초길종란.

기제괘는 작은 일에 형통하다. 올바름을 굳게 지키는 것이 이로우니, 처음에는 길하고 끝에는 어지러워진다.

初九, 曳其輪, 濡其尾, 无咎. 초구, 예기륜, 유기미, 무구.

초구효, 수레바퀴를 뒤로 잡아당기고 여우가 그 꼬리를 적시면 허물이 없다.

六二, 婦喪其茀, 勿逐. 七日得. 육이, 부상기불, 물축. 칠일득.

육이효, 부인이 그 가리개를 잃은 것이니, 쫓아가지 말라. 그러면 7일 만에 얻으리라.

九三, 高宗伐鬼方, 三年克之, 小人勿用. 구삼, 고종벌귀방, 삼년극지, 소인물용.

구삼효, 고종이 귀방을 정벌하여 3년 만에야 이겼으니, 소인은 쓰지 말아야 한다.

六四, 繻有衣袽, 終日戒. 육사, 유유의녀, 종일계.

육사효, 배에 물이 스며들며 젖으니 헌옷가지를 마련하고 종일토록 경계하는 것이다.

九五, 東隣殺牛, 不如西隣之禴祭, 實受其福. 구오, 동린살우, 불여서린지약제, 실수기복.

구오효, 동쪽 이웃이 소를 잡아 성대하게 제사지내는 것이 서쪽 이웃이 간략한 제사를 올려 실제로 그 복을 받는 것만 못하다.

上六, 濡其首, 厲. 상육, 유기수, 려.

상육효, 머리까지 젖으니 위태롭다.

2020년 초 영화 「기생충」이 전 세계를 강타했다. 최고의 영화상인

아카데미를 받기까지 했다. 실화인가 싶다. 봉준호 감독조차 "나는 곧 잠에서 깨어나 모든 것이 꿈이었다는 걸 깨닫게 될 것 같다"라고 말할 정도이다. 기자가 향후 계획을 질문하자 봉준호 감독은 지체 없이 "본업인 창작으로 돌아가고 싶다"라고 답한다. 난 조금 놀랐다. 좋은 결과가 나왔으니 이 기쁨을 더 누리고 싶다거나 쉬고 싶다고 할 것 같은데 바로 본업으로 돌아가고 싶다니. 생각해 보면 성과에 도취되어 망가지는 인생이 얼마나 많던가. 그런 점에서 봉 감독은 참으로 현명해 보인다.

봉 감독처럼 마음을 쓰려면 어떻게 해야 하는 걸까. 신기하게도 결실의 괘, 기제(既濟)괘에서 그의 지혜가 느껴졌다. 수화 기제(水火 既濟)는 '이미 강을 건넜다'는 뜻으로 일의 결과나 성취를 의미한다. 괘사는 "기제괘는 작은 일에 형통하다. 올바름을 굳게 지키는 것이 이로우니, 처음에는 길하고 끝에는 어지러워진다"(既濟기제, 亨小형소, 利貞리정, 初吉終亂초길종란)이다. 여기서 '형소'(亨小)를 잘 해석해야 한다. 형소는 '조금 형통하다'로 해석하기 쉽지만 기제괘에서는 '작은 것에도 두루 미친다(형통하다)'로 해석해야 한다. 이것은 기제, 즉 결과나 성취는 큰 것뿐 아니라 작은 것까지 두루 통한 상태라는 것이다.

기제는 『주역』 64괘 중, 여섯 개의 효가 음은 음 자리에, 양은 양 자리에 올바르게 놓인 유일한 괘이다. 이것은 효들이 각자 자기 자리에서 충실하게 역할을 수행하고 있음을 의미한다. 앞서 말한 '형소', 즉 작은 것에도 미친다는 괘사와도 부합된다. 기제란 어떤 효도 소외되지 않고 제자리에서 제 역할을 수행하기에 형통하다고 본 것이다.「기생충」은 정말 많은 상을 받았지만 특히 앙상블 상을 받을 때가 인상적이었다. 그 상은 '미국 배우 조합상'(Screen Actors Guild Awards, SAG)으로 배우들의 '케미'가 좋은 영화에게 주는 최고 영예의 상이라고 한다. 배우들이 이 상을 받을 때 봉 감독 얼굴에서 아빠 미소를 볼 수 있었다. 실제로「기생충」에 출현한 배우 전원이 이 상에 이름이 올랐는데 이것이야말로 '형소'가 아닌가 싶었다. 어떤 배우도 소외되지 않고 각자의 능력을 최대한 끌어낸 것인데, 주연뿐 아니라 모든 배우들을 배려한 봉 감독의 마음이 이 상을 받게 했다는 생각이 들었다.

기제괘에서 내가 주목한 효는 초효다. "초구효, 수레바퀴를 뒤로 잡아당기고 여우가 그 꼬리를 적시면 허물이 없다"(初九초구, 曳其輪예기륜, 濡其尾유기미, 无咎무구). 여기서 수레바퀴를 잡아당김은 브레이크를 밟는 것과 같다. 그렇다면 꼬리는? 여우의 꼬리이다. 갑작스러운 꼬리 등장에 당황할 수 있지만 이것이『주역』의 매력이다.『주역』에는 자연의 생태계가 총동원되는데. 이번에는 여우의 생태를 이해해야『주역』이 전하는 메시지를 알 수가 있다.「동물의 왕국」열혈 시청자라면 추측할 수도 있을 것이다. 여우는 물을 건널 때 물에 젖지 않게 꼬리를 위로 올린다고 한다. 그런데 꼬리를 적셨으니 이것은 '물을 건널 마음이 없음'을 의미한다. 즉, 결실을 이룬 다음에는 물을 건너지 말라는 것인데 무슨 의미일까. 우리는 보통 일이 잘되면 샴페인부터 터트리다가 갈 길을 잃는 경우가 많다.「기생충」만해도 상복이 터졌으니 성공에 도취되기 딱 좋은 상황이다.『주역』은 이럴 때일수록 여우가 꼬리를 적시듯 기쁨을 지속하고 싶은 마음을 멈추라고 경고한다. 봉 감독은 『주역』의 지혜를 알았던가. 엄청난 상에도 들뜨지 않고 자신의 본업으로 돌아가고 싶다고 단호하게 말하는 것을 보면.

수화 기제의 괘상을 보면 위가 물이고 아래가 불이다. 이것은 마치 불이 아래서 물을 데우면 수증기가 발생하는 것과 같은데, 대기가 촉촉해지는 원리도 이와 같다. 물은 아래로 흐르는 성질이라 혼자서는 위로 갈 수가 없다. 불도 마찬가지이다. 물이 불 위에 있어야 위로 치솟는 불을 조절할 수가 있다. 물은 아래로, 불은 위로 서로를 향해 움직여야 순환이 일어난다. 우리가 살고 있는 지구의 대기도 '물을 품은 불'이 순환되기 때문에 생명이 살 수 있는 것이다. 이처럼 모든 생명이 대기의 순환 속에서 살아가듯 생명의 세계에는 목표나 종착지가 있을 리 없다. 좋은 결과인 성공만 해도 『주역』의 시선으로 보자면 물과 불의 소통이 잘 이루어진 것이고, 『주역』 전체로 보자면 64분의 1에 해당될 뿐이다. 하여 강물의 흐름을 붙잡을 수 없듯이 엄청난 성공이라 해도 붙잡을 수가 없다.

봉준호 감독은 상을 받으면서 이렇게 말한다. "난 여전히 「기생충」 촬영장이고, 모든 장비가 부서지고, 밥차가 불에 타는 것을 보며 울부짖는 그런 상상을 하기도 한다"라고. 배우, 촬영장, 밥 등 영화와 관련된 모든 것들을 배려하고 소통하지 않고는 저런 멘트가 나올 수 없다고 생각한다. 이것은 마치 기제괘에서 불이 자신을 주장하지 않고 물을 받아들이고, 물이 기꺼이 불을 받아들이는 것과 닮아 있다. 이렇듯 자신을 비운 소통이 차곡차곡 쌓여서 봉준호 자체가 장르가 된 「기생충」이 완성된 게 아닌가 싶다. 봉준호는 알고 있다. 상은 부수적으로 따라온다는 것을. 그래서 나도 알게 되었다. 그의 성공 비밀이 다른 게 아니라 "본업인 창작으로 돌아가겠다"는 그 멘트에 있음을. 낮이 지나면 밤이 오듯이! 해와 달이 쉬지 않고, 사계절이 쉬지 않는 그 흐름. 그 변화의 흐름을 읽어 냈기에 봉감독은 엄청난 상에서 만족하지 않고 다음 스텝을 향해 가는 것이리라. 기제괘 다음에 다시 시작인 '미제괘'가 오듯이!

64
화수 미제,

강변에 선
어린 여우

이한주
———

火水 未濟 화수 미제

未濟, 亨. 小狐汔濟, 濡其尾, 无攸利. 미제, 형. 소호흘제, 유기미, 무유리.

미제괘는 형통하다. 어린 여우가 과감하게 강물을 건너는데 그 꼬리를 적시니, 이로울 것이 없다.

初六, 濡其尾, 吝. 초육, 유기미, 린.

초육효, 꼬리를 적셨으니 부끄럽다.

九二, 曳其輪, 貞吉. 구이, 예기륜, 정길.

구이효, 수레바퀴를 뒤로 잡아끌듯이 하면 올바르게 해서 길하다.

六三, 未濟, 征凶, 利涉大川. 육삼, 미제, 정흉, 리섭대천.

육삼효, 미제의 때에 나아가면 흉하지만 큰 강을 건너는 것이 이롭다.

九四, 貞吉, 悔亡, 震用伐鬼方, 三年有賞于大國. 구사, 정길, 회망, 진용벌귀방, 삼년유상우대국.

구사효, 올바름을 지키면 길하여 후회가 없어지니, 강한 힘을 써서 귀방을 정벌하면 3년 만에야 큰 나라에서 상을 받는다.

六五, 貞吉, 无悔, 君子之光, 有孚吉. 육오, 정길, 무회, 군자지광, 유부길.

육오효, 올바르게 행해서 길하여 후회가 없으니, 군자의 빛이 진실한 믿음이 있어 길하다.

上九, 有孚于飲酒, 无咎, 濡其首, 有孚失是. 상구, 유부우음주, 무구, 유기수, 유부실시.

상구효, 진실한 믿음을 가지고 술을 마시면 허물이 없지만, 머리까지 젖으면 믿음에 있어 마땅함을 잃으리라.

드디어 한 해를 마무리하는 고전평론가 반의 글쓰기 발표가 끝났다.

〈감이당〉의 고전평론가 과정의 글쓰기는 한 권의 고전을 1년 동안 공부하여 리라이팅하는 방식이다. 저자의 생애와 책이 나오게 된 배경을 조사하고, 이 고전과 관련 있는 책들을 읽는다. 그리고 텍스트를 분석하고 책이 어떻게 우리에게까지 오게 되었는지, 왜 이 고전을 읽게 되었는지, 이 고전을 운용하여 삶이 어떻게 변화되고 있는지 글을 써서 발표하는 과정이다. 이 과정에서 글쓰기 기술은 아주 작은 부분을 차지한다. 중요한 것은 고전과 나의 삶의 만남이다. 고전의 지혜를 삶에 녹여 운용할 수 있을 때 삶은 변화하고, 그 변화를 언어로 표현할 수 있을 때, 한 편의 글을 완성할 수 있다.

나는 올해 들뢰즈와 가타리의 『안티 오이디푸스』를 나의 고전으로 삼았다. 『안티 오이디푸스』에서는 인간은 무의식적으로 자본주의 억압을 욕망하고 있다고 한다. 참으로 놀라웠다. 스스로 억압을 욕망하는 인간이라니! 나는 지금까지 내 삶이 어딘가에 묶여 있어서 고통스럽다고 생각하고 있었다. 이를테면 가족이라는 카테고리 같은 것에 말이다. 그런데 『안티 오이디푸스』는 나 자신 스스로 가족이라는 카테고리에 묶여 있기를 욕망하고 있다고 한다. 나는 이 고전을 통하여 억압을 욕망하는 인간 무의식을 면밀하게 탐구하고 싶었다. 이 책을 리라이팅하면 무의식적으로 반복하고 있는 부정적 감정의 습에서 벗어날 수 있었을 것 같았다. 억압을 욕망하는 인간은 자신이 부정적 감정을 반복하고 있다는 것을 알고 있더라도, 그것조차도 붙들고 있을 것이기 때문이었다. 이것을 제대로 분석할 수만 있다면 새로운 삶을 살 수 있을 것만 같았다. 하지만 1년 과정의 글쓰기를 마무리하면서 이미 느낌이 왔다. '올해는 통하지 못했구나…' 어디에서 막혔던 것일까?

　발표가 끝난 뒤 성찰의 시간을 가지며 곰곰이 생각해 보니 아직 나는 『안티 오이디푸스』와 제대로 만나지 못하고 있었다. 나름 한다고 하고는 있었지만, 여전히 책과 삶이 어긋난 상태였다. 그 이유는 책의 개념을 정확히 이해하지 못한 부분도 있었겠지만, 더 중요하게 체크할 것은 나도 모르게 이 혁명적인 책을 밀어내고 있다는 사실이었다. 이 책은 스스로에게 저항하는 용기가 필요한 책이었다. 억압을 욕망하고 부정적인 감정을 붙들고 있는 나 자신과의 싸움에서 나는 패했다. 결과론적으로는 미완의 글, 불통의 글이 되어 버렸다. 그렇다면 이 어긋난 지점에서 앞으로 『안티 오이디푸스』 리라이팅을 어떻게 진행해 나가야 할까? 그 답을 찾기 위해 『주역』의 64괘 중 가장 마지막에 오는 화수 미제(火水 未濟)를 공부했다.

　화수 미제는 『주역』의 64괘 중 대미를 장식하는 괘인데도 불구하고 미완성을 상징한다. 마지막을 미완성으로 끝내다니? 이것이 『주역』의 탁월한 묘미이다. 왜 마지막이 완성이 아니라 미완성으로 끝날까? 『주역』은 말한다. 사실 천지인(天地人), 자연의 흐름으로 인생사를 보자면 완성과 미완성은 없다. 그저 '생생지의'(生生之義) 즉, 살리고 살리려는 뜻만 있을 뿐! 그래서 천지자연의 흐름에 의거한 역의 이치를 '생생지위역'(生生之謂易)이라고 하지 않는가? 따라서 천지자연은 처음도 마지막도 없다. 변화할 뿐이다.

　그저 변화할 뿐인 천지자연의 이치를 말해 주는 『주역』에서 화수 미제는 어긋남 속의 생성을 말하고 있다. 이 원리는 괘상에 잘 드러나 있다. 하괘는 아래로 흘러가는 물, 상괘는 위로 타오르는 불의 형상이다. 그러니 둘은 만날 수가 없다. 상하가 어긋나 있는 것이다. 하지만 재미있는 것은 그 가운데에서도 각 효들은 서로 호응을 이루고 있다는 사실이다. 차지한 자리는 제 위치가 아니지만, 음양이 만나 창조할 수 있는 잠재력을 갖춘 것이 화수미제의 괘상이다.

어긋난 상태에서 잠재적 가능성을 지닌 주체로 등장하는 것은 어린 여우이다. 괘사에 등장하는 어린 여우는 과감하게 강을 건너려고 하다가 실패한다(小狐汔濟소호흘제, 濡其尾유기미, 无攸利무유리). 호기심이 많은 아기 여우는 아직 어려서 강물의 깊이를 모른다. 하지만 모르기 때문에 과감하게 강을 건너려는 마음을 낸다. 그러다가 강에 빠지고 만다. 꼭 이솝우화의 한 장면 같은 이 상황에는 깊은 의미가 있다. 이 상황은 육삼효의 효사에서 다시 반복된다.

"미제의 때에 나아가면 흉하지만 큰 강을 건너는 것이 이롭다"(未濟미제, 征凶정흉, 利涉大川리섭대천). 미완성의 때, 어린 여우는 당연히 강을 건널 수가 없다. 물에 빠져 위태로워질 것이 불 보듯 뻔하기 때문이다. 그런데 이어지는 뜻, '리섭대천', 큰 강을 건너는 것이 이롭다고? 이것은 무슨 말인가?

「상전」에서는 어린 여우가 미제의 때에 나아가면 흉한 것은 아직 자신의 적당한 위치를 찾지 못해 어긋난 상태이기 때문이라고 한다. 소동파는 이 상황을 기다림으로 해석한다. 현재 어린 여우의 상황과 마음과 능력은 모두 어긋난 상태이다. 어리기에 상황 파악이 힘들고 강을 건너고 싶은 욕심은 나지만 능력은 미달이다. 하지만 어린 여우는 잠재적 가능성을 지닌 존재이기에 기다리면 건널 수 있다. 어린 여우는 기다릴 동안 무엇을 할 것인가? 헤엄치는 능력을 기르는 수련. 다시 말하자면, 삶의 시작점, 강변에 선 어린 여우에게 미완성의 때는 삶이라는 큰 강을 건너기 위한 수련의 과정이다. 아직은 어긋나 있지만, 어린 여우는 이렇게 성장하고 변화하며 세상으로 들어간다.

고전평론가! 각자 나름의 삶에 대한 간절함, 또는 우연한 마주침에 의해 많은 학인들이 이 과정에 참여하고 있다. 이 과정을 가고 있는 우리는 모두 강변에 서 있는 어린 여우가 아닐까? 모두 쉽지 않은 과정을 가고 있다. 중간중간, 누구는 절망하고 누구는 그만두고 싶어 한다. 나 또한 마찬가지였다. 올해도 글쓰기에 대한 아쉬움이 크다. 그런데 한편으로 1년의 과정을 조각조각 나누어 현실에 들어가 보면 다른 면들이 보인다.

텍스트를 공부하는 벗들이 모여 세미나를 열었고, 사우(師友)들 앞에서 중간 과정을 발표하기도 했다. 필사하고 같이 암송하고, 이 고전을 삶에 적용해 보자고 공부모임을 만들어 머리 맞대고 토론도 해보았다. 아직 고전평론은 삐거덕거리고 있지만, 그 과정 안에는 수많은 만남이 있었고 스토리가 탄생하고 있었다. 매 순간 새롭게 창조되고 전개되는 이 만남과 이야기들에 완성과 미완성이라는 의미를 부여할 수가 있을까? 글은 미완성이었지만 그 새로운 매 순간은 우리에게 분명 진리를 깨치기 위한 수련의 시간이었다.

새해를 기다리며 강변의 어린 여우들이 고전을 읽고 있다. 다시 글을 쓰기 위해 고민하고 있다. 미제의 시간을 보내고 있다.

『주역』 64괘 한눈에 보기

상경	1. 중천 건 重天乾 ☰☰	2. 중지 곤 重地坤 ☷☷	3. 수뢰 둔 水雷屯	4. 산수 몽 山水蒙
	5. 수천 수 水天需	6. 천수 송 天水訟	7. 지수 사 地水師	8. 수지 비 水地比
	9. 풍천 소축 風天小畜	10. 천택 리 天澤履	11. 지천 태 地天泰	12. 천지 비 天地否
	13. 천화 동인 天火同人	14. 화천 대유 火天大有	15. 지산 겸 地山謙	16. 뇌지 예 雷地豫
	17. 택뢰 수 澤雷隨	18. 산풍 고 山風蠱	19. 지택 림 地澤臨	20. 풍지 관 風地觀
	21. 화뢰 서합 火雷噬嗑	22. 산화 비 山火賁	23. 산지 박 山地剝	24. 지뢰 복 地雷復
	25. 천뢰 무망 天雷无妄	26. 산천 대축 山天大畜	27. 산뢰 이 山雷頤	28. 택풍 대과 澤風大過
	29. 중수 감 重水坎	30. 중화 리 重火離	하경 31. 택산 함 澤山咸	32. 뇌풍 항 雷風恒

33. 천산 둔 天山遯	34. 뇌천 대장 雷天 大壯	35. 화지 진 火地晉	36. 지화 명이 地火明夷
37. 풍화 가인 風火 家人	38. 화택 규 火澤睽	39. 수산 건 水山 蹇	40. 뇌수 해 雷水解
41. 산택 손 山澤損	42. 풍뢰 익 風雷益	43. 택천 쾌 澤天夬	44. 천풍 구 天風姤
45. 택지 췌 澤地萃	46. 지풍 승 地風升	47. 택수 곤 澤水困	48. 수풍 정 水風井
49. 택화 혁 澤火革	50. 화풍 정 火風鼎	51. 중뢰 진 重雷震	52. 중산 간 重山艮
53. 풍산 점 風山漸	54. 뇌택 귀매 雷澤歸妹	55. 뇌화 풍 雷火豊	56. 화산 려 火山旅
57. 중풍 손 重風巽	58. 중택 태 重澤兌	59. 풍수 환 風水渙	60. 수택 절 水澤節
61. 풍택 중부 風澤中孚	62. 뇌산 소과 雷山小過	63. 수화 기제 水火旣濟	64. 화수 미제 火水未濟